PLATON

ŒUVRES COMPLÈTES

HIPPIAS MAJEUR

CHARMIDE

LACHÈS

LYSIS

COLLECTION DES UNIVERSITÉS DE FRANCE
publiée sous le patronage de l'ASSOCIATION GUILLAUME BUDÉ

PLATON

ŒUVRES COMPLÈTES

TOME II

HIPPIAS MAJEUR
CHARMIDE - LACHÈS - LYSIS

TEXTE ÉTABLI ET TRADUIT
PAR
ALFRED CROISET
Membre de l'Institut

Neuvième tirage

PARIS
LES BELLES LETTRES
2011

Conformément aux statuts de l'Association Guillaume Budé, ce volume a été soumis à l'approbation de la commission technique, qui a chargé deux de ses membres, MM. Maurice Croiset et Louis Bodin, d'en faire la révision et d'en surveiller la correction en collaboration avec M. Alfred Croiset.

95 boulevard Raspail, 75006 Paris
www.lesbelleslettres.com

Première édition 1921

ISBN : 978-2-251-00212-5
ISSN : 0184-7155

HIPPIAS MAJEUR

NOTICE

L'*Hippias majeur* est ainsi désigné dans nos manuscrits par opposition à l'*Hippias mineur*. Quel est au juste le sens de cette épithète ? Se rapporte-t-elle à une supériorité d'art et de valeur philosophique, ou simplement à une étendue plus grande ? En fait, l'*Hippias majeur* est sensiblement plus long que le *mineur*. C'est peut-être par là qu'il l'emporte le plus clairement sur l'autre. Par l'ensemble de ses caractères, d'ailleurs, il semble appartenir aussi à la première partie de la carrière de Platon.

L'authenticité de l'*Hippias majeur* a été plus d'une fois mise en doute par la critique moderne. M. de Wilamowitz-Mœllendorff, dans une récente étude (*Platon*, t. II, p. 328), vient de reprendre cette thèse. Les arguments invoqués sont, à vrai dire, bien peu décisifs contre l'autorité de la tradition et les traits incontestablement platoniciens que présente le dialogue.

L'argument le plus précis consiste à dire que l'opposition établie à la fin entre les minuties de la discussion socratique et les larges développements de l'éloquence politique et judiciaire se rapporte mal au vrai rôle d'Hippias, qui semble méconnu de l'auteur, et rappelle la querelle entre Isocrate et Platon. Soit : mais quelle difficulté trouve-t-on à voir là une riposte de Platon au Κατὰ σοφιστῶν d'Isocrate ? Est-ce que Platon a jamais craint de prêter à Socrate ses propres conceptions ?

D'autre part, les ressemblances avec la manière ordinaire de Platon sont si évidentes que le critique les explique en supposant une imitation volontaire du maître par un de ses disciples, qu'il suppose être Clitophon. Tout cela est bien arbitraire et peu solide.

Les autres motifs de doute reposent sur des impressions personnelles qu'il est impossible de discuter ici, mais qu'il est permis de ne pas partager.

Au total, il n'y a pas lieu de rejeter la tradition.

I

FORME ET SUJET

Deux personnages seulement sont en présence, Hippias et Socrate, et le dialogue s'engage aussitôt sous forme dramatique, sans indication du lieu de la scène ni des circonstances de la rencontre.

Mais le début de la conversation est destiné à présenter au lecteur le personnage d'Hippias, qui étale naïvement sa suffisance vaniteuse et ses prétentions devant l'ironie de Socrate. Il annonce une prochaine séance où il doit lire une de ses compositions. A ce propos, Socrate lui pose une question sur la nature du beau, dont il vient de parler incidemment.

Qu'est-ce que le beau ? C'est le problème dont l'examen remplit le reste du dialogue. Il s'agit d'arriver à une définition sur laquelle les deux interlocuteurs soient d'accord. Suivant la méthode ordinaire de Socrate, un certain nombre de définitions sont successivement proposées par Hippias et rejetées après examen comme insuffisantes. La conversation finit sur un aveu ironique d'impuissance placé dans la bouche de Socrate.

II

L'ART DRAMATIQUE

La physionomie des deux interlocuteurs est vivement rendue, avec un art souvent admirable.

La figure d'Hippias, plusieurs fois esquissée en passant par Platon, se développe ici (plus encore que dans l'*Hippias mineur*) en pleine lumière, avec sa vanité foncière, sa belle assurance sophistique et ses façons particulières de s'exprimer. A plusieurs reprises, Platon s'est amusé à imiter le style d'Hippias, ses répétitions de mots, ses assonances, sa grandiloquence harmonieuse : traits certainement fort bien saisis (car Platon est en ce genre un parodiste de premier ordre), mais qu'il est difficile de rendre dans une traduction. Sur la vanité d'Hippias, sur sa présomption, il est probable que Platon n'a guère exagéré : ces défauts étaient impliqués en quelque sorte dans la sophistique et devaient être particulièrement sensibles chez ceux des sophistes qui étaient en somme, comme Hippias, des esprits médiocres. Cependant on est tenté de croire que, dans la discussion proprement dite, dans la recherche d'une définition, l'Hippias de Platon dépasse quelque peu la mesure de sottise qu'il est permis d'attribuer au véritable Hippias. Son incapacité de saisir ce qu'est une idée générale semble franchement caricaturale. La caricature est d'ailleurs amusante et fort habilement exécutée.

Socrate, d'autre part, n'est pas représenté avec moins d'art, à la fois dans son attitude ironique et aussi dans le sérieux de cette force intérieure qui le pousse invinciblement à chercher le vrai, quoi qu'il puisse lui en coûter. L'invention de ce personnage allégorique, intraitable et malappris, qui ne le quitte jamais et ne le laisse jamais en repos sur ses opinions mal démontrées, est saisissante.

III

SIGNIFICATION PHILOSOPHIQUE

La définition cherchée est celle du Beau en soi, ou, en d'autres termes, de l'idée générale de beauté. Cette idée générale est entendue à la façon purement socratique, comme une conception de l'esprit, non comme une entité supérieure selon la vraie doctrine platonicienne : la théorie des Idées n'a rien à voir ici. Cela ne veut pas dire que Platon, à l'époque où il écrivit l'*Hippias majeur*, fût encore un simple écho de Socrate : les grands métaphysiciens, en général, n'attendent pas la fin de leur carrière pour trouver l'idée-mère de leur système. Mais il est au moins permis d'en conclure que Platon, à cette époque, ne jugeait pas inutile d'insister encore sur la conception plus simple de Socrate, et qu'en effet ce n'était pas hors de propos, puisque l'Hippias du dialogue a tant de peine à la comprendre. Quoi qu'il en soit, une discussion de ce genre ne peut guère appartenir qu'à la période de ses débuts.

On est conduit à la même conclusion par le caractère de l'argumentation, extrêmement subtile et d'une raideur quasi-géométrique, mais trop souvent verbale, non sans quelques traces de sophisme. La raideur géométrique et le verbalisme sont, il est vrai, fréquents chez Platon dans tous les dialogues ; ici pourtant cette tendance se manifeste avec une force qui semble trahir l'influence récente de Mégare.

La beauté qu'il s'agit de définir n'est pas seulement la beauté sensible : on voit à plusieurs reprises que la beauté des mœurs, des lois, des institutions est présente aussi à la pensée de Platon, et que les deux sortes de beauté sont pour lui étroitement liées. Mais, en fait, la discussion proprement dite ne porte que sur la beauté sensible.

En terminant cette discussion, Socrate laisse entendre à la fois que l'identité du beau et du bien n'a pas été démontrée et que cependant cette identité paraît nécessaire ; puis il conclut par l'aveu ironique de son impuissance. On sait que ces conclusions négatives, qui laissent la question en suspens, sont fréquentes chez Platon. Nous en retrouverons d'analogues dans les trois dialogues suivants. Il est clair que ce scepticisme apparent n'est que provisoire : la solution définitive, aux yeux de Platon, devait se trouver soit dans une dialectique poussée plus loin, soit dans une métaphysique mystique qui peut-être n'était pas encore arrêtée dans son esprit, mais qui devait aboutir à la théorie des Idées. Dans l'*Hippias majeur*, dialogue du genre « anatreptique », comme disaient les anciens, il a voulu seulement « renverser » des définitions hâtives et peut-être des théories réellement soutenues par quelques contemporains. Ce dialogue ne correspond qu'à une étape préparatoire dans la recherche méthodique de la vérité.

IV

LE TEXTE

L'*Hippias majeur* manque dans le *Parisinus* et dans le *Bodleianus*. Le texte donné ci-après est, sauf indication contraire, celui du *Venetus* T (d'après la collation des éditions Burnet et Schanz). On n'a noté que les variantes les plus importantes des mss. de Vienne W et F.

HIPPIAS MAJEUR

[ou *Sur le beau*, genre anatreptique.]

SOCRATE HIPPIAS

281 a *Prologue. Présentation du personnage d'Hippias.*

Socrate. — Salut au bel et savant Hippias ! Il y a bien longtemps qu'Athènes n'a reçu ta visite !

Hippias. — Le loisir m'a manqué, Socrate. Chaque fois qu'Élis a quelque affaire à régler avec une autre cité, c'est moi d'abord qu'elle choisit entre tous comme ambassadeur, m'estimant plus habile que personne soit à juger soit à prononcer les paroles nécessaires dans ces
b relations entre les États. J'ai donc été chargé de nombreuses ambassades en divers pays, mais surtout à Lacédémone, où j'ai dû traiter mainte affaire à mainte reprise, et des plus importantes. C'est là, pour répondre à ta question, ce qui m'a empêché de faire ici de fréquentes visites.

Socrate. — Ce rôle, Hippias, est celui d'un homme vraiment supérieur et accompli. Tu es également capable, dans le privé, de faire payer très cher à des jeunes gens des leçons plus précieuses encore que l'argent qu'ils te donnent, et,
c comme citoyen, de rendre service à ta patrie, ainsi qu'il convient pour éviter le dédain et pour mériter l'estime publique. Mais comment se fait-il, Hippias, que les anciens sages, ceux dont le savoir est resté célèbre, un Pittacos, un Bias, un Thalès de Milet, et ceux qui ont suivi jusqu'à Anaxagore, tous ou presque tous, se soient tenus éloignés des affaires publiques ?

ΙΠΠΙΑΣ ΜΕΙΖΩΝ

[ἢ περὶ τοῦ καλοῦ, ἀνατρεπτικός.]

ΣΩΚΡΑΤΗΣ ΙΠΠΙΑΣ

ΣΩΚΡΑΤΗΣ. Ἱππίας ὁ καλός τε καὶ σοφός, ὡς διὰ 281 a
χρόνου ἡμῖν κατῆρας εἰς τὰς Ἀθήνας.

ΙΠΠΙΑΣ. Οὐ γὰρ σχολή, ὦ Σώκρατες. Ἡ γὰρ Ἦλις,
ὅταν τι δέηται διαπράξασθαι πρός τινα τῶν πόλεων, ἀεὶ ἐπὶ
πρῶτον ἐμὲ ἔρχεται τῶν πολιτῶν αἱρουμένη πρεσβευτήν,
ἡγουμένη δικαστὴν καὶ ἄγγελον ἱκανώτατον εἶναι τῶν λόγων
οἳ ἂν παρὰ τῶν πόλεων ἑκάστων λέγωνται. Πολλάκις μὲν b
οὖν καὶ εἰς ἄλλας πόλεις ἐπρέσβευσα, πλεῖστα δὲ καὶ περὶ
πλείστων καὶ μεγίστων εἰς τὴν Λακεδαίμονα· διὸ δή, ὃ σὺ
ἐρωτᾷς, οὐ θαμίζω εἰς τούσδε τοὺς τόπους.

ΣΩ. Τοιοῦτον μέντοι, ὦ Ἱππία, ἔστιν τὸ τῇ ἀληθείᾳ
σοφόν τε καὶ τέλειον ἄνδρα εἶναι. Σὺ γὰρ καὶ ἰδίᾳ ἱκανὸς
εἶ παρὰ τῶν νέων πολλὰ χρήματα λαμβάνων ἔτι πλείω
ὠφελεῖν ὧν λαμβάνεις, καὶ αὖ δημοσίᾳ τὴν σαυτοῦ πόλιν c
ἱκανὸς εὐεργετεῖν, ὥσπερ χρὴ τὸν μέλλοντα μὴ καταφρο-
νήσεσθαι, ἀλλ᾽ εὐδοκιμήσειν ἐν τοῖς πολλοῖς. Ἀτάρ, ὦ
Ἱππία, τί ποτε τὸ αἴτιον ὅτι οἱ παλαιοὶ ἐκεῖνοι, ὧν ὀνό-
ματα μεγάλα λέγεται ἐπὶ σοφίᾳ, Πιττακοῦ τε καὶ Βίαντος
καὶ τῶν ἀμφὶ τὸν Μιλήσιον Θαλῆν καὶ ἔτι τῶν ὕστερον
μέχρι Ἀναξαγόρου, ὡς ἢ πάντες ἢ οἱ πολλοὶ αὐτῶν φαί-
νονται ἀπεχόμενοι τῶν πολιτικῶν πράξεων;

Hippias. — Quelle autre raison imaginer, Socrate, sinon
d l'impuissance de leur esprit, incapable d'atteindre à la fois ce
double objet, les choses publiques et les choses privées?

Socrate. — Faut-il donc croire, par Zeus, qu'au progrès
de tous les arts et à la supériorité de nos artisans sur ceux de
jadis, corresponde un égal progrès dans votre art, à vous
autres sophistes, et que les anciens, en matière de science,
soient médiocres auprès de vous?

Hippias. — C'est la vérité même, Socrate.

Socrate. — Ainsi donc, Hippias, si Bias revenait à la
282 a vie, il ferait rire de lui, comparé à vous, de même que
Dédale, au dire des sculpteurs, s'il créait aujourd'hui les
œuvres qui l'ont rendu célèbre, ne récolterait que moqueries?

Hippias. — Oui, Socrate, il en serait comme tu le dis. J'ai
cependant l'habitude, pour ma part, à l'égard des anciens et
de ceux qui ont vécu avant nous, de les louer avant nos
contemporains et plus volontiers que ceux-ci, pour prévenir
la jalousie des vivants et pour éviter le ressentiment des
morts.

b Socrate. — Tu fais sagement, Hippias, de penser et de
raisonner ainsi, à ce qu'il me semble. Je puis apporter mon
témoignage en faveur de ton opinion et certifier qu'en effet
votre art a fait de grands progrès dans l'habileté à concilier
le soin des affaires publiques avec celui des intérêts privés.
Gorgias, par exemple, le sophiste de Léontium, venu ici
comme ambassadeur de son pays et choisi comme le plus
capable de défendre les intérêts des Léontins, s'est montré
dans l'assemblée du peuple excellent orateur, et en même
temps, par ses séances privées et ses entretiens avec les jeunes
gens, a su ramasser de fortes sommes qu'il a remportées
c d'Athènes. Si tu veux un autre exemple, mon ami Prodicos [1],
après beaucoup d'autres ambassades diverses, vient en dernier
lieu d'être envoyé ici par ses concitoyens de Céos, et en
même temps que son éloquence devant le Conseil des Cinq-
Cents le couvrait de gloire, il donnait des auditions privées

1. D'après Platon (*Théétète*, 151 b), Socrate renvoyait volontiers à « son ami » Prodicos les jeunes gens mieux doués pour la morale pratique que pour la véritable science. Prodicos était surtout célèbre pour ses distinctions subtiles entre mots synonymes, et Platon y fait plus d'une fois allusion.

ΙΠ. Τί δ' οἴει, ὦ Σώκρατες, ἄλλο γε ἢ ἀδύνατοι ἦσαν
καὶ οὐχ ἱκανοὶ ἐξικνεῖσθαι φρονήσει ἐπ' ἀμφότερα, τά τε d
κοινὰ καὶ τὰ ἴδια ;

ΣΩ. Ἆρ' οὖν πρὸς Διός, ὥσπερ αἱ ἄλλαι τέχναι ἐπιδεδώκασι καὶ εἰσὶ παρὰ τοὺς νῦν δημιουργοὺς οἱ παλαιοὶ φαῦλοι, οὕτω καὶ τὴν ὑμετέραν τὴν τῶν σοφιστῶν τέχνην ἐπιδεδωκέναι φῶμεν καὶ εἶναι τῶν ἀρχαίων τοὺς περὶ τὴν σοφίαν φαύλους πρὸς ὑμᾶς ;

ΙΠ. Πάνυ μὲν οὖν ὀρθῶς λέγεις.

ΣΩ. Εἰ ἄρα νῦν ἡμῖν, ὦ Ἱππία, ὁ Βίας ἀναβιοίη, γέλωτ'
ἂν ὄφλοι πρὸς ὑμᾶς, ὥσπερ καὶ τὸν Δαιδαλόν φασιν οἱ 282 a
ἀνδριαντοποιοί, νῦν εἰ γενόμενος τοιαῦτ' ἐργάζοιτο οἷα ἦν ἀφ' ὧν τοὔνομ' ἔσχεν, καταγέλαστον ἂν εἶναι.

ΙΠ. Ἔστι μὲν ταῦτα, ὦ Σώκρατες, οὕτως ὡς σὺ λέγεις· εἴωθα μέντοι ἔγωγε τοὺς παλαιούς τε καὶ προτέρους ἡμῶν πρότερόν τε καὶ μᾶλλον ἐγκωμιάζειν ἢ τοὺς νῦν, εὐλαβούμενος μὲν φθόνον τῶν ζώντων, φοβούμενος δὲ μῆνιν τῶν τετελευτηκότων.

ΣΩ. Καλῶς γε σύ, ὦ Ἱππία, νομίζων τε καὶ διανοούμενος, b
ὡς ἐμοὶ δοκεῖς. Συμμαρτυρῆσαι δέ σοι ἔχω ὅτι ἀληθῆ λέγεις καὶ τῷ ὄντι ὑμῶν ἐπιδέδωκεν ἡ τέχνη πρὸς τὸ καὶ τὰ δημόσια πράττειν δύνασθαι μετὰ τῶν ἰδίων. Γοργίας τε γὰρ οὗτος ὁ Λεοντῖνος σοφιστὴς δεῦρο ἀφίκετο δημοσίᾳ οἴκοθεν πρεσβεύων, ὡς ἱκανώτατος ὢν Λεοντίνων τὰ κοινὰ πράττειν, καὶ ἔν τε τῷ δήμῳ ἔδοξεν ἄριστα εἰπεῖν, καὶ ἰδίᾳ ἐπιδείξεις ποιούμενος καὶ συνὼν τοῖς νέοις χρήματα πολλὰ εἰργάσατο
ἐκ τῆσδε τῆς πόλεως· εἰ δὲ βούλει, ὁ ἡμέτερος ἑταῖρος c
Πρόδικος οὗτος πολλάκις μὲν καὶ ἄλλοτε δημοσίᾳ ἀφίκετο, ἀτὰρ τὰ τελευταῖα ἔναγχος ἀφικόμενος δημοσίᾳ ἐκ Κέω λέγων τ' ἐν τῇ βουλῇ πάνυ ηὐδοκίμησεν καὶ ἰδίᾳ ἐπιδείξεις

281 d 5 τὴν τῶν σοφιστῶν del. Naber || **282 a** 5 μέντοι WF : μέντοι γε T || **a** 6 πρότερόν τε Schanz : προτέρους τε TWF || **b** 1 νομίζων rec. : ὀνομάζων TWF || **b** 8 εἰργάσατο καὶ ἔλαβεν TWF : καὶ ἔλαβεν secl. Cobet.

et des entretiens pour les jeunes gens qui lui valaient des sommes fabuleuses. De tous ces fameux sages d'autrefois, il n'en est pas un seul qui ait cru devoir faire argent de sa science ni donner des auditions devant des foules étrangères.
d Tant il est vrai qu'ils étaient assez naïfs pour ignorer la valeur de l'argent ! Les deux derniers, au contraire, ont tiré plus de profits de leur art qu'aucun artisan n'en a jamais tiré du sien, quel qu'il fût ; et de même Protagoras avant eux.

Hippias. — Tu es mal informé, Socrate, sur les grands exploits en ce genre. Si tu savais combien j'ai gagné moi-même, tu serais émerveillé. Une fois notamment (je passe les autres sous silence), j'arrivai en Sicile tandis que Protagoras
e s'y trouvait, déjà en plein succès et plus âgé que moi : malgré cette grande différence d'âge, en un rien de temps, je fis plus de cent cinquante mines, dont plus de vingt dans une misérable bourgade, à Inycos. Chargé de ce butin, je rentrai chez moi et le donnai à mon père qui fut, ainsi que tous nos concitoyens, rempli d'admiration et de stupeur. Je crois avoir, à moi seul, récolté plus d'argent que deux sophistes quelconques mis ensemble.

Socrate. — Voilà certes, Hippias, de beaux exploits, et
283 a qui font assez voir combien ta science et celle de nos contemporains l'emporte sur celle des anciens. Ceux-ci, à ce compte, étaient de grands ignorants, Anaxagore par exemple : car il lui arriva, dit-on, tout le contraire de votre heureuse aventure. On raconte en effet qu'ayant reçu un gros héritage il n'en prit aucun soin et se ruina, tant sa science était sotte[1] ! Des traits analogues sont attribués à quelques autres anciens. La preuve que tu apportes me paraît donc établir clairement
b la supériorité de votre science sur celle de vos prédécesseurs, et c'est une opinion assez générale que la science doit servir d'abord au savant ; donc aussi le plus savant doit être celui qui gagne le plus.

1. Anaxagore, né à Clazomènes en Asie-Mineure, vint à Athènes vers 460 et y passa, dit-on, une trentaine d'années, dans la société de Périclès et des hommes intelligents qui se groupaient autour de lui. Son livre *Sur la Nature* l'y fit accuser d'impiété et il finit sa vie à Lampsaque peu de temps après. La doctrine d'Anaxagore était essentiellement déterministe, et c'est ce que Socrate lui-même lui reproche dans le *Phédon* (97 b) : Socrate au contraire est finaliste.

ποιούμενος καὶ τοῖς νέοις συνὼν χρήματα ἔλαβεν θαυμαστὰ
ὅσα. Τῶν δὲ παλαιῶν ἐκείνων οὐδεὶς πώποτε ἠξίωσεν ἀργύ-
ριον μισθὸν πράξασθαι οὐδ' ἐπιδείξεις ποιήσασθαι ἐν παντο-
δαποῖς ἀνθρώποις τῆς ἑαυτοῦ σοφίας· οὕτως ἦσαν εὐήθεις d
καὶ ἐλελήθειν αὐτοὺς ἀργύριον ὡς πολλοῦ ἄξιον εἴη. Τούτων
δ' ἑκάτερος πλέον ἀργύριον ἀπὸ σοφίας εἴργασται ἢ ἄλλος
δημιουργὸς ἀφ' ἧστινος τέχνης· καὶ ἔτι πρότερος τούτων
Πρωταγόρας.

ΙΠ. Οὐδὲν γάρ, ὦ Σώκρατες, οἶσθα τῶν καλῶν περὶ
τοῦτο. Εἰ γὰρ εἰδείης ὅσον ἀργύριον εἴργασμαι ἐγώ, θαυμά-
σαις ἄν· καὶ τὰ μὲν ἄλλα ἐῶ, ἀφικόμενος δέ ποτε εἰς
Σικελίαν, Πρωταγόρου αὐτόθι ἐπιδημοῦντος καὶ εὐδοκιμοῦν- e
τος καὶ πρεσβυτέρου ὄντος πολὺ νεώτερος ὢν ἐν ὀλίγῳ πάνυ
χρόνῳ πλεῖν ἢ πεντήκοντα καὶ ἑκατὸν μνᾶς εἰργασάμην,
καὶ ἐξ ἑνός γε χωρίου πάνυ σμικροῦ, Ἰνυκοῦ, πλεῖν ἢ εἴκοσι
μνᾶς· καὶ τοῦτο ἐλθὼν οἴκαδε φέρων τῷ πατρὶ ἔδωκα, ὥστε
ἐκεῖνον καὶ τοὺς ἄλλους πολίτας θαυμάζειν τε καὶ ἐκπεπλῆχ-
θαι. Καὶ σχεδόν τι οἶμαι ἐμὲ πλείω χρήματα εἰργάσθαι ἢ
ἄλλους σύνδυο οὕστινας βούλει τῶν σοφιστῶν.

ΣΩ. Καλόν γε, ὦ Ἱππία, λέγεις καὶ μέγα τεκμήριον
σοφίας τῆς τε σεαυτοῦ καὶ τῶν νῦν ἀνθρώπων πρὸς τοὺς 283 a
ἀρχαίους, ὅσον διαφέρουσι. Τῶν γὰρ προτέρων πολλὴ ἀμαθία
κατὰ τὸν σὸν λόγον· τοὐναντίον γὰρ Ἀναξαγόρᾳ φασὶν
συμβῆναι ἢ ὑμῖν· καταλειφθέντων γὰρ αὐτῷ πολλῶν χρημά-
των καταμελῆσαι καὶ ἀπολέσαι πάντα· οὕτως αὐτὸν ἀνόητα
σοφίζεσθαι. Λέγουσι δὲ καὶ περὶ ἄλλων τῶν παλαιῶν ἕτερα
τοιαῦτα. Τοῦτο μὲν οὖν μοι δοκεῖς καλὸν τεκμήριον ἀποφαί-
νειν περὶ σοφίας τῶν νῦν πρὸς τοὺς προτέρους, καὶ πολλοῖς b
συνδοκεῖ ὅτι τὸν σοφὸν αὐτὸν αὑτῷ μάλιστα δεῖ σοφὸν
εἶναι· τούτου δ' ὅρος ἐστὶν ἄρα, ὃς ἂν πλεῖστον ἀργύριον
ἐργάσηται.

d 3 ἀργύριον F : ἀργυρίου TW || **e** 2 πολὺ F : καὶ πολὺ TW || **e** 2-3 πάνυ χρόνῳ Schanz : χρόνῳ πάνυ TWF || **283 a** 2 τῶν γὰρ προτέρων Stallbaum : τῶν γ. π. περὶ Ἀναξαγόρου λέγεται TWF

Mais laissons ce point : réponds, je te prie, à une question. Quelle est, entre toutes les cités que tu as visitées, celle qui t'a fourni le plus d'argent ? Ce doit être évidemment Lacédémone, où tu es allé plus souvent qu'ailleurs ?

HIPPIAS. — Non, par Zeus, Socrate.

SOCRATE. — Que me dis-tu ? Est-ce donc elle qui t'a le moins rapporté ?

c HIPPIAS. — Pas la moindre obole, en aucun temps.

SOCRATE. — Voilà, Hippias, un prodige bien étonnant. Ta science, dis-moi, n'a-t-elle pas le pouvoir de faire avancer dans la vertu ceux qui la pratiquent et l'étudient ?

HIPPIAS. — A grands pas, Socrate.

SOCRATE. — Les progrès que tu pouvais faire faire aux enfants des Inyciens, étais-tu donc incapable de les assurer à ceux des Spartiates ?

HIPPIAS. — Tant s'en faut, Socrate.

SOCRATE. — Serait-ce que les Siciliens ont le désir de devenir meilleurs, et les Spartiates, non ?

d HIPPIAS. — Ce désir, Socrate, est certainement très vif aussi à Lacédémone.

SOCRATE. — Ou bien était-ce faute d'argent qu'ils refusaient de t'entendre ?

HIPPIAS. — Non certes ; ils en ont suffisamment.

SOCRATE. — Comment expliquer alors, s'ils ne manquent ni de désir ni d'argent, et quand tu pouvais leur rendre le plus grand des services, qu'ils ne t'aient pas renvoyé chargé de trésors ? Mais, j'y pense, peut-être les Lacédémoniens savent-ils mieux que toi élever leurs enfants ? Est-ce là l'explication, et l'acceptes-tu ?

e HIPPIAS. — Pas le moins du monde.

SOCRATE. — Faut-il supposer qu'à Lacédémone tu n'a pas su persuader aux jeunes gens qu'ils gagneraient plus à te fréquenter que dans la compagnie de leurs proches, ou bien est-ce aux pères que tu n'as pu démontrer l'avantage qu'ils trouveraient, dans l'intérêt véritable de leurs enfants, à te les confier plutôt qu'à s'en occuper eux-mêmes ? Car je ne puis croire, certes, qu'ils aient refusé à leurs fils, par jalousie, le moyen de devenir aussi parfaits que possible.

HIPPIAS. — Je ne crois à rien de tel, Socrate.

SOCRATE. — Et pourtant, Sparte est une cité bien ordonnée.

Καὶ ταῦτα μὲν ἱκανῶς ἐχέτω· τόδε δέ μοι εἰπέ, σὺ αὐτὸς πόθεν πλεῖστον ἀργύριον εἰργάσω τῶν πόλεων εἰς ἃς ἀφικνεῖ; ἢ δῆλον ὅτι ἐκ Λακεδαίμονος, οἷπερ καὶ πλειστάκις ἀφῖξαι;

ΙΠ. Οὐ μὰ τὸν Δία, ὦ Σώκρατες.

ΣΩ. Πῶς φῄς; Ἀλλ' ἐλάχιστον;

ΙΠ. Οὐδὲν μὲν οὖν τὸ παράπαν πώποτε. c

ΣΩ. Τέρας λέγεις καὶ θαυμαστόν, ὦ Ἱππία. Καί μοι εἰπέ· πότερον ἡ σοφία ἡ σὴ οὐχ οἵα τοὺς συνόντας αὐτῇ καὶ μανθάνοντας εἰς ἀρετὴν βελτίους ποιεῖν;

ΙΠ. Καὶ πολύ γε, ὦ Σώκρατες.

ΣΩ. Ἀλλὰ τοὺς μὲν Ἰνυκίνων ὑεῖς οἷός τε ἦσθα ἀμείνους ποιῆσαι, τοὺς δὲ Σπαρτιατῶν ἠδυνάτεις;

ΙΠ. Πολλοῦ γε δέω.

ΣΩ. Ἀλλὰ δῆτα Σικελιῶται μὲν ἐπιθυμοῦσιν ἀμείνους γίγνεσθαι, Λακεδαιμόνιοι δ' οὔ;

ΙΠ. Πάντως που, ὦ Σώκρατες, καὶ Λακεδαιμόνιοι. d

ΣΩ. Ἆρ' οὖν χρημάτων ἐνδείᾳ ἔφευγον τὴν σὴν ὁμιλίαν;

ΙΠ. Οὐ δῆτα, ἐπεὶ ἱκανὰ αὐτοῖς ἐστιν.

ΣΩ. Τί δῆτ' ἂν εἴη ὅτι ἐπιθυμοῦντες καὶ ἔχοντες χρήματα, καὶ σοῦ δυναμένου τὰ μέγιστα αὐτοὺς ὠφελεῖν, οὐ πλήρη σε ἀργυρίου ἀπέπεμψαν; Ἀλλ' ἐκεῖνο, μῶν μὴ Λακεδαιμόνιοι σοῦ βέλτιον ἂν παιδεύσειαν τοὺς αὑτῶν παῖδας; Ἢ τοῦτο φῶμεν οὕτως, καὶ σὺ συγχωρεῖς;

ΙΠ. Οὐδ' ὁπωστιοῦν. e

ΣΩ. Πότερον οὖν τοὺς νέους οὐχ οἷός τ' ἦσθα πείθειν ἐν Λακεδαίμονι ὡς σοὶ συνόντες πλέον ἂν εἰς ἀρετὴν ἐπιδιδοῖεν ἢ τοῖς ἑαυτῶν, ἢ τοὺς ἐκείνων πατέρας ἠδυνάτεις πείθειν ὅτι σοὶ χρὴ παραδιδόναι μᾶλλον ἢ αὐτοὺς ἐπιμελεῖσθαι, εἴπερ τι τῶν ὑῶν κήδονται; Οὐ γάρ που ἐφθόνουν γε τοῖς ἑαυτῶν παισὶν ὡς βελτίστοις γενέσθαι.

ΙΠ. Οὐκ οἶμαι ἔγωγε φθονεῖν.

ΣΩ. Ἀλλὰ μὴν εὔνομός γ' ἡ Λακεδαίμων.

b 7 οἷπερ Heindorf : οὗπερ TWF.

HIPPIAS. — Assurément.

284 a SOCRATE. — Et dans une cité bien ordonnée, rien n'est plus apprécié que la vertu.

HIPPIAS. — Sans doute.

SOCRATE. — Or, cette vertu, mieux que personne tu sais l'art de la communiquer à autrui.

HIPPIAS. — Sans comparaison, Socrate.

SOCRATE. — Suppose un homme plus habile que personne à communiquer l'art de l'équitation : ne serait-il pas apprécié dans la Thessalie plus que partout ailleurs en Grèce, et n'y gagnerait-il pas les plus grosses sommes ? n'en serait-il pas de même dans tout autre pays où cet art serait en honneur ?

HIPPIAS. — C'est vraisemblable.

SOCRATE. — Et tu peux croire qu'un homme capable de donner les meilleures leçons de vertu serait hors d'état de se
b faire apprécier à Lacédémone, et d'y récolter tout l'argent qu'il voudrait, comme aussi dans les autres cités grecques bien ordonnées, tandis qu'en Sicile, mon cher, à Inycos, cela lui serait possible ? Est-ce là ce que nous devons croire, Hippias ? Si tu me l'ordonnes, j'obéirai.

HIPPIAS. — La vérité, Socrate, est que les Lacédémoniens, par tradition, gardent toujours les mêmes lois et ne veulent pas élever leurs enfants contrairement à la coutume.

SOCRATE. — Que dis-tu ? Est-ce une tradition à Lacédé-
c mone de ne pas agir comme il convient et de se tromper toujours ?

HIPPIAS. — Je ne saurais le prétendre, Socrate.

SOCRATE. — Ils auraient donc raison de mieux élever leurs enfants au lieu de les élever moins bien ?

HIPPIAS. — Assurément ; mais il est contraire à leur loi d'élever les enfants selon une méthode étrangère ; sans quoi, sache-le bien, si jamais homme avait gagné de l'argent chez eux par une méthode d'éducation, j'en aurais gagné bien plus encore ; car il est sûr qu'ils se plaisent à m'écouter et qu'ils m'applaudissent ; mais, je le répète, la loi est inflexible.

d SOCRATE. — La loi, Hippias, est-elle, selon toi, un bien ou un mal pour les cités ?

HIPPIAS. — On l'établit, à mon avis, en vue du bien, mais elle produit quelquefois le mal, si elle est mal faite.

ΙΠ. Πῶς γὰρ οὔ;

ΣΩ. Ἐν δέ γε ταῖς εὐνόμοις πόλεσιν τιμιώτατον ἡ 284 a
ἀρετή.

ΙΠ. Πάνυ γε.

ΣΩ. Σὺ δὲ ταύτην παραδιδόναι ἄλλῳ κάλλιστ' ἀνθρώπων ἐπίστασαι.

ΙΠ. Καὶ πολύ γε, ὦ Σώκρατες.

ΣΩ. Ὁ οὖν κάλλιστ' ἐπιστάμενος ἱππικὴν παραδιδόναι ἆρ' οὐκ ἂν ἐν Θετταλίᾳ τῆς Ἑλλάδος μάλιστα τιμῷτο καὶ πλεῖστα χρήματα λαμβάνοι, καὶ ἄλλοθι ὅπου τοῦτο σπουδάζοιτο;

ΙΠ. Εἰκός γε.

ΣΩ. Ὁ δὴ δυνάμενος παραδιδόναι τὰ πλείστου ἄξια μαθήματα εἰς ἀρετὴν οὐκ ἐν Λακεδαίμονι μάλιστα τιμήσεται καὶ πλεῖστα ἐργάσεται χρήματα, ἂν βούληται, καὶ ἐν b
ἄλλῃ πόλει ἥτις τῶν Ἑλληνίδων εὐνομεῖται, ἀλλ' ἐν Σικελίᾳ, ὦ ἑταῖρε, οἴει μᾶλλον καὶ ἐν Ἰνυκῷ; Ταῦτα πειθώμεθα, ὦ Ἱππία; Ἐὰν γὰρ σὺ κελεύῃς, πειστέον.

ΙΠ. Οὐ γὰρ πάτριον, ὦ Σώκρατες, Λακεδαιμονίοις κινεῖν τοὺς νόμους, οὐδὲ παρὰ τὰ εἰωθότα παιδεύειν τοὺς ὑεῖς.

ΣΩ. Πῶς λέγεις; Λακεδαιμονίοις οὐ πάτριον ὀρθῶς πράττειν, ἀλλ' ἐξαμαρτάνειν; c

ΙΠ. Οὐκ ἂν φαίην ἔγωγε, ὦ Σώκρατες.

ΣΩ. Οὐκοῦν ὀρθῶς ἂν πράττοιεν βέλτιον, ἀλλὰ μὴ χεῖρον παιδεύοντες τοὺς νέους;

ΙΠ. Ὀρθῶς· ἀλλὰ ξενικὴν παίδευσιν οὐ νόμιμον αὐτοῖς παιδεύειν, ἐπεὶ εὖ ἴσθι, εἴπερ τις ἄλλος ἐκεῖθεν χρήματα ἔλαβεν πώποτε ἐπὶ παιδεύσει, καὶ ἐμὲ ἂν λαβεῖν πολὺ μάλιστα· χαίρουσι γοῦν ἀκούοντες ἐμοῦ καὶ ἐπαινοῦσιν· ἀλλ', ὃ λέγω, οὐ νόμος.

ΣΩ. Νόμον δὲ λέγεις, ὦ Ἱππία, βλάβην πόλεως εἶναι ἢ d
ὠφελίαν;

ΙΠ. Τίθεται μέν, οἶμαι, ὠφελίας ἕνεκα, ἐνίοτε δὲ καὶ βλάπτει, ἐὰν κακῶς τεθῇ ὁ νόμος.

Socrate. — Qu'est-ce à dire? Dans l'intention de ceux qui font les lois, ne sont-elles pas pour la cité le bien suprême, sans lequel un État ne peut subsister dans l'ordre?

Hippias. — Tu dis vrai.

Socrate. — Par conséquent, lorsque le législateur échoue dans sa recherche du bien, c'est le droit et la loi qu'il échoue à réaliser? Qu'en dis-tu?

e Hippias. — A parler rigoureusement, tu as raison; mais ce n'est pas ainsi qu'on l'entend d'ordinaire.

Socrate. — De qui veux-tu parler, Hippias? Des sages ou des ignorants?

Hippias. — Du plus grand nombre des hommes.

Socrate. — Connaissent-ils la vérité, ces hommes qui sont le nombre?

Hippias. — Non certes.

Socrate. — Mais les sages ne considèrent-ils pas ce qui est utile comme plus conforme réellement au droit pour tous les hommes que ce qui est nuisible[1]? Me l'accordes-tu?

Hippias. — Oui, je te l'accorde, pour ce qui est de la vérité rigoureuse.

Socrate. — Ainsi donc, la réalité est bien telle que l'affirment les sages?

Hippias. — Incontestablement.

Socrate. — Or les Lacédémoniens, selon toi, auraient
285 a avantage à suivre ta méthode d'éducation, bien qu'apportée du dehors, de préférence à leur méthode nationale?

Hippias. — Je l'affirme, et j'ai raison.

Socrate. — N'affirmes-tu pas aussi que le plus utile est le plus conforme au droit?

Hippias. — Je l'ai dit en effet.

Socrate. — Ainsi, d'après toi-même, les fils des Lacédémoniens se conformeraient mieux au droit en suivant les leçons d'Hippias et moins bien en suivant celles de leurs pères, s'il est vrai que les tiennes leur soient plus avantageuses?

Hippias. — Elles le sont, Socrate.

1. Les sages ou les habiles sont les hommes qui croient avec Socrate à l'identité foncière de l'utile et du bien (au sens moral). Mais, en fait, le mot *bien*, en grec, désigne plutôt l'*utile* que le *bien moral*, lequel est d'ordinaire appelé le *beau* dans la langue courante.

ΣΩ. Τί δέ; Οὐχ ὡς ἀγαθὸν μέγιστον πόλει τίθενται τὸν νόμον οἱ τιθέμενοι; Καὶ ἄνευ τούτου μετὰ εὐνομίας ἀδύνατον οἰκεῖν;

ΙΠ. Ἀληθῆ λέγεις.

ΣΩ. Ὅταν ἄρα ἀγαθοῦ ἁμάρτωσιν οἱ ἐπιχειροῦντες τοὺς νόμους τιθέναι, νομίμου τε καὶ νόμου ἡμαρτήκασιν· ἢ πῶς λέγεις;

ΙΠ. Τῷ μὲν ἀκριβεῖ λόγῳ, ὦ Σώκρατες, οὕτως ἔχει· οὐ e
μέντοι εἰώθασιν ἄνθρωποι ὀνομάζειν οὕτω.

ΣΩ. Πότερον, ὦ Ἱππία, οἱ εἰδότες ἢ οἱ μὴ εἰδότες;

ΙΠ. Οἱ πολλοί.

ΣΩ. Εἰσὶν δ' οὗτοι οἱ εἰδότες τὸ ἀληθές, οἱ πολλοί;

ΙΠ. Οὐ δῆτα.

ΣΩ. Ἀλλὰ μήν που οἵ γ' εἰδότες τὸ ὠφελιμώτερον τοῦ ἀνωφελεστέρου νομιμώτερον ἡγοῦνται τῇ ἀληθείᾳ πᾶσιν ἀνθρώποις· ἢ οὐ συγχωρεῖς;

ΙΠ. Ναί, συγχωρῶ ὅτι γε τῇ ἀληθείᾳ.

ΣΩ. Οὐκοῦν ἔστιν τε καὶ ἔχει οὕτως, ὡς οἱ εἰδότες ἡγοῦνται;

ΙΠ. Πάνυ γε.

ΣΩ. Ἔστι δέ γε Λακεδαιμονίοις, ὡς σὺ φῄς, ὠφελι-
μώτερον τὴν ὑπὸ σοῦ παίδευσιν, ξενικὴν οὖσαν, παιδεύεσθαι 285 a
μᾶλλον ἢ τὴν ἐπιχωρίαν.

ΙΠ. Καὶ ἀληθῆ γε λέγω.

ΣΩ. Καὶ γὰρ ὅτι τὰ ὠφελιμώτερα νομιμώτερά ἐστι, καὶ τοῦτο λέγεις, ὦ Ἱππία;

ΙΠ. Εἶπον γάρ.

ΣΩ. Κατὰ τὸν σὸν ἄρα λόγον τοῖς Λακεδαιμονίων ὑέσιν ὑπὸ Ἱππίου παιδεύεσθαι νομιμώτερόν ἐστιν, ὑπὸ δὲ τῶν πατέρων ἀνομώτερον, εἴπερ τῷ ὄντι ὑπὸ σοῦ πλείω ὠφεληθήσονται.

ΙΠ. Ἀλλὰ μὴν ὠφεληθήσονται, ὦ Σώκρατες.

285 a 4 νομιμώτερα F : νομικώτερα TW.

b SOCRATE. — Par conséquent les Lacédémoniens violent le droit en refusant de te donner de l'argent et de te confier leurs fils ?

HIPPIAS. — Je suis d'accord avec toi sur ce point ; car il me semble que tu plaides ma cause, et ce n'est pas à moi de la combattre.

SOCRATE. — S'il en est ainsi, mon cher, voici les Lacédémoniens convaincus de désobéissance à la loi, et cela en une matière très importante, eux que l'on proclame les plus dociles de tous les Grecs à la loi. Tu dis, Hippias, qu'ils t'applaudissent et qu'ils écoutent tes discours avec plaisir :
c quels discours, par les dieux ? Ceux-là sans doute qui forment la plus belle partie de ta science, sur les astres et sur les vicissitudes célestes ?

HIPPIAS. — En aucune façon ; ils ne peuvent les souffrir.

SOCRATE. — Aiment-ils à t'entendre parler sur la géométrie.

HIPPIAS. — Pas davantage, et je crois même que l'arithmétique, si je l'ose dire, est pour beaucoup d'entre eux lettre close.

SOCRATE. — En ce cas tes beaux discours sur les calculs ne doivent pas les charmer beaucoup.

HIPPIAS. — Il s'en faut de loin.

SOCRATE. — Et ces subtiles distinctions, où tu excelles
d plus que personne, sur la valeur des lettres, des syllabes, des rythmes et des modes ?

HIPPIAS. — A quelles lettres et quels modes veux-tu qu'ils s'intéressent ?

SOCRATE. — Alors dis-moi donc toi-même quels sont ces sujets sur lesquels ils t'écoutent avec plaisir et applaudissement ; car je ne le devine pas.

HIPPIAS. — Les généalogies, Socrate ; celles des héros et des hommes ; les récits relatifs à l'antique fondation des cités ; et, d'une manière générale, tout ce qui se rapporte à
e l'antiquité ; si bien que j'ai dû, à cause d'eux, étudier et travailler toutes ces questions.

SOCRATE. — Il est heureux pour toi, Hippias, qu'ils ne soient pas curieux de connaître la liste des archontes depuis Solon : car tu aurais eu fort à faire pour te la mettre dans la tête.

ΣΩ. Παρανομοῦσιν ἄρα Λακεδαιμόνιοι οὐ διδόντες σοι b
χρυσίον καὶ ἐπιτρέποντες τοὺς αὑτῶν ὑεῖς.

ΙΠ. Συγχωρῶ ταῦτα· δοκεῖς γάρ μοι τὸν λόγον πρὸς ἐμοῦ
λέγειν, καὶ οὐδέν με δεῖ αὐτῷ ἐναντιοῦσθαι.

ΣΩ. Παρανόμους μὲν δή, ὦ ἑταῖρε, τοὺς Λάκωνας
εὑρίσκομεν, καὶ ταῦτ' εἰς τὰ μέγιστα, τοὺς νομιμωτάτους
δοκοῦντας εἶναι. Ἐπαινοῦσι δὲ δή σε πρὸς θεῶν, ὦ Ἱππία,
καὶ χαίρουσιν ἀκούοντες ποῖα ; Ἢ δῆλον δὴ ὅτι ἐκεῖνα, ἃ
σὺ κάλλιστα ἐπίστασαι, τὰ περὶ τὰ ἄστρα τε καὶ τὰ οὐράνια c
πάθη ;

ΙΠ. Οὐδ' ὁπωστιοῦν· ταῦτά γε οὐδ' ἀνέχονται.

ΣΩ. Ἀλλὰ περὶ γεωμετρίας τι χαίρουσιν ἀκούοντες ;

ΙΠ. Οὐδαμῶς, ἐπεὶ οὐδ' ἀριθμεῖν ἐκείνων γε, ὡς ἔπος
εἰπεῖν, πολλοὶ ἐπίστανται.

ΣΩ. Πολλοῦ ἄρα δέουσιν περί γε λογισμῶν ἀνέχεσθαί σου
ἐπιδεικνυμένου.

ΙΠ. Πολλοῦ μέντοι νὴ Δία.

ΣΩ. Ἀλλὰ δῆτα ἐκεῖνα, ἃ σὺ ἀκριβέστατα ἐπίστασαι
ἀνθρώπων διαιρεῖν, περί τε γραμμάτων δυνάμεως καὶ d
συλλαβῶν καὶ ῥυθμῶν καὶ ἁρμονιῶν ;

ΙΠ. Περὶ ποίων, ὠγαθέ, ἁρμονιῶν καὶ γραμμάτων ;

ΣΩ. Ἀλλὰ τί μὴν ἔστιν ἃ ἡδέως σου ἀκροῶνται καὶ
ἐπαινοῦσιν ; Αὐτός μοι εἰπέ, ἐπειδὴ ἐγὼ οὐχ εὑρίσκω.

ΙΠ. Περὶ τῶν γενῶν, ὦ Σώκρατες, τῶν τε ἡρώων καὶ
τῶν ἀνθρώπων, καὶ τῶν κατοικίσεων, ὡς τὸ ἀρχαῖον ἐκτίσ-
θησαν αἱ πόλεις, καὶ συλλήβδην πάσης τῆς ἀρχαιολογίας
ἥδιστα ἀκροῶνται, ὥστ' ἔγωγε δι' αὐτοὺς ἠνάγκασμαι ἐκμεμα- e
θηκέναι τε καὶ ἐκμεμελετηκέναι πάντα τὰ τοιαῦτα.

ΣΩ. Ναὶ μὰ Δί', ὦ Ἱππία, ηὐτύχηκάς γε ὅτι Λακε-
δαιμόνιοι οὐ χαίρουσιν ἄν τις αὐτοῖς ἀπὸ Σόλωνος τοὺς
ἄρχοντας τοὺς ἡμετέρους καταλέγῃ· εἰ δὲ μή, πράγματ' ἂν
εἶχες ἐκμανθάνων.

e 3 γε ὅτι F : γε ὅτι γε TW.

HIPPIAS. — Pourquoi, Socrate? Il me suffit d'entendre une fois cinquante noms de suite pour les retenir.

SOCRATE. — C'est vrai ; j'oubliais que la mnémonique est
286 a ta partie. Aussi j'imagine que les Lacédémoniens admirent en toi un homme qui sait tout, et que tu tiens auprès d'eux l'office des vieilles femmes auprès des enfants, celui qui consiste à leur raconter de belles histoires.

HIPPIAS. — En effet, Socrate ; et tout récemment encore, j'ai obtenu chez eux un grand succès en leur exposant les beaux exercices où les jeunes gens doivent s'exercer. J'ai composé sur ce sujet un magnifique discours qui brille, entre autres mérites, par le choix des mots. Voici à peu près le thème et le début du morceau. Après la prise de Troie, je
b montre Néoptolème interrogeant Nestor sur les travaux qui doivent occuper un jeune homme désireux de se rendre illustre ; Nestor lui répond et lui donne les conseils les plus justes et les plus beaux. J'ai lu ce morceau à Lacédémone, et je me propose d'en donner une lecture publique ici même, dans trois jours, à l'école de Phidostrate, où je ferai entendre en même temps plusieurs autres compositions dignes d'être connues ; c'est Eudicos, fils d'Apémantos, qui m'en a prié.
c J'espère que tu viendras toi-même à cette séance et que tu m'amèneras d'autres auditeurs capables d'en bien juger.

Commencement de la discussion. Position de la question.

SOCRATE. — Je n'y manquerai pas, Hippias, avec la permission des dieux. Mais je te prie de me répondre d'abord à ce sujet sur un détail que je te remercie de m'avoir rappelé. Récemment, en effet, dans une discussion où je blâmais la laideur et vantais la beauté de certaines
d choses, je me suis trouvé embarrassé par mon interlocuteur. Il me demandait, non sans ironie : « Comment fais-tu, Socrate, pour savoir ce qui est beau et ce qui est laid ? Voyons : peux-tu me dire ce qu'est la beauté ? » Et moi, faute d'esprit, je restai court sans pouvoir lui donner une réponse satisfaisante. Après l'entretien, fort irrité contre moi-même, je me fis des reproches amers, bien décidé, dès que je rencontrerais quelque habile homme d'entre vous, à l'écouter, à m'instruire, à creuser la question, et à retourner vers mon adversaire pour reprendre le combat. Aujourd'hui, je le

ΙΠ. Πόθεν, ὦ Σώκρατες; Ἅπαξ ἀκούσας πεντήκοντα ὀνόματα ἀπομνημονεύσω.

ΣΩ. Ἀληθῆ λέγεις, ἀλλ' ἐγὼ οὐκ ἐνενόησα ὅτι τὸ μνημονικὸν ἔχεις· ὥστ' ἐννοῶ ὅτι εἰκότως σοι χαίρουσιν οἱ Λακεδαιμόνιοι ἅτε πολλὰ εἰδότι, καὶ χρῶνται ὥσπερ ταῖς 286 a
πρεσβύτισιν οἱ παῖδες πρὸς τὸ ἡδέως μυθολογῆσαι.

ΙΠ. Καὶ ναὶ μὰ Δί', ὦ Σώκρατες, περί γε ἐπιτηδευμάτων καλῶν καὶ ἔναγχος αὐτόθι ηὐδοκίμησα διεξιὼν ἃ χρὴ τὸν νέον ἐπιτηδεύειν. Ἔστι γάρ μοι περὶ αὐτῶν παγκάλως λόγος συγκείμενος, καὶ ἄλλως εὖ διακείμενος καὶ τοῖς ὀνόμασι· πρόσχημα δέ μοί ἐστι καὶ ἀρχὴ τοιάδε τις τοῦ λόγου. Ἐπειδὴ ἡ Τροία ἥλω, λέγει ὁ λόγος ὅτι Νεοπτόλεμος Νέστορα
ἔροιτο ποῖά ἐστι καλὰ ἐπιτηδεύματα, ἃ ἄν τις ἐπιτηδεύσας b
νέος ὢν εὐδοκιμώτατος γένοιτο· μετὰ ταῦτα δὴ λέγων ἐστὶν ὁ Νέστωρ καὶ ὑποτιθέμενος αὐτῷ πάμπολλα νόμιμα καὶ πάγκαλα. Τοῦτον δὴ καὶ ἐκεῖ ἐπεδειξάμην καὶ ἐνθάδε μέλλω ἐπιδεικνύναι εἰς τρίτην ἡμέραν, ἐν τῷ Φειδοστράτου διδασκαλείῳ, καὶ ἄλλα πολλὰ καὶ ἄξια ἀκοῆς· ἐδεήθη γάρ μου Εὔδικος ὁ Ἀπημάντου. Ἀλλ' ὅπως παρέσει καὶ αὐτὸς καὶ
ἄλλους ἄξεις, οἵτινες ἱκανοὶ ἀκούσαντες κρῖναι τὰ λεγόμενα. c

ΣΩ. Ἀλλὰ ταῦτ' ἔσται, ἂν θεὸς ἐθέλῃ, ὦ Ἱππία. Νυνὶ μέντοι βραχύ τί μοι περὶ αὐτοῦ ἀπόκριναι· καὶ γάρ με εἰς καλὸν ὑπέμνησας. Ἔναγχος γάρ τις, ὦ ἄριστε, εἰς ἀπορίαν με κατέβαλεν ἐν λόγοις τισὶν τὰ μὲν ψέγοντα ὡς αἰσχρά, τὰ δ' ἐπαινοῦντα ὡς καλά, οὕτω πως ἐρόμενος καὶ μάλα ὑβριστικῶς· Πόθεν δέ μοι σύ, ἔφη, ὦ Σώκρατες, οἶσθα
ὁποῖα καλὰ καὶ αἰσχρά; Ἐπεὶ φέρε, ἔχοις ἂν εἰπεῖν τί ἐστι d
τὸ καλόν; Καὶ ἐγὼ διὰ τὴν ἐμὴν φαυλότητα ἠπορούμην τε καὶ οὐκ εἶχον αὐτῷ κατὰ τρόπον ἀποκρίνασθαι· ἀπιὼν οὖν ἐκ τῆς συνουσίας ἐμαυτῷ τε ὠργιζόμην καὶ ὠνείδιζον, καὶ ἠπείλουν, ὁπότε πρῶτον ὑμῶν τῳ τῶν σοφῶν ἐντύχοιμι, ἀκούσας καὶ μαθὼν καὶ ἐκμελετήσας ἰέναι πάλιν ἐπὶ τὸν ἐρωτήσαντα, ἀναμαχούμενος τὸν λόγον. Νῦν οὖν, ὃ λέγω, εἰς καλὸν ἥκεις, καὶ με δίδαξον ἱκανῶς αὐτὸ τὸ καλὸν ὅ τι

e répète, tu arrives à propos. Explique-moi donc ce qu'est la beauté et tâche de me répondre avec la dernière précision, pour que je ne sois pas exposé à une nouvelle défaite qui me rendrait ridicule. Il est évident que tu connais le sujet à merveille et que c'est là un simple détail parmi les problèmes que tu possèdes à fond.

HIPPIAS. — Mince problème, Socrate ; un problème insignifiant, si j'ose le dire.

SOCRATE. — Il me sera d'autant plus facile de m'en instruire et d'être désormais assuré contre un adversaire.

HIPPIAS. — Contre tous les adversaires, Socrate ; ou ma
287 a science serait bien misérable et bien vulgaire.

SOCRATE. — Voilà de bonnes paroles, Hippias, s'il est vrai que mon ennemi soit vaincu d'avance. Vois-tu quelque empêchement à ce que je fasse son personnage, présentant des objections à tes réponses, de manière à me faire parfaitement préparer par toi ? Car j'ai quelque habitude de présenter des objections. Si tu n'y vois pas d'inconvénient, j'aimerais à t'en proposer moi-même, afin de comprendre plus à fond.

HIPPIAS. — Propose donc. Aussi bien, le problème est
b simple, je le répète, et je pourrais t'enseigner à répondre sur des sujets beaucoup plus difficiles, de manière à défier tous les contradicteurs.

SOCRATE. — Dieux ! quelles bonnes paroles ! Puisque tu le permets, je vais donc entrer de mon mieux dans le rôle de mon adversaire pour te poser des questions. Car, si tu lui récitais le discours dont tu m'as parlé, sur les belles occupations, après t'avoir écouté, la lecture finie, il ne manquerait pas de t'interroger avant tout sur la beauté elle-même, sui-
c vant son habitude, et il dirait : « Étranger d'Élis, n'est-ce pas par la justice que les justes sont justes ? » Réponds-moi donc, Hippias, en supposant que c'est lui qui t'interroge.

HIPPIAS. — Je répondrais que c'est par la justice.

SOCRATE. — La justice est donc une chose réelle ?

HIPPIAS. — Sans doute.

SOCRATE. — Donc aussi c'est par la science que les savants sont savants et par le bien que tous les biens sont des biens ?

HIPPIAS. — Évidemment.

SOCRATE. — Et ces choses sont réelles, sans quoi elles n'auraient point d'effet ?

ἐστίν, καὶ πειρῶ μοι ὅ τι μάλιστα ἀκριβῶς εἰπεῖν ἀποκρινό- e
μενος, μὴ ἐξελεγχθεὶς τὸ δεύτερον αὖθις γέλωτα ὄφλω.
Οἶσθα γὰρ δήπου σαφῶς, καὶ σμικρόν που τοῦτ' ἂν εἴη μάθημα ὧν σὺ τῶν πολλῶν ἐπίστασαι.

ΙΠ. Σμικρὸν μέντοι νὴ Δί', ὦ Σώκρατες, καὶ οὐδενὸς ἄξιον, ὡς ἔπος εἰπεῖν.

ΣΩ. Ῥᾳδίως ἄρα μαθήσομαι καὶ οὐδείς με ἐξελέγξει ἔτι.

ΙΠ. Οὐδεὶς μέντοι· φαῦλον γὰρ ἂν εἴη τὸ ἐμὸν πρᾶγμα
καὶ ἰδιωτικόν. 287 a

ΣΩ. Εὖ γε νὴ τὴν Ἥραν λέγεις, ὦ Ἱππία, εἰ χειρωσόμεθα τὸν ἄνδρα. Ἀτὰρ μή τι κωλύω μιμούμενος ἐγὼ ἐκεῖνον, ἐὰν σοῦ ἀποκρινομένου ἀντιλαμβάνωμαι τῶν λόγων, ἵνα ὅ τι μάλιστά με ἐκμελετήσῃς; Σχεδὸν γάρ τι ἔμπειρός εἰμι τῶν ἀντιλήψεων. Εἰ οὖν μή τί σοι διαφέρει, βούλομαι ἀντιλαμβάνεσθαι, ἵν' ἐρρωμενέστερον μάθω.

ΙΠ. Ἀλλ' ἀντιλαμβάνου. Καὶ γάρ, ὃ νυνδὴ εἶπον, οὐ
μέγα ἐστὶ τὸ ἐρώτημα, ἀλλὰ καὶ πολὺ τούτου χαλεπώτερα b
ἂν ἀποκρίνασθαι ἐγώ σε διδάξαιμι, ὥστε μηδένα ἀνθρώπων δύνασθαί σε ἐξελέγχειν.

ΣΩ. Φεῦ ὡς εὖ λέγεις· ἀλλά γ', ἐπειδὴ καὶ σὺ κελεύεις, φέρε ὅ τι μάλιστα ἐκεῖνος γενόμενος πειρῶμαί σε ἐρωτᾶν. Εἰ γὰρ δὴ αὐτῷ τὸν λόγον τοῦτον ἐπιδείξαις ὃν φῄς, τὸν περὶ τῶν καλῶν ἐπιτηδευμάτων, ἀκούσας, ἐπειδὴ παύσαιο
λέγων, ἔροιτ' ἂν οὐ περὶ ἄλλου πρότερον ἢ περὶ τοῦ καλοῦ,
ἔθος γάρ τι τοῦτ' ἔχει, καὶ εἴποι ἄν· Ὦ ξένε Ἠλεῖε, ἆρ' οὐ c
δικαιοσύνῃ δίκαιοί εἰσιν οἱ δίκαιοι; Ἀπόκριναι δή, ὦ Ἱππία, ὡς ἐκείνου ἐρωτῶντος.

ΙΠ. Ἀποκρινοῦμαι ὅτι δικαιοσύνῃ.

ΣΩ. Οὐκοῦν ἔστι τι τοῦτο, ἡ δικαιοσύνη;

ΙΠ. Πάνυ γε.

ΣΩ. Οὐκοῦν καὶ σοφίᾳ οἱ σοφοί εἰσι σοφοὶ καὶ τῷ ἀγαθῷ πάντα τἀγαθὰ ἀγαθά;

ΙΠ. Πῶς δ' οὔ;

ΣΩ. Οὖσί γέ τισι τούτοις· οὐ γὰρ δή που μὴ οὖσί γε.

HIPPIAS. — Elles sont réelles, très certainement,

SOCRATE. — Et les belles choses, ne sont-elles pas belles aussi par l'effet de la beauté ?

d HIPPIAS. — Oui, par la beauté.

SOCRATE. — Qui est une chose réelle ?

HIPPIAS. — Très réelle. Quelle difficulté ?

SOCRATE. — Alors, demandera notre homme, dis-moi, ô étranger, ce qu'est cette beauté.

HIPPIAS. — Le questionneur, à ce qu'il me semble, me demande quelle chose est belle ?

SOCRATE. — Je ne crois pas, Hippias ; mais plutôt ce qu'est le beau.

HIPPIAS. — Où est la différence ?

SOCRATE. — Tu n'en vois aucune ?

HIPPIAS. — Pas la moindre.

SOCRATE. — Je suis bien sûr que tu en sais plus long que tu ne veux bien le dire. Quoi qu'il en soit, mon cher, réfléchis : il ne te demande pas quelle chose est belle, mais ce

e qu'est le beau.

Première définition.

HIPPIAS. — C'est compris, mon cher ; je vais lui dire ce qu'est le beau, et il ne me réfutera pas. Ce qui est beau, Socrate, sache-le bien, à parler en toute vérité, c'est une belle vierge.

SOCRATE. — Par le chien, Hippias, voilà une belle et brillante réponse. Ainsi donc, si je lui fais cette même réponse,

288 a j'aurai répondu correctement à la question posée et je n'aurai pas à craindre d'être réfuté ?

HIPPIAS. — Comment le serais-tu, Socrate, si ton avis est celui de tout le monde et si tes auditeurs attestent tous que tu as raison ?

SOCRATE. — Admettons qu'ils l'affirment. Mais permets, Hippias, que je reprenne pour mon compte ce que tu viens de dire. Il va me poser la question suivante : « Réponds-moi. Socrate ; si toutes les choses que tu qualifies de belles le sont en effet, n'est-ce pas qu'il existe une beauté en soi qui les rend belles ? » Je lui répondrai donc que si une belle jeune fille a de la beauté, c'est qu'en effet il existe une beauté par quoi toutes choses sont belles ?

ΙΠ. Οὖσι μέντοι.

ΣΩ. Ἆρ' οὖν οὐ καὶ τὰ καλὰ πάντα τῷ καλῷ ἐστι καλά;

ΙΠ. Ναί, τῷ καλῷ. d

ΣΩ. Ὄντι γέ τινι τούτῳ;

ΙΠ. Ὄντι· ἀλλὰ τί γὰρ μέλλει;

ΣΩ. Εἰπὲ δή, ὦ ξένε, φήσει, τί ἐστι τοῦτο τὸ καλόν;

ΙΠ. Ἄλλο τι οὖν, ὦ Σώκρατες, ὁ τοῦτο ἐρωτῶν δεῖται πυθέσθαι, τί ἐστι καλόν;

ΣΩ. Οὔ μοι δοκεῖ, ἀλλ' ὅ τι ἐστὶ τὸ καλόν, ὦ Ἱππία.

ΙΠ. Καὶ τί διαφέρει τοῦτ' ἐκείνου;

ΣΩ. Οὐδέν σοι δοκεῖ;

ΙΠ. Οὐδὲν γὰρ διαφέρει.

ΣΩ. Ἀλλὰ μέντοι δῆλον ὅτι σὺ κάλλιον οἶσθα. Ὅμως δέ, ὠγαθέ, ἄθρει· ἐρωτᾷ γάρ σε οὐ τί ἐστι καλόν, ἀλλ' ὅ τι ἐστὶ τὸ καλόν. e

ΙΠ. Μανθάνω, ὠγαθέ, καὶ ἀποκρινοῦμαί γε αὐτῷ ὅ τι ἐστὶ τὸ καλόν, καὶ οὐ μή ποτε ἐλεγχθῶ. Ἔστι γάρ, ὦ Σώκρατες, εὖ ἴσθι, εἰ δεῖ τὸ ἀληθὲς λέγειν, παρθένος καλὴ καλόν.

ΣΩ. Καλῶς γε, ὦ Ἱππία, νὴ τὸν κύνα, καὶ εὐδόξως ἀπεκρίνω. Ἄλλο τι οὖν, ἂν ἐγὼ τοῦτο ἀποκρίνωμαι, τὸ ἐρωτώμενόν τε ἀποκεκριμένος ἔσομαι καὶ ὀρθῶς, καὶ οὐ μὴ ἐλεγχθῶ; 288 a

ΙΠ. Πῶς γὰρ ἄν, ὦ Σώκρατες, ἐλεγχθείης, ὅ γε πᾶσιν δοκεῖ καὶ πάντες σοι μαρτυρήσουσιν οἱ ἀκούοντες ὅτι ὀρθῶς λέγεις;

ΣΩ. Εἶεν· πάνυ μὲν οὖν. Φέρε δή, ὦ Ἱππία, πρὸς ἐμαυτὸν ἀναλάβω ὃ λέγεις. Ὁ μὲν ἐρήσεταί με οὑτωσί πως· Ἴθι μοι, ὦ Σώκρατες, ἀπόκριναι· ταῦτα πάντα ἃ φῄς καλὰ εἶναι, εἰ τί ἐστιν αὐτὸ τὸ καλόν, ταῦτ' ἂν εἴη καλά; Ἐγὼ δὲ δὴ ἐρῶ ὅτι εἰ παρθένος καλὴ καλόν, ἔστι <τι> δι' ὃ ταῦτ' ἂν εἴη καλά.

288 a 10 ἔστι < τι > δι' ὅ Schanz : ἔστι διὸ TW.

b HIPPIAS. — Crois-tu qu'il ose nier la beauté de ce dont tu parles, ou, s'il l'ose, qu'il puisse échapper au ridicule?

SOCRATE. — Il l'osera, mon savant ami, j'en suis certain. Quant à dire si cela le rendra ridicule, l'événement nous le montrera. Mais je vais te dire quel sera son langage.

HIPPIAS. — Parle donc.

SOCRATE. — « Tu es délicieux, Socrate, me dira-t-il. Mais une belle cavale n'a-t-elle pas aussi de la beauté, puisque le dieu lui-même l'a vantée dans un oracle? » Que répondre, Hippias ?
c ne faut-il pas reconnaître qu'une jument a de la beauté, quand elle est belle ? Comment prétendre que le beau soit sans beauté ?

HIPPIAS. — Tu as raison, Socrate : c'est à bon droit que le dieu lui-même déclare les cavales très belles. Le fait est qu'à Élis nous en avons d'admirables [1].

SOCRATE. — « Bien, me dira-t-il. Et une belle lyre, a-t-elle de la beauté? En conviendrons-nous, Hippias? »

HIPPIAS. — Oui.

SOCRATE. — Il poursuivra ses questions ; je le connais assez pour en être certain. Il me dira : « Et une belle marmite, mon très cher, n'est-ce pas une belle chose? »

d HIPPIAS. — Vraiment, Socrate, quelle espèce d'homme est-ce là? Un malappris, pour oser nommer des choses innomables dans un entretien sérieux.

SOCRATE. — Il est ainsi, Hippias : mal élevé, grossier, sans autre souci que celui de la vérité. Il faut cependant lui répondre, et voici mon avis provisoire : supposons une marmite fabriquée par un bon potier, bien polie, bien ronde, bien cuite, comme ces belles marmites à deux anses qui contiennent six conges [2] et qui sont si belles : je dis que s'il pensait à quelqu'une d'elles, il faudrait convenir qu'elle est
e belle. Comment refuser la beauté à ce qui est beau?

HIPPIAS. — C'est impossible, Socrate.

1. On sait que l'Élide était renommée en Grèce pour l'élevage des chevaux.

2. Le *conge* (χόος ou χοῦς) était une mesure d'environ trois litres. La fabrication des beaux vases d'argile était une spécialité d'Athènes et un des éléments essentiels de son exportation. Xénophon, dans son opuscule *Sur les Revenus*, mentionne expressément ce commerce comme une ressource à développer encore.

ΙΠ. Οἴει οὖν ἔτι αὐτὸν ἐπιχειρήσειν σε ἐλέγχειν ὡς οὐ b καλόν ἐστιν ὃ λέγεις, ἢ ἐὰν ἐπιχειρήσῃ, οὐ καταγέλαστον ἔσεσθαι;

ΣΩ. Ὅτι μὲν ἐπιχειρήσει, ὦ θαυμάσιε, εὖ οἶδα· εἰ δ' ἐπιχειρήσας ἔσται καταγέλαστος, αὐτὸ δείξει· ἃ μέντοι ἐρεῖ, ἐθέλω σοι λέγειν.

ΙΠ. Λέγε δή.

ΣΩ. Ὡς γλυκὺς εἶ, φήσει, ὦ Σώκρατες. Θήλεια δ' ἵππος καλὴ οὐ καλόν, ἣν καὶ ὁ θεὸς ἐν τῷ χρησμῷ ἐπῄνεσεν; τί φήσομεν, ὦ Ἱππία; Ἄλλο τι ἢ φῶμεν καὶ τὴν ἵππον καλὸν c εἶναι, τήν γε καλήν; Πῶς γὰρ ἂν τολμῷμεν ἔξαρνοι εἶναι τὸ καλὸν μὴ καλὸν εἶναι;

ΙΠ. Ἀληθῆ λέγεις, ὦ Σώκρατες· ἐπεί τοι καὶ ὀρθῶς αὐτὸ ὁ θεὸς εἶπεν· πάγκαλαι γὰρ παρ' ἡμῖν ἵπποι γίγνονται.

ΣΩ. Εἶεν, φήσει δή· τί δὲ λύρα καλή; Οὐ καλόν; Φῶμεν, ὦ Ἱππία;

ΙΠ. Ναί.

ΣΩ. Ἐρεῖ τοίνυν μετὰ τοῦτ' ἐκεῖνος, σχεδόν τι εὖ οἶδα ἐκ τοῦ τρόπου τεκμαιρόμενος· Ὦ βέλτιστε σύ, τί δὲ χύτρα καλή; Οὐ καλὸν ἄρα;

ΙΠ. Ὦ Σώκρατες, τίς δ' ἐστὶν ὁ ἄνθρωπος; Ὡς ἀπαί- d δευτός τις, ὃς οὕτω φαῦλα ὀνόματα ὀνομάζειν τολμᾷ ἐν σεμνῷ πράγματι.

ΣΩ. Τοιοῦτός τις, ὦ Ἱππία, οὐ κομψός, ἀλλὰ συρφετός, οὐδὲν ἄλλο φροντίζων ἢ τὸ ἀληθές. Ἀλλ' ὅμως ἀποκριτέον τῷ ἀνδρί, καὶ ἔγωγε προαποφαίνομαι· εἴπερ ἡ χύτρα κεκεραμευμένη εἴη ὑπὸ ἀγαθοῦ κεραμέως λεία καὶ στρογγύλη καὶ καλῶς ὠπτημένη, οἷαι τῶν καλῶν χυτρῶν εἰσί τινες δίωτοι, τῶν ἓξ χοᾶς χωρουσῶν, πάγκαλαι, εἰ τοιαύτην ἐρωτῴη χύτραν, καλὴν ὁμολογητέον εἶναι. Πῶς γὰρ ἂν φαῖμεν καλὸν e ὂν μὴ καλὸν εἶναι;

ΙΠ. Οὐδαμῶς, ὦ Σώκρατες.

c 1 καλὸν F : καλὴν TW.

Socrate. — « Ainsi, dira-t-il, une belle marmite, à ton avis, a aussi de la beauté ? »

Hippias. — Voici, Socrate, ce que j'en pense : sans doute un objet de ce genre, quand il est bien fait, a sa beauté, mais en somme cette beauté n'est pas comparable à celle d'une cavale, d'une jeune fille ou des autres choses vraiment belles.

289 a Socrate. — Soit. Si je t'entends bien, Hippias, je devrai répondre à sa question de la manière suivante : « Tu méconnais, mon ami, la vérité de ce mot d'Héraclite [1], que le plus beau des singes est laid en comparaison de l'espèce humaine, et tu oublies que la plus belle marmite est laide en comparaison de la race des vierges, au jugement du savant Hippias. » Est-ce bien cela, Hippias ?

Hippias. — Parfaitement, Socrate ; c'est fort bien répondu.

Socrate. — Écoute alors ce qu'il ne manquera pas de répliquer. « Que dis-tu, Socrate ? La race des vierges, com-
b parée à celle des dieux, n'est-elle pas dans le même cas que les marmites comparées aux vierges ? La plus belle des jeunes filles ne semblera-t-elle pas laide en comparaison ? Cet Héraclite, que tu invoques, ne dit-il pas de la même manière que le plus savant des hommes, comparé à un dieu, n'est qu'un singe pour la science, pour la beauté et pour tout en général ? » Devrons-nous avouer que la plus belle jeune fille est laide en comparaison des déesses ?

Hippias. — Comment soutenir le contraire ?

c Socrate. — Si nous faisons cet aveu, il se rira de nous et me dira : « Te souviens-tu, Socrate, de ma question ? » — « Tu me demandais, répondrai-je, ce qu'était le beau en soi. » — « Et à cette question, reprendra-t-il, tu réponds en m'indiquant une beauté qui, de ton propre aveu, est indifféremment laide ou belle ? » — Je serai forcé d'en convenir. A cela, mon cher, que me conseilles-tu de répliquer ?

Hippias. — Ce que nous venons de dire : que la race des hommes, en comparaison de celle des dieux, ne soit pas belle, c'est ce qu'il a raison d'affirmer.

Socrate. — Il va me dire alors : « Si je t'avais demandé

1. Héraclite d'Éphèse (né vers 540).

ΣΩ. Οὐκοῦν καὶ χύτρα, φήσει, καλὴ καλόν ; Ἀποκρίνου.

ΙΠ. Ἀλλ' οὕτως, ὦ Σώκρατες, ἔχει, οἶμαι· καλὸν μὲν καὶ τοῦτο τὸ σκεῦός ἐστιν καλῶς εἰργασμένον, ἀλλὰ τὸ ὅλον τοῦτο οὐκ ἔστιν ἄξιον κρίνειν ὡς ὂν καλὸν πρὸς ἵππον τε καὶ παρθένον καὶ τἆλλα πάντα τὰ καλά.

ΣΩ. Εἶεν· μανθάνω, ὦ Ἱππία, ὡς ἄρα χρὴ ἡμᾶς ἀντι- 289 a
λέγειν πρὸς τὸν ταῦτα ἐρωτῶντα τάδε· Ὦ ἄνθρωπε, ἀγνοεῖς ὅτι τὸ τοῦ Ἡρακλείτου εὖ ἔχει, ὡς ἄρα πιθήκων ὁ κάλλιστος αἰσχρὸς ἀνθρώπων γένει συμβάλλειν, καὶ χυτρῶν ἡ καλλίστη αἰσχρὰ παρθένων γένει συμβάλλειν, ὥς φησιν Ἱππίας ὁ σοφός. Οὐχ οὕτως, ὦ Ἱππία ;

ΙΠ. Πάνυ μὲν οὖν, ὦ Σώκρατες, ὀρθῶς ἀπεκρίνω.

ΣΩ. Ἄκουε δή· μετὰ τοῦτο γὰρ εὖ οἶδ' ὅτι φήσει· Τί δέ, ὦ Σώκρατες ; τὸ τῶν παρθένων γένος θεῶν γένει ἄν τις συμβάλλῃ, οὐ ταὐτὸν πείσεται ὅπερ τὸ τῶν χυτρῶν τῷ τῶν b
παρθένων συμβαλλόμενον ; Οὐχ ἡ καλλίστη παρθένος αἰσχρὰ φανεῖται ; ἢ οὐ καὶ Ἡράκλειτος ταὐτὸν τοῦτο λέγει, ὃν σὺ ἐπάγει, ὅτι ἀνθρώπων ὁ σοφώτατος πρὸς θεὸν πίθηκος φανεῖται καὶ σοφίᾳ καὶ κάλλει καὶ τοῖς ἄλλοις πᾶσιν ; Ὁμολογήσωμεν, ὦ Ἱππία, τὴν καλλίστην παρθένον πρὸς θεῶν γένος αἰσχρὰν εἶναι ;

ΙΠ. Τίς γὰρ ἂν ἀντείποι τούτῳ γε, ὦ Σώκρατες ;

ΣΩ. Ἂν τοίνυν ταῦτα ὁμολογήσωμεν, γελάσεταί τε καὶ c
ἐρεῖ· Ὦ Σώκρατες, μέμνησαι οὖν ὅ τι ἠρωτήθης ; Ἔγωγε, φήσω, ὅτι αὐτὸ τὸ καλὸν ὅ τί ποτέ ἐστιν. Ἔπειτα, φήσει, ἐρωτηθεὶς τὸ καλόν, ἀποκρίνει ὃ τυγχάνει ὄν, ὡς αὐτὸς φῄς, οὐδὲν μᾶλλον καλὸν ἢ αἰσχρόν ; Ἔοικε, φήσω· ἢ τί μοι συμβουλεύεις, ὦ φίλε, φάναι ;

ΙΠ. Τοῦτο ἔγωγε· καὶ δὴ πρός γε θεοὺς ὅτι οὐ καλὸν τὸ ἀνθρώπειον γένος, ἀληθῆ ἐρεῖ.

ΣΩ. Εἰ δέ σε ἠρόμην, φήσει, ἐξ ἀρχῆς, τί ἐστι καλόν τε

e 6 τοῦτο τὸ F : τοῦτο TW || 289 a 4 ἀνθρώπων Bekker : ἄλλῳ TWF || b 1 τῷ WF : τὸ T || b 6 ὁμολογήσωμεν W : ὁμολογήσομεν TF || ὦ rec. : om. TWF.

d tout d'abord, Socrate, quelle chose est indifféremment belle ou laide, la réponse que tu viens de me faire serait juste. Mais le beau en soi, ce qui pare toute chose et la fait apparaître comme belle en lui communiquant son propre caractère, crois-tu toujours que ce soit une jeune fille, une cavale ou une lyre ?

Nouvelle définition.

HIPPIAS. — Eh bien ! Socrate, si c'est là ce qu'il cherche, rien n'est plus facile que de lui répondre. Il veut savoir ce qu'est cette beauté qui pare toutes choses et les rend belles en
e s'y ajoutant. Ton homme est un sot qui ne s'y connaît nullement en fait de belles choses. Réponds-lui que cette beauté sur laquelle il t'interroge, c'est l'or, et rien d'autre ; il sera réduit au silence et n'essaiera même pas de te réfuter. Car nous savons tous qu'un objet, même laid naturellement, si l'or s'y ajoute, en reçoit une parure qui l'embellit.

SOCRATE. — Tu ne connais pas mon homme, Hippias ; tu ne sais pas comme il est chicanier et difficile à satisfaire.

HIPPIAS. — Qu'importe son humeur, Socrate ? Mis en face
290 a de la vérité, il faudra qu'il l'accepte, ou bien on se moquera de lui.

SOCRATE. — Bien loin d'accepter ma réponse, il me plaisantera et me dira : « Pauvre aveugle, prends-tu Phidias pour un mauvais sculpteur ? » Je lui dirai que je n'en fais rien.

HIPPIAS. — Tu auras raison, Socrate.

SOCRATE. — Sans doute. Mais quand je lui aurai déclaré que je considère Phidias comme un grand artiste, il pour-
b suivra : « Phidias, à ton avis, ignorait-il l'espèce de beauté dont tu parles ? » — « Pourquoi cela ? » — « C'est qu'il n'a fait en or ni les yeux de son Athéna, ni le reste de son visage, ni ses pieds, ni ses mains, comme il l'aurait dû pour leur donner plus de beauté, mais qu'il les a faits en ivoire[1] : évidemment il a péché par ignorance, faute de savoir que l'or embellit

1. Il s'agit de la célèbre statue « chryséléphantine » qui était dans le Parthénon, — et qu'il ne faut pas confondre avec la « Promachos », qui était en dehors du temple.

καὶ αἰσχρόν, εἴ μοι ἅπερ νῦν ἀπεκρίνω ἄρα, σὺ ἂν ὀρθῶς d
ἀπεκέκρισο. Ἔτι δὲ καὶ δοκεῖ σοι αὐτὸ τὸ καλόν, ᾧ καὶ τἆλλα
πάντα κοσμεῖται καὶ καλὰ φαίνεται, ἐπειδὰν προσγένηται
ἐκεῖνο τὸ εἶδος, τοῦτ' εἶναι παρθένος ἢ ἵππος ἢ λύρα ;

ΙΠ. Ἀλλὰ μέντοι, ὦ Σώκρατες, εἰ τοῦτό γε ζητεῖ,
πάντων ῥᾷστον ἀποκρίνασθαι αὐτῷ, τί ἐστι τὸ καλόν, ᾧ καὶ τὰ
ἄλλα πάντα κοσμεῖται καὶ προσγενομένου αὐτοῦ καλὰ φαίνε-
ται. Εὐηθέστατος οὖν ἐστιν ὁ ἄνθρωπος καὶ οὐδὲν ἐπαΐει e
περὶ καλῶν κτημάτων. Ἐὰν γὰρ αὐτῷ ἀποκρίνῃ ὅτι τοῦτ'
ἐστὶν ὃ ἐρωτᾷ τὸ καλὸν οὐδὲν ἄλλο ἢ χρυσός, ἀπορήσει καὶ
οὐκ ἐπιχειρήσει σε ἐλέγχειν. Ἴσμεν γάρ που πάντες, ὅτι
ὅπου ἂν τοῦτο προσγένηται, κἂν πρότερον αἰσχρὸν φαίνηται,
καλὸν φανεῖται χρυσῷ γε κοσμηθέν.

ΣΩ. Ἄπειρος εἶ τοῦ ἀνδρός, ὦ Ἱππία, ὡς σχέτλιός
ἐστι καὶ οὐδὲν ῥᾳδίως ἀποδεχόμενος.

ΙΠ. Τί οὖν τοῦτο, ὦ Σώκρατες ; Τὸ γὰρ ὀρθῶς λεγόμενον
ἀνάγκη αὐτῷ ἀποδέχεσθαι, ἢ μὴ ἀποδεχομένῳ καταγελάστῳ 290 a
εἶναι.

ΣΩ. Καὶ μὲν δὴ ταύτην γε τὴν ἀπόκρισιν, ὦ ἄριστε, οὐ μόνον οὐκ ἀποδέξεται, ἀλλὰ πάνυ με καὶ τωθάσεται, καὶ ἐρεῖ· Ὦ τετυφωμένε σύ, Φειδίαν οἴει κακὸν εἶναι δημιουργόν ; Καὶ ἐγώ, οἶμαι, ἐρῶ ὅτι οὐδ' ὁπωστιοῦν.

ΙΠ. Καὶ ὀρθῶς γ' ἐρεῖς, ὦ Σώκρατες.

ΣΩ. Ὀρθῶς μέντοι. Τοιγάρτοι ἐκεῖνος, ἐπειδὰν ἐγὼ
ὁμολογῶ ἀγαθὸν εἶναι δημιουργὸν τὸν Φειδίαν, Εἶτα, φήσει,
οἴει, τοῦτο τὸ καλὸν ὃ σὺ λέγεις, ἠγνόει Φειδίας ; Καὶ ἐγώ· b
Τί μάλιστα ; φήσω. Ὅτι, ἐρεῖ, τῆς Ἀθηνᾶς τοὺς ὀφθαλμοὺς
οὐ χρυσοῦς ἐποίησεν, οὐδὲ τὸ ἄλλο πρόσωπον οὐδὲ τοὺς
πόδας οὐδὲ τὰς χεῖρας, εἴπερ χρυσοῦν γε δὴ ὂν κάλλιστον
ἔμελλε φαίνεσθαι, ἀλλ' ἐλεφάντινον, δῆλον ὅτι τοῦτο ὑπὸ
ἀμαθίας ἐξήμαρτεν ἀγνοῶν ὅτι χρυσὸς ἄρ' ἐστὶν ὁ πάντα

d 1 ἄρα, σὺ Schanz : ἄρα οὐχ TW ἆρ' οὐχ W || e 5 κἂν F : καὶ TW.

tous les objets auxquels on l'applique. A cette objection, Hippias, que répondrons-nous ?

c **Hippias.** — La réponse est facile : Phidias, dirons-nous, a bien fait ; car l'ivoire, à mon avis, est une belle chose.

Socrate. — « Mais alors, dira-t-il, pourquoi Phidias, au lieu de faire en ivoire l'intervalle des deux yeux, l'a-t-il fait en marbre, un marbre d'ailleurs presque pareil à l'ivoire ? » Le beau marbre possède-t-il donc aussi la beauté ? Devons-nous en convenir, Hippias ?

Hippias. — Oui certes, quand il est employé à propos.

Socrate. — Sinon, il est laid ? Dois-je aussi reconnaître ce point ?

Hippias. — Oui : hors de propos, il est laid.

d **Socrate.** — « Ainsi, l'ivoire et l'or, me dira-t-il, ô très savant Socrate, embellissent les choses quand ils y sont appliqués à propos, et les enlaidissent dans le cas contraire, n'est-il pas vrai ? » Faut-il repousser cette distinction ou reconnaître qu'elle est juste ?

Hippias. — Elle est juste, et nous dirons que ce qui fait la beauté de chaque chose, c'est la convenance.

Nouvelle définition : la convenance.

Socrate. — « Lequel est le plus convenable, me dira-t-il, pour notre marmite de tout à l'heure, la belle, quand on y fait bouillir de beaux légumes : une cuiller d'or ou une cuiller en bois de figuier ? »

Hippias. — Par Héraclès, Socrate, quel homme ! Tu ne e veux pas me dire son nom ?

Socrate. — Tu n'en saurais pas davantage si je te le disais.

Hippias. — Ce que je sais, en tout cas, c'est qu'il manque absolument d'éducation.

Socrate. — Il est insupportable, Hippias ! Quoi qu'il en soit, qu'allons-nous lui dire ? Des deux cuillers, laquelle est la plus convenable aux légumes et à la marmite ? N'est-ce pas celle qui est en bois de figuier ? Elle donne à la purée un parfum agréable, et en outre, avec elle, on ne risque pas de briser la marmite, de répandre la purée, d'éteindre le feu, et de priver les convives d'un plat appétissant ; avec la cuiller d'or, on s'expose à tous ces dangers, de sorte que.

καλὰ ποιῶν, ὅπου ἂν προσγένηται. Ταῦτα οὖν λέγοντι τί ἀποκρινώμεθα, ὦ Ἱππία;

ΙΠ. Οὐδὲν χαλεπόν· ἐροῦμεν γὰρ ὅτι ὀρθῶς ἐποίησε. Καὶ c γὰρ τὸ ἐλεφάντινον, οἶμαι, καλόν ἐστιν.

ΣΩ. Τοῦ οὖν ἕνεκα, φήσει, οὐ καὶ τὰ μέσα τῶν ὀφθαλμῶν ἐλεφάντινα εἰργάσατο, ἀλλὰ λίθινα, ὡς οἷόν τ' ἦν ὁμοιότητα τοῦ λίθου τῷ ἐλέφαντι ἐξευρών; Ἦ καὶ ὁ λίθος ὁ καλὸς καλόν ἐστι; Φήσομεν, ὦ Ἱππία;

ΙΠ. Φήσομέν τοι, ὅταν γε πρέπων ᾖ.

ΣΩ. Ὅταν δὲ μὴ πρέπων, αἰσχρόν; Ὁμολογῶ ἢ μή;

ΙΠ. Ὁμολόγει, ὅταν γε μὴ πρέπῃ.

ΣΩ. Τί δὲ δή; ὁ ἐλέφας καὶ ὁ χρυσός, φήσει, ὦ σοφὲ d σύ, οὐχ ὅταν μὲν πρέπῃ, καλὰ ποιεῖ φαίνεσθαι, ὅταν δὲ μή, αἰσχρά; Ἔξαρνοι ἐσόμεθα ἢ ὁμολογήσομεν αὐτῷ ὀρθῶς λέγειν αὐτόν;

ΙΠ. Ὁμολογήσομεν τοῦτό γε, ὅτι ὃ ἂν πρέπῃ ἑκάστῳ, τοῦτο καλὸν ποιεῖ ἕκαστον.

ΣΩ. Πότερον πρέπει, φήσει, ὅταν τις τὴν χύτραν ἣν ἄρτι ἐλέγομεν, τὴν καλήν, ἕψῃ ἔτνους καλοῦ μεστήν, χρυσῆ τορύνη αὐτῇ ἢ συκίνη;

ΙΠ. Ἡράκλεις, οἷον λέγεις ἄνθρωπον, ὦ Σώκρατες. Οὐ βούλει μοι εἰπεῖν τίς ἐστιν;

ΣΩ. Οὐ γὰρ ἂν γνοίης, εἴ σοι εἴποιμι τοὔνομα. e

ΙΠ. Ἀλλὰ καὶ νῦν ἔγωγε γιγνώσκω, ὅτι ἀμαθής τίς ἐστιν.

ΣΩ. Μέρμερος πάνυ ἐστίν, ὦ Ἱππία· ἀλλ' ὅμως τί φήσομεν; Ποτέραν πρέπειν τοῖν τορύναιν τῷ ἔτνει καὶ τῇ χύτρᾳ; ἢ δῆλον ὅτι τὴν συκίνην; Εὐωδέστερον γάρ που τὸ ἔτνος ποιεῖ, καὶ ἅμα, ὦ ἑταῖρε, οὐκ ἂν συντρίψασα ἡμῖν τὴν χύτραν ἐκχέαι τὸ ἔτνος καὶ τὸ πῦρ ἀποσβέσειεν καὶ τοὺς μέλλοντας ἑστιᾶσθαι ἄνευ ὄψου πάνυ γενναίου ποιή-

290 c 6 ὦ WF : om. T || d 6 τοῦτο F : τοῦτον TW.

291 a selon moi, c'est la cuiller de bois qui convient le mieux : as-tu quelque objection ?

HIPPIAS. — Elle convient certainement mieux. Mais, moi, je ne serais pas d'humeur à m'entretenir avec un homme qui pose des questions pareilles.

SOCRATE. — Tu as bien raison, mon ami : ces mots grossiers ne sont pas faits pour les oreilles d'un homme comme toi, si bien vêtu, si bien chaussé, admiré pour sa science dans toute la Grèce. Quant à moi, le contact de cet homme m'est
b indifférent. C'est pourquoi je te prie de m'instruire par avance et de me répondre, dans mon propre intérêt. — « Si la cuiller de bois, me dira-t-il, convient mieux que la cuiller d'or, n'est-elle pas nécessairement aussi la plus belle, puisque ce qui convient est reconnu par toi-même, Socrate, comme plus beau que ce qui ne convient pas ? » Comment faire, Hippias, pour nier que la cuiller de bois ne soit plus belle que la cuiller d'or ?

HIPPIAS. — Veux-tu que je te dise, Socrate, quelle définition du beau tu dois lui donner pour te débarrasser de son bavardage ?

c SOCRATE. — Oui certes ; mais seulement après que tu m'auras fait savoir ce que je dois répondre sur la plus convenable et la plus belle de nos deux cuillers.

HIPPIAS. — Eh bien, si cela te plaît, réponds-lui que c'est la cuiller de bois.

SOCRATE. — Maintenant, fais-moi donc connaître ce que tu avais à me dire. Car, après notre dernière réponse, si je lui dis que le beau, c'est l'or, nous ne voyons plus, semble-t-il, en quoi l'or est plus beau que le bois de figuier. Mais qu'est-ce maintenant que le beau, à ton avis ?

d HIPPIAS. — Je vais te le dire. Tu cherches, si je ne me trompe, une beauté qui jamais, en aucune façon, pour personne au monde, ne puisse paraître laide[1].

SOCRATE. — Précisément ; cette fois tu saisis à merveille ma pensée.

1. Il y a ici, en grec, dans la triple négation d'Hippias, des allitérations qui sont une parodie de son style et que le français ne peut rendre que d'une manière approximative. Ces allitérations avaient été mises à la mode par Gorgias.

σειεν· ἡ δὲ χρυσῆ ἐκείνη πάντ᾽ ἂν ταῦτα ποιήσειεν, ὥστ᾽
ἐμοὶ δοκεῖ τὴν συκίνην ἡμᾶς μᾶλλον φάναι πρέπειν ἢ τὴν 291 a
χρυσῆν, εἰ μή τι σὺ ἄλλο λέγεις.

ΙΠ. Πρέπει μὲν γάρ, ὦ Σώκρατες, μᾶλλον· οὐ μεντἂν ἔγωγε τῷ ἀνθρώπῳ τοιαῦτα ἐρωτῶντι διαλεγοίμην.

ΣΩ. Ὀρθῶς γε, ὦ φίλε· σοὶ μὲν γὰρ οὐκ ἂν πρέποι τοιούτων ὀνομάτων ἀναπίμπλασθαι, καλῶς μὲν οὑτωσὶ ἀμπεχομένῳ, καλῶς δὲ ὑποδεδεμένῳ, εὐδοκιμοῦντι δὲ ἐπὶ σοφίᾳ ἐν πᾶσι τοῖς Ἕλλησιν· ἀλλ᾽ ἐμοὶ οὐδὲν πρᾶγμα φύρεσθαι πρὸς τὸν ἄνθρωπον. Ἐμὲ οὖν προδίδασκε καὶ ἐμὴν b
χάριν ἀποκρίνου. Εἰ γὰρ δὴ πρέπει γε μᾶλλον ἡ συκίνη τῆς χρυσῆς, φήσει ὁ ἄνθρωπος, ἄλλο τι καὶ καλλίων ἂν εἴη, ἐπειδήπερ τὸ πρέπον, ὦ Σώκρατες, κάλλιον ὡμολόγησας εἶναι τοῦ μὴ πρέποντος; Ἄλλο τι ὁμολογῶμεν, ὦ Ἱππία, τὴν συκίνην καλλίω τῆς χρυσῆς εἶναι;

ΙΠ. Βούλει σοι εἴπω, ὦ Σώκρατες, ὃ εἰπὼν εἶναι τὸ καλὸν ἀπαλλάξεις σαυτὸν τῶν πολλῶν λόγων;

ΣΩ. Πάνυ μὲν οὖν· μὴ μέντοι πρότερόν γε, πρὶν ἄν μοι c
εἴπῃς, ποτέραν ἀποκρίνωμαι οἷν ἄρτι ἔλεγον τοῖν τορύναιν πρέπουσάν τε καὶ καλλίω εἶναι.

ΙΠ. Ἀλλ᾽, εἰ βούλει, αὐτῷ ἀπόκριναι, ὅτι ἡ ἐκ τῆς συκῆς εἰργασμένη.

ΣΩ. Λέγε δὴ νυνὶ ὃ ἄρτι ἔμελλες λέγειν. Ταύτῃ μὲν γὰρ τῇ ἀποκρίσει, ἂν φῶ τὸ καλὸν χρυσὸν εἶναι, οὐδὲν ὡς ἔοικέ μοι ἀναφανήσεται κάλλιον ὂν χρυσὸς ἢ ξύλον σύκινον· τὸ δὲ νῦν τί αὖ λέγεις τὸ καλὸν εἶναι;

ΙΠ. Ἐγώ σοι ἐρῶ. Ζητεῖν γάρ μοι δοκεῖς τοιοῦτόν τι τὸ d
καλὸν ἀποκρίνασθαι, ὃ μηδέποτε αἰσχρὸν μηδαμοῦ μηδενὶ φανεῖται.

ΣΩ. Πάνυ μὲν οὖν, ὦ Ἱππία· καὶ καλῶς γε νῦν ὑπολαμβάνεις.

e 11 ὥστ᾽ ἐμοὶ recc : ὥς γε μοι TW || 291 b 8 σαυτὸν rec. : αὐτὸν W αὑτὸν TF || c 7 ἂν Hermann : ἢ ἂν TW.

HIPPIAS. — Écoute-moi donc, et sache que, si l'on te fait encore quelque objection, c'est que je ne connais rien à rien.

SOCRATE. — Parle vite, au nom des dieux !

Quatrième définition.

HIPPIAS. — J'affirme donc que, pour tout homme et en tout temps, ce qu'il y a de plus beau pour un mortel, c'est d'être riche, bien portant, honoré de toute la Grèce, de parvenir à la vieillesse après avoir fait à ses parents morts de
e belles funérailles, et de recevoir enfin de ses propres enfants de beaux et magnifiques honneurs funèbres.

SOCRATE. — Oh ! oh ! Hippias; voilà certes un langage admirable, sublime, vraiment digne de toi ! Je t'admire, par Héra, d'avoir mis tant de bienveillance à me venir en aide dans la mesure de tes forces. Mais notre homme n'est pas touché : il se moquera de nous, et copieusement, sache-le bien.

HIPPIAS. — Méchante moquerie, Socrate. S'il n'a rien à répondre et qu'il se moque, c'est de lui-même qu'il rira, et
292 a il sera moqué par les auditeurs.

SOCRATE. — Tu as peut-être raison ; mais peut-être aussi la réponse est-elle de nature à m'attirer de sa part, je le crains, autre chose que des moqueries.

HIPPIAS. — Que veux-tu dire ?

SOCRATE. — Je veux dire que, s'il tient par hasard un bâton, et si je ne fuis pas assez vite pour me mettre hors d'atteinte, il essaiera certainement de me frapper.

HIPPIAS. — Comment ? Cet homme est-il donc ton maître ? Et peut-il agir ainsi sans être traîné devant les tribunaux, et condamné ? N'y a-t-il pas de justice à Athènes ? Les
b citoyens peuvent-ils se frapper les uns les autres contrairement à tout droit ?

SOCRATE. — Rien de pareil n'est à craindre,

HIPPIAS. — Il sera donc puni pour t'avoir frappé injustement.

SOCRATE. — Non, Hippias, ce ne serait pas injustement ; c'est à bon droit qu'il me frapperait, je crois, si je lui faisais cette réponse.

HIPPIAS. — Je commence à le croire aussi, Socrate, quand je t'entends parler de la sorte.

ΙΠ. Ἄκουε δή· πρός γὰρ τοῦτο, ἴσθι, ἐάν τις ἔχῃ ὅ τι ἀντείπῃ, φάναι ἐμὲ μηδ᾿ ὁτιοῦν ἐπαΐειν.

ΣΩ. Λέγε δὴ ὡς τάχιστα πρὸς θεῶν.

ΙΠ. Λέγω τοίνυν ἀεὶ καὶ παντὶ καὶ πανταχοῦ κάλλιστον εἶναι ἀνδρί, πλουτοῦντι, ὑγιαίνοντι, τιμωμένῳ ὑπὸ τῶν Ἑλλήνων, ἀφικομένῳ εἰς γῆρας, τοὺς αὑτοῦ γονέας τελευτήσαντας καλῶς περιστείλαντι, ὑπὸ τῶν αὑτοῦ ἐκγόνων καλῶς e
καὶ μεγαλοπρεπῶς ταφῆναι.

ΣΩ. Ἰοὺ ἰού, ὦ Ἱππία, ἦ θαυμασίως τε καὶ μεγαλείως καὶ ἀξίως σαυτοῦ εἴρηκας· καὶ νὴ τὴν Ἥραν ἄγαμαί σου, ὅτι μοι δοκεῖς εὐνοϊκῶς, καθ᾿ ὅσον οἷός τ᾿ εἶ, βοηθεῖν· ἀλλὰ γὰρ τοῦ ἀνδρὸς οὐ τυγχάνομεν, ἀλλ᾿ ἡμῶν δὴ νῦν καὶ πλεῖστον καταγελάσεται, εὖ ἴσθι.

ΙΠ. Πονηρόν γ᾿, ὦ Σώκρατες, γέλωτα· ὅταν γὰρ πρὸς ταῦτα ἔχῃ μὲν μηδὲν ὅ τι λέγῃ, γελᾷ δέ, αὑτοῦ καταγελάσεται καὶ ὑπὸ τῶν παρόντων αὐτὸς ἔσται καταγέλαστος. 292 a

ΣΩ. Ἴσως οὕτως ἔχει· ἴσως μέντοι ἐπί γε ταύτῃ τῇ ἀποκρίσει, ὡς ἐγὼ μαντεύομαι, κινδυνεύσει οὐ μόνον μου καταγελᾶν.

ΙΠ. Ἀλλὰ τί μήν ;

ΣΩ. Ὅτι, ἂν τύχῃ βακτηρίαν ἔχων, ἂν μὴ ἐκφύγω φεύγων αὐτόν, εὖ μάλα μου ἐφικέσθαι πειράσεται.

ΙΠ. Πῶς λέγεις ; Δεσπότης τίς σου ὁ ἄνθρωπός ἐστιν, καὶ τοῦτο ποιήσας οὐκ ἀπαχθήσεται καὶ δίκας ἀφλήσει ; Ἢ οὐκ ἔνδικος ὑμῖν ἡ πόλις ἐστίν, ἀλλ᾿ ἐᾷ ἀδίκως τύπτειν b
ἀλλήλους τοὺς πολίτας ;

ΣΩ. Οὐδ᾿ ὁπωστιοῦν ἐᾷ.

ΙΠ. Οὐκοῦν δώσει δίκην ἀδίκως γέ σε τύπτων.

ΣΩ. Οὔ μοι δοκεῖ, ὦ Ἱππία, οὔκ, εἰ ταῦτά γε ἀποκριναίμην, ἀλλὰ δικαίως, ἔμοιγε δοκεῖ.

ΙΠ. Καὶ ἐμοὶ τοίνυν δοκεῖ, ὦ Σώκρατες, ἐπειδήπερ γε αὐτὸς ταῦτα οἴει.

d 7 ἐπαΐειν F : ἐπαινεῖν TW || 292 a 9 ἀπαχθήσεται Naber : ἀχθέσεται TW.

SOCRATE. — Me permets-tu de t'expliquer pourquoi j'estime que cette réponse mériterait des coups de bâton ? Veux-tu me frapper aussi sans jugement ? Ou consens-tu à m'entendre ?

c HIPPIAS. — Il serait criminel à moi de te refuser la parole. Qu'as-tu à dire ?

SOCRATE. — Je vais m'expliquer, en prenant le même détour que tout à l'heure, c'est-à-dire en revêtant son personnage, afin de ne pas t'adresser en mon nom les paroles désagréables et malsonnantes qu'il ne manquera pas de m'adresser à moi-même. « Socrate, me dirait-il, crois-tu que tu aurais volé ton châtiment si tu recevais une bonne correction pour avoir chanté si faux ce long dithyrambe[1] et répondu à côté de la question ? — Comment cela, répondrais-je. — Tu me demandes comment ! As-tu donc oublié ce que je te demandais ? Je t'interrogeais sur le beau en soi, sur cette
d beauté qui, s'ajoutant à un objet quelconque, fait qu'il est beau, qu'il s'agisse de pierre ou de bois, d'un homme ou d'un dieu, d'une action ou d'une science. Et quand je te parle de la beauté en soi, j'ai beau crier, je n'arrive pas plus à me faire entendre que si je parlais à un marbre, à une pierre meulière, sans oreilles ni cervelle ! » Ne t'irrite pas, Hippias, si alors, dans mon effroi, je lui réponds : « Mais c'est Hippias qui m'a donné cette définition de la beauté ! Je lui avais pour-
e tant posé la question dans les mêmes termes que toi, sur ce qui est beau pour tous et en tout temps. » Qu'en dis-tu ? Tu ne m'en voudras pas de lui répondre ainsi ?

HIPPIAS. — Le beau, tel que je l'ai défini, est et sera beau pour tous, sans contradiction possible.

SOCRATE. — « Le sera-t-il toujours ? » reprendra mon homme ; car le beau doit être toujours beau.

HIPPIAS. — Assurément.

SOCRATE. — Il l'a donc aussi toujours été ?

HIPPIAS. — Toujours.

SOCRATE. — « Est-ce que le beau, me dira-t-il, d'après l'étranger d'Élis, a consisté pour Achille à être enseveli après ses ancêtres ? En a-t-il été de même pour son aïeul Æaque,

1. Le mot « dithyrambe » tourne en ridicule l'emphase de la réponse.

ΣΩ. Οὐκοῦν εἴπω σοι καὶ ᾗ αὐτὸς οἴομαι δικαίως ἂν τύπτεσθαι ταῦτα ἀποκρινόμενος; Ἦ καὶ σύ με ἄκριτον τυπτήσεις; Ἦ δέξει λόγον;

ΙΠ. Δεινὸν γὰρ ἂν εἴη, ὦ Σώκρατες, εἰ μὴ δεχοίμην· c
ἀλλὰ πῶς λέγεις;

ΣΩ. Ἐγώ σοι ἐρῶ, τὸν αὐτὸν τρόπον, ὅνπερ νυνδή, μιμούμενος ἐκεῖνον, ἵνα μὴ πρὸς σὲ λέγω ῥήματα, οἷα ἐκεῖνος εἰς ἐμὲ ἐρεῖ, χαλεπά τε καὶ ἀλλόκοτα. Εὖ γὰρ ἴσθι, εἰπέ μοι, φήσει, ὦ Σώκρατες, οἴει ἂν ἀδίκως πληγὰς λαβεῖν, ὅστις διθύραμβον τοσουτονὶ ᾄσας οὕτως ἀμούσως πολὺ ἀπῇσας ἀπὸ τοῦ ἐρωτήματος; — Πῶς δή; φήσω ἐγώ. —
Ὅπως; φήσει· οὐχ οἷός τ' εἶ μεμνῆσθαι ὅτι τὸ καλὸν αὐτὸ
ἠρώτων, ᾧ παντὶ ᾧ ἂν προσγένηται ὑπάρχει ἐκείνῳ καλῷ d
εἶναι, καὶ λίθῳ καὶ ξύλῳ καὶ ἀνθρώπῳ καὶ θεῷ καὶ πάσῃ
πράξει καὶ παντὶ μαθήματι; Αὐτὸ γὰρ ἔγωγε, ὤνθρωπε,
κάλλος ἐρωτῶ ὅ τι ἐστίν, καὶ οὐδέν σοι μᾶλλον γεγωνεῖν
δύναμαι ἢ εἴ μοι παρεκάθησο λίθος, καὶ οὗτος μυλίας, μήτε
ὦτα μήτ' ἐγκέφαλον ἔχων. — Εἰ οὖν φοβηθεὶς εἴποιμι ἐγὼ
ἐπὶ τούτοις τάδε, ἆρα οὐκ ἂν ἄχθοιο, ὦ Ἱππία; — Ἀλλὰ
μέντοι τόδε τὸ καλὸν εἶναι Ἱππίας ἔφη· καίτοι ἐγὼ αὐτὸν e
ἠρώτων οὕτως, ὥσπερ σὺ ἐμέ, ὃ πᾶσι καλὸν καὶ ἀεί ἐστιν.
Πῶς οὖν φῄς; Οὐκ ἀχθέσει, ἂν εἴπω ταῦτα;

ΙΠ. Εὖ γ' οὖν οἶδα, ὦ Σώκρατες, ὅτι πᾶσι καλὸν τοῦτ' ἐστίν, ὃ ἐγὼ εἶπον, καὶ δόξει.

ΣΩ. Ἦ καὶ ἔσται; φήσει· ἀεὶ γάρ που καλὸν τό γε καλόν.

ΙΠ. Πάνυ γε.

ΣΩ. Οὐκοῦν καὶ ἦν; φήσει.

ΙΠ. Καὶ ἦν.

ΣΩ. Ἦ καὶ τῷ Ἀχιλλεῖ, φήσει, ὁ ξένος ὁ Ἠλεῖος ἔφη καλὸν εἶναι ὑστέρῳ τῶν προγόνων ταφῆναι, καὶ τῷ πάππῳ

d 1 ᾧ παντὶ Stallbaum : ὃ παντὶ TWF || d 2 πάσῃ (sic) F : ἁπάσῃ TW || e 6 καλόν τό γε καλόν W : τό γε καλὸν T τό γε καλὸν καλόν F.

pour tous les autres héros de naissance divine, et pour les
293 a dieux eux-mêmes ? »

Hippias. — Qu'est-ce que tu me racontes ? qu'Hadès t'emporte ! Ton homme pose des questions souverainement malséantes.

Socrate. — Que veux-tu ? Serait-il moins malséant de répondre « oui » à la question posée [1] ?

Hippias. — Peut-être.

Socrate. — « Et peut-être aussi, me dira-t-il, est-ce ton propre cas lorsque tu affirmes que, pour tous et toujours, il est beau d'être enseveli par ses descendants et d'ensevelir ses aïeux ». Ou bien faut-il faire une exception pour Héraclès et pour les autres que nous venons de nommer ?

Hippias. — Mais je n'ai jamais parlé des dieux !

b Socrate. — Ni des héros, à ce qu'il semble ?

Hippias. — Ni des héros qui ont des dieux pour pères.

Socrate. — Mais de tous les autres ?

Hippias. — Parfaitement.

Socrate. — Ainsi donc, selon toi, c'est une chose coupable, impie et honteuse pour un Tantale, un Dardanos, un Zéthos, mais belle pour un Pélops et pour tous ceux qui sont d'origine semblable ?

Hippias. — C'est mon avis.

Socrate. — « D'où résulte, me dira-t-il, que, contrairement à ton opinion précédente, le fait d'être enseveli par sa postérité après avoir enseveli ses parents est quelquefois et pour
c quelques-uns une chose déshonorante : que par conséquent, semble-t-il, ce fait peut encore moins passer pour être, en toutes circonstances et toujours, une belle chose, si bien qu'il présente comme nos exemples antérieurs, la jeune fille et la marmite, mais avec un peu plus de ridicule, le défaut d'être tantôt beau et tantôt laid. Tu vois bien, Socrate, dira-t-il, que pour l'instant, tu es toujours hors d'état de répondre à ma question : qu'est-ce que le beau ? » Voilà, mon cher, un aperçu des choses désagréables qu'il me dira, non sans raison, si je lui réponds comme tu me le conseilles.

C'est ainsi qu'il me parle d'ordinaire ; d'autres fois, il

1. Le mot grec traduit par *malséant* (δύσφημον) implique l'idée d'une sorte d'impiété.

αὐτοῦ Αἰακῷ, καὶ τοῖς ἄλλοις ὅσοι ἐκ θεῶν γεγόνασιν, καὶ
αὐτοῖς τοῖς θεοῖς ; 293 a

ΙΠ. Τί τοῦτο ; Βάλλ' ἐς μακαρίαν. Τοῦ ἀνθρώπου οὐδ' εὔφημα, ὦ Σώκρατες, ταῦτά γε τὰ ἐρωτήματα.

ΣΩ. Τί δέ ; Τὸ ἐρομένου ἑτέρου φάναι ταῦτα οὕτως ἔχειν οὐ πάνυ δύσφημον ;

ΙΠ. Ἴσως.

ΣΩ. Ἴσως τοίνυν σὺ εἶ οὗτος, φήσει, ὃς παντὶ φῂς καὶ ἀεὶ καλὸν εἶναι ὑπὸ μὲν τῶν ἐκγόνων ταφῆναι, τοὺς δὲ γονέας θάψαι· ἢ οὐχ εἷς τῶν ἁπάντων καὶ Ἡρακλῆς ἦν καὶ οὓς νυνδὴ ἐλέγομεν πάντες ;

ΙΠ. Ἀλλ' οὐ τοῖς θεοῖς ἔγωγε ἔλεγον.

ΣΩ. Οὐδὲ τοῖς ἥρωσιν, ὡς ἔοικας. b

ΙΠ. Οὐχ ὅσοι γε θεῶν παῖδες ἦσαν.

ΣΩ. Ἀλλ' ὅσοι μή ;

ΙΠ. Πάνυ γε.

ΣΩ. Οὐκοῦν κατὰ τὸν σὸν αὖ λόγον, ὡς φαίνεται, τῶν ἡρώων τῷ μὲν Ταντάλῳ καὶ τῷ Δαρδάνῳ καὶ τῷ Ζήθῳ δεινόν τε καὶ ἀνόσιον καὶ αἰσχρόν ἐστι, Πέλοπι δὲ καὶ τοῖς ἄλλοις τοῖς οὕτω γεγονόσι καλόν.

ΙΠ. Ἔμοιγε δοκεῖ.

ΣΩ. Σοὶ τοίνυν δοκεῖ, φήσει, ὃ ἄρτι οὐκ ἔφησθα, τὸ θάψαντι τοὺς προγόνους ταφῆναι ὑπὸ τῶν ἐκγόνων ἐνίοτε
καὶ ἐνίοις αἰσχρὸν εἶναι· ἔτι δὲ μᾶλλον, ὡς ἔοικεν, ἀδύνατον c
πᾶσι τοῦτο γενέσθαι καὶ εἶναι καλόν, ὥστε τοῦτό γε ὥσπερ καὶ τὰ ἔμπροσθεν ἐκεῖνα, ἥ τε παρθένος καὶ ἡ χύτρα, ταὐτὸν πέπονθε, καὶ ἔτι γελοιοτέρως τοῖς μέν ἐστι καλόν, τοῖς δ' οὐ καλόν. Καὶ οὐδέπω καὶ τήμερον, φήσει, οἷός τ' εἶ, ὦ Σώκρατες, περὶ τοῦ καλοῦ ὅ τι ἐστὶν τὸ ἐρωτώμενον ἀποκρίνασθαι. Ταῦτά μοι καὶ τοιαῦτα ὀνειδιεῖ δικαίως, ἐὰν αὐτῷ οὕτως ἀποκρίνωμαι.

Τὰ μὲν οὖν πολλά, ὦ Ἱππία, σχεδόν τί μοι οὕτω διαλέ-

293 a 4 ἐρομένου Ficin : ἐρωτωμένου TW.

d semble prendre en pitié ma maladresse et mon ignorance ; alors, il me suggère lui-même une réponse à ses questions et me propose une définition du beau ou de tout autre objet sur lequel il m'interroge dans notre entretien.

HIPPIAS. — Qu'entends-tu par là, Socrate ?

SOCRATE. — Je m'explique. « Étrange raisonneur que tu es, Socrate, me dit-il, cesse de répondre ainsi à mes questions ; car tes réponses sont par trop naïves et faciles à réfuter. Reprenons une des définitions du beau que nous avons critiquées lorsque
e tu me les proposais. L'or, avons-nous dit, est beau là où il convient, et laid là où il ne convient pas ; et de même pour tout ce à quoi il s'ajoute. Examinons cette idée de la convenance ; voyons en quoi elle consiste et si c'est la convenance, par hasard, qui est l'essence du beau. » Chaque fois qu'il me parle de la sorte, j'acquiesce aussitôt, faute de savoir que répondre. Estimes-tu, Hippias, que le beau soit ce qui convient ?

HIPPIAS. — C'est entièrement mon opinion, Socrate.

SOCRATE. — Il faut examiner la chose, de peur de nous tromper.

HIPPIAS. — Examinons-la.

SOCRATE. — Voici la question : dirons-nous que la
294 a convenance est ce qui, joint à un objet, le fait paraître beau, ou ce qui le fait être tel, ou ne dirons-nous ni l'un ni l'autre ?

HIPPIAS. — Nous répondrons[1]....

SOCRATE. — De quelle façon ?

HIPPIAS. — Elle est ce qui fait qu'un objet paraît beau. Par exemple, si un homme, d'ailleurs ridicule, met un vêtement ou des chaussures qui lui aillent bien, cette convenance le fera paraître à son avantage.

SOCRATE. — Si la convenance prête à l'objet une beauté plus apparente que réelle, elle est donc une tromperie sur la beauté ; elle ne saurait être par conséquent ce que nous cherchons, Hippias ; car nous cherchons ce par quoi les
b choses belles sont belles comme les choses grandes le sont par une certaine supériorité qui les rend telles, si elles la

1. La suspension de la phrase n'est pas indiquée par les manuscrits. Il y a quelque doute sur la manière de lire cette ligne et les deux suivantes.

γεται· ἐνίοτε δ' ὥσπερ ἐλεήσας μου τὴν ἀπειρίαν καὶ d
ἀπαιδευσίαν αὐτός μοι προβάλλει ἐρωτῶν, εἰ τοιόνδε μοι
δοκεῖ εἶναι τὸ καλόν, ἢ καὶ περὶ ἄλλου ὅτου ἂν τύχῃ πυνθανόμενος καὶ περὶ οὗ ἂν λόγος ᾖ.

ΙΠ. Πῶς τοῦτο λέγεις, ὦ Σώκρατες;

ΣΩ. Ἐγώ σοι φράσω. Ὦ δαιμόνιε, φησί, Σώκρατες, τὰ μὲν τοιαῦτα ἀποκρινόμενος καὶ οὕτω παῦσαι· λίαν γὰρ εὐήθη τε καὶ εὐεξέλεγκτά ἐστιν· ἀλλὰ τὸ τοιόνδε σκόπει εἴ
σοι δοκεῖ καλὸν εἶναι, οὗ καὶ νυνδὴ ἐπελαβόμεθα ἐν τῇ e
ἀποκρίσει, ἡνίκ' ἔφαμεν τὸν χρυσόν, οἷς μὲν πρέπει, καλὸν εἶναι, οἷς δὲ μή, οὔ, καὶ τἆλλα πάντα, οἷς ἂν τοῦτο προσῇ. Αὐτὸ δὴ τοῦτο τὸ πρέπον καὶ τὴν φύσιν αὐτοῦ τοῦ πρέποντος σκόπει, εἰ τοῦτο τυγχάνει ὂν τὸ καλόν· ἐγὼ μὲν οὖν εἴωθα συμφάναι τὰ τοιαῦτα ἑκάστοτε· οὐ γὰρ ἔχω ὅ τι λέγω· σοὶ δ' οὖν δοκεῖ τὸ πρέπον καλὸν εἶναι;

ΙΠ. Πάντως δήπου, ὦ Σώκρατες.

ΣΩ. Σκοπώμεθα, μή πῃ ἄρ' ἐξαπατώμεθα.

ΙΠ. Ἀλλὰ χρὴ σκοπεῖν.

ΣΩ. Ὅρα τοίνυν· τὸ πρέπον ἆρα τοῦτο λέγομεν, ὃ
παραγενόμενον ποιεῖ ἕκαστα φαίνεσθαι καλὰ τούτων, οἷς 294 a
ἂν παρῇ, ἢ ὃ εἶναι ποιεῖ, ἢ οὐδέτερα τούτων;

ΙΠ. Ἔμοιγε δοκεῖ —

ΣΩ. Πότερα;

ΙΠ. Ὃ ποιεῖ φαίνεσθαι καλά· ὥσπερ γε ἐπειδὰν ἱμάτιά τις λάβῃ ἢ ὑποδήματα ἁρμόττοντα, κἂν ᾖ γελοῖος, καλλίων φαίνεται.

ΣΩ. Οὐκοῦν εἴπερ καλλίω ποιεῖ φαίνεσθαι ἢ ἔστι τὸ πρέπον, ἀπάτη τις ἂν εἴη περὶ τὸ καλὸν τὸ πρέπον, καὶ οὐκ ἂν εἴη τοῦτο, ὃ ἡμεῖς ζητοῦμεν, ὦ Ἱππία; ἡμεῖς γάρ
που ἐκεῖνο ζητοῦμεν, ᾧ πάντα τὰ καλὰ πράγματα καλά b
ἐστιν· ὥσπερ ᾧ πάντα τὰ μεγάλα ἐστὶ μεγάλα, τῷ ὑπερ-

294 a 3 Ἔμοιγε δοκεῖ (*sensu suspenso*) Schanz : Ἔμοιγε δοκεῖ [πότερα] ὃ ποιεῖ... κ. τ. λ. Burnet (*qui verba haec omnia Hippiae tribuit*) || **b 1** ζητοῦμεν recc. : ἐζητοῦμεν TWF.

possèdent : même s'il n'y paraît pas, elles sont grandes nécessairement. De même nous voulons une beauté capable de rendre belles toutes les choses qui la possèdent, qu'elles paraissent belles ou non, et nous cherchons quelle est cette beauté. Or ce ne peut être la convenance, puisque celle-ci, tu le reconnais, fait paraître les objets plus beaux qu'ils ne sont et dissimule leur caractère vrai. Ce qui donne aux choses une beauté réelle, apparente ou non, je le répète, voilà ce
c que nous avons à définir : voilà ce qu'il faut que nous trouvions si nous voulons trouver ce qu'est le beau.

Hippias. — Mais la convenance, Socrate, produit par sa présence à la fois l'apparence et la réalité de la beauté.

Socrate. — Tu crois donc que les objets réellement beaux paraissent nécessairement tels du moment qu'ils possèdent ce qui produit l'apparence du beau ?

Hippias. — Il n'en peut être autrement.

Socrate. — Faut-il donc affirmer, Hippias, que tout ce qui est réellement beau, en fait d'institutions ou de pratiques, est considéré comme beau par l'opinion universelle dans tous les temps ; ou devrons-nous avouer, tout au
d contraire, qu'il n'est pas de matière plus ignorée ni qui provoque plus de discussions et de querelles, soit dans la vie privée, soit dans la vie publique des États ?

Hippias. — C'est la seconde hypothèse qui est vraie, Socrate, celle de l'ignorance.

Socrate. — Cela ne serait pas, si l'apparence s'ajoutait à la réalité ; or elle s'y ajouterait si la convenance était le beau en soi, et qu'en outre elle pût conférer aux objets à la fois la réalité et l'apparence de la beauté. Si donc elle est ce qui donne aux choses la réalité de la beauté, elle est bien le beau que nous cherchons, mais elle n'est pas ce qui leur en donne l'apparence ; si au contraire elle est ce qui en donne l'appa-
e rence, elle n'est pas le beau que nous cherchons. Celui-ci, en effet, crée de la réalité : quant à créer à la fois la réalité et l'apparence soit du beau soit de toute autre chose, il n'est pas de cause unique qui puisse à la fois produire ces deux effets. Il faut donc choisir : est-ce la réalité ou seulement l'apparence du beau que produit la convenance ?

Hippias. — Je pencherais plutôt vers l'apparence, Socrate.

Socrate. — Hélas ! Voilà encore notre science du beau qui

ἔχοντι· τούτῳ γὰρ πάντα μεγάλα ἐστί, καὶ ἂν μὴ φαίνηται, ὑπερέχῃ δέ, ἀνάγκη αὐτοῖς μεγάλοις εἶναι· οὕτω δή, φαμέν, καὶ τὸ καλόν, ᾧ καλὰ πάντα ἐστίν, ἄν τ' οὖν φαίνηται ἄν τε μή, τί ἂν εἴη; τὸ μὲν γὰρ πρέπον οὐκ ἂν εἴη· καλλίω γὰρ ποιεῖ φαίνεσθαι ἢ ἔστιν, ὡς ὁ σὸς λόγος, οἷα δ' ἔστιν οὐκ ἐᾷ φαίνεσθαι· τὸ δὲ ποιοῦν εἶναι καλά, ὅπερ νυνδὴ εἶπον, ἐάν τε φαίνηται ἐάν τε μή, πειρατέον λέγειν τί c
ἐστιν· τοῦτο γὰρ ζητοῦμεν, εἴπερ τὸ καλὸν ζητοῦμεν.

ΙΠ. Ἀλλὰ τὸ πρέπον, ὦ Σώκρατες, καὶ εἶναι καὶ φαίνεσθαι ποιεῖ καλὰ παρόν.

ΣΩ. Ἀδύνατον ἄρα τῷ ὄντι καλὰ ὄντα μὴ φαίνεσθαι καλὰ εἶναι, παρόντος γε τοῦ ποιοῦντος φαίνεσθαι;

ΙΠ. Ἀδύνατον.

ΣΩ. Ὁμολογήσωμεν οὖν τοῦτο, ὦ Ἱππία, πάντα τὰ τῷ ὄντι καλὰ καὶ νόμιμα καὶ ἐπιτηδεύματα καὶ δοξάζεσθαι καλὰ εἶναι καὶ φαίνεσθαι ἀεὶ πᾶσιν, ἢ πᾶν τοὐναντίον d
ἀγνοεῖσθαι καὶ πάντων μάλιστα ἔριν καὶ μάχην περὶ αὐτῶν εἶναι καὶ ἰδίᾳ ἑκάστοις καὶ δημοσίᾳ ταῖς πόλεσιν;

ΙΠ. Οὕτω μᾶλλον, ὦ Σώκρατες· ἀγνοεῖσθαι.

ΣΩ. Οὐκ ἄν, εἴ γέ που τὸ φαίνεσθαι αὐτοῖς προσῆν· προσῆν δ' ἄν, εἴπερ τὸ πρέπον καλὸν ἦν καὶ μὴ μόνον καλὰ ἐποίει εἶναι, ἀλλὰ καὶ φαίνεσθαι· ὥστε τὸ πρέπον, εἰ μὲν τὸ καλὰ ποιοῦν ἐστιν εἶναι, τὸ καλὸν ἂν εἴη, ὃ ἡμεῖς ζητοῦμεν, οὐ μέντοι τό γε ποιοῦν φαίνεσθαι· εἰ δ' αὖ τὸ φαίνεσθαι ποιοῦν ἐστιν τὸ πρέπον, οὐκ ἂν εἴη τὸ καλόν, ὃ ἡμεῖς e
ζητοῦμεν· εἶναι γὰρ ἐκεῖνό γε ποιεῖ, φαίνεσθαι δὲ καὶ εἶναι ποιεῖν οὐ μόνον καλὰ οὐκ ἄν ποτε δύναιτο τὸ αὐτό, ἀλλ' οὐδὲ ἄλλο ὁτιοῦν. Ἑλώμεθα δή, πότερα δοκεῖ τὸ πρέπον εἶναι τὸ φαίνεσθαι καλὰ ποιοῦν, ἢ τὸ εἶναι.

ΙΠ. Τὸ φαίνεσθαι, ἔμοιγε δοκεῖ, ὦ Σώκρατες.

ΣΩ. Βαβαί, οἴχεται ἄρ' ἡμᾶς διαπεφευγός, ὦ Ἱππία, τὸ

c 8 ὁμολογήσωμεν rec. : ὁμολογήσομεν TW || d 8 τὸ καλὸν Bekker : τὸ μὲν καλὸν TWF || e 2 καὶ εἶναι ποιεῖν Heindorf : καὶ ποιεῖν εἶναι TWF.

nous échappe et nous abandonne, Hippias, puisque la convenance nous est apparue comme différente du beau !

HIPPIAS. — Rien de plus vrai, Socrate, et j'avoue que j'en suis fort surpris.

SOCRATE. — Quoi qu'il en soit, mon cher, ne lâchons pas
295 a encore notre proie : j'ai quelque idée que nous finirons par découvrir la vraie nature de la beauté.

HIPPIAS. — Assurément, Socrate : il n'est même pas bien difficile d'en venir à bout. Donne-moi seulement quelques instants de réflexion solitaire, et je t'apporte une solution plus exacte que toute exactitude imaginable.

SOCRATE. — De grâce, évitons les grands espoirs, Hippias. Tu vois tous les ennuis que ce malheureux problème nous a déjà causés ; prends garde qu'il ne nous témoigne sa mauvaise humeur en fuyant de plus belle. Mais je me trompe : ce sera
b un jeu pour toi de le résoudre, si tu t'isoles. Seulement, au nom des dieux, cherche plutôt la solution en ma présence, et même, si tu le veux bien, associe-moi encore à ta recherche. Si nous trouvons la solution, tout sera pour le mieux ; sinon, je me résignerai, je pense, à mon sort, et toi, tu n'auras qu'à me quitter pour trouver aussitôt le mot de l'énigme. D'ailleurs, à résoudre ce problème ensemble, il y a encore cet avantage que je ne te fatiguerai pas par mes demandes sur la solution que tu aurais trouvée seul. Vois donc ce que tu penses de la définition suivante : je dis donc — mais écoute-moi très
c attentivement pour m'empêcher de battre la campagne, — je dis qu'à notre avis le beau, c'est l'utile. Voici ce qui me conduit à cette hypothèse : les yeux que nous appelons beaux ne sont pas les yeux ainsi faits qu'ils n'y voient goutte, mais ceux qui ont la faculté d'y voir clair et qui nous servent à cela. N'est-il pas vrai ?

HIPPIAS. — Oui.

Nouvelles définitions : l'utile, puis l'avantageux.

SOCRATE. — De même, s'il s'agit de l'ensemble du corps, nous l'appelons beau s'il est apte soit à la course, soit à la lutte ; pour les animaux, nous appe-
d lons beaux un cheval, un coq, une caille, et de même tous les ustensiles, tous les instruments de locomotion sur terre et sur mer, bateaux marchands et vaisseaux de guerre, tous

καλὸν γνῶναι ὅ τί ποτ' ἐστίν, ἐπειδή γε τὸ πρέπον ἄλλο τι ἐφάνη ὂν ἢ καλόν.

ΙΠ. Ναὶ μὰ Δία, ὦ Σώκρατες, καὶ μάλα ἔμοιγε ἀτόπως.

ΣΩ. Ἀλλὰ μέντοι, ὦ ἑταῖρε, μήπω γε ἀνῶμεν αὐτό· ἔτι 295 a
γάρ τινα ἐλπίδα ἔχω ἐκφανήσεσθαι τί ποτ' ἐστὶν τὸ καλόν.

ΙΠ. Πάντως δήπου, ὦ Σώκρατες· οὐδὲ γὰρ χαλεπόν ἐστιν εὑρεῖν. Ἐγὼ μὲν οὖν εὖ οἶδ' ὅτι, εἰ ὀλίγον χρόνον εἰς ἐρημίαν ἐλθὼν σκεψαίμην πρὸς ἐμαυτόν, ἀκριβέστερον ἂν αὐτό σοι εἴποιμι τῆς ἁπάσης ἀκριβείας.

ΣΩ. Ἃ μὴ μέγα, ὦ Ἱππία, λέγε. Ὁρᾷς ὅσα πράγματα
ἡμῖν ἤδη παρέσχηκε· μὴ καὶ ὀργισθὲν ἡμῖν ἔτι μᾶλλον
ἀποδρᾷ. Καίτοι οὐδὲν λέγω· σὺ μὲν γάρ, οἶμαι, ῥᾳδίως αὐτὸ b
εὑρήσεις, ἐπειδὰν μόνος γένῃ. Ἀλλὰ πρὸς θεῶν ἐμοῦ ἐναντίον
αὐτὸ ἔξευρε, εἰ δὲ βούλει, ὥσπερ νῦν ἐμοὶ συζήτει· καὶ ἐὰν
μὲν εὕρωμεν, κάλλιστα ἕξει· εἰ δὲ μή, στέρξω, οἶμαι, ἐγὼ
τῇ ἐμῇ τύχῃ, σὺ δ' ἀπελθὼν ῥᾳδίως εὑρήσεις. Καὶ ἐὰν νῦν
εὕρωμεν, ἀμέλει οὐκ ὀχληρὸς ἔσομαί σοι πυνθανόμενος ὅ
τι ἦν ἐκεῖνο, ὃ κατὰ σαυτὸν ἐξηῦρες· νῦν δὲ θέασαι αὖ τόδ'
εἴ σοι δοκεῖ εἶναι τὸ καλόν· λέγω δὴ αὐτὸ εἶναι — ἀλλὰ γὰρ c
ἐπισκόπει μοι πάνυ προσέχων τὸν νοῦν, μὴ παραληρήσω —
τοῦτο γὰρ δὴ ἔστω ἡμῖν καλόν, ὃ ἂν χρήσιμον ᾖ. Εἶπον δὲ
ἐκ τῶνδε ἐννοούμενος· καλοί, φαμέν, οἱ ὀφθαλμοί εἰσιν, οὐχ
οἳ ἂν δοκῶσι τοιοῦτοι εἶναι οἷοι μὴ δυνατοὶ ὁρᾶν, ἀλλ' οἳ
ἂν δυνατοί τε καὶ χρήσιμοι πρὸς τὸ ἰδεῖν· ἢ γάρ ;

ΙΠ. Ναί.

ΣΩ. Οὐκοῦν καὶ τὸ ὅλον σῶμα οὕτω λέγομεν καλὸν εἶναι,
τὸ μὲν πρὸς δρόμον, τὸ δὲ πρὸς πάλην, καὶ αὖ τὰ ζῷα
πάντα, ἵππον [καλὸν] καὶ ἀλεκτρυόνα καὶ ὄρτυγα, καὶ τὰ d
σκεύη πάντα καὶ τὰ ὀχήματα τά τε πεζὰ καὶ τὰ ἐν τῇ
θαλάττῃ πλοῖά τε καὶ τριήρεις, καὶ τά γε ὄργανα πάντα τά
τε ὑπὸ τῇ μουσικῇ καὶ τὰ ὑπὸ ταῖς ἄλλαις τέχναις, εἰ δὲ

295 a 5 ἂν F : om. TW || b 7 αὖ τόδ' Hermann : αὐτὸ TW || d 1 καλὸν secl. Schanz || d 3 πλοῖά τε καὶ τριήρεις secl. Burges.

ceux qui se rattachent à la musique et aux autres arts, même les mœurs et les lois, et toujours d'après le même principe : nous examinons chacun de ces objets dans sa nature, dans sa fabrication, dans son état présent, et celui qui est utile, nous l'appelons beau en tant qu'il est utile, en tant qu'il sert à certaines fins et dans certaines circonstances,
e tandis que nous appelons laid celui de ces objets qui n'est bon à rien sous aucun de ces rapports[1]. Ne partages-tu pas cette opinion, Hippias ?

Hippias. — Je la partage.

Socrate. — Nous avons donc le droit d'affirmer que l'utile est le beau par excellence ?

Hippias. — Nous en avons le droit, Socrate.

Socrate. — Dis-moi : ce qui a la puissance de faire une chose est utile en cela, tandis que ce qui en est incapable est inutile ?

Hippias. — Parfaitement.

Socrate. — La puissance est donc une belle chose et l'impuissance est laide, n'est-il pas vrai ?

Hippias. — Absolument. Une preuve entre autres en
296 a est fournie par la politique : exercer la puissance politique dans son pays est ce qu'il y a de plus beau, tandis qu'il est souverainement honteux de ne rien pouvoir dans l'État.

Socrate. — C'est fort bien dit. Mais alors, Hippias, par tous les dieux, c'est la science qui est la chose la plus belle et l'ignorance qui est la plus honteuse ?

Hippias. — Que veux-tu dire, Socrate ?

Socrate. — Un instant, patience, mon très cher... Je me demande avec effroi ce que signifie, cette fois encore, notre affirmation.

b Hippias. — Qu'est-ce qui t'effraie encore, Socrate ? Ton raisonnement cette fois marche à souhait.

Socrate. — Je le voudrais. Mais vois donc ceci avec moi : est-il possible de faire jamais ce qu'on ignore et ce dont on est absolument incapable ?

Hippias. — Évidemment non, si l'on en est incapable.

Socrate. — Ceux qui se trompent, ceux qui dans leurs

1. Il faut noter que le grec dit couramment καλός (πρός τι) là où nous disons *bon* (*pour quelque chose*) ; καλός, ἀγαθός s'emploient presque indifféremment l'un pour l'autre en ce sens.

βούλει, τὰ ἐπιτηδεύματα καὶ τοὺς νόμους, σχεδόν τι πάντα
ταῦτα καλὰ προσαγορεύομεν τῷ αὐτῷ τρόπῳ· ἀποβλέποντες
πρὸς ἕκαστον αὐτῶν, ᾗ πέφυκεν, ᾗ εἴργασται, ᾗ κεῖται, τὸ
μὲν χρήσιμον, ᾗ χρήσιμον καὶ πρὸς ὃ χρήσιμον καὶ ὁπότε
χρήσιμον, καλόν φαμεν εἶναι, τὸ δὲ ταύτῃ πάντῃ ἄχρηστον e
αἰσχρόν· ἆρ᾽ οὐ καὶ σοὶ δοκεῖ οὕτως, ὦ Ἱππία;

ΙΠ. Ἔμοιγε.

ΣΩ. Ὀρθῶς ἄρα νῦν λέγομεν, ὅτι τυγχάνει παντὸς ὂν
μᾶλλον καλὸν τὸ χρήσιμον;

ΙΠ. Ὀρθῶς μέντοι, ὦ Σώκρατες.

ΣΩ. Οὐκοῦν τὸ δυνατὸν ἕκαστον ἀπεργάζεσθαι, εἰς
ὅπερ δυνατόν, εἰς τοῦτο καὶ χρήσιμον, τὸ δὲ ἀδύνατον
ἄχρηστον;

ΙΠ. Πάνυ γε.

ΣΩ. Δύναμις μὲν ἄρα καλόν, ἀδυναμία δὲ αἰσχρόν;

ΙΠ. Σφόδρα γε· τά τε οὖν ἄλλα, ὦ Σώκρατες, μαρτυρεῖ
ἡμῖν ὅτι τοῦτο οὕτως ἔχει, ἀτὰρ οὖν καὶ τὰ πολιτικά· ἐν 296 a
γὰρ τοῖς πολιτικοῖς τε καὶ τῇ ἑαυτοῦ πόλει τὸ μὲν δυνατὸν
εἶναι πάντων κάλλιστον, τὸ δὲ ἀδύνατον πάντων αἴσχιστον.

ΣΩ. Εὖ λέγεις· ἆρ᾽ οὖν πρὸς θεῶν, ὦ Ἱππία, διὰ ταῦτα
καὶ ἡ σοφία πάντων κάλλιστον, ἡ δὲ ἀμαθία πάντων αἴσχιστον;

ΙΠ. Ἀλλὰ τί οἴει, ὦ Σώκρατες;

ΣΩ. Ἔχε δὴ ἠρέμα, ὦ φίλε ἑταῖρε· ὡς φοβοῦμαι τί ποτ᾽
αὖ λέγομεν.

ΙΠ. Τί δ᾽ αὖ φοβεῖ, ὦ Σώκρατες, ἐπεὶ νῦν γέ σοι ὁ λόγος b
παγκάλως προβέβηκε;

ΣΩ. Βουλοίμην ἄν, ἀλλά μοι τόδε συνεπίσκεψαι· ἆρ᾽ ἄν
τίς τι ποιήσειεν ὃ μήτ᾽ ἐπίσταιτο μήτε τὸ παράπαν δύναιτο;

ΙΠ. Οὐδαμῶς· πῶς γὰρ ἂν ὅ γε μὴ δύναιτο;

ΣΩ. Οἱ οὖν ἐξαμαρτάνοντες καὶ κακὰ ἐργαζόμενοί τε καὶ

d 8 ᾗ χρήσιμον Heindorf : καὶ ᾗ χρήσ. TWF || **296 a 4** ὦ W : om. TF.

actes ou dans leurs œuvres, n'arrivent qu'à mal faire contrairement à leur volonté, ne l'auraient pas fait sans doute s'ils n'avaient pas eu le pouvoir de le faire ?

HIPPIAS. — Évidemment.

c SOCRATE. — Cependant c'est la puissance qui rend capables ceux qui sont capables : car ce n'est sûrement pas l'impuissance.

HIPPIAS. — Non.

SOCRATE. — On a bien toujours la puissance de faire ce qu'on fait ?

HIPPIAS. — Oui.

SOCRATE. — Mais tous les hommes, dès leur enfance, font beaucoup plus souvent le mal que le bien, et manquent leur but malgré eux.

HIPPIAS. — C'est la vérité.

SOCRATE. — Qu'est-ce à dire ? Cette puissance et ces choses utiles, si elles servent à faire le mal, les appellerons-nous belles, ou d'un nom tout contraire ?

d HIPPIAS. — Tout contraire, Socrate.

SOCRATE. — Par conséquent, Hippias, le puissant et l'utile ne peuvent être à nos yeux le beau en soi.

HIPPIAS. — Il faut, Socrate, que la puissance soit bonne et utile au bien.

SOCRATE. — Adieu donc notre idée du beau identique à la puissance et à l'utilité considérées absolument. Ce que nous avions dans l'esprit et ce que nous voulions dire, c'était donc que le puissant et l'utile, en tant qu'ils sont efficaces pour le bien, sont le beau ?

e HIPPIAS. — Je le crois.

SOCRATE. — Cela revient donc à l'avantageux[1], n'est-il pas vrai ?

HIPPIAS. — Assurément.

SOCRATE. — Ainsi les beaux corps, les belles institutions, la science et toutes les autres choses que nous avons énumérées sont belles parce qu'elles sont avantageuses ?

HIPPIAS. — Évidemment.

SOCRATE. — Par conséquent, le beau, selon nous, c'est l'avantageux.

1. Platon distingue entre χρήσιμον, ce qui sert à une fin (bonne ou mauvaise) et ὠφέλιμον, ce qui procure un avantage. Cette dis-

ποιοῦντες ἄκοντες, ἄλλο τι οὗτοι, εἰ μὴ ἐδύναντο ταῦτα ποιεῖν, οὐκ ἄν ποτε ἐποίουν ;

ΙΠ. Δῆλον δή.

ΣΩ. Ἀλλὰ μέντοι δυνάμει γε δύνανται οἱ δυνάμενοι· οὐ γάρ που ἀδυναμίᾳ γε. c

ΙΠ. Οὐ δῆτα.

ΣΩ. Δύνανται δέ γε πάντες ποιεῖν οἱ ποιοῦντες ἃ ποιοῦσιν ;

ΙΠ. Ναί.

ΣΩ. Κακὰ δέ γε πολὺ πλείω ποιοῦσιν ἢ ἀγαθὰ πάντες ἄνθρωποι, ἀρξάμενοι ἐκ παίδων, καὶ ἐξαμαρτάνουσιν ἄκοντες.

ΙΠ. Ἔστι ταῦτα.

ΣΩ. Τί οὖν ; Ταύτην τὴν δύναμιν καὶ ταῦτα τὰ χρήσιμα, ἃ ἂν ᾖ ἐπὶ τὸ κακόν τι ἐργάζεσθαι χρήσιμα, ἆρα φήσομεν ταῦτα εἶναι καλά, ἢ πολλοῦ δεῖ ;

ΙΠ. Πολλοῦ, ἔμοιγε δοκεῖ, ὦ Σώκρατες. d

ΣΩ. Οὐκ ἄρα, ὦ Ἱππία, τὸ δυνατόν τε καὶ τὸ χρήσιμον ἡμῖν, ὡς ἔοικεν, ἐστὶ τὸ καλόν.

ΙΠ. Ἐάν γε, ὦ Σώκρατες, ἀγαθὰ δύνηται καὶ ἐπὶ τοιαῦτα χρήσιμον ᾖ.

ΣΩ. Ἐκεῖνο μὲν τοίνυν οἴχεται, τὸ δυνατόν τε καὶ χρήσιμον ἁπλῶς εἶναι καλόν· ἀλλ' ἄρα τοῦτ' ἦν ἐκεῖνο, ὦ Ἱππία, ὃ ἐβούλετο ἡμῶν ἡ ψυχὴ εἰπεῖν, ὅτι τὸ χρήσιμόν τε καὶ τὸ δυνατὸν ἐπὶ τὸ ἀγαθόν τι ποιῆσαι, τοῦτ' ἐστὶ τὸ καλόν ;

ΙΠ. Ἔμοιγε δοκεῖ. e

ΣΩ. Ἀλλὰ μὴν τοῦτό γε ὠφέλιμόν ἐστιν. Ἢ οὔ ;

ΙΠ. Πάνυ γε.

ΣΩ. Οὕτω δὴ καὶ τὰ καλὰ σώματα καὶ τὰ καλὰ νόμιμα καὶ ἡ σοφία καὶ ἃ νυνδὴ ἐλέγομεν πάντα καλά ἐστιν ὅτι ὠφέλιμα.

ΙΠ. Δῆλον ὅτι.

ΣΩ. Τὸ ὠφέλιμον ἄρα ἔοικεν ἡμῖν εἶναι τὸ καλόν, ὦ Ἱππία.

HIPPIAS. — Sans aucun doute.

SOCRATE. — Mais l'avantageux, c'est ce qui produit du bien ?

HIPPIAS. — Oui.

SOCRATE. — Et ce qui produit un effet, c'est une cause : qu'en dis-tu ?

HIPPIAS. — Assurément.

297 a SOCRATE. — De sorte que le beau serait la cause du bien.

HIPPIAS. — Oui.

SOCRATE. — Mais la cause, Hippias, ne peut être identique à son effet : car la cause ne peut être cause de la cause. Réfléchis : n'avons-nous pas reconnu que la cause est ce qui produit un effet ?

HIPPIAS. — Oui.

SOCRATE. — Or l'effet est un produit, non un producteur ?

HIPPIAS. — C'est exact.

SOCRATE. — Et le produit est distinct du producteur ?

HIPPIAS. — Oui.

SOCRATE. — Donc la cause ne peut produire la cause ; elle
b produit l'effet qui vient d'elle.

HIPPIAS. — Très juste.

SOCRATE. — Si donc le beau est la cause du bien, le bien est produit par le beau. Et c'est pour cela, semble-t-il, que nous recherchons la sagesse et toutes les belles choses ; c'est que l'œuvre qu'elles produisent et qu'elles enfantent, je veux dire le bien, mérite elle-même d'être recherchée ; de sorte qu'en définitive le beau serait quelque chose comme le père du bien [1].

HIPPIAS. — A merveille ! Ton langage est parfait, Socrate.

SOCRATE. — Voici qui n'est pas moins parfait : c'est que le père n'est pas le fils et que le fils n'est pas le père.

c HIPPIAS. — On ne peut plus juste.

SOCRATE. — Et que la cause n'est pas l'effet, ni l'effet la cause.

tinction est souvent négligée dans l'usage courant de la langue. En français, la distinction entre *efficace* et *avantageux* est assez nette, mais *utile* se prend souvent dans les deux sens.

1. Cette discussion très subtile est, à vrai dire, surtout verbale, dans la pensée même de Socrate, puisqu'elle va aboutir à une conséquence qui sera rejetée. En fait, l'usage courant de la langue appelle

ΙΠ. Πάντως δήπου, ὦ Σώκρατες.

ΣΩ. Ἀλλὰ μὴν τό γε ὠφέλιμον τὸ ποιοῦν ἀγαθόν ἐστιν.

ΙΠ. Ἔστι γάρ.

ΣΩ. Τὸ ποιοῦν δέ γ᾽ ἐστὶν οὐκ ἄλλο τι ἢ τὸ αἴτιον· ἦ γάρ ;

ΙΠ. Οὕτως.

ΣΩ. Τοῦ ἀγαθοῦ ἄρα αἴτιόν ἐστιν τὸ καλόν. 297 a

ΙΠ. Ἔστι γάρ.

ΣΩ. Ἀλλὰ μὴν τό γε αἴτιον, ὦ Ἱππία, καὶ οὗ ἂν αἴτιον ᾖ τὸ αἴτιον, ἄλλο ἐστίν· οὐ γάρ που τό γε αἴτιον αἰτίου αἴτιον ἂν εἴη· ὧδε δὲ σκόπει· οὐ τὸ αἴτιον ποιοῦν ἐφάνη ;

ΙΠ. Πάνυ γε.

ΣΩ. Οὐκοῦν ὑπὸ τοῦ ποιοῦντος ποιεῖται οὐκ ἄλλο τι ἢ τὸ γιγνόμενον, ἀλλ᾽ οὐ τὸ ποιοῦν ;

ΙΠ. Ἔστι ταῦτα.

ΣΩ. Οὐκοῦν ἄλλο τι τὸ γιγνόμενον, ἄλλο δὲ τὸ ποιοῦν ;

ΙΠ. Ναί.

ΣΩ. Οὐκ ἄρα τό γ᾽ αἴτιον αἴτιον αἰτίου ἐστίν, ἀλλὰ τοῦ γιγνομένου ὑφ᾽ ἑαυτοῦ. b

ΙΠ. Πάνυ γε.

ΣΩ. Εἰ ἄρα τὸ καλόν ἐστιν αἴτιον ἀγαθοῦ, γίγνοιτ᾽ ἂν ὑπὸ τοῦ καλοῦ τὸ ἀγαθόν· καὶ διὰ ταῦτα, ὡς ἔοικεν, σπουδάζομεν καὶ τὴν φρόνησιν καὶ τἆλλα πάντα τὰ καλά, ὅτι τὸ ἔργον αὐτῶν καὶ τὸ ἔκγονον σπουδαστόν ἐστιν, τὸ ἀγαθόν, καὶ κινδυνεύει ἐξ ὧν εὑρίσκομεν ἐν πατρός τινος ἰδέᾳ εἶναι τὸ καλὸν τοῦ ἀγαθοῦ.

ΙΠ. Πάνυ μὲν οὖν· καλῶς γὰρ λέγεις, ὦ Σώκρατες.

ΣΩ. Οὐκοῦν καὶ τόδε καλῶς λέγω ὅτι οὔτε ὁ πατὴρ ὑός ἐστιν, οὔτε ὁ ὑὸς πατήρ ;

ΙΠ. Καλῶς μέντοι. c

ΣΩ. Οὐδέ γε τὸ αἴτιον γιγνόμενόν ἐστιν, οὐδὲ τὸ γιγνόμενον αὖ αἴτιον.

297 b 7 ἐν F : om. TW.

Hippias. — Incontestable.

Socrate. — Donc, mon très cher, le beau non plus n'est pas le bon, et le bon n'est pas le beau. N'est-ce pas la conclusion forcée de nos raisonnements ?

Hippias. — Je n'en vois pas d'autre, par Zeus.

Socrate. — En sommes-nous satisfaits et dirons-nous que le beau ne soit pas bon et que le bon ne soit pas beau ?

Hippias. — Non, par Zeus, cela ne me satisfait pas du tout.

Socrate. — A la bonne heure, Hippias ; pour moi, c'est
d la conclusion la moins satisfaisante où nous soyons encore arrivés.

Hippias. — C'est assez mon avis.

Socrate. — Il semble bien que cette admirable théorie qui mettait le beau dans l'avantageux, dans l'utile, dans la puissance de produire le bien, était en réalité très fausse, et plus ridicule encore, s'il est possible, que les précédentes, celles de la belle jeune fille et des autres objets identifiés par nous avec la beauté.

Hippias. — Je le crois.

Socrate. — Pour moi, je ne sais plus de quel côté me tourner ; je suis en détresse. N'as-tu pas quelque idée à proposer ?

e Hippias. — Aucune pour le moment. Mais, je le répète, laisse-moi réfléchir et je suis sûr de trouver.

Nouvelle définition : l'utile joint à l'agréable.

Socrate. — Je t'avoue que je suis trop curieux de savoir pour me résigner à t'attendre. D'ailleurs, je crois apercevoir un remède. Voici : je suppose que nous appelions beau ce qui nous donne du plaisir, non pas toute sorte de plaisirs, mais ceux qui nous viennent de l'ouïe
298 a et de la vue, que penserais-tu de notre moyen de défense ? Il est incontestable, Hippias, que de beaux hommes, de belles couleurs, de beaux ouvrages de peinture ou de sculpture, charment nos regards ; et que de beaux sons, la musique sous toutes ses formes, de beaux discours, de belles fables,

souvent le même objet *beau* ou *bon* en donnant à ces deux mots presque la même valeur. La nuance, toute subjective, est très légère. Et Socrate, au fond, est du même avis que l'usage.

ΙΠ. Ἀληθῆ λέγεις.

ΣΩ. Μὰ Δία, ὦ ἄριστε, οὐδὲ ἄρα τὸ καλὸν ἀγαθόν ἐστιν, οὐδὲ τὸ ἀγαθὸν καλόν· ἦ δοκεῖ σοι οἷόν τε εἶναι ἐκ τῶν προειρημένων ;

ΙΠ. Οὐ μὰ τὸν Δία, οὔ μοι φαίνεται.

ΣΩ. Ἀρέσκει οὖν ἡμῖν καὶ ἐθέλοιμεν ἂν λέγειν ὡς τὸ καλὸν οὐκ ἀγαθὸν οὐδὲ τὸ ἀγαθὸν καλόν ;

ΙΠ. Οὐ μὰ τὸν Δία, οὐ πάνυ μοι ἀρέσκει.

ΣΩ. Ναὶ μὰ τὸν Δία, ὦ Ἱππία· ἐμοὶ δέ γε πάντων ἥκιστα ἀρέσκει ὧν εἰρήκαμεν λόγων. d

ΙΠ. Ἔοικε γὰρ οὕτως.

ΣΩ. Κινδυνεύει ἄρα ἡμῖν, οὐχ ὥσπερ ἄρτι ἐφαίνετο, κάλλιστος εἶναι τῶν λόγων, τὸ ὠφέλιμον καὶ τὸ χρήσιμόν τε καὶ τὸ δυνατὸν ἀγαθόν τι ποιεῖν καλὸν εἶναι, οὐχ οὕτως ἔχειν, ἀλλ', εἰ οἷόν τέ ἐστιν, ἐκείνων εἶναι γελοιότερος τῶν πρώτων, ἐν οἷς τήν τε παρθένον ᾠόμεθ' εἶναι τὸ καλὸν καὶ ἓν ἕκαστον τῶν ἔμπροσθεν λεχθέντων.

ΙΠ. Ἔοικεν.

ΣΩ. Καὶ ἐγὼ μέν γε οὐκ ἔτι ἔχω, ὦ Ἱππία, ὅποι τράπωμαι, ἀλλ' ἀπορῶ· σὺ δὲ ἔχεις τι λέγειν ;

ΙΠ. Οὐκ ἔν γε τῷ παρόντι, ἀλλ', ὥσπερ ἄρτι ἔλεγον, e
σκεψάμενος εὖ οἶδ' ὅτι εὑρήσω.

ΣΩ. Ἀλλ' ἐγώ μοι δοκῶ ὑπὸ ἐπιθυμίας τοῦ εἰδέναι οὐχ οἷός τε σὲ εἶναι περιμένειν μέλλοντα· καὶ γὰρ οὖν δή τι καὶ οἶμαι ἄρτι ηὐπορηκέναι. Ὅρα γάρ· εἰ ὃ ἂν χαίρειν ἡμᾶς ποιῇ, μή τι πάσας τὰς ἡδονάς, ἀλλ' ὃ ἂν διὰ τῆς ἀκοῆς καὶ τῆς ὄψεως, τοῦτο φαῖμεν εἶναι καλόν, πῶς τι ἄρ' ἂν ἀγωνιζοίμεθα ; Οἵ τέ γέ που καλοὶ ἄνθρωποι, ὦ Ἱππία, καὶ τὰ 298 a
ποικίλματα πάντα καὶ τὰ ζωγραφήματα καὶ τὰ πλάσματα τέρπει ἡμᾶς ὁρῶντας, ἃ ἂν καλὰ ᾖ· καὶ οἱ φθόγγοι οἱ καλοὶ καὶ ἡ μουσικὴ ξύμπασα καὶ οἱ λόγοι καὶ αἱ μυθολογίαι ταὐ-

c 6 καλόν· ἦ rec. : ῆ καλόν· ἦ T ῆ καλόν W || d 6 γελοιότερος F : γελοιότερον TW.

nous font un plaisir semblable ; de sorte que si nous répondions à notre opiniâtre adversaire : « Mon brave, le beau, c'est le plaisir procuré par l'ouïe et par la vue, » peut-être aurions-nous raison de son opiniâtreté. Qu'en penses-tu ?

HIPPIAS. — Ta définition du beau, Socrate, me paraît,
b quant à moi, fort bonne.

SOCRATE. — Voyons encore : s'il s'agit de mœurs ou de lois que nous trouvons belles, pouvons-nous dire que leur beauté résulte d'un plaisir qui nous soit donné par l'ouïe ou par la vue ? N'y a t-il pas là quelque chose de différent ?

HIPPIAS. — Peut-être, Socrate, cette différence échappera-t-elle à notre homme.

SOCRATE. — En tout cas, par le chien[1], Hippias, elle n'échappera pas à l'homme devant lequel je rougirais plus que devant tout autre de déraisonner et de parler pour ne rien dire !

HIPPIAS. — Quel homme ?

SOCRATE. — Socrate, fils de Sophronisque, qui ne me per-
c mettra pas plus de produire à la légère une affirmation non vérifiée que de croire savoir ce que j'ignore.

HIPPIAS. — A vrai dire, moi aussi, puisque tu donnes ton opinion, je crois que le cas des lois est différent.

SOCRATE. — Doucement, Hippias : je crains que nous ne retombions dans la même difficulté que tout à l'heure, au moment où nous nous croyons tirés d'embarras.

HIPPIAS. — Qu'entends-tu par là, Socrate ?

Caractère particulier des plaisirs de l'ouïe et de la vue.

d SOCRATE. — Je vais t'expliquer l'idée qui m'apparaît, quelle qu'en soit la valeur. Nos impressions relatives aux mœurs et aux lois ne sont peut-être pas d'une autre sorte que les sensations qui nous viennent de l'ouïe et de la vue. Mais en soutenant la thèse qui place le beau dans les sensations de cette espèce, laissons de côté ce qui regarde les lois. Quelqu'un, mon homme ou un autre,

1. On sait que ce juron était familier à Socrate. L'emploi qui en est fait ici souligne la vivacité du sentiment de Socrate à l'idée que le juge intérieur dont il va parler est un arbitre auquel il n'échappera pas.

τὸν τοῦτο ἐργάζονται, ὥστ᾽ εἰ ἀποκριναίμεθα τῷ θρασεῖ ἐκείνῳ ἀνθρώπῳ ὅτι « Ὦ γενναῖε, τὸ καλόν ἐστι τὸ δι᾽ ἀκοῆς τε καὶ ὄψεως ἡδύ », οὐκ ἄν, οἴει, αὐτὸν τοῦ θράσους ἐπίσχοιμεν ;

ΙΠ. Ἐμοὶ γοῦν δοκεῖ νῦν, ὦ Σώκρατες, εὖ λέγεσθαι τὸ καλὸν ὃ ἔστιν. b

ΣΩ. Τί δ᾽ ; Ἆρα τὰ ἐπιτηδεύματα τὰ καλὰ καὶ τοὺς νόμους, ὦ Ἱππία, δι᾽ ἀκοῆς ἢ δι᾽ ὄψεως φήσομεν ἡδέα ὄντα καλὰ εἶναι, ἢ ἄλλο τι εἶδος ἔχειν ;

ΙΠ. Ταῦτα δ᾽ ἴσως, ὦ Σώκρατες, κἂν παραλάθοι τὸν ἄνθρωπον.

ΣΩ. Μὰ τὸν κύνα, ὦ Ἱππία, οὐχ ὅν γ᾽ ἂν ἐγὼ μάλιστα αἰσχυνοίμην ληρῶν καὶ προσποιούμενος τὶ λέγειν μηδὲν λέγων.

ΙΠ. Τίνα τοῦτον ;

ΣΩ. Σωκράτη τὸν Σωφρονίσκου, ὃς ἐμοὶ οὐδὲν ἂν μᾶλλον ταῦτα ἐπιτρέποι ἀνερεύνητα ὄντα ῥᾳδίως λέγειν ἢ ὡς c εἰδότα ἃ μὴ οἶδα.

ΙΠ. Ἀλλὰ μὴν ἔμοιγε καὶ αὐτῷ, ἐπειδὴ σὺ εἶπες, δοκεῖ τι ἄλλο εἶναι τοῦτο τὸ περὶ τοὺς νόμους.

ΣΩ. Ἔχ᾽ ἡσυχῇ, ὦ Ἱππία· κινδυνεύομεν γάρ τοι, ἐν τῇ αὐτῇ ἐμπεπτωκότες ἀπορίᾳ περὶ τοῦ καλοῦ, ἐν ᾗπερ νυνδή, οἴεσθαι ἐν ἄλλῃ τινὶ εὐπορίᾳ εἶναι.

ΙΠ. Πῶς τοῦτο λέγεις, ὦ Σώκρατες ;

ΣΩ. Ἐγώ σοι φράσω ὅ γ᾽ ἐμοὶ καταφαίνεται, εἰ ἄρα τι λέγω. Ταῦτα μὲν γὰρ τὰ περὶ τοὺς νόμους τε καὶ τὰ d ἐπιτηδεύματα τάχ᾽ ἂν φανείη οὐκ ἐκτὸς ὄντα τῆς αἰσθήσεως, ἣ διὰ τῆς ἀκοῆς τε καὶ ὄψεως ἡμῖν οὖσα τυγχάνει· ἀλλ᾽ ὑπομείνωμεν τοῦτον τὸν λόγον, τὸ διὰ τούτων ἡδὺ καλὸν εἶναι, μηδὲν τὸ τῶν νόμων εἰς μέσον παράγοντες. Ἀλλ᾽ εἰ ἡμᾶς ἔροιτο εἴτε οὗτος ὃν λέγω, εἴτε ἄλλος ὁστισ-

298 a 7 ὄψεως W : δι᾽ ὄψεως TF || **b** 10-**c** 2 locum totum (τίνα τοῦτον et responsionem Socratis) susp. Schleiermacher || **c** 6 νυνδή recc. : δὴ νῦν TWF.

nous dira peut-être : « Pourquoi définissez-vous le beau comme étant uniquement cette partie de l'agréable que vous dites, et pourquoi refusez-vous de le reconnaître dans les
e autres sensations, celles qui se rapportent à la nourriture et à la boisson, à l'amour et autres plaisirs analogues ? Ne sont-elles pas agréables ? N'y a-t-il de plaisir, selon vous, que dans l'ouïe et dans la vue ? » Que répondre, Hippias ?

Hippias. — Nous répondrons sans hésiter, Socrate, que ces autres sensations comportent également de grands plaisirs.

Socrate. — « Pourquoi donc, nous dira-t-il, à ces plaisirs non moins réels que les autres, refusez-vous le nom de beaux et pourquoi les dépouillez-vous de cette qualité ? » — « C'est parce que, répondrons-nous, si nous disions que
299 a manger est non pas agréable, mais beau, tout le monde se moquerait de nous ; de même si nous appelions une bonne odeur belle au lieu de bonne. Quant à l'amour, tout le monde aussi nous soutiendra qu'il est fort agréable, mais qu'il est fort laid, et que, pour cette raison, ceux qui s'y livrent doivent se cacher pour le faire. » — A ce discours, notre homme répondra : « Je vois que si vous n'osez pas trouver belles ces sensations, c'est que l'opinion commune
b s'y oppose. Mais je ne vous demandais pas l'avis du public sur le beau : je vous demandais ce qu'il est. » — Nous lui répondrons sans doute, suivant notre hypothèse de tout à l'heure [1], que le beau est cette partie de l'agréable qui a pour origine l'ouïe et la vue. Approuves-tu ce langage, Hippias, ou veux-tu y changer quelque chose ?

Hippias. — Il faut, Socrate, répondre à son objection en maintenant notre formule sans y rien changer.

Socrate. — « Fort bien, dira-t-il. Si donc le beau est le
c plaisir qui vient de l'ouïe et de la vue, le plaisir qui ne rentre pas dans cette catégorie ne peut évidemment être beau ? » En conviendrons-nous ?

Hippias. — Oui.

Socrate. — « Le plaisir de la vue, me dira-t-il, est-il causé à la fois par la vue et par l'ouïe, et le plaisir de l'ouïe à la fois par l'ouïe et par la vue ? » — Nullement, dirons-nous ; le

1. Cf. p. 298 a.

οὖν· — Τί δή, ὦ Ἱππία τε καὶ Σώκρατες, ἀφωρίσατε τοῦ ἡδέος τὸ ταύτῃ ἡδύ, ᾗ λέγετε καλὸν εἶναι, τὸ δὲ κατὰ τὰς ἄλλας αἰσθήσεις σίτων τε καὶ ποτῶν καὶ τῶν περὶ τἀφρο- e
δίσια καὶ τἆλλα πάντα τὰ τοιαῦτα οὔ φατε καλὰ εἶναι; Ἦ οὐδὲ ἡδέα, οὐδὲ ἡδονὰς τὸ παράπαν ἐν τοῖς τοιούτοις φατὲ εἶναι, οὐδ' ἐν ἄλλῳ ἢ τῷ ἰδεῖν τε καὶ ἀκοῦσαι; — Τί φήσομεν, ὦ Ἱππία;

ΙΠ. Πάντως δήπου φήσομεν, ὦ Σώκρατες, καὶ ἐν τοῖς ἄλλοις μεγάλας πάνυ ἡδονὰς εἶναι.

ΣΩ. — Τί οὖν, φήσει, ἡδονὰς οὔσας οὐδὲν ἧττον ἢ καὶ ἐκείνας ἀφαιρεῖσθε τοῦτο τοὔνομα καὶ ἀποστερεῖτε τοῦ καλὰς εἶναι; — Ὅτι, φήσομεν, καταγελῴη ἂν ἡμῶν οὐδεὶς 299 a
ὅστις οὔ, εἰ φαῖμεν μὴ ἡδὺ εἶναι φαγεῖν, ἀλλὰ καλόν, καὶ ὄζειν ἡδὺ μὴ ἡδύ, ἀλλὰ καλόν· τὰ δέ που περὶ τὰ ἀφροδίσια πάντες ἂν ἡμῖν μάχοιντο ὡς ἥδιστον ὄν, δεῖν δὲ αὐτό, ἐάν τις καὶ πράττῃ, οὕτω πράττειν, ὥστε μηδένα ὁρᾶν, ὡς αἴσχιστον ὂν ὁρᾶσθαι. — Ταῦτα ἡμῶν λεγόντων, ὦ Ἱππία, — Μανθάνω, ἂν ἴσως φαίη, καὶ ἐγώ, ὅτι πάλαι αἰσχύνεσθε ταύτας τὰς ἡδονὰς φάναι καλὰς εἶναι, ὅτι οὐ δοκεῖ τοῖς ἀνθρώποις· ἀλλ' ἐγὼ οὐ τοῦτο ἠρώτων, ὃ δοκεῖ τοῖς πολλοῖς b
καλὸν εἶναι, ἀλλ' ὅ τι ἔστιν, — ἐροῦμεν δή, οἶμαι, ὅπερ ὑπεθέμεθα, ὅτι τοῦθ' ἡμεῖς γέ φαμεν τὸ μέρος τοῦ ἡδέος, τὸ ἐπὶ τῇ ὄψει τε καὶ ἀκοῇ γιγνόμενον, καλὸν εἶναι. Ἀλλὰ ἔχεις τι χρῆσθαι τῷ λόγῳ ἤ τι καὶ ἄλλο ἐροῦμεν, ὦ Ἱππία;

ΙΠ. Ἀνάγκη πρός γε τὰ εἰρημένα, ὦ Σώκρατες, μὴ ἄλλ' ἄττα ἢ ταῦτα λέγειν.

ΣΩ. — Καλῶς δὴ λέγετε, φήσει. Οὐκοῦν εἴπερ τὸ δι' ὄψεως καὶ ἀκοῆς ἡδὺ καλόν ἐστιν, ὃ μὴ τοῦτο τυγχάνει ὂν c
τῶν ἡδέων, δῆλον ὅτι οὐκ ἂν καλὸν εἴη; — Ὁμολογήσομεν;

ΙΠ. Ναί.

ΣΩ. — Ἦ οὖν τὸ δι' ὄψεως ἡδύ, φήσει, δι' ὄψεως καὶ ἀκοῆς ἐστιν ἡδύ, ἢ τὸ δι' ἀκοῆς ἡδὺ δι' ἀκοῆς καὶ ὄψεώς

d 8 λέγετε rec. : λέγεται TWF || 299 a 4 δεῖν Heindorf : δεῖ TWF || c 5 ὄψεως W : δι' ὄψεως TF.

plaisir produit par l'une de ces causes ne saurait être produit par toutes les deux. C'est là, je crois, ce que tu veux dire ; mais ce que nous affirmons, c'est que chacune des deux sortes de plaisirs est belle pour sa part, et que toutes les deux le sont. » — Est-ce bien ainsi qu'il faut répondre ?

d HIPPIAS. — Parfaitement.

SOCRATE. — « Mais un plaisir, dira-t-il, diffère-t-il d'un autre plaisir en tant que plaisir ? Car la question n'est pas de savoir si un plaisir est plus ou moins grand et s'il y a dans les plaisirs du plus et du moins, mais si la différence entre des plaisirs en tant que plaisirs consiste en ceci que l'un soit un plaisir et l'autre non. » Il nous semble que non, n'est-il pas vrai ?

HIPPIAS. — Je suis de cet avis.

SOCRATE. — « Donc, continuera-t-il, si parmi toutes les sortes de plaisir, vous distinguez ces deux-là, c'est pour une
e autre raison que leur qualité agréable : c'est parce que vous discernez en eux un caractère particulier étranger aux autres, que vous les appelez beaux ? Assurément les plaisirs de la vue ne doivent pas leur beauté à ce simple fait qu'ils sont produits par la vue : car s'il en était ainsi, les plaisirs de l'ouïe n'auraient pas de raison d'être beaux [1] ; la vue n'est donc pas la raison de cette beauté. » — C'est juste, dirons-nous.

HIPPIAS. — Oui.

300 a SOCRATE. — « De même, la beauté du plaisir produit par l'ouïe ne résulte pas du fait qu'il vient de l'ouïe ; car les plaisirs de la vue, dans ce cas, ne seraient pas beaux. Donc l'ouïe n'est pas la raison de cette beauté. » Reconnaîtrons-nous, Hippias, que cet homme dit vrai ?

HIPPIAS. — Sans doute.

SOCRATE. — « Cependant, dira-t-il, ces deux sortes de plaisirs sont beaux, selon vous ? » — En effet, nous l'affirmons.

HIPPIAS. — D'accord.

SOCRATE. — « Ils ont donc une qualité identique par l'effet de laquelle ils sont beaux, un caractère commun qui se rencontre à la fois dans chacune des deux sortes et dans les deux ensemble. Sans cela, il serait impossible que les deux sortes

1. Ils ne sont pas en effet produits par la vue.

ἐστιν ἡδύ ; — Οὐδαμῶς, φήσομεν, τὸ διὰ τοῦ ἑτέρου ὂν τοῦτο δι' ἀμφοτέρων εἴη ἄν· τοῦτο γὰρ δοκεῖς ἡμῖν λέγειν· ἀλλ' ἡμεῖς ἐλέγομεν ὅτι καὶ ἑκάτερον τούτων αὐτὸ καθ' αὑτὸ τῶν ἡδέων καλὸν εἴη, καὶ ἀμφότερα. — Οὐχ οὕτως ἀποκρινούμεθα ;

ΙΠ. Πάνυ μὲν οὖν. d

ΣΩ. — Ἆρ' οὖν, φήσει, ἡδὺ ἡδέος ὁτιοῦν ὁτουοῦν διαφέρει τούτῳ τῷ ἡδὺ εἶναι ; Μὴ γὰρ εἰ μείζων τις ἡδονὴ ἢ ἐλάττων ἢ μᾶλλον ἢ ἧττόν ἐστιν, ἀλλ' εἴ τις αὐτῷ τούτῳ διαφέρει, τῷ ἡ μὲν ἡδονὴ εἶναι, ἡ δὲ μὴ ἡδονή, τῶν ἡδονῶν ; — Οὐχ ἡμῖν γε δοκεῖ· οὐ γάρ ;

ΙΠ. Οὐ γὰρ οὖν δοκεῖ.

ΣΩ. — Οὐκοῦν, φήσει, δι' ἄλλο τι, ἢ ὅτι ἡδοναί εἰσι, προείλεσθε ταύτας τὰς ἡδονὰς ἐκ τῶν ἄλλων ἡδονῶν, τοιοῦτόν τι ὁρῶντες ἐπ' ἀμφοῖν, ὅτι ἔχουσίν τι διάφορον e
τῶν ἄλλων, εἰς ὃ ἀποβλέποντες καλάς φατε αὐτὰς εἶναι ; Οὐ γάρ που διὰ τοῦτο καλή ἐστιν ἡδονὴ ἡ διὰ τῆς ὄψεως, ὅτι δι' ὄψεώς ἐστιν· εἰ γὰρ τοῦτο αὐτῇ ἦν τὸ αἴτιον καλῇ εἶναι, οὐκ ἄν ποτε ἦν ἡ ἑτέρα, ἡ διὰ τῆς ἀκοῆς, καλή· οὔκουν ἔστιν γε δι' ὄψεως ἡδονή. — Ἀληθῆ λέγεις, φήσομεν ;

ΙΠ. Φήσομεν γάρ.

ΣΩ. — Οὐδέ γ' αὖ ἡ δι' ἀκοῆς ἡδονή, ὅτι δι' ἀκοῆς ἐστι, 300 a
διὰ ταῦτα τυγχάνει καλή· οὐ γὰρ ἄν ποτε αὖ ἡ διὰ τῆς ὄψεως καλὴ ἦν· οὔκουν ἔστιν γε δι' ἀκοῆς ἡδονή. — Ἀληθῆ φήσομεν, ὦ Ἱππία, λέγειν τὸν ἄνδρα ταῦτα λέγοντα ;

ΙΠ. Ἀληθῆ.

ΣΩ. — Ἀλλὰ μέντοι ἀμφότεραί γ' εἰσὶν καλαί, ὡς φατέ. — Φαμὲν γάρ ;

ΙΠ. Φαμέν.

ΣΩ. — Ἔχουσιν ἄρα τι τὸ αὐτό, ὃ ποιεῖ αὐτὰς καλὰς εἶναι, τὸ κοινὸν τοῦτο, ὃ καὶ ἀμφοτέραις αὐταῖς ἔπεστι

c 10 ἀποκρινούμεθα F : ἀποκρινώμεθα TW || e 3 που F : πω TW.

b fussent belles et que chacune prise à part le fût aussi. » Réponds-moi comme si tu lui parlais.

HIPPIAS. — Je lui réponds qu'il me paraît avoir raison.

SOCRATE. — Un caractère commun à ces deux plaisirs, mais étranger à chacun en particulier, ne saurait être cause de leur beauté ?

HIPPIAS. — Comment veux-tu, Socrate, qu'un caractère étranger à deux objets pris à part soit commun à ces deux objets, si ni l'un ni l'autre ne le possède ?

c SOCRATE. — Tu n'estimes pas que ce soit possible ?

HIPPIAS. — Je connaîtrais donc bien mal et la nature de pareils objets et ce qu'expriment ces expressions.

SOCRATE. — Très joliment dit, Hippias [1]. Pour moi, je crois entrevoir quelque chose qui ressemble à ce que tu déclares impossible, mais je ne vois rien clairement.

HIPPIAS. — Il n'y a là nulle apparence, Socrate ; ta vue te trompe très certainement.

Les deux sortes de ressemblances entre les choses.

SOCRATE. — Mon esprit cependant aperçoit certaines images, mais je ne m'y fie pas, puisqu'elles ne te sont pas visibles,
d à toi qui as gagné par ta science plus d'argent qu'aucun de tes contemporains, tandis que moi, qui les vois, je n'ai jamais gagné la moindre somme. Mais je me demande si tu parles sérieusement, mon ami, ou si tu ne prends pas plaisir à me tromper, tant ces visions m'apparaissent avec force et en nombre.

HIPPIAS. — Tu as un moyen sûr, Socrate, de savoir si je plaisante ou non : c'est de m'expliquer ce que tu crois voir : l'inanité de ton discours apparaîtra. Car tu ne trouveras jamais une qualité qui soit étrangère à chacun de nous et que nous possédions tous deux.

e SOCRATE. — Que veux-tu dire, Hippias ? Tu as peut-être raison, mais je ne te comprends pas. Quoi qu'il en soit, je vais t'expliquer ma pensée. Il me semble donc qu'une certaine qualité que je n'ai jamais trouvée en moi, que je ne possède pas en ce moment, ni toi non plus, peut se trouver

1. Le compliment ironique de Socrate s'applique à un rapprochement de mots (λέξεως λόγων) : que le français ne peut reproduire qu'imparfaitement.

κοινῇ καὶ ἑκατέρᾳ ἰδίᾳ· οὐ γὰρ ἄν που ἄλλως ἀμφότεραί τε b
καλαὶ ἦσαν καὶ ἑκατέρα. — Ἀποκρίνου ἐμοὶ ὡς ἐκείνῳ.

ΙΠ. Ἀποκρίνομαι, καὶ ἐμοὶ δοκεῖ ἔχειν ὡς λέγεις.

ΣΩ. Εἰ ἄρα τι αὗται αἱ ἡδοναὶ ἀμφότεραι πεπόνθασιν, ἑκατέρα δὲ μή, οὐκ ἂν τούτῳ γε τῷ παθήματι εἶεν καλαί.

ΙΠ. Καὶ πῶς ἂν εἴη τοῦτο, ὦ Σώκρατες, μηδετέρας πεπονθυίας τι τῶν ὄντων ὁτιοῦν, ἔπειτα τοῦτο τὸ πάθος, ὃ μηδετέρα πέπονθεν, ἀμφοτέρας πεπονθέναι ;

ΣΩ. Οὐ δοκεῖ σοι ; c

ΙΠ. Πολλὴ γὰρ ἄν μ' ἔχοι ἀπειρία καὶ τῆς τούτων φύσεως καὶ τῆς τῶν παρόντων λέξεως λόγων.

ΣΩ. Ἡδέως γε, ὦ Ἱππία. Ἀλλὰ γὰρ ἐγὼ ἴσως κινδυνεύω δοκεῖν μέν τι ὁρᾶν οὕτως ἔχον, ὡς σὺ φῄς ἀδύνατον εἶναι, ὁρῶ δ' οὐδέν.

ΙΠ. Οὐ κινδυνεύεις, ὦ Σώκρατες, ἀλλὰ πάνυ ἑτοίμως παρορᾷς.

ΣΩ. Καὶ μὴν πολλά γέ μοι προφαίνεται τοιαῦτα πρὸ τῆς ψυχῆς, ἀλλὰ ἀπιστῶ αὐτοῖς, ὅτι σοὶ μὲν οὐ φαντάζεται,
ἀνδρὶ πλεῖστον ἀργύριον εἰργασμένῳ τῶν νῦν ἐπὶ σοφίᾳ, ἐμοὶ d
δέ, ὃς οὐδὲν πώποτε εἰργασάμην· καὶ ἐνθυμοῦμαι, ὦ ἑταῖρε, μὴ παίζῃς πρός με καὶ ἑκὼν ἐξαπατᾷς· οὕτως μοι σφόδρα καὶ πολλὰ φαίνεται.

ΙΠ. Οὐδεὶς σοῦ, ὦ Σώκρατες, κάλλιον εἴσεται, εἴτε παίζω εἴτε μή, ἐὰν ἐπιχειρήσῃς λέγειν τὰ προφαινόμενά σοι ταῦτα· φανήσει γὰρ οὐδὲν λέγων. Οὐ γὰρ μήποτε εὕρῃς, ὃ μήτ' ἐγὼ πέπονθα μήτε σύ, τοῦτ' ἀμφοτέρους ἡμᾶς πεπονθότας.

ΣΩ. Πῶς λέγεις, ὦ Ἱππία ; Ἴσως μέντοι τὶ λέγεις, e
ἐγὼ δ' οὐ μανθάνω· ἀλλά μου σαφέστερον ἄκουσον ὃ βούλομαι λέγειν. Ἐμοὶ γὰρ φαίνεται, ὃ μήτ' ἐγὼ πέπονθα εἶναι μήτ' εἰμὶ μηδ' αὖ σὺ εἶ, τοῦτο ἀμφοτέρους πεπονθέναι ἡμᾶς

300 c 7 ἑτοίμως TWF : ἐτύμως conj. Heindorf || d 8 μήτ' ἐγὼ F : μήποτ' ἐγὼ TW.

en nous deux ; et que, par contre, ce qui se trouve en nous deux peut n'être pas en chacun de nous.

Hippias. — Tu réponds comme un devin, Socrate, plus encore que tout à l'heure. Réfléchis un peu : si nous sommes justes tous deux, ne le sommes-nous pas l'un et l'autre ? Et de même si nous sommes injustes tous deux, bien portants
301 a tous deux, chacun de nous ne l'est-il pas ? Inversement, si chacun de nous est malade, ou blessé, ou frappé, ou atteint d'une manière quelconque, ne le sommes-nous pas tous deux ? Autres exemples : suppose que nous soyons tous les deux d'or, d'argent ou d'ivoire, ou bien, si tu le préfères, que nous soyons nobles, savants, honorés, vieux, jeunes, ou pourvus de n'importe quel autre attribut de la nature humaine, ne s'ensuivrait-il pas de toute nécessité que chacun de nous en fût également pourvu ?

b Socrate. — Assurément.

Hippias. — En vérité, Socrate, vous ne voyez jamais les choses d'ensemble, toi et tes interlocuteurs habituels : vous détachez, vous isolez le beau ou toute autre partie du réel, et vous les heurtez pour en vérifier le son. C'est pour cela que les grandes réalités continues des essences vous échappent. En ce moment même, tu commets ce grave oubli, si bien que tu conçois une qualité ou une essence qui peuvent apparc tenir à un couple sans appartenir à ses éléments, ou inversement aux éléments sans appartenir au couple. Tant est pitoyable l'absence de logique, de méthode, de bon sens et d'intelligence qui vous caractérise [1] !

Socrate. — C'est bien ainsi que nous sommes, Hippias : comme dit le proverbe, on est ce qu'on peut, non ce qu'on veut. Heureusement, tes avertissements ne cessent de nous éclairer. Pour l'instant, veux-tu que je te donne une nouvelle preuve de la sottise qui était la nôtre en attendant tes
d conseils ? Dois-je te faire connaître nos idées à ce sujet, ou non ?

Hippias. — Je sais d'avance, Socrate, ce que tu vas me

1. Le grec présente dans cette phrase quatre adverbes de suite, à terminaison semblable ; Hippias aimait ces rimes, comme Gorgias. Tout ce couplet, où Hippias fait de haut la leçon à Socrate, est une imitation de son style grandiloquent.

οἷόν τ' εἶναι· ἕτερα δ' αὖ, ἃ ἀμφότεροι πεπόνθαμεν εἶναι, ταῦτα οὐδέτερον εἶναι ἡμῶν.

ΙΠ. Τέρατα αὖ ἀποκρινομένῳ ἔοικας, ὦ Σώκρατες, ἔτι μείζω ἢ ὀλίγον πρότερον ἀπεκρίνω. Σκόπει γάρ· πότερον εἰ ἀμφότεροι δίκαιοί ἐσμεν, οὐ καὶ ἑκάτερος ἡμῶν εἴη ἄν, ἢ εἰ ἄδικος ἑκάτερος, οὐ καὶ ἀμφότεροι, ἢ εἰ ὑγιαίνοντες, οὐ καὶ ἑκάτερος ; Ἢ εἰ κεκμηκώς τι ἢ τετρωμένος ἢ πεπληγ- 301 a
μένος ἢ ἄλλ' ὁτιοῦν πεπονθὼς ἑκάτερος ἡμῶν εἴη, οὐ καὶ ἀμφότεροι αὖ ἂν τοῦτο πεπόνθοιμεν ; Ἔτι τοίνυν εἰ χρυσοῖ ἢ ἀργυροῖ ἢ ἐλεφάντινοι, εἰ δὲ βούλει, γενναῖοι ἢ σοφοὶ ἢ τίμιοι ἢ γέροντές γε ἢ νέοι ἢ ἄλλο ὅ τι βούλει τῶν ἐν ἀνθρώποις ἀμφότεροι τύχοιμεν ὄντες, ἆρ' οὐ μεγάλη ἀνάγκη καὶ ἑκάτερον ἡμῶν τοῦτο εἶναι ;

ΣΩ. Πάντως γε δήπου. b

ΙΠ. Ἀλλὰ γὰρ δὴ σύ, ὦ Σώκρατες, τὰ μὲν ὅλα τῶν πραγμάτων οὐ σκοπεῖς, οὐδ' ἐκεῖνοι, οἷς σὺ εἴωθας διαλέγεσθαι, κρούετε δὲ ἀπολαμβάνοντες τὸ καλὸν καὶ ἕκαστον τῶν ὄντων ἐν τοῖς λόγοις κατατέμνοντες. Διὰ ταῦτα οὕτω μεγάλα ὑμᾶς λανθάνει καὶ διανεκῆ σώματα τῆς οὐσίας πεφυκότα. Καὶ νῦν τοσοῦτόν σε λέληθεν, ὥστε οἴει εἶναί τι ἢ πάθος ἢ οὐσίαν, ἣ περὶ μὲν ἀμφότερ' ἄττα ἔστιν ἅμα, περὶ δὲ ἑκάτερον οὔ, ἢ αὖ περὶ μὲν ἑκάτερον, περὶ δὲ c
ἀμφότερα οὔ· οὕτως ἀλογίστως καὶ ἀσκέπτως καὶ εὐήθως καὶ ἀδιανοήτως διάκεισθε.

ΣΩ. Τοιαῦτα, ὦ Ἱππία, τὰ ἡμέτερά ἐστιν, οὐχ οἷα βούλεταί τις, φασὶν ἄνθρωποι ἑκάστοτε παροιμιαζόμενοι, ἀλλ' οἷα δύναται· ἀλλὰ σὺ ἡμᾶς ὀνίνης ἀεὶ νουθετῶν· ἐπεὶ καὶ νῦν, πρὶν ὑπὸ σοῦ ταῦτα νουθετηθῆναι, ὡς εὐήθως διεκείμεθα, ἔτι σοι μᾶλλον ἐγὼ ἐπιδείξω εἰπὼν ἃ διενοούμεθα περὶ αὐτῶν, ἢ μὴ εἴπω ; d

ΙΠ. Εἰδότι μὲν ἐρεῖς, ὦ Σώκρατες· οἶδα γὰρ ἑκάστους

301 a 5 ἄλλο ὅ τι WF : ἀλλό τι ὅτι T || b 8 ἀμφότερ' ἄττα Ficin : ἀμφότερα ταῦτα TWF || c 8 διενοούμεθα F : διανοούμεθα TW.

dire; car je connais individuellement tous ceux qui pratiquent la parole. Parle tout de même, si cela te fait plaisir.

SOCRATE. — Oui, cela me fera plaisir. Nous autres, mon très cher, avant de t'avoir entendu, nous étions assez sots pour croire que de nous deux, toi et moi, chacun est un, et, par conséquent, n'est pas ce que nous sommes tous deux ensemble; car, ensemble, nous ne sommes pas un, mais deux. Voilà ce qu'imaginait notre sottise. Maintenant, nous appre-
e nons de toi que si, ensemble, nous sommes deux, chacun de nous aussi doit être deux, de toute nécessité, et que si chacun de nous est un, ensemble aussi nous sommes un. Il est impossible en effet, avec l'essentielle continuité de l'être chère à Hippias, qu'il en soit autrement : ce qu'est l'ensemble, les éléments le sont aussi, et ce que sont les éléments, l'ensemble doit l'être. Tu m'as convaincu, Hippias, et je m'arrête. Cependant, un mot encore pour rafraîchir mon souvenir : sommes-nous un, toi et moi, ou chacun de nous est-il deux?

HIPPIAS. — Que veux-tu dire, Socrate?

SOCRATE. — Je veux dire ce que je dis. Je crains de voir
302 a trop clairement dans ton langage à toi la preuve que tu t'impatientes contre moi, du moment que tu crois avoir dit quelque chose de juste. Cependant, dis-moi : Chacun de nous n'est-il pas un, et cette qualité, d'être un, n'est-elle pas un attribut qui le caractérise?

HIPPIAS. — Sans doute.

SOCRATE. — Si chacun de nous est un, il est impair : car tu reconnais sans doute que l'unité est impaire?

HIPPIAS. — Assurément.

SOCRATE. — Et notre couple, formé de deux unités, est-il impair?

HIPPIAS. — C'est impossible, Socrate.

SOCRATE. — A nous deux, par conséquent, nous sommes un nombre pair. Est-ce exact?

HIPPIAS. — Très exact.

SOCRATE. — De ce que notre couple est pair, s'ensuit-il que chacun de nous le soit?

b HIPPIAS. — Non certes.

SOCRATE. — Il n'est donc pas nécessaire que le couple ait

τῶν περὶ τοὺς λόγους, ὡς διάκεινται· ὅμως δ' εἴ τι σοι ἥδιον, λέγε.

ΣΩ. Ἀλλὰ μὴν ἥδιόν γε. Ἡμεῖς γάρ, ὦ βέλτιστε, οὕτως ἀβέλτεροι ἦμεν, πρίν σε ταῦτ' εἰπεῖν, ὥστε δόξαν εἴχομεν περὶ ἐμοῦ τε καὶ σοῦ, ὡς ἑκάτερος ἡμῶν εἷς ἐστιν, τοῦτο δέ, ὃ ἑκάτερος ἡμῶν εἴη, οὐκ ἄρα εἶμεν ἀμφότεροι· οὐ γὰρ εἷς ἐσμεν, ἀλλὰ δύο. Οὕτως εὐηθικῶς εἴχομεν· νῦν δὲ παρὰ
σοῦ ἤδη ἀνεδιδάχθημεν ὅτι εἰ μὲν δύο ἀμφότεροί ἐσμεν, e
δύο καὶ ἑκάτερον ἡμῶν ἀνάγκη εἶναι, εἰ δὲ εἷς ἑκάτερος, ἕνα καὶ ἀμφοτέρους ἀνάγκη· οὐ γὰρ οἷόν τε διανεκεῖ λόγῳ τῆς οὐσίας κατὰ Ἱππίαν ἄλλως ἔχειν, ἀλλ' ὃ ἂν ἀμφότερα ᾖ, τοῦτο καὶ ἑκάτερον, καὶ ὃ ἑκάτερον, ἀμφότερα εἶναι. Πεπεισμένος δὴ νῦν ἐγὼ ὑπὸ σοῦ ἐνθάδε κάθημαι· πρότερον μέντοι, ὦ Ἱππία, ὑπόμνησόν με· πότερον εἷς ἐσμεν ἐγώ τε καὶ σύ, ἢ σύ τε δύο εἶ κἀγὼ δύο ;

ΙΠ. Τί λέγεις, ὦ Σώκρατες ;

ΣΩ. Ταῦτα ἅπερ λέγω· φοβοῦμαι γάρ σε σαφῶς λέγειν
ὅτι μοι χαλεπαίνεις, ἐπειδάν τι δόξῃς σαυτῷ λέγειν· ὅμως 302 a
δ' ἔτι μοι εἰπέ· οὐχ εἷς ἡμῶν ἑκάτερός ἐστιν καὶ πέπονθε τοῦτο, εἷς εἶναι ;

ΙΠ. Πάνυ γε.

ΣΩ. Οὐκοῦν εἴπερ εἷς, καὶ περιττὸς ἂν εἴη ἑκάτερος ἡμῶν· ἢ οὐ τὸ ἓν περιττὸν ἡγεῖ ;

ΙΠ. Ἔγωγε.

ΣΩ. Ἦ καὶ ἀμφότεροι οὖν περιττοί ἐσμεν δύο ὄντες ;

ΙΠ. Οὐκ ἂν εἴη, ὦ Σώκρατες.

ΣΩ. Ἀλλ' ἄρτιοί γε ἀμφότεροι· ἦ γάρ ;

ΙΠ. Πάνυ γε.

ΣΩ. Μῶν οὖν, ὅτι ἀμφότεροι ἄρτιοι, τούτου ἕνεκα καὶ ἑκάτερος ἄρτιος ἡμῶν ἐστιν ;

ΙΠ. Οὐ δῆτα. b

ΣΩ. Οὐκ ἄρα πᾶσα ἀνάγκη, ὡς νυνδὴ ἔλεγες, ἃ ἂν

e 5 ᾖ W : ἦν T.

les qualités de l'individu ni l'individu celles du couple, comme tu le prétendais?

HIPPIAS. — Ce n'est pas nécessaire dans ce cas, mais c'était nécessaire dans ceux que j'ai mentionnés précédemment.

SOCRATE. — Il suffit, Hippias : contentons-nous de constater que le cas présent est tel que je le dis, et les autres, non. Je disais en effet, s'il te souvient du point d'où nous sommes partis, que, dans le plaisir produit par la vue et par l'ouïe, la
c beauté ne vient pas d'un caractère particulier à chacune de ces formes de plaisir quoique étranger à l'ensemble du groupe, ni d'un caractère qui serait celui du groupe sans être celui de chacune des parties, mais qu'il fallait que ce caractère appartînt à la fois à l'ensemble et aux parties, puisque tu convenais que la beauté se trouvait à la fois dans chacune des deux formes et dans toutes les deux ensemble. De là je concluais que, si toutes les deux ont de la beauté, c'est par l'effet d'une essence qui leur appartient à l'une et à l'autre, et non d'une essence qui manquerait à l'une d'elles. Je persiste dans mon opinion. Réponds-moi donc encore une fois : Si les plaisirs de la vue et de l'ouïe
d sont beaux, considérés ensemble et séparément, n'est-il pas vrai que ce qui fait leur beauté se trouve à la fois chez tous les deux ensemble et chez chacun?

HIPPIAS. — Certainement.

SOCRATE. — Est-ce le fait que chacun d'eux est un plaisir et que tous deux en sont également, qui est cause de leur beauté? Ou n'est-il pas vrai que la même cause alors devrait rendre beaux tous les autres plaisirs, puisque ces derniers, selon nous, ne sont pas moins des plaisirs que les premiers?

HIPPIAS. — Je m'en souviens.

SOCRATE. — Mais nous avons déclaré que c'est en tant que produits par la vue et par l'ouïe que ces plaisirs ont de la
e beauté.

HIPPIAS. — Oui, c'est ce que nous avons dit.

SOCRATE. — Vois donc si mon raisonnement est juste. Nous disions, si je ne me trompe, que le beau, c'était ce plaisir, non pas toute espèce de plaisir, mais celui qui vient de l'ouïe et de la vue.

HIPPIAS. — En effet.

SOCRATE. — Mais venir de l'ouïe et de la vue est un carac-

ἀμφότεροι, καὶ ἑκάτερον, καὶ ἃ ἂν ἑκάτερος, καὶ ἀμφοτέρους εἶναι.

ΙΠ. Οὔ τά γε τοιαῦτα, ἀλλ' οἷα ἐγὼ πρότερον ἔλεγον.

ΣΩ. Ἐξαρκεῖ, ὦ Ἱππία· ἀγαπητὰ γὰρ καὶ ταῦτα, ἐπειδὴ τὰ μὲν οὕτω φαίνεται, τὰ δ' οὐχ οὕτως ἔχοντα. Καὶ γὰρ ἐγὼ ἔλεγον, εἰ μέμνησαι ὅθεν οὗτος ὁ λόγος ἐλέχθη, ὅτι ἡ διὰ τῆς ὄψεως καὶ δι' ἀκοῆς ἡδονὴ οὐ τούτῳ εἶεν καλαί, ὅ τι τυγχάνοιεν ἑκατέρα μὲν αὐτῶν εἶναι πεπονθυῖα, ἀμφό- c
τεραι δὲ μή, ἢ ἀμφότεραι μέν, ἑκατέρα δὲ μή, ἀλλ' ἐκείνῳ ᾧ ἀμφότεραί τε καὶ ἑκατέρα, διότι συνεχώρεις ἀμφοτέρας τε αὐτὰς εἶναι καλὰς καὶ ἑκατέραν. Τούτου δὴ ἕνεκα τῇ οὐσίᾳ τῇ ἐπ' ἀμφότερα ἑπομένῃ ᾤμην, εἴπερ ἀμφότερά ἐστι καλά, ταύτῃ δεῖν αὐτὰ καλὰ εἶναι, τῇ δὲ κατὰ τὰ ἕτερα ἀπολειπομένῃ μή· καὶ ἔτι νῦν οἴομαι· ἀλλά μοι λέγε, ὥσπερ ἐξ ἀρχῆς· ἡ δι' ὄψεως ἡδονὴ καὶ ἡ δι' ἀκοῆς, εἴπερ ἀμφότεραί τ' εἰσὶν καλαὶ καὶ ἑκατέρα, ἆρα ὃ ποιεῖ αὐτὰς d
καλὰς οὐχὶ καὶ ἀμφοτέραις γε αὐταῖς ἕπεται καὶ ἑκατέρᾳ ;

ΙΠ. Πάνυ γε.

ΣΩ. Ἆρ' οὖν ὅτι ἡδονὴ ἑκατέρα τ' ἐστὶν καὶ ἀμφότεραι, διὰ τοῦτο ἂν εἶεν καλαί ; Ἢ διὰ τοῦτο μὲν καὶ αἱ ἄλλαι πᾶσαι ἂν οὐδὲν τούτων ἧττον εἶεν καλαί ; Οὐδὲν γὰρ ἧττον ἡδοναὶ ἐφάνησαν οὖσαι, εἰ μέμνησαι.

ΙΠ. Μέμνημαι.

ΣΩ. Ἀλλ' ὅτι γε δι' ὄψεως καὶ ἀκοῆς αὗταί εἰσι, διὰ τοῦτο ἐλέγετο καλὰς αὐτὰς εἶναι. e

ΙΠ. Καὶ ἐρρήθη οὕτως.

ΣΩ. Σκόπει δέ, εἰ ἀληθῆ λέγω. Ἐλέγετο γάρ, ὡς ἐγὼ μνήμης ἔχω, τοῦτ' εἶναι καλὸν τὸ ἡδύ, οὐ πᾶν, ἀλλ' ὃ ἂν δι' ὄψεως καὶ ἀκοῆς ᾖ.

ΙΠ. Ἀληθῆ.

ΣΩ. Οὐκοῦν τοῦτό γε τὸ πάθος ἀμφοτέραις μὲν ἕπεται,

302 b 8 ἐλέχθη f : ἐδέχθη F ἐλέγχθη T || **b** 9 καὶ < ἡ > δι Stallbaum.

tère qui appartient au couple, non à chaque élément pris à part, car chacun d'eux n'est pas formé du couple, comme nous l'avons vu tout à l'heure, mais c'est le couple qui est formé des parties ; est-ce vrai ?

HIPPIAS. — Très vrai.

SOCRATE. — Ce qui fait la beauté de chacun ne peut être ce qui n'appartient pas à chacun : la qualité d'être un couple, en effet, n'appartient pas à chacun. De sorte que le couple en lui-même peut être appelé beau dans notre hypo-
303 a thèse, mais non chaque élément pris à part. Qu'en penses-tu ? La conséquence n'est-elle pas rigoureuse ?

HIPPIAS. — Il semble bien qu'elle le soit.

SOCRATE. — Dirons-nous donc que c'est le couple qui est beau, et que chacune des parties ne l'est pas ?

HIPPIAS. — Quelle objection vois-tu à cela ?

SOCRATE. — L'objection que j'aperçois, c'est que, dans tous les exemples que tu as énumérés de certaines qualités s'appliquant à certains objets, nous avons toujours vu les qualités de l'ensemble s'appliquer aux parties et celles des parties s'appliquer à l'ensemble. Est-ce vrai ?

HIPPIAS. — Oui.

SOCRATE. — Or dans mes exemples, rien de pareil ; et il y avait parmi eux le couple et l'unité. Ai-je raison ?

HIPPIAS. — C'est exact.

b SOCRATE. — A quelle catégorie appartient donc la beauté, Hippias ? A celle dont tu as parlé ? Si je suis fort et toi aussi, disais-tu, nous le sommes tous les deux ; si toi et moi nous sommes justes, nous le sommes tous les deux, et si nous le sommes tous les deux, chacun de nous l'est aussi ; de même, si toi et moi nous sommes beaux, nous le sommes tous deux, et si nous le sommes tous deux, chacun de nous l'est également. Mais ne pourrait-il se faire qu'il en fût de la beauté comme des nombres, quand nous disions que, le couple étant pair, les éléments peuvent être soit pairs soit impairs ; ou encore que, les éléments étant irrationnels, l'ensemble peut être ou irrationnel ou rationnel, et ainsi de
c suite dans une foule de cas qui se présentaient, disais-je, à ma pensée. Dans lequel de ces deux groupes rangerons-nous la beauté ? Je ne sais si tu partages mon avis, mais il me semblerait tout à fait absurde de dire que nous sommes beaux

ἑκατέρᾳ δ' οὔ; Οὐ γάρ που ἑκάτερόν γε αὐτῶν, ὅπερ ἐν τοῖς πρόσθεν ἐλέγετο, δι' ἀμφοτέρων ἐστίν, ἀλλ' ἀμφότερα μὲν δι' ἀμφοῖν, ἑκάτερον δ' οὔ· ἔστι ταῦτα;

ΙΠ. Ἔστιν.

ΣΩ. Οὐκ ἄρα τούτῳ γε ἑκάτερον αὐτῶν ἐστι καλόν, ὃ μὴ ἕπεται ἑκατέρῳ· τὸ γὰρ ἀμφότερον ἑκατέρῳ οὐχ ἕπεται· ὥστε ἀμφότερα μὲν αὐτὰ φάναι καλὰ κατὰ τὴν ὑπόθεσιν ἔξεστιν, ἑκάτερον δὲ οὐκ ἔξεστιν· ἢ πῶς λέγομεν; Οὐκ 303 a
ἀνάγκη;

ΙΠ. Φαίνεται.

ΣΩ. Φῶμεν οὖν ἀμφότερα μὲν καλὰ εἶναι, ἑκάτερον δὲ μὴ φῶμεν;

ΙΠ. Τί γὰρ κωλύει;

ΣΩ. Τόδε ἔμοιγε δοκεῖ, ὦ φίλε, κωλύειν, ὅτι ἦν που ἡμῖν τὰ μὲν οὕτως ἐπιγιγνόμενα ἑκάστοις, εἴπερ ἀμφοτέροις ἐπιγίγνοιτο, καὶ ἑκατέρῳ, καὶ εἴπερ ἑκατέρῳ, καὶ ἀμφοτέροις, ἅπαντα ὅσα σὺ διῆλθες· ἦ γάρ;

ΙΠ. Ναί.

ΣΩ. Ἃ δέ γ' αὖ ἐγὼ διῆλθον, οὔ· ὧν δὴ ἦν καὶ αὐτὸ τὸ ἑκάτερον καὶ τὸ ἀμφότερον. Ἔστιν οὕτως;

ΙΠ. Ἔστιν.

ΣΩ. Ποτέρων οὖν, ὦ Ἱππία, δοκεῖ σοι τὸ καλὸν εἶναι; b
Πότερον ὧν σὺ ἔλεγες· εἴπερ ἐγὼ ἰσχυρὸς καὶ σύ, καὶ ἀμφότεροι, καὶ εἴπερ ἐγὼ δίκαιος καὶ σύ, καὶ ἀμφότεροι, καὶ εἴπερ ἀμφότεροι, καὶ ἑκάτερος· οὕτω δὴ καὶ εἴπερ ἐγὼ καλὸς καὶ σύ, καὶ ἀμφότεροι, καὶ εἴπερ ἀμφότεροι, καὶ ἑκάτερος; ἢ οὐδὲν κωλύει, ὥσπερ ἀρτίων ὄντων τινῶν ἀμφοτέρων τάχα μὲν ἑκάτερα περιττὰ εἶναι, τάχα δ' ἄρτια, καὶ αὖ ἀρρήτων ἑκατέρων ὄντων τάχα μὲν ῥητὰ τὰ συναμφότερα εἶναι, τάχα δ' ἄρρητα, καὶ ἄλλα μυρία τοιαῦτα, ἃ δὴ καὶ c
ἐγὼ ἔφην ἐμοὶ προφαίνεσθαι; Ποτέρων δὴ τιθεῖς τὸ καλόν; Ἢ ὥσπερ ἐμοὶ περὶ αὐτοῦ καταφαίνεται, καὶ σοί; Πολλὴ

303 a 1 λέγομεν WF : λέγωμεν T || c 2 τιθεῖς F : τίθῃς T.

tous deux, mais que l'un de nous ne l'est pas, ou que chacun de nous est beau, mais que nous ne le sommes pas tous deux, et autres choses du même genre. Quelle est ton opinion? La mienne, ou l'autre?

HIPPIAS. — La tienne, Socrate.

SOCRATE. — Tant mieux, car cela nous permet de ne pas
d pousser plus loin notre recherche. Si la beauté, en effet, appartient à la catégorie que nous disons, le plaisir de la vue et de l'ouïe ne saurait être le beau. Car si ce plaisir confère la beauté aux perceptions de la vue et de l'ouïe, c'est à celles-ci en bloc qu'il la donne, non à chacune de ces deux sortes de perceptions en particulier. Or, tu viens de reconnaître avec moi que cette conséquence est inadmissible.

HIPPIAS. — Nous en sommes convenus en effet.

SOCRATE. — Le plaisir causé par l'ouïe et par la vue ne peut donc être le beau, puisque cette hypothèse implique une impossibilité.

HIPPIAS. — C'est vrai.

Dernière difficulté.

SOCRATE. — « Allons, dira notre homme, reprenez les choses au commencement,
e puisque vous avez fait fausse route. Qu'est-ce que cette beauté commune aux deux sortes de plaisirs et qui vous fait appeler beaux ces plaisirs-là de préférence aux autres? » — Nous n'avons, je crois, Hippias, qu'à répondre ceci : que ces plaisirs, considérés ensemble ou séparément, sont les plus innocents et les meilleurs de tous. Vois-tu quelque autre caractère par où ils l'emportent sur le reste des plaisirs?

HIPPIAS. — Non : ils sont vraiment les meilleurs de tous.

SOCRATE. — « Ainsi, dira-t-il, selon vous, le beau, c'est l'agréable avantageux. » Je répondrai que je le crois. Et toi, qu'en penses-tu?

HIPPIAS. — C'est aussi ma pensée.

SOCRATE. — « L'avantageux, dira-t-il encore, c'est ce qui produit un bien. Or le producteur et le produit sont choses
304 a différentes, ainsi que nous l'avons vu tout à l'heure : notre entretien revient donc sur ses pas? Le bien ne peut être beau ni le beau être un bien, si le beau et le bien sont deux choses distinctes. » — A cela, Hippias, si nous sommes sages,

γὰρ ἀλογία ἔμοιγε δοκεῖ εἶναι ἀμφοτέρους μὲν ἡμᾶς εἶναι καλούς, ἑκάτερον δὲ μή, ἢ ἑκάτερον μέν, ἀμφοτέρους δὲ μή, ἢ ἄλλο ὁτιοῦν τῶν τοιούτων. Οὕτως αἱρεῖ, ὥσπερ ἐγώ, ἢ 'κείνως ;

ΙΠ. Οὕτως ἔγωγε, ὦ Σώκρατες.

ΣΩ. Εὖ γε σὺ ποιῶν, ὦ Ἱππία, ἵνα καὶ ἀπαλλαγῶμεν
πλείονος ζητήσεως· εἰ γὰρ τούτων γ' ἐστὶ τὸ καλόν, οὐκ ἂν d
ἔτι εἴη τὸ δι' ὄψεως καὶ ἀκοῆς ἡδὺ καλόν· ἀμφότερα μὲν γὰρ ποιεῖ καλὰ τὸ δι' ὄψεως καὶ ἀκοῆς, ἑκάτερον δ' οὔ· τοῦτο δ' ἦν ἀδύνατον, ὡς ἐγώ τε καὶ σὺ δὴ ὡμολογοῦμεν, ὦ Ἱππία.

ΙΠ. Ὡμολογοῦμεν γάρ.

ΣΩ. Ἀδύνατον ἄρα τὸ δι' ὄψεως καὶ ἀκοῆς ἡδὺ καλὸν εἶναι, ἐπειδή γε καλὸν γιγνόμενον τῶν ἀδυνάτων τι παρέχεται.

ΙΠ. Ἔστι ταῦτα.

ΣΩ. — Λέγετε δὴ πάλιν, φήσει, ἐξ ἀρχῆς, ἐπειδὴ τού-
του διημάρτετε· τί φατε εἶναι τοῦτο τὸ καλὸν τὸ ἐπ' ἀμφο- e
τέραις ταῖς ἡδοναῖς, δι' ὅ τι ταύτας πρὸ τῶν ἄλλων τιμήσαντες καλὰς ὠνομάσατε ; — Ἀνάγκη δή μοι δοκεῖ εἶναι, ὦ Ἱππία, λέγειν, ὅτι ἀσινέσταται αὗται τῶν ἡδονῶν εἰσι καὶ βέλτισται, καὶ ἀμφότεραι καὶ ἑκατέρα· ἢ σύ τι ἔχεις λέγειν ἄλλο, ᾧ διαφέρουσι τῶν ἄλλων ;

ΙΠ. Οὐδαμῶς· τῷ ὄντι γὰρ βέλτισταί εἰσιν.

ΣΩ. — Τοῦτ' ἄρα, φήσει, λέγετε δὴ τὸ καλὸν εἶναι, ἡδονὴν ὠφέλιμον ; — Ἐοίκαμεν, φήσω ἔγωγε· σὺ δέ ;

ΙΠ. Καὶ ἐγώ.

ΣΩ. — Οὐκοῦν ὠφέλιμον, φήσει, τὸ ποιοῦν τἀγαθόν, τὸ δὲ ποιοῦν καὶ τὸ ποιούμενον ἕτερον νυνδὴ ἐφάνη, καὶ εἰς τὸν πρότερον λόγον ἥκει ὑμῖν ὁ λόγος ; οὔτε γὰρ τὸ ἀγαθὸν
ἂν εἴη καλὸν οὔτε τὸ καλὸν ἀγαθόν, εἴπερ ἄλλο αὐτῶν ἑκά- 304 a
τερόν ἐστι. — Παντός γε μᾶλλον, φήσομεν, ὦ Ἱππία, ἂν

d 4 et 6 ὡμολογοῦμεν f : ὁμολογοῦμεν TWF.

nous donnerons notre complet assentiment; car il n'est pas permis de refuser son adhésion à la vérité.

Hippias. — Mais réellement, Socrate, que penses-tu de toute cette discussion? Je répète ce que je te disais tout à l'heure : ce sont là des épluchures et des rognures de discours mis en miettes. Ce qui est beau, ce qui est précieux, c'est de savoir, avec art et beauté, produire devant les tribunaux,
b devant le Conseil, devant toute magistrature à qui l'on a affaire, un discours capable de persuasion, et d'emporter en se retirant non un prix médiocre, mais le plus grand de tous, son propre salut, celui de sa fortune et de ses amis. Voilà l'objet qui mérite notre application, au lieu de ces menues chicanes que tu devrais abandonner, si tu ne veux pas être traité d'imbécile pour ta persévérance dans le bavardage et les balivernes.

Épilogue.

Socrate. — Mon cher Hippias, tu es un homme heureux. Tu sais les occupations qui conviennent à un homme, et tu les pratiques excellem-
c ment, dis-tu. Pour moi, victime de je ne sais quelle malédiction divine, semble-t-il, j'erre çà et là dans une perpétuelle incertitude, et quand je vous rends témoins, vous les savants, de mes perplexités, je n'ai pas plus tôt fini de vous les exposer que vos discours me couvrent d'insultes. Vous dites, comme tu viens de le faire, que les questions dont je m'occupe sont absurdes, mesquines, sans intérêt. Et quand, éclairé par vos conseils, je dis comme vous que ce qu'un homme peut faire de mieux, c'est de se mettre en état de porter devant des juges ou dans toute autre assemblée un discours bien fait et d'en tirer un résultat utile, alors je me
d vois en butte aux pires injures de la part de ceux qui m'entourent et en particulier de cet homme qui ne cesse de disputer avec moi et de me réfuter[1]. C'est un homme, en effet, qui est mon plus proche parent et qui habite ma maison. Dès que je rentre chez moi et qu'il m'entend parler de la sorte, il me demande si je n'ai pas honte de disserter sur la beauté des différentes manières de vivre, moi qui me laisse si manifestement convaincre d'ignorance sur la nature de cette beauté

1. Cf. p. 298 b.

σωφρονῶμεν· οὐ γάρ που θέμις τῷ ὀρθῶς λέγοντι μὴ
συγχωρεῖν.

ΙΠ. Ἀλλὰ δή γ', ὦ Σώκρατες, τί οἴει ταῦτα εἶναι ξυν-
άπαντα; κνήσματά τοί ἐστιν καὶ περιτμήματα τῶν λόγων,
ὅπερ ἄρτι ἔλεγον, κατὰ βραχὺ διῃρημένα· ἀλλ' ἐκεῖνο καὶ
καλὸν καὶ πολλοῦ ἄξιον, οἷόν τ' εἶναι εὖ καὶ καλῶς λόγον
καταστησάμενον ἐν δικαστηρίῳ ἢ ἐν βουλευτηρίῳ ἢ ἐπ'
ἄλλῃ τινὶ ἀρχῇ, πρὸς ἣν ἂν ὁ λόγος ᾖ, πείσαντα οἴχεσθαι b
φέροντα οὐ τὰ σμικρότατα, ἀλλὰ τὰ μέγιστα τῶν ἄθλων,
σωτηρίαν αὑτοῦ τε καὶ τῶν αὑτοῦ χρημάτων καὶ φίλων.
Τούτων οὖν χρὴ ἀντέχεσθαι, χαίρειν ἐάσαντα τὰς σμικρο-
λογίας ταύτας, ἵνα μὴ δοκῇ λίαν ἀνόητος εἶναι λήρους καὶ
φλυαρίας ὥσπερ νῦν μεταχειριζόμενος.

ΣΩ. Ὦ Ἱππία φίλε, σὺ μὲν μακάριος εἶ, ὅτι τε οἶσθα ἃ
χρὴ ἐπιτηδεύειν ἄνθρωπον, καὶ ἐπιτετήδευκας ἱκανῶς, ὥς
φῄς· ἐμὲ δὲ δαιμονία τις τύχη, ὡς ἔοικεν, κατέχει, ὅστις c
πλανῶμαι μὲν καὶ ἀπορῶ ἀεί, ἐπιδεικνὺς δὲ τὴν ἐμαυτοῦ
ἀπορίαν ὑμῖν τοῖς σοφοῖς λόγῳ αὖ ὑπὸ ὑμῶν προπηλακίζομαι,
ἐπειδὰν ἐπιδείξω. Λέγετε γάρ με, ἅπερ καὶ σὺ νῦν λέγεις,
ὡς ἠλίθιά τε καὶ σμικρὰ καὶ οὐδενὸς ἄξια πραγματεύομαι·
ἐπειδὰν δὲ αὖ ἀναπεισθεὶς ὑπὸ ὑμῶν λέγω ἅπερ ὑμεῖς, ὡς
πολὺ κράτιστόν ἐστιν οἷόν τ' εἶναι λόγον εὖ καὶ καλῶς
καταστησάμενον <τὶ> περαίνειν ἐν δικαστηρίῳ ἢ ἐν ἄλλῳ
τινὶ συλλόγῳ, ὑπό τε ἄλλων τινῶν τῶν ἐνθάδε καὶ ὑπὸ τού- d
του τοῦ ἀνθρώπου τοῦ ἀεί με ἐλέγχοντος πάντα κακὰ ἀκούω.
Καὶ γάρ μοι τυγχάνει ἐγγύτατα γένους ὢν καὶ ἐν τῷ αὐτῷ
οἰκῶν· ἐπειδὰν οὖν εἰσέλθω οἴκαδε εἰς ἐμαυτοῦ καί μου
ἀκούσῃ ταῦτα λέγοντος, ἐρωτᾷ εἰ οὐκ αἰσχύνομαι τολμῶν
περὶ καλῶν ἐπιτηδευμάτων διαλέγεσθαι, οὕτω φανερῶς
ἐξελεγχόμενος περὶ τοῦ καλοῦ ὅτι οὐδ' αὐτὸ τοῦτο ὅ τί ποτ'
ἔστιν οἶδα. — Καίτοι πῶς σὺ εἴσει, φησίν, ἢ λόγον ὅστις

304 a 6 κνήσματα F : κνίσματα TW || **c** 8 <τὶ> περαίνειν Winckelman.

dont je disserte. Et cet homme me dit : « Comment pourras-tu
e juger si un discours est bien ou mal fait, et de même pour le reste, lorsque tu ignores en quoi consiste la beauté ? Crois-tu que la vie, dans cet état d'ignorance, vaille mieux que la mort ? » Il m'est arrivé, je le répète, de recevoir à la fois vos insultes et les siennes ; mais peut-être est-il nécessaire que j'endure ces reproches : il n'y aurait rien de surprenant en effet à ce qu'ils me fussent utiles. En tout cas, Hippias, il est un profit que je crois avoir tiré de mon entretien avec vous deux : c'est de mieux comprendre le proverbe qui dit que « le beau est difficile ».

καλῶς κατεστήσατο ἢ μή, ἢ ἄλλην πρᾶξιν ἡντινοῦν, τὸ καλὸν e ἀγνοῶν ; καὶ ὁπότε οὕτω διάκεισαι, οἴει σοι κρεῖττον εἶναι ζῆν μᾶλλον ἢ τεθνάναι ; — Συμβέβηκε δή μοι, ὅπερ λέγω, κακῶς μὲν ὑπὸ ὑμῶν ἀκούειν καὶ ὀνειδίζεσθαι, κακῶς δὲ ὑπ' ἐκείνου· ἀλλὰ γὰρ ἴσως ἀναγκαῖον ὑπομένειν ταῦτα πάντα· οὐδὲν γὰρ ἄτοπον εἰ ὠφελοίμην. Ἐγὼ οὖν μοι δοκῶ, ὦ Ἱππία, ὠφελῆσθαι ἀπὸ τῆς ἀμφοτέρων ὑμῶν ὁμιλίας· τὴν γὰρ παροιμίαν ὅ τί ποτε λέγει, τὸ χαλεπὰ τὰ καλά, δοκῶ μοι εἰδέναι.

e 6 ὠφελοίμην recc. : ὠφελούμην TW || e 7 ὠφελῆσθαι W : ὠφελεῖσθαι TF.

CHARMIDE

NOTICE

I

LES PERSONNAGES ET LE SUJET

Les personnages du *Charmide* sont au nombre de quatre : Charmide, Critias, Chéréphon, Socrate. Mais Chéréphon, souvent mentionné parmi les plus zélés disciples du maître, ne paraît ici qu'un instant dans le préambule, et ne prend pas part à la discussion proprement dite. Sa courte apparition suffit d'ailleurs pour nous rappeler son trait distinctif, la chaleur de son dévouement à Socrate et sa nature impulsive.

Charmide, fils de Glaucon, qui donne son nom au dialogue, figure dans plusieurs ouvrages de Platon et de Xénophon. Il était le frère de Périctioné, mère de Platon. A l'époque où l'entretien est censé avoir lieu, c'est un tout jeune homme, encore soumis à la tutelle de son cousin Critias. Il est remarquable par sa beauté, par sa naissance illustre, par ses heureuses dispositions pour la philosophie et la poésie. Plus tard, il fréquenta Socrate et Protagoras (*Protag.*, p. 315 a). Ses relations de famille l'engagèrent dans le parti aristocratique à côté de son cousin et tuteur Critias qui fut, comme on sait, le chef des Trente à la fin de la guerre du Péloponnèse. Charmide périt dans la guerre civile, au combat de Munychie, en 403 (Xén., *Hellén.* II, 4, 19).

Critias, l'aristocrate bien connu, n'était pas seulement un homme politique : c'était en outre un lettré, un ami des sophistes, un poète auteur de tragédies et d'élégies. Il était, lui aussi, parent de Platon, son père, Callæschros, étant le frère de Glaucon, l'aïeul maternel du philosophe.

Le sujet mis en discussion dans le dialogue est la nature de la vertu appelée par les Grecs σωφροσύνη : mot que nous traduisons en français par *sagesse*, mais qui implique en grec certaines nuances que le français ne peut rendre avec une entière exactitude. Le mot σωφροσύνη, en ce sens, appartient à la langue de la période attique : chez Homère (sous la forme σαοφροσύνη, assez rare d'ailleurs), il signifie uniquement le *bon sens* ; chez les Attiques, il désigne un ensemble de qualités intellectuelles et surtout morales qui correspondent à un certain équilibre de l'âme, à une possession de soi-même qui va de la simple dignité dans l'attitude extérieure (du *comme il faut*) jusqu'à la plus haute vertu. Le français *sagesse* a moins de souplesse dans son emploi courant. C'est ce qu'il ne faut pas perdre de vue pour comprendre les premières réponses de Charmide, qui pourraient sans cela paraître plus naïves qu'elles ne le sont en réalité. Charmide, comme le lui dit Socrate, « sait le grec » (ἑλληνίζει), et c'est à l'usage grec que se rapportent ces premières définitions, insuffisantes au point de vue philosophique, mais conformes à l'habitude du langage familier.

Charmide lui-même est σώφρων, et c'est pour cela que Socrate l'examine sur le sujet de la σωφροσύνη : qui est mieux désigné pour expliquer la nature d'une vertu que celui qui la possède ? Mais Charmide n'arrive pas à en donner une bonne définition, et l'on voit ainsi la différence profonde qui sépare le bon sens instinctif de la science telle que l'entend Socrate.

Un moderne peut s'étonner que Charmide soit présenté par Platon comme un exemplaire-type du σώφρων. Celui qui fut du parti des Trente ne nous paraît pas avoir montré dans sa vie cette modération qui est à nos yeux un attribut de la sagesse et de l'équilibre moral. Faut-il croire que la σωφροσύνη de Charmide ait été limitée, pour Platon, à la période de sa jeunesse ? Non. Rappelons-nous que Thucydide, dans le portrait qu'il fait d'Antiphon, le loue de son ἀρετή, c'est-à-dire de ses qualités morales, en dépit de son rôle dans la révolution des Quatre-Cents. Il est possible que Platon ait reconnu jusqu'au bout chez Charmide des vertus privées qui lui permettaient, même après les événements de 403, de le présenter encore aux lecteurs comme un type du σώφρων tel que le concevaient les Athéniens du IVe siècle.

II

COMPOSITION ET ART DU DIALOGUE

L'entretien n'est pas mis directement sous nos yeux comme dans une pièce de théâtre : il est raconté par Socrate lui-même à un auditeur ou lecteur anonyme. Cette forme narrative, qui a l'inconvénient de multiplier les « dit-il » et les « dis-je », a été plus tard condamnée pour cette raison par Platon lui-même dans le préambule du *Théétète*. C'est donc à la première partie de la vie de Platon que le dialogue doit être rapporté; d'autres raisons d'ailleurs conduisent à la même conclusion. Quoi qu'il en soit, l'ouvrage est d'un art exquis et la forme narrative n'a pas été à cet égard sans quelques avantages, ici comme en d'autres dialogues.

Celui-ci débute par un délicieux préambule qui nous introduit dans le lieu de la scène, la palestre de Tauréas, et nous présente successivement les divers interlocuteurs au milieu de jeux de scène pleins de grâce et d'esprit.

Après une causerie préliminaire où la modestie charmante de Charmide se révèle, la discussion proprement dite va s'engager. Dès lors la dialectique reprend ses droits, et c'est par une série de définitions, tour à tour proposées à Socrate, puis rejetées après examen, qu'on s'achemine lentement vers la conclusion ; un peu trop lentement, à vrai dire, au gré du lecteur moderne, moins épris que les Athéniens de cette subtile et abstraite dialectique verbale, et qui souhaiterait dans bien des cas un contact plus immédiat avec la réalité. Mais jusque dans cette dialectique il faut admirer comme elle s'adapte à la diversité des caractères et comme elle sert à les mettre en lumière avec esprit.

Charmide, qui ouvre le jeu, donne des définitions toutes simples et les donne en rougissant. Pressé par Socrate, il se souvient d'une autre définition qu'il a entendu donner par Critias et, sans trahir l'auteur, la propose. Comme Socrate la réfute encore, Charmide regarde Critias d'un certain air qui semble l'inviter gaiement à se défendre lui-même. Critias, piqué, entre en effet dans la discussion, qui peut alors devenir plus savante et plus pénétrante, plus subtile aussi. Rien de plus conforme à la vérité des caractères que cette progression.

Critias, avec son assurance d'homme qui sait son mérite, et avec cette vanité d'auteur qu'il mêle à son aisance d'homme du monde, fait sourire, mais n'est pas ridicule comme un Hippias.

Quant à Socrate, impitoyable dialecticien, ironiste souriant, il introduit en outre dans le débat un élément de poésie et de mysticisme qui achève de le peindre, lorsqu'il raconte au début l'histoire de l'incantation apprise par lui de la bouche d'un Thrace et lorsqu'il y revient encore à la fin du dialogue.

L'entretien s'achève par une conclusion négative en apparence : malgré tous leurs efforts, les trois interlocuteurs n'ont pu définir la σωφροσύνη ; et cependant, Socrate est certain que Charmide la possède et que c'est là pour lui un grand bien. Après toutes ces disputes, Critias est le premier à conseiller à Charmide de ne jamais abandonner la compagnie de Socrate, et Charmide n'a pas besoin qu'on l'y oblige pour se conformer à l'ordre de son tuteur.

III

SIGNIFICATION PHILOSOPHIQUE

Que l'apparence négative de la conclusion ne soit qu'une apparence, que le dernier mot du *Charmide* ne soit pas un aveu de septicisme et d'impuissance à définir scientifiquement la σωφροσύνη, c'est ce qui ressort assez clairement de toute la philosophie de Platon, pour qui l'explication dernière des choses est dans la théorie des Idées. Ici même, la certitude avec laquelle Socrate affirme que Charmide, en possédant la sagesse, possède la cause du bonheur, éloigne tout soupçon de scepticisme.

Mais une autre interprétation du dialogue a été proposée, d'après laquelle Platon aurait en vue, dans le *Charmide,* de réfuter Socrate lui-même et de séparer sa propre doctrine de celle de son maître. Cette interprétation, développée par un

Allemand, M. Horneffer, se fonde sur le fait que le Socrate du *Charmide*, dans la discussion avec Critias, combat le γνῶθι σεαυτόν et la doctrine qui ramène toute vertu à la science, c'est-à-dire les théories fondamentales du vrai Socrate[1]. Pour que cette argumentation eût quelque valeur, il faudrait qu'on eût démontré d'abord que l'interprétation donnée ici au γνῶθι σεαυτόν est celle du vrai Socrate, et ensuite que la science à laquelle il voulait ramener la vertu était la « science des sciences » telle que l'entend Critias. Or cette démonstration reste à faire. Que le Socrate des dialogues ait souvent exprimé la pensée de Platon et non celle du vrai Socrate, c'est l'évidence même, quoi qu'en ait pu penser un de ses récents éditeurs. Mais que Platon, en faisant ainsi parler son maître, ait eu parfois l'intention de le réfuter expressément, de rompre en visière avec lui, c'est ce qu'on admettra difficilement. Même lorsque Platon dépasse ouvertement la pensée de Socrate, il est probable qu'il croyait bien plutôt le compléter que le contredire, et qu'il envisageait sa propre philosophie comme la continuation légitime d'une pensée qui n'avait pu atteindre à toutes les conséquences des principes posés par elle.

IV

LE TEXTE

Le texte qui suit repose avant tout sur le *Bodleianus* (B), collationné par Schanz et Burnet. B conserve seul la vraie leçon dans certains passages (notamment Βασιλῆς, p. 163 a 4); mais il porte aussi des traces nombreuses d'inattention, que le *Venetus* T redresse utilement. Quelques variantes intéressantes à divers titres sont fournies par le *Vindobonensis* W, collationné avec grand soin par Schanz et par un collaborateur de Burnet.

1. *Platon gegen Sokrates*, Leipzig, 1904. Cf. *Revue critique*, juin 1905, art. de My.

CHARMIDE

[ou *Sur la sagesse,* genre probatoire.]

SOCRATE CHÉRÉPHON CRITIAS CHARMIDE

153 a *Prologue.* SOCRATE. — J'étais revenu la veille au soir du camp devant Potidée, et ma longue absence me donna le désir de revoir les endroits où j'avais l'habitude de fréquenter. Je me rendis donc à la palestre de Tauréas, en face du sanctuaire de Basilé[1]. La compagnie était nombreuse. Il y avait là des inconnus, et aussi des amis, qui ne m'attendaient pas. Du plus loin qu'ils
b m'aperçurent, ils m'adressèrent des saluts ; mais Chéréphon, toujours un peu fou, bondit hors du groupe et, courant vers moi, me prit la main : « Socrate, comment t'es-tu tiré de la bataille? » Une bataille, en effet, s'était livrée à Potidée peu avant mon départ et l'on n'en avait encore ici que les premières nouvelles. — « Mais, comme tu vois, » lui dis-je.
c — « On raconte à Athènes que le combat a été dur, et que beaucoup de nos amis y sont restés. » — « Ces bruits ne sont pas inexacts, » lui répondis-je. — « Tu t'y trouvais? » — « Je m'y trouvais. » — « Assieds-toi et raconte-nous cela, car nous ignorons encore les détails. » — En disant ces mots, il m'entraîne et me fait asseoir auprès de Critias, fils de Callæschros. Je m'assieds donc, en saluant Critias et les

1. Basilé est la personnification de l'ancienne royauté athénienne. Elle avait un sanctuaire où l'on honorait aussi Codros et Néleus. Cf. P. Girard, *Éducation Athénienne,* p. 28, n. 4, qui cite IG, I *Suppl.*, p. 66, n° 53 *a*.

ΧΑΡΜΙΔΗΣ

[ἢ περὶ σωφροσύνης, πειραστικός.]

ΣΩΚΡΑΤΗΣ ΧΑΙΡΕΦΩΝ ΚΡΙΤΙΑΣ ΧΑΡΜΙΔΗΣ

Ἧκον μὲν τῇ προτεραίᾳ ἑσπέρας ἐκ Ποτειδαίας ἀπὸ 153 a
τοῦ στρατοπέδου, οἷον δὲ διὰ χρόνου ἀφιγμένος ἀσμένως
ᾖα ἐπὶ τὰς ξυνήθεις διατριβάς. Καὶ δὴ καὶ εἰς τὴν Ταυρέου
παλαίστραν τὴν καταντικρὺ τοῦ τῆς Βασίλης ἱεροῦ εἰσῆλθον,
καὶ αὐτόθι κατέλαβον πάνυ πολλούς, τοὺς μὲν καὶ ἀγνῶτας
ἐμοί, τοὺς δὲ πλείστους γνωρίμους. Καί με ὡς εἶδον εἰσιόντα
ἐξ ἀπροσδοκήτου, εὐθὺς πόρρωθεν ἠσπάζοντο ἄλλος ἄλλοθεν· b
Χαιρεφῶν δέ, ἅτε καὶ μανικὸς ὤν, ἀναπηδήσας ἐκ μέσων
ἔθει πρός με, καί μου λαβόμενος τῆς χειρός· Ὦ Σώκρα-
τες, ἦ δ᾽ ὅς, πῶς ἐσώθης ἐκ τῆς μάχης ; — Ὀλίγον δὲ πρὶν
ἡμᾶς ἀπιέναι μάχη ἐγεγόνειν ἐν τῇ Ποτειδαίᾳ, ἣν ἄρτι ἦσαν
οἱ τῇδε πεπυσμένοι. — Καὶ ἐγὼ πρὸς αὐτὸν ἀποκρινόμενος·
Οὑτωσί, ἔφην, ὡς σὺ ὁρᾷς. — Καὶ μὴν ἤγγελταί γε δεῦρο,
ἔφη, ἥ τε μάχη πάνυ ἰσχυρὰ γεγονέναι καὶ ἐν αὐτῇ πολλοὺς c
τῶν γνωρίμων τεθνάναι. — Καὶ ἐπιεικῶς, ἦν δ᾽ ἐγώ, ἀληθῆ
ἀπήγγελται. — Παρεγένου μέν, ἦ δ᾽ ὅς, τῇ μάχῃ ; — Παρε-
γενόμην. — Δεῦρο δή, ἔφη, καθεζόμενος ἡμῖν διήγησαι· οὐ
γάρ τί πω πάντα σαφῶς πεπύσμεθα. — Καὶ ἅμα με καθίζει
ἄγων παρὰ Κριτίαν τὸν Καλλαίσχρου. Παρακαθεζόμενος

153 a 1 ἧκον μὲν B[2]t : ἥκομεν BT || **a** 4 Βασίλης B[1] : -λικῆς B[2]T || **c** 5 τι recc. : τοι BT.

d autres, puis je donne des nouvelles de l'armée, en réponse aux questions diverses que chacun me posait[1].

Quand le sujet fut épuisé, je les interrogeai à mon tour sur les choses d'Athènes : que devenait la philosophie? Parmi les jeunes gens, quelques-uns se distinguaient-ils par la science, par la beauté, ou par l'une et l'autre? Critias, les yeux tour-
154 a nés vers la porte, en vit entrer plusieurs qui se disputaient, suivis de tout un groupe. — « En fait de beauté, Socrate, me dit-il, tu vas pouvoir en juger tout de suite : car ces jeunes gens que tu vois entrer sont les précurseurs et les amants de celui qui passe aujourd'hui pour le plus beau, et je crois que lui-même n'est pas loin. » — « Qui est-ce? Et quel est son père? » lui dis-je. — « Tu le connais assurément, mais il n'était encore qu'un enfant quand tu es parti : c'est Char-
b mide, fils de mon oncle paternel Glaucon, et par conséquent mon cousin. » — « Oui certes, je le connais, repris-je : c'était un gracieux enfant, qui doit être aujourd'hui tout à fait un adolescent. » — « Tu vas pouvoir juger toi-même de son âge et de son air. » — Comme il disait ces paroles, Charmide fit son entrée.

Pour moi, mon cher, je suis mauvais juge en cette matière : je n'ai pas de mesure exacte[2]. Tous les jeunes gens me parais-
c sent beaux. Quoi qu'il en soit, celui-ci me parut d'une taille et d'une beauté admirables, et je crus voir que tous étaient amoureux de lui, à en juger par le saisissement et l'agitation qui s'emparèrent d'eux à son arrivée ; et d'autres adorateurs le suivaient. Passe encore pour notre groupe d'hommes faits ; mais je regardai les enfants, et je vis que tous avaient les yeux attachés sur lui, jusqu'aux plus petits, et qu'ils le regardaient comme on contemple une statue.

1. La bataille de Potidée eut lieu en 432. La ville de Potidée, colonie corinthienne entrée dans la confédération attique, ayant refusé de se plier à certaines exigences des Athéniens, fut assiégée par eux. L'armée athénienne, commandée par Callias, y remporta une victoire coûteuse et le général y périt (Thuc., I, 62-63). Socrate y sauva, dit-on, la vie d'Alcibiade.

2. Littéralement : je ne suis qu'un *cordeau blanc* (sans marques pour mesurer les longueurs). Le Scholiaste cite cette locution proverbiale sous la forme : « un cordeau blanc sur une pierre blanche » (d'après Sophocle).

οὖν ἠσπαζόμην τόν τε Κριτίαν καὶ τοὺς ἄλλους, καὶ δι-
ηγούμην αὐτοῖς τὰ ἀπὸ στρατοπέδου, ὅ τί μέ τις ἀνέροιτο· d
ἠρώτων δὲ ἄλλος ἄλλο.

Ἐπειδὴ δὲ τῶν τοιούτων ἅδην εἴχομεν, αὖθις ἐγὼ αὐτοὺς
ἀνηρώτων τὰ τῇδε, περὶ φιλοσοφίας ὅπως ἔχοι τὰ νῦν, περί
τε τῶν νέων, εἴ τινες ἐν αὐτοῖς διαφέροντες ἢ σοφίᾳ ἢ
κάλλει ἢ ἀμφοτέροις ἐγγεγονότες εἶεν. Καὶ ὁ Κριτίας ἀπο-
βλέψας πρὸς τὴν θύραν, ἰδών τινας νεανίσκους εἰσιόντας 154 a
καὶ λοιδορουμένους ἀλλήλοις καὶ ἄλλον ὄχλον ὄπισθεν ἑπό-
μενον· Περὶ μὲν τῶν καλῶν, ἔφη, ὦ Σώκρατες, αὐτίκα
μοι δοκεῖς εἴσεσθαι· οὗτοι γὰρ τυγχάνουσιν οἱ εἰσιόντες
πρόδρομοί τε καὶ ἐρασταὶ ὄντες τοῦ δοκοῦντος καλλίστου
εἶναι τά γε δὴ νῦν· φαίνεται δέ μοι καὶ αὐτὸς ἐγγὺς ἤδη
που εἶναι προσιών. — Ἔστιν δέ, ἦν δ' ἐγώ, τίς τε καὶ τοῦ;
— Οἶσθά που σύ γε, ἔφη, ἀλλ' οὔπω ἐν ἡλικίᾳ ἦν πρίν σε
ἀπιέναι, Χαρμίδην τὸν τοῦ Γλαύκωνος τοῦ ἡμετέρου θείου b
ὑόν, ἐμὸν δὲ ἀνεψιόν. — Οἶδα μέντοι νὴ Δία, ἦν δ' ἐγώ· οὐ
γάρ τι φαῦλος οὐδὲ τότε ἦν ἔτι παῖς ὤν, νῦν δ' οἶμαί που
εὖ μάλα ἂν ἤδη μειράκιον εἴη. — Αὐτίκα, ἔφη, εἴσει καὶ
ἡλίκος καὶ οἷος γέγονεν. — Καὶ ἅμα ταῦτ' αὐτοῦ λέγοντος
ὁ Χαρμίδης εἰσέρχεται.

Ἐμοὶ μὲν οὖν, ὦ ἑταῖρε, οὐδὲν σταθμητόν· ἀτεχνῶς γὰρ
λευκὴ στάθμη εἰμὶ πρὸς τοὺς καλούς· σχεδὸν γάρ τί μοι πάν-
τες οἱ ἐν τῇ ἡλικίᾳ καλοὶ φαίνονται· ἀτὰρ οὖν δὴ καὶ τότε c
ἐκεῖνος ἐμοὶ θαυμαστὸς ἐφάνη τό τε μέγεθος καὶ τὸ κάλλος,
οἱ δὲ δὴ ἄλλοι πάντες ἐρᾶν ἔμοιγε ἐδόκουν αὐτοῦ· οὕτως
ἐκπεπληγμένοι τε καὶ τεθορυβημένοι ἦσαν, ἡνίκ' εἰσῄει·
πολλοὶ δὲ δὴ ἄλλοι ἐρασταὶ καὶ ἐν τοῖς ὄπισθεν εἵποντο.
Καὶ τὸ μὲν ἡμέτερον τὸ τῶν ἀνδρῶν ἧττον θαυμαστὸν ἦν·
ἀλλ' ἐγὼ καὶ τοῖς παισὶ προσέσχον τὸν νοῦν, ὡς οὐδεὶς
ἄλλοσ' ἔβλεπεν αὐτῶν, οὐδ' ὅστις σμικρότατος ἦν, ἀλλὰ
πάντες ὥσπερ ἄγαλμα ἐθεῶντο αὐτόν.

154 b 6 εἰσέρχεται T : ἔρχεται B.

d —« Que penses-tu de ce jouvenceau, Socrate ? me dit Ché-
réphon : son visage est-il assez beau ? » — « Merveilleux, »
répondis-je. — « Eh bien ! s'il consentait à se dévêtir, tu
n'aurais plus d'yeux pour son visage, tant sa beauté est par-
faite de tous points. » — Tout le monde appuya l'avis de
Chéréphon. — « Par Héraclès ! m'écriai-je, voilà de quoi
défier tous les rivaux, pourvu qu'il s'y ajoute encore une
petite chose. » — « Laquelle ? » dit Critias. — « La beauté
e de l'âme : c'est là un mérite, mon cher Critias, qu'on est en
droit d'attendre de ceux qui appartiennent à votre maison. »
— « Sur ce point également, il est digne de tout éloge[1]. » —
« Si nous commencions par déshabiller son âme et par la
considérer, avant d'admirer la beauté de son corps ? Il est
certainement d'âge à accepter une causerie. » — « Sans aucun
155 a doute, dit Critias ; il aime la philosophie, et en outre, au
jugement de ses amis et au sien propre, il est doué pour la
poésie. » — « C'est là, mon cher Critias, un héritage de votre
ancêtre Solon. Appelle ce jeune homme et fais-moi faire la
connaissance de ses talents. Fût-il plus jeune qu'il ne l'est,
un entretien de ce genre n'aurait rien de déplacé en ta pré-
sence, puisque tu es son tuteur et son cousin. » — « Tu as
raison, dit-il, faisons le venir. » — S'adressant alors au ser-
b viteur qui l'accompagnait : « Va chercher Charmide et dis-
lui que je désire le présenter à un médecin, à cause de l'in-
disposition dont il se plaignait ». Puis, se tournant vers moi :
« Il me disait en effet tout à l'heure qu'il avait eu mal à la
tête à son réveil. Vois-tu quelque difficulté à te donner pour
un homme qui aurait un remède contre le mal de tête ? »
— « Aucune difficulté, dis-je ; qu'il vienne seulement. » —
« Il va venir, » reprit-il.

Début de l'entretien. Préliminaires ; position de la question : la sagesse.

Ainsi fut fait : il arriva, et ce fut l'occa-
sion d'une scène fort plaisante ; car
chacun de ceux qui étaient assis se mit
c à s'écarter et à refouler son voisin de
toutes ses forces pour faire place à côté
de lui au nouvel arrivant, si bien que, des deux derniers,

1. Littéralement : il est *beau et bon*. On sait que cette expression désigne l'*honnête homme* au sens large, l'homme distingué et *comme il faut*.

Καὶ ὁ Χαιρεφῶν καλέσας με· Τί σοι φαίνεται ὁ νεανίσκος, d
ἔφη, ὦ Σώκρατες; Οὐκ εὐπρόσωπος; — Ὑπερφυῶς, ἦν δ'
ἐγώ. — Οὗτος μέντοι, ἔφη, εἰ ἐθέλοι ἀποδῦναι, δόξει σοι
ἀπρόσωπος εἶναι· οὕτως τὸ εἶδος πάγκαλός ἐστιν. — Συν-
έφασαν οὖν καὶ οἱ ἄλλοι ταὐτὰ ταῦτα τῷ Χαιρεφῶντι· κἀγώ·
Ἡράκλεις, ἔφην, ὡς ἄμαχον λέγετε τὸν ἄνδρα, εἰ ἔτι αὐτῷ ἓν
δὴ μόνον τυγχάνει προσὸν σμικρόν τι. — Τί; ἔφη ὁ Κριτίας.
— Εἰ τὴν ψυχήν, ἦν δ' ἐγώ, τυγχάνει εὖ πεφυκώς. Πρέπει e
δέ που, ὦ Κριτία, τοιοῦτον αὐτὸν εἶναι τῆς γε ὑμετέρας ὄντα
οἰκίας. — Ἀλλ', ἔφη, πάνυ καλὸς κἀγαθός ἐστιν καὶ ταῦτα.
— Τί οὖν, ἔφην, οὐκ ἀπεδύσαμεν αὐτοῦ αὐτὸ τοῦτο καὶ
ἐθεασάμεθα πρότερον τοῦ εἴδους; Πάντως γάρ που τηλικοῦ-
τος ὢν ἤδη ἐθέλει διαλέγεσθαι. — Καὶ πάνυ γε, ἔφη ὁ
Κριτίας, ἐπεί τοι καὶ ἔστιν φιλόσοφός τε καί, ὡς δοκεῖ 155 a
ἄλλοις τε καὶ ἑαυτῷ, πάνυ ποιητικός. — Τοῦτο μέν, ἦν δ'
ἐγώ, ὦ φίλε Κριτία, πόρρωθεν ὑμῖν τὸ καλὸν ὑπάρχει ἀπὸ
τῆς Σόλωνος συγγενείας. Ἀλλὰ τί οὐκ ἐπέδειξάς μοι τὸν
νεανίαν καλέσας δεῦρο; Οὐδὲ γὰρ ἄν που εἰ ἔτι ἐτύγχανε
νεώτερος ὤν, αἰσχρὸν ἂν ἦν αὐτῷ διαλέγεσθαι ἡμῖν ἐναντίον
γε σοῦ, ἐπιτρόπου τε ἅμα καὶ ἀνεψιοῦ ὄντος. — Ἀλλὰ
καλῶς, ἔφη, λέγεις, καὶ καλῶμεν αὐτόν. — Καὶ ἅμα πρὸς
τὸν ἀκόλουθον· Παῖ, ἔφη, κάλει Χαρμίδην, εἰπὼν ὅτι b
βούλομαι αὐτὸν ἰατρῷ συστῆσαι περὶ τῆς ἀσθενείας ἧς
πρῴην πρός με ἔλεγεν ὅτι ἀσθενοῖ. — Πρὸς οὖν ἐμὲ ὁ Κρι-
τίας· Ἔναγχός τοι ἔφη βαρύνεσθαί τι τὴν κεφαλὴν ἕωθεν
ἀνιστάμενος· ἀλλὰ τί σε κωλύει προσποιήσασθαι πρὸς αὐτὸν
ἐπίστασθαί τι κεφαλῆς φάρμακον; — Οὐδέν, ἦν δ' ἐγώ·
μόνον ἐλθέτω. — Ἀλλ' ἥξει, ἔφη.

Ὅπερ οὖν καὶ ἐγένετο. Ἧκε γάρ, καὶ ἐποίησε γέλωτα
πολύν· ἕκαστος γὰρ ἡμῶν τῶν καθημένων ξυγχωρῶν τὸν c

d 3 ἐθέλοι B : -λει T || **d** 6 λέγετε recc. : λέγεται BT || **d** 7 δὴ rec. : δὲ B om. TW || **155 a** 1 τε B : γε T || **a** 5 εἰ ἔτι ἐτύγχανε Goldbacher : ἔτι τυγχάνει B εἰ ἐτύγχανε T || **a** 8 καλῶμεν rec. : καλοῦμεν BT || **b** 8 ὅπερ T : ὃ B || ἧκε T : ἥκει B.

à chaque extrémité du banc, l'un fut forcé de déguerpir et l'autre culbuté de côté. Charmide prit place entre Critias et moi. A ce moment, mon cher, je me sentis mal à l'aise et ne gardai plus rien de la belle assurance avec laquelle je m'étais promis de soutenir l'entretien. Puis, Critias lui disant que j'étais le possesseur du remède, quand il tourna
d vers moi un regard que je ne saurais dire et qu'il fit un mouvement comme pour m'interroger, quand tous les assistants vinrent se ranger en cercle autour de nous, alors, ô mon noble ami, j'aperçus dans l'ouverture de son manteau une beauté qui m'enflamma, je perdis la tête, et je songeai que Cydias était un grand maître en amour, lorsqu'il donnait cet avis à un ami à propos d'un bel enfant :

> Chevreau en face d'un lion,
> Prends garde de ne pas te faire ta part[1].

e Il me sembla que j'étais la victime d'une rencontre toute pareille.

Cependant, quand il me demanda si je connaissais le remède contre le mal de tête, je lui répondis, non sans quelque gêne, que je le connaissais. — « Quel est ce remède? » me dit-il. Je lui répondis que c'était une certaine plante à laquelle s'ajoutait une incantation, et que l'incantation jointe au remède le rendait souverain, mais que sans elle il n'opérait
156 a pas. — « Je vais écrire, me dit-il, l'incantation sous ta dictée. » — « Avec mon assentiment, ou de force? » lui dis-je. — Il sourit et dit : « Avec ton assentiment, Socrate[2]. » — « Soit, repris-je; mais comment sais-tu mon nom? » — « Je serais bien coupable si je l'ignorais : tu es fort connu parmi ceux de mon âge, et dans mon enfance je me souviens de t'avoir vu en compagnie de Critias. » — « Tu as raison. J'en serai d'autant plus franc avec toi dans mes explications
b sur l'incantation ; mais je me demandais tout à l'heure comment je te ferais comprendre la puissance qui est en elle. En

1. Cydias est inconnu. La citation donnée ici se présente sous différentes formes dans les manuscrits et n'est peut-être pas d'une exactitude littérale.

2. Socrate pose la même question à Charmide à la fin de l'entretien, et Charmide lui répond plaisamment qu'il est prêt à employer la force.

πλησίον ἐώθει σπουδῇ, ἵνα παρ' αὐτῷ καθέζοιτο, ἕως τῶν
ἐπ' ἐσχάτῳ καθημένων τὸν μὲν ἀνεστήσαμεν, τὸν δὲ πλάγιον
κατεβάλομεν. Ὁ δ' ἐλθὼν μεταξὺ ἐμοῦ τε καὶ τοῦ Κριτίου
ἐκαθέζετο. Ἐνταῦθα μέντοι, ὦ φίλε, ἐγὼ ἤδη ἠπόρουν, καί
μου ἡ πρόσθεν θρασύτης ἐξεκέκοπτο, ἣν εἶχον ἐγὼ ὡς πάνυ
ῥᾳδίως αὐτῷ διαλεξόμενος· ἐπειδὴ δέ, φράσαντος τοῦ Κρι-
τίου ὅτι ἐγὼ εἴην ὁ τὸ φάρμακον ἐπιστάμενος, ἐνέβλεψέν τέ
μοι τοῖς ὀφθαλμοῖς ἀμήχανόν τι οἷον καὶ ἀνήγετο ὡς ἐρωτή- d
σων, καὶ οἱ ἐν τῇ παλαίστρᾳ ἅπαντες περιέρρεον ἡμᾶς κύκλῳ
κομιδῇ, τότε δή, ὦ γεννάδα, εἶδόν τε τὰ ἐντὸς τοῦ ἱματίου
καὶ ἐφλεγόμην καὶ οὐκέτ' ἐν ἐμαυτοῦ ἦν καὶ ἐνόμισα σοφώτα-
τον εἶναι τὸν Κυδίαν τὰ ἐρωτικά, ὃς εἶπεν ἐπὶ καλοῦ λέγων
παιδός, ἄλλῳ ὑποτιθέμενος, εὐλαβεῖσθαι μὴ κατέναντα
λέοντος νεβρὸν ἐλθόντα μοῖραν αἱρεῖσθαι κρεῶν·
αὐτὸς γάρ μοι ἐδόκουν ὑπὸ τοῦ τοιούτου θρέμματος ἑαλωκέναι. e

Ὅμως δὲ αὐτοῦ ἐρωτήσαντος, εἰ ἐπισταίμην τὸ τῆς
κεφαλῆς φάρμακον, μόγις πως ἀπεκρινάμην ὅτι ἐπισταίμην.
— Τί οὖν, ἦ δ' ὅς, ἐστίν; — Καὶ ἐγὼ εἶπον ὅτι αὐτὸ μὲν
εἴη φύλλον τι, ἐπῳδὴ δέ τις ἐπὶ τῷ φαρμάκῳ εἴη, ἣν εἰ μέν
τις ἐπᾴδοι ἅμα καὶ χρῷτο αὐτῷ, παντάπασιν ὑγιᾶ ποιοῖ τὸ
φάρμακον· ἄνευ δὲ τῆς ἐπῳδῆς οὐδὲν ὄφελος εἴη τοῦ φύλλου.
— Καὶ ὅς· Ἀπογράψομαι τοίνυν, ἔφη, παρὰ σοῦ τὴν 156 a
ἐπῳδήν. — Πότερον, ἦν δ' ἐγώ, ἐάν με πείθῃς ἢ κἂν μή;
— Γελάσας οὖν· Ἐάν σε πείθω, ἔφη, ὦ Σώκρατες. —
Εἶεν, ἦν δ' ἐγώ· καὶ τοὔνομά μου σὺ ἀκριβοῖς; — Εἰ μὴ
ἀδικῶ γε, ἔφη· οὐ γάρ τι σοῦ ὀλίγος λόγος ἐστὶν ἐν τοῖς
ἡμετέροις ἡλικιώταις, μέμνημαι δὲ ἔγωγε καὶ παῖς ὢν Κρι-
τίᾳ τῷδε ξυνόντα σε. — Καλῶς γε σύ, ἦν δ' ἐγώ, ποιῶν·
μᾶλλον γάρ σοι παρρησιάσομαι περὶ τῆς ἐπῳδῆς, οἵα τυγ- b
χάνει οὖσα· ἄρτι δ' ἠπόρουν, τίνι τρόπῳ σοι ἐνδειξαίμην

c 2 ἐώθει Dindorf : ὤθει BT || **c** 4 κατεβάλομεν T : -λάβομεν B || **d** 1 τέ μοι T : δέ με B || **d** 4 ἐν T : ἐπ' BW || **d** 7 κατέναντα T : κατ' ἐναντία BW || μοῖραν T : ἀθανατώσῃ θεία μοίρα B || **156 a** 3 ἔφη TW : om. B || **a** 7 γε rec. : δὲ BT.

effet, elle n'est pas capable de guérir la tête séparément : tu sais peut-être que les bons médecins, quand un malade vient les trouver pour un mal d'yeux, déclarent qu'on ne saurait soigner les yeux isolément, mais qu'il faut soigner la tête pour guérir les yeux, et que, de même, vouloir guérir la tête
c seule indépendamment de tout le corps, est une absurdité. Partant de ce principe, ils donnent un régime au corps entier, et c'est en soignant le tout qu'ils s'appliquent à soigner et à guérir la partie malade[1]. Ne sais-tu pas que telle est leur doctrine et que les choses sont ainsi ? » — « Assurément. » — « Cette méthode te paraît juste et tu l'acceptes ? » — « Absolument. »

d Son approbation me rendit courage et peu à peu, retrouvant toute mon audace, je fus pris d'un beau feu. « Il en est de même, ô Charmide, de notre incantation. Je l'ai apprise là-bas, à l'armée, d'un médecin thrace, un de ces disciples de Zalmoxis qui, dit-on, savent rendre les gens immortels[2]. Ce Thrace me dit que les Grecs avaient raison de parler comme je viens de le rappeler; mais Zalmoxis, ajouta-t-il, notre roi,
e qui est un dieu, affirme que si les yeux ne peuvent être guéris indépendamment de la tête ni la tête indépendamment du corps, ce corps à son tour ne peut être guéri qu'avec l'âme, et que, si les médecins grecs sont impuissants contre la plupart des maladies, cela tient à leur ignorance de l'ensemble qu'ils ont à soigner; de sorte que le tout étant malade, la partie ne peut guérir. Il disait que l'âme est la source d'où découlent pour le corps et pour l'homme entier
157 a tous les biens et tous les maux, comme la tête l'est pour les

1. Cette méthode est celle du *régime* que doivent suivre les malades en dehors du traitement propre à chaque maladie particulière. On trouve, dans les écrits hippocratiques, un traité *Du régime* (περὶ διαίτης).

2. Zalmoxis (ou Zamolxis) était un dieu thrace sur lequel Hérodote rapporte une légende bizarre, en honneur chez les Grecs du Pont (V, 97); ceux-ci racontaient que Zalmoxis, avant d'être dieu, avait été homme, esclave et disciple de Pythagore, et qu'il était devenu ensuite le législateur des Thraces. Cela veut dire, sans doute, que les Grecs du Pont, retrouvant chez les Thraces certaines pratiques ou légendes analogues à celles des Pythagoriciens, les expliquaient par ce conte.

τὴν δύναμιν αὐτῆς. Ἔστι γάρ, ὦ Χαρμίδη, τοιαύτη οἵα μὴ
δύνασθαι τὴν κεφαλὴν μόνον ὑγιᾶ ποιεῖν, ἀλλ᾽ ὥσπερ ἴσως
ἤδη καὶ σὺ ἀκήκοας τῶν ἀγαθῶν ἰατρῶν, ἐπειδάν τις αὐτοῖς
προσέλθῃ τοὺς ὀφθαλμοὺς ἀλγῶν, λέγουσί που ὅτι οὐχ οἷόν
τε αὐτοὺς μόνους ἐπιχειρεῖν τοὺς ὀφθαλμοὺς ἰᾶσθαι, ἀλλ᾽
ἀναγκαῖον < ἂν > εἴη ἅμα καὶ τὴν κεφαλὴν θεραπεύειν, εἰ
μέλλοι καὶ τὰ τῶν ὀμμάτων εὖ ἔχειν· καὶ αὖ τὸ τὴν κεφαλὴν c
οἴεσθαι ἄν ποτε θεραπεῦσαι αὐτὴν ἐφ᾽ ἑαυτῆς ἄνευ ὅλου
τοῦ σώματος πολλὴν ἄνοιαν εἶναι. Ἐκ δὴ τούτου τοῦ λόγου
διαίταις ἐπὶ πᾶν τὸ σῶμα τρεπόμενοι μετὰ τοῦ ὅλου τὸ
μέρος ἐπιχειροῦσιν θεραπεύειν τε καὶ ἰᾶσθαι· ἢ οὐκ ᾔσθησαι
ὅτι ταῦτα οὕτως λέγουσίν τε καὶ ἔχει; — Πάνυ γε, ἔφη.
— Οὐκοῦν καλῶς σοι δοκεῖ λέγεσθαι καὶ ἀποδέχει τὸν λόγον
— Πάντων μάλιστα, ἔφη.

Κἀγὼ ἀκούσας αὐτοῦ ἐπαινέσαντος ἀνεθάρρησά τε καί d
μοι κατὰ σμικρὸν πάλιν ἡ θρασύτης ξυνηγείρετο, καὶ ἀν-
εζωπυρούμην καὶ εἶπον· Τοιοῦτον τοίνυν ἐστίν, ὦ Χαρ-
μίδη, καὶ τὸ ταύτης τῆς ἐπῳδῆς. Ἔμαθον δ᾽ αὐτὴν ἐγὼ
ἐκεῖ ἐπὶ στρατιᾶς παρά τινος τῶν Θρᾳκῶν τῶν Ζαλμόξιδος
ἰατρῶν, οἳ λέγονται καὶ ἀπαθανατίζειν. Ἔλεγεν δὲ ὁ Θρᾷξ
οὗτος ὅτι ταῦτα μὲν [ἰατροὶ] οἱ Ἕλληνες, ἃ νυνδὴ ἐγὼ
ἔλεγον, καλῶς λέγοιεν· ἀλλὰ Ζάλμοξις, ἔφη, λέγει ὁ ἡμέ-
τερος βασιλεύς, θεὸς ὤν, ὅτι ὥσπερ ὀφθαλμοὺς ἄνευ κεφαλῆς e
οὐ δεῖ ἐπιχειρεῖν ἰᾶσθαι οὐδὲ κεφαλὴν ἄνευ σώματος, οὕτως
οὐδὲ σῶμα ἄνευ ψυχῆς, ἀλλὰ τοῦτο καὶ αἴτιον εἴη τοῦ δια-
φεύγειν τοὺς παρὰ τοῖς Ἕλλησιν ἰατροὺς τὰ πολλὰ νοσήματα,
ὅτι τὸ ὅλον ἀγνοοῖεν οὗ δέοι τὴν ἐπιμέλειαν ποιεῖσθαι, οὗ μὴ
καλῶς ἔχοντος ἀδύνατον εἴη τὸ μέρος εὖ ἔχειν. Πάντα γὰρ
ἔφη ἐκ τῆς ψυχῆς ὡρμῆσθαι καὶ τὰ κακὰ καὶ τὰ ἀγαθὰ τῷ
σώματι καὶ παντὶ τῷ ἀνθρώπῳ, καὶ ἐκεῖθεν ἐπιρρεῖν ὥσπερ
ἐκ τῆς κεφαλῆς ἐπὶ τὰ ὄμματα· δεῖν οὖν ἐκεῖνο καὶ πρῶτον 157 a

b 8 ἂν εἴη Madvig : εἴη codd. || **c** 2 ποτε TW : ποθεν B || **d** 5 Ζαλμόξιδος B : Ζαμόλξιδος TB[2] (item d 8 etc...) || **d** 7 ἰατροὶ secl. Cobet.

yeux; qu'il fallait donc s'attaquer d'abord et surtout à la
source du mal pour assurer la santé de la tête et de tout le
reste du corps. Or le remède de l'âme, disait-il, ce sont de
certaines incantations. Celles-ci consistent dans les beaux dis-
cours qui font naître dans l'âme la sagesse[1]. Quand l'âme
possède une fois la sagesse et la conserve, il est facile alors de
donner la santé à la tête et au corps entier. En même temps
b qu'il me faisait connaître ce remède et ces incantations, il
ajoutait : Que nul ne te persuade de soigner sa tête tant
qu'il n'aura pas confié son âme à l'action salutaire de l'incan-
tation. L'erreur présente répandue parmi les hommes, disait-
il, est de vouloir entreprendre séparément l'une ou l'autre
guérison. Et il me recommandait très instamment de ne
jamais consentir, par complaisance pour l'argent, pour la
c noblesse ou pour la beauté, à m'écarter de cette règle. Je lui
en ai donné ma parole et je dois tenir mon serment. C'est
pourquoi, si tu veux bien (comme il l'exige) livrer d'abord
ton âme aux incantations du Thrace, je suis prêt à t'offrir
le remède qui guérira ta tête ; sinon, nous ne pouvons rien
pour toi, mon cher Charmide. »

A ces mots, Critias intervint : « Ce mal de tête aura été pour
Charmide une rare fortune, s'il est vrai que la guérison de
son mal est liée au progrès de son esprit. Mais je t'avertis que
d ce n'est pas seulement par la beauté que Charmide l'emporte
sur ceux de son âge : c'est aussi par la qualité même que vise,
dis-tu, ton incantation ; n'est-ce pas la sagesse que tu veux
dire ? » — « Certainement. » — « Sache donc qu'il passe
pour être sans conteste le plus sage des adolescents d'aujour-
d'hui, et qu'en cela comme en tout, pour son âge, il ne le cède à
personne. » — « Cette supériorité, Charmide, ajoutai-je, est

1. On voit par cette dernière phrase que les incantations dont parle Socrate sont avant tout les discours philosophiques et que le terme d'*incantation* est employé par lui *cum grano salis* ; mais ce n'est pas sans dessein qu'il s'en sert. Il ne faut pas oublier qu'il y a chez lui comme chez Platon un côté mystique et poétique associé à l'esprit dialectique. Là où la dialectique s'arrête impuissante aux yeux de Platon, le rôle du mythe commence : le mythe ne crée pas la science, mais il fait en quelque mesure pressentir le vrai. De même, Socrate parle souvent d'idées ou de visions qui s'offrent à lui par une sorte de divination (cf. *Lysis*, 216 d).

καὶ μάλιστα θεραπεύειν, εἰ μέλλει καὶ τὰ τῆς κεφαλῆς καὶ
τὰ τοῦ ἄλλου σώματος καλῶς ἔχειν. Θεραπεύεσθαι δὲ τὴν
ψυχὴν ἔφη, ὦ μακάριε, ἐπῳδαῖς τισιν· τὰς δ' ἐπῳδὰς ταύ-
τας τοὺς λόγους εἶναι τοὺς καλούς· ἐκ δὲ τῶν τοιούτων
λόγων ἐν ταῖς ψυχαῖς σωφροσύνην ἐγγίγνεσθαι, ἧς ἐγγενο-
μένης καὶ παρούσης ῥᾴδιον ἤδη εἶναι τὴν ὑγίειαν καὶ τῇ
κεφαλῇ καὶ τῷ ἄλλῳ σώματι πορίζειν. Διδάσκων οὖν με τό b
τε φάρμακον καὶ τὰς ἐπῳδάς, ὅπως, ἔφη, τῷ φαρμάκῳ
τούτῳ μηδείς σε πείσει τὴν αὑτοῦ κεφαλὴν θεραπεύειν, ὃς
ἂν μὴ τὴν ψυχὴν πρῶτον παράσχῃ τῇ ἐπῳδῇ ὑπό σου θερα-
πευθῆναι. Καὶ γὰρ νῦν, ἔφη, τοῦτ' ἔστιν τὸ ἁμάρτημα περὶ
τοὺς ἀνθρώπους, ὅτι χωρὶς ἑκατέρου [σωφροσύνης τε καὶ
ὑγιείας] ἰατροί τινες ἐπιχειροῦσιν εἶναι· καί μοι πάνυ
σφόδρα ἐνετέλλετο μήτε πλούσιον οὕτω μηδένα εἶναι μήτε
γενναῖον μήτε καλόν, ὃς ἐμὲ πείσει ἄλλως ποιεῖν. Ἐγὼ οὖν
— ὀμώμοκα γὰρ αὐτῷ, καί μοι ἀνάγκη πείθεσθαι — πείσο- c
μαι οὖν, καὶ σοί, ἐὰν μὲν βούλῃ κατὰ τὰς τοῦ ξένου ἐντολὰς
τὴν ψυχὴν πρῶτον παρασχεῖν ἐπᾷσαι ταῖς τοῦ Θρᾳκὸς
ἐπῳδαῖς, προσοίσω τὸ φάρμακον τῇ κεφαλῇ· εἰ δὲ μή, οὐκ
ἂν ἔχοιμεν ὅ τι ποιοῖμέν σοι, ὦ φίλε Χαρμίδη.

Ἀκούσας οὖν μου ὁ Κριτίας ταῦτ' εἰπόντος· Ἑρμαῖον,
ἔφη, ὦ Σώκρατες, γεγονὸς ἂν εἴη ἡ τῆς κεφαλῆς ἀσθένεια
τῷ νεανίσκῳ, εἰ ἀναγκασθήσεται καὶ τὴν διάνοιαν διὰ τὴν
κεφαλὴν βελτίων γενέσθαι. Λέγω μέντοι σοι ὅτι Χαρμίδης d
τῶν ἡλικιωτῶν οὐ μόνον τῇ ἰδέᾳ δοκεῖ διαφέρειν, ἀλλὰ καὶ
αὐτῷ τούτῳ, οὗ σὺ φῂς τὴν ἐπῳδὴν ἔχειν· φῂς δὲ σω-
φροσύνης· ἦ γάρ; — Πάνυ γε, ἦν δ' ἐγώ. — Εὖ τοίνυν ἴσθι,
ἔφη, ὅτι πάνυ πολὺ δοκεῖ σωφρονέστατος εἶναι τῶν νυνί,
καὶ τἆλλα πάντα, εἰς ὅσον ἡλικίας ἥκει, οὐδενὸς χείρων
ὤν. — Καὶ γάρ, ἦν δ' ἐγώ, καὶ δίκαιον, ὦ Χαρμίδη, διαφέρειν

157 b 3 πείσει rec. : πείσῃ BT || **b** 6 σωφροσύνης τε καὶ ὑγιείας om. *Laur.* 85, 6 || **c** 1 ὀμώμοκα TB² γρ. : ὤμοσα BW || **c** 3 ἐπᾷσαι B² : ἀπάσαις BT || **d** 2 δοκεῖ W : ἐδόκει BT || **d** 5 πάνυ πολὺ δοκεῖ σωφρονέστατος T : πλεί-στων δοκεῖ πολυφρενέστατος B πλείστοις δοκεῖ σωφρονέστατος Madvig.

fort naturelle : car je ne vois personne ici qui puisse montrer
e dans sa double ascendance athénienne une réunion d'ancêtres capables de laisser à leur rejeton un héritage de mérite et de beauté supérieur à celui que les tiens t'ont laissé. Votre maison paternelle, celle de Critias fils de Dropidès, fut célébrée, nous le savons, par Anacréon, par Solon et par d'autres poètes, pour sa beauté, pour sa vertu, pour tous les avantages qui dis-
158 a tinguent ceux qu'on appelle les heureux[1]. Du côté de ta mère, il en est de même : Pyrilampe, ton oncle maternel, a passé pour l'homme le plus beau et le plus grand de la Grèce[2] dans toutes ses ambassades auprès du grand-Roi et ailleurs, et au total cette seconde lignée est digne de la première. Étant né de tels ancêtres, tu ne pouvais manquer d'être le premier en
b tout. Pour ce qui est de la beauté visible, cher enfant de Glaucon, j'ose dire que tu ne le cèdes en rien à ceux qui t'ont précédé. S'il est vrai, comme le dit Critias, que tu n'es pas moins bien partagé du côté de la sagesse et des autres vertus, ta mère a mis au monde un fils privilégié.

Voici donc la question. Si la sagesse réside déjà dans ton âme, comme l'affirme Critias, et si tu en as une provision suffisante, tu n'as nul besoin des incantations de Zalmoxis ni de celles d'Abaris l'Hyperboréen[3], et je puis te donner sans
c délai le remède pour la tête ; s'il te reste au contraire quelque chose à désirer à cet égard, l'incantation doit précéder le remède. Donne-moi ton opinion personnelle à ce sujet ; dis-moi si tu partages son avis et si tu te crois suffisamment pourvu de sagesse, ou si tu penses le contraire. »

— Charmide rougit d'abord et n'en parut que plus charmant, car cette timidité convenait à son âge. Ensuite, non

1. Le mot grec εὐδαιμονία implique l'idée d'une faveur divine. Il reste deux vers seulement de l'élégie de Solon sur Critias.

2. Pyrilampe, fils d'Antiphon, est mentionné par Plutarque comme un ami de Périclès (*Péricl.* 13). On le surnommait l'*Oiseleur* (ὀρνιθοτρόφος) à cause de ses paons, qu'il avait sans doute rapportés de Perse. Il épousa en secondes noces Perictioné, la mère de Platon.

3. Abaris est un personnage à demi légendaire, une sorte de thaumaturge à qui l'on attribuait, entre autres ouvrages, un poème sur Apollon chez les Hyperboréens. Il était prêtre d'Apollon, suivant Hérodote (IV, 36). On racontait qu'il avait voyagé par toute la terre

σε τῶν ἄλλων πᾶσιν τοῖς τοιούτοις· οὐ γὰρ οἶμαι ἄλλον e
οὐδένα τῶν ἐνθάδε ῥᾳδίως ἂν ἔχειν ἐπιδεῖξαι ποῖαι δύο
οἰκίαι συνελθοῦσαι εἰς ταὐτὸν τῶν Ἀθήνησιν ἐκ τῶν εἰκότων
καλλίω ἂν καὶ ἀμείνω γεννήσειαν ἢ ἐξ ὧν σὺ γέγονας. Ἥ τε
γὰρ πατρῴα ὑμῖν οἰκία, ἡ Κριτίου τοῦ Δρωπίδου, καὶ ὑπὸ
Ἀνακρέοντος καὶ ὑπὸ Σόλωνος καὶ ὑπ' ἄλλων πολλῶν ποιη-
τῶν ἐγκεκωμιασμένη παραδέδοται ἡμῖν, ὡς διαφέρουσα
κάλλει τε καὶ ἀρετῇ καὶ τῇ ἄλλῃ λεγομένῃ εὐδαιμονίᾳ· καὶ 158 a
αὖ ἡ πρὸς μητρὸς ὡσαύτως· Πυριλάμπους γὰρ τοῦ σοῦ θείου
οὐδεὶς τῶν ἐν τῇ ἠπείρῳ λέγεται καλλίων καὶ μείζων ἀνὴρ
δόξαι εἶναι, ὁσάκις ἐκεῖνος ἢ παρὰ μέγαν βασιλέα ἢ παρὰ
ἄλλον τινὰ [τῶν ἐν τῇ ἠπείρῳ] πρεσβεύων ἀφίκετο, σύμπασα
δὲ αὕτη ἡ οἰκία οὐδὲν τῆς ἑτέρας ὑποδεεστέρα. Ἐκ δὴ
τοιούτων γεγονότα εἰκός σε εἰς πάντα πρῶτον εἶναι. Τὰ
μὲν οὖν ὁρώμενα τῆς ἰδέας, ὦ φίλε παῖ Γλαύκωνος, δοκεῖς b
μοι οὐδένα τῶν πρὸ σοῦ ἐν οὐδενὶ ὑποβεβηκέναι· εἰ δὲ δὴ
καὶ πρὸς σωφροσύνην καὶ πρὸς τἆλλα κατὰ τὸν τοῦδε λόγον
ἱκανῶς πέφυκας, μακάριόν σε, ἦν δ' ἐγώ, ὦ φίλε Χαρμίδη,
ἡ μήτηρ ἔτικτεν. Ἔχει δ' οὖν οὕτως. Εἰ μέν σοι ἤδη
πάρεστιν, ὡς λέγει Κριτίας ὅδε, σωφροσύνη καὶ εἶ σώφρων
ἱκανῶς, οὐδὲν ἔτι σοι δεῖ οὔτε τῶν Ζαλμόξιδος οὔτε τῶν
Ἀβάριδος τοῦ Ὑπερβορέου ἐπῳδῶν, ἀλλ' αὐτό σοι ἂν ἤδη
δοτέον εἴη τὸ τῆς κεφαλῆς φάρμακον· εἰ δ' ἔτι τούτων c
ἐπιδεὴς εἶναι δοκεῖς, ἐπᾳστέον πρὸ τῆς τοῦ φαρμάκου
δόσεως. Αὐτὸς οὖν μοι εἰπέ, πότερον ὁμολογεῖς τῷδε καὶ
φῂς ἱκανῶς ἤδη σωφροσύνης μετέχειν ἢ ἐνδεὴς εἶναι ;

Ἀνερυθριάσας οὖν ὁ Χαρμίδης πρῶτον μὲν ἔτι καλλίων

e 2 δύο Ald. : δυοῖν BT ‖ **e** 3 συνελθοῦσαι T : καὶ νῦν ἐλθοῦσαι B ‖ **e** 4 καλλίω... ἀμείνω γεννήσειαν T : καλλίων... ἀμείνων γενήσεται B ‖ **e** 5 οἰκία T : οὐσία B ‖ **158 a** 2 τοῦ σοῦ θείου W : τοῦδε σοῦ δὲ θείου T τοῦδε λέγουσιν B ‖ **a** 4 ὁσάκις T : ὁσάκις τε B ‖ **a** 5 τῶν ἐν τῇ ἠπείρῳ secl. Ast. ‖ **b** 2 τῶν — ὑποβεβηκέναι Madvig : τῶν — ὑπερβεβληκέναι B τῶν προγόνων καταισχύνειν T ‖ **b** 3 καὶ πρὸς σωφροσύνην καὶ πρὸς TW : καὶ πόρρωθεν σωφροσύνην καὶ B ‖ **b** 4 πέφυκας T : πεφυκυίας B ‖ **b** 7 δεῖ Cobet : ἔδει codd. ‖ **b** 8 αὐτό σοι T : αὐτὸς οἴου B ‖ **c** 4 ἤδη T : ἤδη καὶ B.

sans noblesse, il me répondit qu'il lui était également difficile
d de me dire sur-le-champ oui ou non. « Si je nie que je sois sage, je prononce contre moi-même un jugement assez déplacé, et en outre je donne un démenti à Critias, mon tuteur, ainsi qu'à toutes les personnes qui, selon lui, m'accordent la sagesse. D'autre part, si je réponds affirmativement et que je fasse mon propre éloge, mon langage paraîtra choquant ; de sorte que je ne sais comment te répondre. » — « Tes paroles, Charmide, lui dis-je, me paraissent fort rai-
e sonnables. Cherchons donc ensemble la réponse à ma demande ; de cette façon, tu n'auras pas à dire ce que tu ne veux pas dire, et je n'aborderai pas en aveugle ma tâche de médecin. Si tu le veux bien, je suis prêt à faire avec toi cette enquête, ou sinon, à te laisser tranquille. » — « Rien, dit-il, ne me serait plus agréable que cette recherche ; si tu n'a pas d'autre scrupule, fais-la donc de la manière qui te semblera la meilleure. »

Première définition de la sagesse ; examen de la définition.

— « Voici, dis-je, comment il me semble que nous devons procéder. Il est clair que, si tu possèdes la sagesse, tu dois t'en
159 a faire une certaine conception. Il est impossible qu'elle réside réellement en toi sans que tu aies la sensation de sa présence et sans que cette sensation fasse naître en ton esprit une opinion sur ce qu'elle est et sur son véritable caractère. N'est-ce pas ton avis ? » — « Oui, c'est mon avis. » — « Eh bien, puisque tu sais le grec, ne peux-tu m'expliquer en quoi consiste ce que tu penses [1] ? » — « Peut-être, » dit-il. — « Pour que nous puissions former une conjecture sur sa présence ou son absence, dis-moi donc, repris-je, ce qu'est la sagesse à ton
b avis. » — Il eut d'abord un instant d'hésitation et ne pouvait se décider à répondre. Il finit cependant par dire que la sagesse consistait à montrer en tout ce qu'on fait une dignité calme : dans sa démarche, dans sa conversation, dans toute sa conduite ; « en somme, dit-il, elle me paraît se résumer dans une certaine absence de précipitation. »

sans manger, portant toujours, en signe de sa mission divine, une flèche qu'Apollon lui avait donnée.

1. « Puisque tu sais le grec », dit Socrate ; il s'agit moins encore,

ἐφάνη· καὶ γὰρ τὸ αἰσχυντηλὸν αὐτοῦ τῇ ἡλικίᾳ ἔπρεψεν·
ἔπειτα καὶ οὐκ ἀγεννῶς ἀπεκρίνατο· εἶπεν γὰρ ὅτι οὐ
ῥᾴδιον εἴη ἐν τῷ παρόντι οὔθ' ὁμολογεῖν οὔτε ἐξάρνῳ εἶναι
τὰ ἐρωτώμενα. Ἐὰν μὲν γάρ, ἦ δ' ὅς, μὴ φῶ εἶναι σώφρων, d
ἅμα μὲν ἄτοπον αὐτὸν καθ' ἑαυτοῦ τοιαῦτα λέγειν, ἅμα
δὲ καὶ Κριτίαν τόνδε ψευδῆ ἐπιδείξω καὶ ἄλλους πολλούς,
οἷς δοκῶ εἶναι σώφρων, ὡς ὁ τούτου λόγος· ἐὰν δ' αὖ φῶ καὶ
ἐμαυτὸν ἐπαινῶ, ἴσως ἐπαχθὲς φανεῖται· ὥστε οὐκ ἔχω ὅ τί
σοι ἀποκρίνωμαι. — Καὶ ἐγὼ εἶπον ὅτι μοι εἰκότα φαίνει
λέγειν, ὦ Χαρμίδη. Καί μοι δοκεῖ, ἦν δ' ἐγώ, κοινῇ ἂν εἶναι
σκεπτέον εἴτε κέκτησαι εἴτε μὴ ὃ πυνθάνομαι, ἵνα μήτε e
σὺ ἀναγκάζῃ λέγειν ἃ μὴ βούλει, μήτ' αὖ ἐγὼ ἀσκέπτως
ἐπὶ τὴν ἰατρικὴν τρέπωμαι. Εἰ οὖν σοι φίλον, ἐθέλω σκοπεῖν
μετὰ σοῦ· εἰ δὲ μή, ἐᾶν. — Ἀλλὰ πάντων μάλιστα, ἔφη,
φίλον· ὥστε τούτου γε ἕνεκα, ὅπῃ αὐτὸς οἴει βέλτιον <ἂν>
σκέψασθαι, ταύτῃ σκόπει.

— Τῇδε τοίνυν, ἔφην ἐγώ, δοκεῖ μοι βελτίστη εἶναι ἡ
σκέψις περὶ αὐτοῦ. Δῆλον γὰρ ὅτι, εἴ σοι πάρεστιν σω-
φροσύνη, ἔχεις τι περὶ αὐτῆς δοξάζειν. Ἀνάγκη γάρ που 159 a
ἐνοῦσαν αὐτήν, εἴπερ ἔνεστιν, αἴσθησίν τινα παρέχειν, ἐξ
ἧς δόξα ἄν τίς σοι περὶ αὐτῆς εἴη, ὅ τί ἐστιν καὶ ὁποῖόν
τι ἡ σωφροσύνη· ἢ οὐκ οἴει; — Ἔγωγε, ἔφη, οἶμαι. —
Οὐκοῦν τοῦτό γε, ἔφην, ὃ οἴει, ἐπειδήπερ ἑλληνίζειν ἐπίσ-
τασαι, κἂν εἴποις δήπου αὐτὸ ὅ τί σοι φαίνεται; — Ἴσως,
ἔφη. — Ἵνα τοίνυν τοπάσωμεν εἴτε σοι ἔνεστιν εἴτε μή,
εἰπέ, ἦν δ' ἐγώ, τί φῂς εἶναι σωφροσύνην κατὰ τὴν σὴν
δόξαν. — Καὶ ὃς τὸ μὲν πρῶτον ὤκνει τε καὶ οὐ πάνυ b
ἤθελεν ἀποκρίνασθαι· ἔπειτα μέντοι εἶπεν ὅτι οἷ δοκοῖ
σωφροσύνη εἶναι τὸ κοσμίως πάντα πράττειν καὶ ἡσυχῇ, ἔν
τε ταῖς ὁδοῖς βαδίζειν καὶ διαλέγεσθαι, καὶ τὰ ἄλλα πάντα
ὡσαύτως ποιεῖν. Καί μοι δοκεῖ, ἔφη, συλλήβδην ἡσυχιότης
τις εἶναι ὃ ἐρωτᾷς.

c 7 οὐ ῥᾴδιον T : ἄλογον B || d 7 ἂν εἶναι Salvini : εἴη ἂν εἶναι BT || e 5 βέλτιον ἂν Heindorf : βελτίω BT || 159 b 2 δοκοῖ B : δοκεῖ T.

— « C'est peut-être vrai, répondis-je : il est certain qu'on dit souvent des gens calmes qu'ils sont des sages. Voyons pourtant ce que vaut cette affirmation. Dis-moi, la sagesse
c n'est-elle pas une chose louable ? » — « Assurément. » — « A l'école du maître d'écriture, que préfère-t-on ? La lenteur ou la rapidité à reproduire les modèles ? » — « La rapidité. » — « Et dans la lecture ? lequel vaut le mieux ? » — « La rapidité. » — « Et dans le jeu de la cithare ou dans la lutte, n'y a-t-il pas beaucoup plus de mérite à être rapide et vif que lent et calme ? » — « Sans doute. » — « Et aussi dans le pugilat, dans le pancrace[1] ? » — « Oui. » — « Et dans la course, dans le saut, dans tous les exercices du corps, les mouve-
d ments vifs et rapides ne sont-ils pas ceux qu'on loue, et les mouvements lents et froids ceux qu'on blâme ? » — « Évidemment. » — « Il est donc évident que, dans les choses du corps, ce n'est pas la lenteur, mais au contraire la rapidité qui est surtout belle et louable. N'est-il pas vrai ? » — « Sans doute. » — « Mais la sagesse, disons-nous, est belle ? » — « Oui. » — « Donc, en ce qui concerne le corps, c'est la rapidité, et non la lenteur, qui est sage, puisque la sagesse est belle. » — « Cela paraît certain. »

e — « Mais quoi ? dis-je : lequel vaut mieux, apprendre facilement ou difficilement ? » — « Apprendre facilement. » — « Mais apprendre facilement, c'est apprendre vite, et apprendre difficilement, c'est apprendre lentement et péniblement. » — « Oui. » — « Ne vaut-il pas mieux, quand on enseigne, enseigner vite et vivement, que lentement et avec peine ? » — « Oui. » — « Et la mémoire ? S'il s'agit d'acquérir ou de conserver les souvenirs, vaut-il mieux qu'elle
160 a soit lente et pénible ou rapide et vive ? » — « Rapide et vive. » — « Et la finesse de l'esprit, n'est-elle pas plutôt un effet de la vivacité que de la lenteur ? » — « C'est vrai. » — « Ainsi quand il s'agit de comprendre ce qu'on dit, chez le maître d'écriture, chez le cithariste ou partout ailleurs, l'éloge va au plus rapide et non au plus lent ? » — « Oui. » — « Allons plus loin. Dans les recherches de la pensée et dans la

en effet, d'une définition vraiment philosophique que de l'explication d'un mot pris dans le sens que lui attribue l'usage ordinaire.

1. Le *pancrace* est un mélange de *lutte* et de *pugilat*.

— Ἆρ᾽ οὖν, ἦν δ᾽ ἐγώ, εὖ λέγεις ; Φασί γέ τοι, ὦ Χαρ-
μίδη, τοὺς ἡσυχίους σώφρονας εἶναι· ἴδωμεν δὴ εἴ τι λέ-
γουσιν. Εἰπὲ γάρ μοι, οὐ τῶν καλῶν μέντοι ἡ σωφροσύνη c
ἐστίν ; — Πάνυ γε, ἔφη. — Πότερον οὖν κάλλιόν ἐστιν ἐν
γραμματιστοῦ τὰ ὁμοῖα γράμματα γράφειν ταχὺ ἢ ἡσυχῇ ;
— Ταχύ. — Τί δ᾽ ἀναγιγνώσκειν ; Ταχέως ἢ βραδέως ; —
Ταχέως. — Καὶ μὲν δὴ καὶ τὸ κιθαρίζειν ταχέως καὶ τὸ
παλαίειν ὀξέως πολὺ κάλλιον τοῦ ἡσυχῇ τε καὶ βραδέως ;
— Ναί. — Τί δέ ; Πυκτεύειν τε καὶ παγκρατιάζειν οὐχ
ὡσαύτως ; — Πάνυ γε. — Θεῖν δὲ καὶ ἅλλεσθαι καὶ τὰ τοῦ
σώματος ἅπαντα ἔργα, οὐ τὰ μὲν ὀξέως καὶ ταχὺ γιγνόμενα d
τὰ τοῦ καλοῦ ἐστιν, τὰ δὲ μόγις τε καὶ ἡσυχῇ τὰ τοῦ
αἰσχροῦ ; — Φαίνεται. — Φαίνεται ἄρα ἡμῖν, ἔφην ἐγώ,
κατά γε τὸ σῶμα οὐ τὸ ἡσύχιον, ἀλλὰ τὸ τάχιστον καὶ ὀξύ-
τατον κάλλιστον ὄν. Ἦ γάρ ; — Πάνυ γε. — Ἡ δέ γε
σωφροσύνη καλόν τι ἦν ; — Ναί. — Οὐ τοίνυν κατά γε τὸ
σῶμα ἡ ἡσυχιότης ἄν, ἀλλ᾽ ἡ ταχυτὴς σωφρονέστερον εἴη,
ἐπειδὴ καλὸν ἡ σωφροσύνη. — Ἔοικεν, ἔφη. — Τί δέ ; ἦν
δ᾽ ἐγώ, εὐμαθία κάλλιον ἢ δυσμαθία ; — Εὐμαθία. — Ἔστιν e
δέ γ᾽, ἔφην, ἡ μὲν εὐμαθία ταχέως μανθάνειν ; Ἡ δὲ δυσ-
μαθία ἡσυχῇ καὶ βραδέως ; — Ναί. — Διδάσκειν δὲ ἄλλον
οὐ ταχέως κάλλιον καὶ σφόδρα μᾶλλον ἢ ἡσυχῇ τε καὶ
βραδέως ; — Ναί. — Τί δέ ; Ἀναμιμνῄσκεσθαι καὶ μεμνῆ-
σθαι ἡσυχῇ τε καὶ βραδέως κάλλιον ἢ σφόδρα καὶ ταχέως ;
— Σφόδρ᾽, ἔφη, καὶ ταχέως. — Ἡ δ᾽ ἀγχίνοια οὐχὶ ὀξύτης 160 a
τίς ἐστιν τῆς ψυχῆς, ἀλλ᾽ οὐχὶ ἡσυχία ; — Ἀληθῆ. —
Οὐκοῦν καὶ τὸ ξυνιέναι τὰ λεγόμενα, καὶ ἐν γραμματιστοῦ
καὶ κιθαριστοῦ καὶ ἄλλοθι πανταχοῦ, οὐχ ὡς ἡσυχαίτατα
ἀλλ᾽ ὡς τάχιστά ἐστι κάλλιστον ; — Ναί. — Ἀλλὰ μὴν ἔν
γε ταῖς ζητήσεσιν τῆς ψυχῆς καὶ τῷ βουλεύεσθαι οὐχ ὁ

b 7 φασί γέ τοι T : φασὶν B || **c** 2 κάλλιόν ἐστιν Schanz : κάλλιστον codd. || **c** 6 τοῦ T : που B || **d** 2 μόγις Heindorf : βραδέα μόγις codd. || **d** 3 ἄρα T : γ᾽ ἄρα B || **d** 7 ἡ ἡσυχιότης T : ἡ om. B || **e** 4 κάλλιον rec. : καὶ κάλλιον BT || **160 a** 5 κάλλιστον anon. : κάλλιστα codd.

b délibération, ce n'est pas le plus lent, semble-t-il, celui qui n'arrive pas à débrouiller ses résolutions ou ses idées, qui obtient la palme ; c'est le plus agile et le plus prompt à faire ce travail. » — « C'est exact. »

— « Ainsi, dans toutes les choses de l'esprit et du corps, ô Charmide, nous voyons la vivacité rapide l'emporter sur la lenteur qui traîne. » — « Il semble bien. » — « Alors, la sagesse n'est pas une lenteur, et la vie sage n'est pas une vie lente, en vertu de notre raisonnement, puisqu'une vie sage est nécessairement belle. Des deux sortes d'action, en effet,
c celles qui sont accomplies avec lenteur nous sont apparues comme n'étant jamais, ou presque jamais, supérieures en fait à celles qui s'exécutent avec vitesse et force. Si donc, mon cher ami, les actions calmes, en mettant les choses au mieux, ne sont pas plus souvent belles que les rapides et les fortes, il en résulte que la sagesse ne saurait consister dans la lenteur plutôt que dans la rapidité et la force, soit qu'il s'agisse de la marche, ou de la parole, ou de toute autre chose, et
d qu'une vie calme ne saurait être à ce titre plus sage qu'une vie active, puisque nous avons admis que la sagesse était une belle chose et puisque la rapidité ne nous est point apparue comme moins belle que la lenteur. » — « Ton opinion, Socrate, dit il, me paraît juste. »

Nouvelle définition et nouvel examen.

— « Alors, repris-je, il faut que tu recommences à t'examiner avec plus d'attention encore, et quand tu auras découvert l'effet que produit en toi la présence de la sagesse, quand tu auras discerné le caractère qui lui permet de produire cet effet, alors, tout bien considéré, dis-moi exactement et courageusement ce que tu crois
e qu'elle est[1]. » — Après un moment de silence et de réflexion vraiment virile : « Il me semble, dit-il, que la sagesse fait qu'on rougit de certaines choses et rend l'âme sensible à la honte ; je crois qu'elle est identique à la pudeur. » — « Mais, dis-je, n'as-tu pas reconnu avec moi que la sagesse était une belle chose ? » — « Sans doute. » — « Et n'est-il

1. Cette fois, Charmide est invité à s'examiner lui-même et l'explication est plutôt psychologique que simplement verbale.

ἡσυχιώτατος, ὡς ἐγὼ οἶμαι, καὶ μόγις βουλευόμενός τε καὶ
ἀνευρίσκων ἐπαίνου δοκεῖ ἄξιος εἶναι, ἀλλ' ὁ ῥᾷστά τε καὶ b
τάχιστα τοῦτο δρῶν. — Ἔστιν ταῦτα, ἔφη. — Οὐκοῦν
πάντα, ἦν δ' ἐγώ, ὦ Χαρμίδη, ἡμῖν καὶ τὰ περὶ τὴν ψυχὴν
καὶ τὰ περὶ τὸ σῶμα, τὰ τοῦ τάχους τε καὶ τῆς ὀξύτητος
καλλίω φαίνεται ἢ τὰ τῆς βραδυτῆτός τε καὶ ἡσυχιότητος; —
Κινδυνεύει, ἔφη. — Οὐκ ἄρα ἡσυχιότης τις ἡ σωφροσύνη
ἂν εἴη, οὐδ' ἡσύχιος ὁ σώφρων βίος, ἔκ γε τούτου τοῦ λόγου,
ἐπειδὴ καλὸν αὐτὸν δεῖ εἶναι σώφρονα ὄντα. Δυοῖν γὰρ δὴ
τὰ ἕτερα, ἢ οὐδαμοῦ ἡμῖν ἢ πάνυ που ὀλιγαχοῦ αἱ ἡσύχιοι c
πράξεις ἐν τῷ βίῳ καλλίους ἐφάνησαν ἢ αἱ ταχεῖαί τε καὶ
ἰσχυραί. Εἰ δ' οὖν, ὦ φίλε, ὅ τι μάλιστα μηδὲν ἐλάττους αἱ
ἡσύχιοι τῶν σφοδρῶν τε καὶ ταχειῶν πράξεων τυγχάνουσιν
καλλίους οὖσαι, οὐδὲ ταύτῃ σωφροσύνη ἂν εἴη μᾶλλόν τι τὸ
ἡσυχῇ πράττειν τοῦ σφόδρα τε καὶ ταχέως, οὔτε ἐν
βαδισμῷ οὔτε ἐν λέξει οὔτε ἄλλοθι οὐδαμοῦ, οὐδὲ ὁ ἡσύχιος
βίος τοῦ μὴ ἡσυχίου σωφρονέστερος ἂν εἴη, ἐπειδὴ ἐν τῷ d
λόγῳ τῶν καλῶν τι ἡμῖν ἡ σωφροσύνη ὑπετέθη, καλὰ δὲ οὐχ
ἧττον <τὰ> ταχέα τῶν ἡσυχίων πέφανται. — Ὀρθῶς μοι
δοκεῖς, ἔφη, ὦ Σώκρατες, εἰρηκέναι.

— Πάλιν τοίνυν, ἦν δ' ἐγώ, ὦ Χαρμίδη, μᾶλλον προσέχων
τὸν νοῦν καὶ εἰς σεαυτὸν ἀποβλέψας, ἐννοήσας ὁποῖόν τινά
σε ποιεῖ ἡ σωφροσύνη παροῦσα καὶ ποία τις οὖσα τοιοῦτον
ἀπεργάζοιτο ἄν, πάντα ταῦτα συλλογισάμενος εἰπὲ εὖ καὶ
ἀνδρείως, τί σοι φαίνεται εἶναι; — Καὶ ὃς ἐπισχὼν καὶ e
πάνυ ἀνδρικῶς πρὸς ἑαυτὸν διασκεψάμενος· Δοκεῖ τοίνυν
μοι, ἔφη, αἰσχύνεσθαι ποιεῖν ἡ σωφροσύνη καὶ αἰσχυντηλὸν
τὸν ἄνθρωπον, καὶ εἶναι ὅπερ αἰδὼς ἡ σωφροσύνη. — Εἶεν,
ἦν δ' ἐγώ, οὐ καλὸν ἄρτι ὡμολόγεις τὴν σωφροσύνην εἶναι;
— Πάνυ γ', ἔφη. — Οὐκοῦν καὶ ἀγαθοὶ ἄνδρες οἱ σώφρονες;

160 a 7 ἡσυχιώτατος Cobet : -χιώτατος codd. || **c** 6 τοῦ Schanz : ἢ τοῦ BT ἢ τὸ Priscianus || **c** 6-7 οὔτε... οὔτε Priscianus : οὐ τὸ... οὐ τὸ codd. || **c** 7 οὐδὲ rec. : οὐδὲν BT || **d** 1 βίος Heindorf : βίος κόσμιος codd. || **d** 3 τὰ add. rec. || **d** 6 ἀποβλέψας T : ἀπεμβλ- B.

pas vrai que les sages sont bons en même temps que sages ? » — « Oui. » — « Peut-on appeler bonne une chose qui ne rendrait pas bon ? » — « Non certes. » — « La sagesse, par conséquent, n'est pas seulement belle, elle est bonne. » — « Je le crois. » — « Mais quoi ? Homère, à ton avis, n'a-
161 a t-il pas raison de dire :

La pudeur est une mauvaise compagne pour l'homme indigent[1] ? »

— « Il a raison. » — « A ce compte, la pudeur est à la fois bonne et mauvaise. » — « C'est probable. » — « Mais la sagesse, elle, est un bien s'il est vrai que par sa présence elle rend les hommes bons, sans jamais les rendre mauvais. » — « Ce que tu dis me paraît juste. » — « S'il en est ainsi, la sagesse ne peut être identique à la pudeur, puisque l'une est un
b bien et que l'autre est indifféremment bonne ou mauvaise. »

Troisième définition de Charmide et examen de cette définition.

— « Ton raisonnement, Socrate, me paraît juste, dit-il. Mais voici une autre définition de la sagesse que je te prie d'examiner. Récemment, j'ai entendu dire à quelqu'un que la sagesse consiste pour chacun de nous à faire ce qui le regarde. Vois donc si cela te paraît exact. » — « Scélérat, lui dis-je, c'est de Critias ici présent que tu tiens cette définition, ou de quelque
c habile homme. » — « D'un autre que moi, peut-être, dit Critias, mais elle n'est sûrement pas de moi. » — « Qu'importe, Socrate, dit Charmide, de qui je la tiens ? » — « Cela n'importe nullement, repris-je ; car nous n'avons pas à examiner qui l'a dite, mais si elle est vraie ou non. » — « A la bonne heure, » dit-il.

— « Sans doute ; mais si nous parvenons à voir ce qui en est, j'en serai surpris ; car cela ressemble à une énigme. »
d — « En quoi ? » dit-il. — « En ceci que l'auteur de cette définition, quand il employait ces mots, *faire ce qui nous regarde*, disait une chose et en pensait une autre. Le maître d'école, à ton avis, quand il lit ou écrit, fait-il une chose qui en vaille la peine ? » — « Sans aucun doute. » — « Se borne-t-il donc à écrire ou à lire son propre nom ? N'est-ce

1. Homère, *Odyssée*, XVII, 347.

— Ναί. — Ἆρ' οὖν ἂν εἴη ἀγαθὸν ὃ μὴ ἀγαθοὺς ἀπεργάζεται ; — Οὐ δῆτα. — Οὐ μόνον οὖν ἄρα καλόν, ἀλλὰ καὶ
ἀγαθόν ἐστιν. — Ἔμοιγε δοκεῖ. — Τί οὖν ; ἦν δ' ἐγώ· 161 a
Ὁμήρῳ οὐ πιστεύεις καλῶς λέγειν, λέγοντι ὅτι

αἰδὼς δ' οὐκ ἀγαθὴ κεχρημένῳ ἀνδρὶ παρεῖναι ;

— Ἔγωγ', ἔφη. — Ἔστιν ἄρα, ὡς ἔοικεν, αἰδὼς οὐκ ἀγαθὸν καὶ ἀγαθόν. — Φαίνεται. — Σωφροσύνη δέ γε ἀγαθόν, εἴπερ ἀγαθοὺς ποιεῖ οἷς ἂν παρῇ, κακοὺς δὲ μή. — Ἀλλὰ μὴν οὕτω γε δοκεῖ μοι ἔχειν, ὡς σὺ λέγεις. — Οὐκ ἄρα σωφροσύνη ἂν εἴη αἰδώς, εἴπερ τὸ μὲν ἀγαθὸν τυγχάνει ὄν,
αἰδὼς δὲ δὴ οὐδὲν μᾶλλον ἀγαθὸν ἢ κακόν. b

— Ἀλλ' ἔμοιγε δοκεῖ, ἔφη, ὦ Σώκρατες, τοῦτο μὲν ὀρθῶς λέγεσθαι· τόδε δὲ σκέψαι τί σοι δοκεῖ εἶναι περὶ σωφροσύνης. Ἄρτι γὰρ ἀνεμνήσθην ὃ ἤδη του ἤκουσα λέγοντος, ὅτι σωφροσύνη εἴη τὸ τὰ ἑαυτοῦ πράττειν. Σκόπει οὖν τοῦτο εἰ ὀρθῶς σοι δοκεῖ λέγειν ὁ λέγων. — Καὶ ἐγώ· Ὦ μιαρέ,
ἔφην, Κριτίου τοῦδε ἀκήκοας αὐτὸ ἢ ἄλλου του τῶν σοφῶν. c
— Ἔοικεν, ἔφη ὁ Κριτίας, ἄλλου· οὐ γὰρ δὴ ἐμοῦ γε. — Ἀλλὰ τί διαφέρει, ἦ δ' ὃς ὁ Χαρμίδης, ὦ Σώκρατες, ὅτου ἤκουσα ; — Οὐδέν, ἦν δ' ἐγώ· πάντως γὰρ οὐ τοῦτο σκεπτέον, ὅστις αὐτὸ εἶπεν, ἀλλὰ πότερον ἀληθὲς λέγεται ἢ οὔ. — Νῦν ὀρθῶς λέγεις, ἦ δ' ὅς.

— Νὴ Δία, ἦν δ' ἐγώ· ἀλλ' εἰ καὶ εὑρήσομεν αὐτὸ ὅπῃ γε ἔχει, θαυμάζοιμ' ἄν· αἰνίγματι γάρ τινι ἔοικεν. — Ὅτι δὴ
τί γε ; ἔφη. — Ὅτι οὐ δήπου, ἦν δ' ἐγώ, ᾗ τὰ ῥήματα d
ἐφθέγξατο, ταύτῃ καὶ ἐνόει ὁ λέγων σωφροσύνην εἶναι τὸ τὰ αὑτοῦ πράττειν. Ἢ σὺ οὐδὲν ἡγεῖ πράττειν τὸν γραμματιστήν, ὅταν γράφῃ ἢ ἀναγιγνώσκῃ ; — Ἔγωγε, ἡγοῦμαι μὲν οὖν, ἔφη. — Δοκεῖ οὖν σοι τὸ αὑτοῦ ὄνομα μόνον γράφειν ὁ γραμματιστὴς καὶ ἀναγιγνώσκειν, ἢ ὑμᾶς τοὺς

161 b 1 δὴ Schanz : μὴ codd. || ἢ *Paris.* 1809 : ἢ καὶ BT || **b** 5 εἴη Bekker : ἂν εἴη codd. || **c** 8 ὅτι δὴ T : εἰ δὴ B || **d** 2 ὁ λέγων *Coisl.* : λέγων BT.

pas vous, enfants, qu'il enseigne, et n'écriviez-vous pas les noms de vos ennemis aussi bien que les vôtres ou ceux de vos amis ? » — « Assurément. » — « Faut-il en conclure que vous étiez des brouillons dénués de sagesse quand vous faisiez cela ? » — « Pas le moins du monde. » — « Ce-
e pendant, vous faisiez des actes qui ne vous concernaient pas, si du moins la lecture et l'écriture sont des actes. » — « Ce sont des actes, très évidemment. » — « Et le fait de guérir, de bâtir, de tisser, de pratiquer un art quelconque, est un acte aussi. » — « Sans doute. » — « Mais alors, dis-je, estimes-tu que, dans une cité bien ordonnée, la loi doive prescrire à chacun de tisser et de laver ses propres vêtements, de fabriquer ses chaussures, et aussi ses fioles, ses étrilles, et
162 a tout le reste, sans jamais s'occuper des objets du voisin, sans jamais agir ni rien faire que pour son usage personnel ? » — « Ce n'est pas mon avis, » dit-il. — « Cependant, la cité bien ordonnée est celle où règne la sagesse. » — « Oui. » — « Donc la sagesse ne consiste pas à se conduire ainsi et à faire ses propres affaires de cette façon. » — « Il semble que non. »

— « C'était donc parler par énigme, comme je le disais tout à l'heure, que d'affirmer que la sagesse consiste à faire ses propres affaires : autrement ce langage eût été trop
b absurde. Est-ce donc un sot qui t'a donné cette définition ? » — « Pas le moins du monde, reprit Charmide ; c'était au contraire un homme qui a la réputation d'être fort habile. » — « C'est donc bien une énigme qu'il te proposait, en se rendant compte qu'il est difficile de savoir ce que signifient ces mots, faire ses propres affaires. » — « Peut-être, » dit-il. — « Qu'entends-tu toi-même par là ? Ne peux-tu me l'expliquer ? » — « J'en serais fort en peine, pour ma part ; mais peut-être l'auteur lui-même n'a-t-il pas très bien su ce qu'il voulait dire. » Tout en parlant, Charmide souriait, et lançait un regard vers Critias.

c *Intervention de Critias.*

Critias, qui donnait depuis quelque temps des signes d'agitation, et qui, tout en prenant des airs avantageux devant Charmide et les autres, avait peine à se dominer, ne put y tenir plus longtemps. Il me paraît en effet de toute évidence

παῖδας διδάσκειν, ἢ οὐδὲν ἧττον τὰ τῶν ἐχθρῶν ἐγράφετε
ἢ τὰ ὑμέτερα καὶ τὰ τῶν φίλων ὀνόματα ; — Οὐδὲν ἧττον.
— Ἦ οὖν ἐπολυπραγμονεῖτε καὶ οὐκ ἐσωφρονεῖτε τοῦτο
δρῶντες ; — Οὐδαμῶς. — Καὶ μὴν οὐ τὰ ὑμέτερά γε αὑτῶν
ἐπράττετε, εἴπερ τὸ γράφειν πράττειν τί ἐστιν καὶ τὸ e
ἀναγιγνώσκειν. — Ἀλλὰ μὴν ἔστιν. — Καὶ γὰρ τὸ ἰᾶσθαι,
ὦ ἑταῖρε, καὶ τὸ οἰκοδομεῖν καὶ τὸ ὑφαίνειν καὶ τὸ ἡτινιοῦν
τέχνῃ ὁτιοῦν τῶν τέχνης ἔργων ἀπεργάζεσθαι πράττειν
δήπου τί ἐστιν. — Πάνυ γε. — Τί οὖν ; ἦν δ' ἐγώ, δοκεῖ ἂν
σοι πόλις εὖ οἰκεῖσθαι ὑπὸ τούτου τοῦ νόμου τοῦ κελεύοντος
τὸ ἑαυτοῦ ἱμάτιον ἕκαστον ὑφαίνειν καὶ πλύνειν, καὶ
ὑποδήματα σκυτοτομεῖν, καὶ λήκυθον καὶ στλεγγίδα καὶ
τἆλλα πάντα κατὰ τὸν αὐτὸν λόγον, τῶν μὲν ἀλλοτρίων μὴ 162 a
ἅπτεσθαι, τὰ δὲ ἑαυτοῦ ἕκαστον ἐργάζεσθαί τε καὶ πράτ-
τειν ; — Οὐκ ἔμοιγε δοκεῖ, ἦ δ' ὅς. — Ἀλλὰ μέντοι, ἔφην
ἐγώ, σωφρόνως γε οἰκοῦσα εὖ ἂν οἰκοῖτο. — Πῶς δ' οὔκ ;
ἔφη. — Οὐκ ἄρα, ἦν δ' ἐγώ, τὸ τὰ τοιαῦτά τε καὶ οὕτω τὰ
αὑτοῦ πράττειν σωφροσύνη ἂν εἴη. — Οὐ φαίνεται.

— Ἠινίττετο ἄρα, ὡς ἔοικεν, ὅπερ ἄρτι ἐγὼ ἔλεγον, ὁ
λέγων τὸ τὰ αὑτοῦ πράττειν σωφροσύνην εἶναι· οὐ γάρ που
οὕτω γε ἦν εὐήθης· ἤ τινος ἠλιθίου ἤκουσας τουτὶ λέγοντος, b
ὦ Χαρμίδη ; — Ἥκιστά γε, ἔφη, ἐπεί τοι καὶ πάνυ ἐδόκει
σοφὸς εἶναι. — Παντὸς τοίνυν μᾶλλον, ὡς ἐμοὶ δοκεῖ,
αἴνιγμα αὐτὸ προὔβαλεν, ὡς ὂν χαλεπὸν τὸ τὰ αὑτοῦ πράτ-
τειν γνῶναι ὅ τί ποτε ἔστιν. — Ἴσως, ἔφη. — Τί οὖν ἂν
εἴη ποτὲ τὸ τὰ αὑτοῦ πράττειν ; ἔχεις εἰπεῖν ; — Οὐκ οἶδα
μὰ Δία ἔγωγε, ἦ δ' ὅς· ἀλλ' ἴσως οὐδὲν κωλύει μηδὲ τὸν
λέγοντα μηδὲν εἰδέναι ὅ τι ἐνόει. — Καὶ ἅμα ταῦτα λέγων
ὑπεγέλα τε καὶ εἰς τὸν Κριτίαν ἀπέβλεπεν.

Καὶ ὁ Κριτίας δῆλος μὲν ἦν καὶ πάλαι ἀγωνιῶν καὶ c
φιλοτίμως πρός τε τὸν Χαρμίδην καὶ πρὸς τοὺς παρόντας
ἔχων· μόγις δ' ἑαυτὸν ἐν τῷ πρόσθεν κατέχων, τότε οὐχ

e 6 εὖ οἰκεῖσθαι TW : ἀρκεῖσθαι B || 162 a 4 γε B²: τε BT.

que c'était lui, comme j'en avais eu le soupçon, qui avait fourni à Charmide sa définition. Charmide, désireux d'amener Critias à prendre sa place et à défendre lui-même son œuvre, le provoquait à dessein en donnant la partie
d comme perdue. Critias, piqué au vif, lui fit une querelle assez semblable à celle d'un poète contre un acteur qui a trahi son œuvre. Le regardant en face, il lui dit : « Crois-tu donc, Charmide, parce que tu ne comprends pas ces mots, *faire ses propres affaires*, que l'auteur de cette définition ne la comprenne pas non plus ? » — « Mon cher Critias, lui
e dis-je, il n'est pas étonnant qu'un très jeune homme ne voie pas le sens de ces mots. Il est naturel aussi que ton âge et tes études te permettent de les entendre. Si tu admets que la sagesse soit ce qu'il dit et si tu consens à prendre sa place dans la discussion, il me sera beaucoup plus agréable d'examiner avec toi si cette définition est juste ou non. »

— « J'admets la définition, dit Critias, et je prends la place de Charmide. » — « A merveille, répondis-je. Admets-tu aussi (c'est la question que je lui posais tout à l'heure)
163 a que les artisans fassent une œuvre ? » — « Oui. » — « Et que cette œuvre concerne non seulement eux-mêmes, mais aussi les autres ? » — « Les autres aussi. » — « Ils peuvent donc être sages tout en s'occupant des affaires d'autrui ? » — « Quelle difficulté à cela ? » — « Aucune pour ce qui est de moi ; mais il en est une peut-être pour celui qui fait consister la sagesse à s'occuper de ses propres affaires, et qui ne voit ensuite aucune contradiction entre la sagesse et le fait de s'occuper des affaires des autres. » — « Reconnaître qu'on peut être sage en fabriquant pour autrui, est-ce donc dire
b qu'on peut l'être en faisant les affaires des autres ? » — « Ainsi, tu distingues entre la fabrication et l'action ? » — « Sans doute ; et de même entre le travail et la fabrication. Car j'ai appris d'Hésiode[1], dit-il, que « le travail n'est jamais une honte ». Crois-tu donc que, s'il avait appliqué

1. Hésiode, *Les Travaux et les Jours*, 309 suiv. : « Le travail n'est jamais une honte : la honte est de ne rien faire. Si tu travailles, celui qui ne fait rien bientôt enviera ta richesse : richesse toujours est suivie de mérite et de gloire ». Une grande partie du poème est le développement du conseil donné par Hésiode à son frère (v. 297) : « Travaille, insensé Persès ».

οἷός τε ἐγένετο· δοκεῖ γάρ μοι παντὸς μᾶλλον ἀληθὲς εἶναι,
ὃ ἐγὼ ὑπέλαβον, τοῦ Κριτίου ἀκηκοέναι τὸν Χαρμίδην ταύ-
την τὴν ἀπόκρισιν περὶ τῆς σωφροσύνης. Ὁ μὲν οὖν Χαρ-
μίδης βουλόμενος μὴ αὐτὸς ὑπέχειν λόγον, ἀλλ' ἐκεῖνον τῆς
ἀποκρίσεως, ὑπεκίνει αὐτὸν ἐκεῖνον, καὶ ἐνεδείκνυτο ὡς
ἐξεληλεγμένος εἴη· ὁ δ' οὐκ ἠνέσχετο, ἀλλά μοι ἔδοξεν d
ὀργισθῆναι αὐτῷ ὥσπερ ποιητὴς ὑποκριτῇ κακῶς διατιθέντι
τὰ ἑαυτοῦ ποιήματα· ὥστ' ἐμβλέψας αὐτῷ εἶπεν· Οὕτως
οἴει, ὦ Χαρμίδη, εἰ σὺ μὴ οἶσθα ὅ τί ποτ' ἐνόει ὃς ἔφη
σωφροσύνην εἶναι τὸ τὰ ἑαυτοῦ πράττειν, οὐδὲ δὴ ἐκεῖνον
εἰδέναι ; — Ἀλλ', ὦ βέλτιστε, ἔφην ἐγώ, Κριτία, τοῦτον
μὲν οὐδὲν θαυμαστὸν ἀγνοεῖν τηλικοῦτον ὄντα· σὲ δέ που e
εἰκὸς εἰδέναι καὶ ἡλικίας ἕνεκα καὶ ἐπιμελείας. Εἰ οὖν
ξυγχωρεῖς τοῦτ' εἶναι σωφροσύνην ὅπερ οὑτοσὶ λέγει, καὶ
παραδέχῃ τὸν λόγον, ἔγωγε πολὺ ἂν ἥδιον μετὰ σοῦ σκοποί-
μην, εἴτ' ἀληθὲς εἴτε μὴ τὸ λεχθέν.

— Ἀλλὰ πάνυ ξυγχωρῶ, ἔφη, καὶ παραδέχομαι. — Καλῶς
γε σὺ τοίνυν, ἦν δ' ἐγώ, ποιῶν. Καί μοι λέγε· ἦ καὶ ἃ νυνδὴ
ἠρώτων ἐγὼ ξυγχωρεῖς, τοὺς δημιουργοὺς πάντας ποιεῖν
τι ; — Ἔγωγε. — Ἦ οὖν δοκοῦσί σοι τὰ ἑαυτῶν μόνον 163 a
ποιεῖν ἢ καὶ τὰ τῶν ἄλλων ; — Καὶ τὰ τῶν ἄλλων. — Σω-
φρονοῦσιν οὖν οὐ τὰ ἑαυτῶν μόνον ποιοῦντες ; — Τί γὰρ
κωλύει ; ἔφη. — Οὐδὲν ἐμέ γε, ἦν δ' ἐγώ· ἀλλ' ὅρα μὴ ἐκεῖ-
νον κωλύει, ὃς ὑποθέμενος σωφροσύνην εἶναι τὸ τὰ ἑαυτοῦ
πράττειν ἔπειτα οὐδέν φησι κωλύειν καὶ τοὺς τὰ τῶν
ἄλλων πράττοντας σωφρονεῖν. — Ἐγὼ γάρ ποῦ, ἦ δ' ὅς,
τοῦθ' ὡμολόγηκα, ὡς οἱ τὰ τῶν ἄλλων πράττοντες σω-
φρονοῦσιν, εἰ τοὺς ποιοῦντας ὡμολόγησα ; — Εἰπέ μοι, ἦν b
δ' ἐγώ, οὐ ταὐτὸν καλεῖς τὸ ποιεῖν καὶ τὸ πράττειν ; — Οὐ
μέντοι, ἔφη· οὐδέ γε τὸ ἐργάζεσθαι καὶ τὸ ποιεῖν. Ἔμαθον
γὰρ παρ' Ἡσιόδου, ὃς ἔφη, ἔργον οὐδὲν εἶναι ὄνειδος.

d 4 σὺ T : σοὶ B || **e** 2 εἰκὸς εἰδέναι T : εἰδέναι BW || **163 a** 7 ποῦ Cobet : που codd. || **b** 1 εἰ Heindorf : ἦ B ἢ T ῇ W || **b** 4 ἔργον H. Estienne : ἔργον δ' codd.

aux choses dont tu parles les mots de « travail » et d' « action », il n'aurait vu rien de honteux dans le métier d'un corroyeur, d'un fabricant de salaisons, d'un prostitué ? N'en crois rien, Socrate : Hésiode, selon moi, distingue la fabrication de l'action et du travail, et il considère qu'une œuvre fabriquée peut attirer le blâme, si elle n'est pas accompagnée de beauté,
c tandis que le travail n'est jamais blâmable. Car ce qu'il appelait travail, c'était la création d'œuvres belles et utiles, et les créations de cette sorte étaient à ses yeux des travaux et des actions. Il faut affirmer que celles-là seules étaient selon lui les affaires propres de chacun, et que tout ce qui est nuisible était chose étrangère. En sorte qu'Hésiode, comme tous les hommes sensés, appelait sage celui qui s'occupe de ce qui le regarde. »

d — « Mon cher Critias, lui dis-je, dès le début de ton discours, je crois avoir saisi ta pensée ; j'ai compris que tu appelais *bonnes* les choses qui nous étaient propres et personnelles, et que tu donnais le nom d'*action* à la *création* des choses bonnes : car j'ai cent fois entendu Prodicos discuter sur la signification des mots. Quoi qu'il en soit, j'admets que tu donnes aux mots le sens que tu voudras ; montre-moi seulement à quoi tu les appliques. Reprenons donc les choses de plus haut et définis avec précision ce que nous voulons
e dire : l'action ou la fabrication (peu importe le mot) qui produit des choses bonnes, tu l'appelles sagesse ? » — « Oui. — « Celui qui agit mal, par conséquent, n'est pas sage, mais seulement celui qui agit bien. » — « Eh quoi ! très cher, serais-tu d'un autre avis ? » — « Laissons cela, repris-je ; il ne s'agit pas de ce que je pense, mais de ce que tu dis. » — « Je dis donc, reprit-il, que celui dont les œuvres sont mauvaises, et non bonnes, n'est pas sage, et que le sage est celui dont les œuvres sont bonnes, et non mauvaises ; je définis la sagesse l'action qui produit le bien : est-ce clair ? »

— « Tu as peut-être raison ; mais ce qui m'étonne, c'est que
164 a tu parais croire que les sages ignorent qu'ils soient sages. » — « Je ne le crois pas du tout. » — « Ne me disais-tu pas tout à l'heure

1. L'art de distinguer les diverses nuances des mots synonymes était une des inventions qui avaient fait la célébrité de Prodicos. Cf. *Hippias majeur*, 282 c.

Οἴει οὖν αὐτόν, εἰ τὰ τοιαῦτα ἔργα ἐκάλει καὶ ἐργάζεσθαι
καὶ πράττειν, οἷα νυνδὴ σὺ ἔλεγες, οὐδενὶ ἂν ὄνειδος φάναι
εἶναι σκυτοτομοῦντι ἢ ταριχοπωλοῦντι ἢ ἐπ᾽ οἰκήματος
καθημένῳ; Οὐκ οἴεσθαί γε χρή, ὦ Σώκρατες, ἀλλὰ καὶ
ἐκεῖνος οἶμαι ποίησιν πράξεως καὶ ἐργασίας ἄλλο ἐνόμιζεν,
καὶ ποίημα μὲν γίγνεσθαι ὄνειδος ἐνίοτε, ὅταν μὴ μετὰ τοῦ c
καλοῦ γίγνηται, ἔργον δὲ οὐδέποτε οὐδὲν ὄνειδος· τὰ γὰρ
καλῶς τε καὶ ὠφελίμως ποιούμενα ἔργα ἐκάλει, καὶ
ἐργασίας τε καὶ πράξεις τὰς τοιαύτας ποιήσεις. Φάναι δέ
γε χρὴ καὶ οἰκεῖα μόνα τὰ τοιαῦτα ἡγεῖσθαι αὐτόν, τὰ δὲ
βλαβερὰ πάντα ἀλλότρια· ὥστε καὶ Ἡσίοδον χρὴ οἴεσθαι
καὶ ἄλλον, ὅστις φρόνιμος, τὸν τὰ αὑτοῦ πράττοντα τοῦτον
σώφρονα καλεῖν.

— Ὦ Κριτία, ἦν δ᾽ ἐγώ, καὶ εὐθὺς ἀρχομένου σου σχεδὸν d
ἐμάνθανον τὸν λόγον, ὅτι τὰ οἰκεῖά τε καὶ τὰ αὑτοῦ ἀγαθὰ
καλοίης, καὶ τὰς τῶν ἀγαθῶν ποιήσεις πράξεις· καὶ γὰρ
Προδίκου μυρία τινὰ ἀκήκοα περὶ ὀνομάτων διαιροῦντος.
Ἀλλ᾽ ἐγώ σοι τίθεσθαι μὲν τῶν ὀνομάτων δίδωμι ὅπῃ ἂν
βούλῃ ἕκαστον· δήλου δὲ μόνον ἐφ᾽ ὅ τι ἂν φέρῃς τοὔνομα
ὅ τι ἂν λέγῃς. Νῦν οὖν πάλιν ἐξ ἀρχῆς σαφέστερον ὅρισαι·
ἆρα τὴν τῶν ἀγαθῶν πρᾶξιν ἢ ποίησιν ἢ ὅπως σὺ βούλει e
ὀνομάζειν, ταύτην λέγεις σὺ σωφροσύνην εἶναι; — Ἔγωγε,
ἔφη. — Οὐκ ἄρα σωφρονεῖ ὁ τὰ κακὰ πράττων, ἀλλ᾽ ὁ
τἀγαθά; — Σοὶ δέ, ἦ δ᾽ ὅς, ὦ βέλτιστε, οὐχ οὕτω δοκεῖ;
— Ἔα, ἦν δ᾽ ἐγώ· μὴ γάρ πω τὸ ἐμοὶ δοκοῦν σκοπῶμεν,
ἀλλ᾽ ὃ σὺ λέγεις νῦν. — Ἀλλὰ μέντοι ἔγωγε, ἔφη, τὸν μὴ
ἀγαθά, ἀλλὰ κακὰ ποιοῦντα οὔ φημι σωφρονεῖν, τὸν δὲ
ἀγαθά, ἀλλὰ μὴ κακά, σωφρονεῖν· τὴν γὰρ τῶν ἀγαθῶν
πρᾶξιν σωφροσύνην εἶναι σαφῶς σοι διορίζομαι.

— Καὶ οὐδέν γέ σε ἴσως κωλύει ἀληθῆ λέγειν· τόδε γε μέν- 164 a
τοι, ἦν δ᾽ ἐγώ, θαυμάζω, εἰ σωφρονοῦντας ἀνθρώπους ἡγεῖ

b 6 ἔλεγες TW : λέγεις B || **d** 5 ἂν βούλῃ W : ἂν θέλῃ B βούλει T || **e** 8 τῶν ἀγαθῶν TW : τῶν B || **164 a** 1 γέ σε TW : γε T.

que les artisans, en s'occupant des affaires des autres, pouvaient être sages ? » — « Sans doute ; quelle conclusion tires-tu de là ? » — « Aucune ; mais dis-moi : le médecin, quand il guérit son malade, fait-il, selon toi, chose utile à lui-même en même temps qu'à son malade ? » — « Certainement. » — « Celui qui agit ainsi ne fait-il pas son devoir ? »
b — « Oui. » — « L'homme qui fait son devoir n'est-il pas sage ? » — « C'est évident. » — « Or le médecin sait-il nécessairement quand son remède est utile et quand il ne l'est pas ? Et de même chaque artisan, s'il doit tirer profit de son travail, ou non ? » — « Peut-être l'ignore-t-il. » — « Ainsi, repris-je, le médecin, que son remède réussisse ou
c non, peut avoir agi parfois sans savoir ce qu'il faisait ? Cependant, s'il réussit, tu l'appelles sage. N'est-ce point ce que tu disais ? » — « Oui. » — « Par conséquent, si je ne me trompe, quand il guérit son malade, il agit sagement et il est sage, mais sans savoir qu'il l'est ? »

Nouvelle définition proposée par Critias : se connaître soi-même.

— « C'est impossible, Socrate, et si tu penses qu'on puisse tirer une pareille conclusion de mes déclarations antérieures, je suis prêt à les retirer ; je rou-
d girais moins d'avouer mon erreur que d'accorder qu'on puisse être sage sans le savoir : car, pour mon compte, je définirais volontiers la sagesse *la connaissance de soi-même,* d'accord avec l'auteur de l'inscription de Delphes[1]. Cette inscription, en effet, me semble être la parole de bienvenue que le dieu adresse aux arrivants, à la place du salut ordinaire « réjouis-toi », trou-
e vant sans doute cette dernière formule déplacée et jugeant que nous devons nous inviter les uns les autres non à nous réjouir, mais à être sages. De cette façon, le dieu adresse aux arrivants un salut bien supérieur à celui des hommes, et c'est

1. La célèbre inscription de Delphes, qui a prêté à tant de commentaires, paraît bien avoir eu un sens plus religieux que psychologique et signifiait probablement : « Connais ta condition mortelle » ; en d'autres termes : « Souviens-toi de ta faiblesse et redoute la *démesure* (ὕβρις). » L'homme, en effet, qui oublie sa condition pèche contre la loi divine et encourt par cela même la colère des dieux : il s'expose à la Némésis.

σὺ ἀγνοεῖν ὅτι σωφρονοῦσιν. — Ἀλλ᾽ οὐχ ἡγοῦμαι, ἔφη. —
Οὐκ ὀλίγον πρότερον, ἔφην ἐγώ, ἐλέγετο ὑπὸ σοῦ, ὅτι τοὺς
δημιουργοὺς οὐδὲν κωλύει καὶ αὖ τὰ τῶν ἄλλων ποιοῦντας
σωφρονεῖν ; — Ἐλέγετο γάρ, ἔφη· ἀλλὰ τί τοῦτο ; — Οὐδέν·
ἀλλὰ λέγε εἰ δοκεῖ τίς σοι ἰατρός, ὑγιᾶ τινὰ ποιῶν, ὠφέλιμα
καὶ ἑαυτῷ ποιεῖν καὶ ἐκείνῳ ὃν ἰῷτο ; — Ἔμοιγε. — b
Οὐκοῦν τὰ δέοντα πράττει ὅ γε ταῦτα πράττων ; — Ναί.
— Ὁ τὰ δέοντα πράττων οὐ σωφρονεῖ ; — Σωφρονεῖ μὲν
οὖν. — Ἦ οὖν καὶ γιγνώσκειν ἀνάγκη τῷ ἰατρῷ, ὅταν τε
ὠφελίμως ἰᾶται καὶ ὅταν μή ; Καὶ ἑκάστῳ τινὶ τῶν δημιουρ-
γῶν, ὅταν τε μέλλῃ ὀνήσεσθαι ἀπὸ τοῦ ἔργου οὗ ἂν πράττῃ,
καὶ ὅταν μή ; — Ἴσως οὔ. — Ἐνίοτε ἄρα, ἦν δ᾽ ἐγώ, ὠφε-
λίμως πράξας ἢ βλαβερῶς ὁ ἰατρὸς οὐ γιγνώσκει ἑαυτὸν ὡς c
ἔπραξεν· καίτοι ὠφελίμως πράξας, ὡς ὁ σὸς λόγος, σω-
φρόνως ἔπραξεν· ἢ οὐχ οὕτως ἔλεγες ; — Ἔγωγε. — Οὐκοῦν,
ὡς ἔοικεν, ἐνίοτε ὠφελίμως πράξας πράττει μὲν σωφρόνως
καὶ σωφρονεῖ, ἀγνοεῖ δ᾽ ἑαυτὸν ὅτι σωφρονεῖ ;

— Ἀλλὰ τοῦτο μέν, ἔφη, ὦ Σώκρατες, οὐκ ἄν ποτε γένοιτο,
ἀλλ᾽ εἴ τι σὺ οἴει ἐκ τῶν ἔμπροσθεν ὑπ᾽ ἐμοῦ ὡμολογημένων
εἰς τοῦτο ἀναγκαῖον εἶναι συμβαίνειν, ἐκείνων ἄν τι ἔγωγε
μᾶλλον ἀναθείμην, καὶ οὐκ ἂν αἰσχυνθείην τότε μὴ οὐχὶ d
ὀρθῶς φάναι εἰρηκέναι, μᾶλλον ἤ ποτε συγχωρήσαιμ᾽ ἂν
ἀγνοοῦντα αὐτὸν ἑαυτὸν ἄνθρωπον σωφρονεῖν. Σχεδὸν γάρ
τι ἔγωγε αὐτὸ τοῦτό φημι εἶναι σωφροσύνην, τὸ γιγνώσκειν
ἑαυτόν, καὶ ξυμφέρομαι τῷ ἐν Δελφοῖς ἀναθέντι τὸ τοιοῦτον
γράμμα. Καὶ γὰρ τοῦτο οὕτω μοι δοκεῖ τὸ γράμμα ἀνακεῖσθαι,
ὡς δὴ πρόσρησις οὖσα τοῦ θεοῦ τῶν εἰσιόντων ἀντὶ τοῦ
Χαῖρε, ὡς τούτου μὲν οὐκ ὀρθοῦ ὄντος τοῦ προσρήματος, e
τοῦ χαίρειν, οὐδὲ δεῖν τοῦτο παρακελεύεσθαι ἀλλήλοις,
ἀλλὰ σωφρονεῖν. Οὕτω μὲν δὴ ὁ θεὸς προσαγορεύει τοὺς
εἰσιόντας εἰς τὸ ἱερὸν διαφέρον τι ἢ οἱ ἄνθρωποι, ὡς δια-

b 5 ἑκάστῳ τινί Schanz : ἑκάστῳ τι B ἑκάστῳ TW || **b** 6 οὗ TW : τοῦ B || πράττῃ BW : πράξῃ T || **c** 7 σὺ W : σοὶ BT || **d** 1 τότε μὴ Schanz : ὅτι μὴ BT || **e** 2 τοῦ χαίρειν B² Stob. : τὸ χαίρειν BT.

ce qu'a compris l'auteur de la dédicace, si je ne me trompe : le dieu, en guise de salut, leur dit en réalité : Soyez sages. Mais il le dit, en sa qualité de devin, sous une forme énigmatique : « Sois sage » ou « Connais-toi toi-même », c'est
165 a au fond la même chose, ainsi qu'il résulte du texte et que je le soutiens ; mais on peut s'y tromper, et c'est ce qui est arrivé aux auteurs des inscriptions suivantes, « Rien de trop », et « Caution appelle malheur » : comme ils voyaient dans le « Connais-toi toi-même » un conseil et non un salut du dieu, ils ont voulu apporter à leur tour leur part de bons conseils et ils en ont fait des inscriptions dédicatoires. Tout ce discours, Socrate, aboutit à ceci : je retire tout ce que j'ai dit précé-
b demment. Peut-être avais-tu raison sur certains points, peut-être n'avais-je pas tort sur d'autres ; mais rien n'était tout à fait clair dans nos affirmations. Je suis prêt maintenant à discuter si tu contestes que la sagesse consiste à se connaître soi-même. »

Discussion de la nouvelle définition de Critias : intermède sur la méthode.

— « Mon cher Critias, ton attitude envers moi semble m'attribuer la prétention de connaître les choses sur lesquelles je pose des questions, et tu parais croire qu'il dépend de moi de t'accorder ce que tu demandes ; il n'en est rien ; j'examine avec toi chaque problème à mesure qu'il se présente parce que je n'en possède pas la solution ; après exa-
c men, je te dirai volontiers si je suis, oui ou non, d'accord avec toi, mais attends que j'aie terminé mon enquête. » — « Fais-donc ton enquête, » dit-il.

— « C'est ce que je vais faire. Si la sagesse consiste à connaître une certaine chose, il est clair qu'elle est une science et qu'elle est la science d'une chose particulière. N'est-il pas vrai ? » — « Oui : la science de soi-même. » — « Et la médecine est la science de la santé ? » — « Oui. » — « Si tu me demandais maintenant, étant donné que la médecine est la science de la santé, à quoi elle sert et quel avantage elle nous procure, je te répondrais qu'elle nous est fort utile, puisque son œuvre propre est de
d nous donner la santé, chose fort précieuse. Admets-tu ce raisonnement ? » — « Je l'admets. » — « Si tu me demandais, à propos de l'architecture, quelle œuvre elle réalise en tant

νοούμενος ἀνέθηκεν ὁ ἀναθείς, ὥς μοι δοκεῖ· καὶ λέγει πρὸς
τὸν ἀεὶ εἰσιόντα οὐκ ἄλλο τι ἢ Σωφρόνει, φησίν. Αἰνιγματω-
δέστερον δὲ δή, ὡς μάντις, λέγει· τὸ γὰρ Γνῶθι σαυτόν καὶ
τὸ Σωφρόνει ἔστιν μὲν ταὐτόν, ὡς τὰ γράμματά φησιν καὶ 165 a
ἐγώ, τάχα δ' ἄν τις οἰηθείη ἄλλο εἶναι, ὃ δή μοι δοκοῦσιν
παθεῖν καὶ οἱ τὰ ὕστερον γράμματα ἀναθέντες, τό τε Μηδὲν
ἄγαν καὶ τὸ Ἐγγύη πάρα δ' ἄτη. Καὶ γὰρ οὗτοι ξυμβουλὴν
ᾠήθησαν εἶναι τὸ Γνῶθι σαυτόν, ἀλλ' οὐ τῶν εἰσιόντων
[ἕνεκεν] ὑπὸ τοῦ θεοῦ πρόσρησιν· εἶθ' ἵνα δὴ καὶ σφεῖς
μηδὲν ἧττον συμβουλὰς χρησίμους ἀναθεῖεν, ταῦτα
γράψαντες ἀνέθεσαν. Οὗ δὴ οὖν ἕνεκα λέγω, ὦ Σώκρατες,
ταῦτα πάντα, τόδ' ἐστίν· τὰ μὲν ἔμπροσθέν σοι πάντα
ἀφίημι· ἴσως μὲν γάρ τι σὺ ἔλεγες περὶ αὐτῶν ὀρθότερον, b
ἴσως δ' ἐγώ, σαφὲς δ' οὐδὲν πάνυ ἦν ὧν ἐλέγομεν· νῦν δ'
ἐθέλω τούτου σοι διδόναι λόγον, εἰ μὴ ὁμολογεῖς σωφροσύνην
εἶναι τὸ γιγνώσκειν αὐτὸν ἑαυτόν.

— Ἀλλ', ἦν δ' ἐγώ, ὦ Κριτία, σὺ μὲν ὡς φάσκοντος ἐμοῦ
εἰδέναι περὶ ὧν ἐρωτῶ, προσφέρει πρός με, καὶ ἐὰν δὴ
βούλωμαι, ὁμολογήσοντός σοι· τὸ δ' οὐχ οὕτως ἔχει, ἀλλὰ
ζητῶ γὰρ μετὰ σοῦ ἀεὶ τὸ προτιθέμενον διὰ τὸ μὴ αὐτὸς
εἰδέναι· σκεψάμενος οὖν ἐθέλω εἰπεῖν εἴτε ὁμολογῶ εἴτε c
μή· ἀλλ' ἐπίσχες ἕως ἂν σκέψωμαι. — Σκόπει δή, ἦ δ' ὅς.

— Καὶ γάρ, ἦν δ' ἐγώ, σκοπῶ. Εἰ γὰρ δὴ γιγνώσκειν γέ τί
ἐστιν ἡ σωφροσύνη, δῆλον ὅτι ἐπιστήμη τις ἂν εἴη καὶ
τινός· ἢ οὔ; — Ἔστιν, ἔφη, ἑαυτοῦ γε. — Οὐκοῦν καὶ
ἰατρική, ἔφην, ἐπιστήμη ἐστὶν τοῦ ὑγιεινοῦ; — Πάνυ γε.
— Εἰ τοίνυν με, ἔφην, ἔροιο σύ, ἰατρικὴ ὑγιεινοῦ ἐπιστήμη
οὖσα τί ἡμῖν χρησίμη ἐστὶν καὶ τί ἀπεργάζεται, εἴποιμ' ἂν
ὅτι οὐ σμικρὰν ὠφέλειαν· τὴν γὰρ ὑγίειαν καλὸν ἡμῖν ἔργον d
ἀπεργάζεται, εἰ ἀποδέχῃ τοῦτο. — Ἀποδέχομαι. — Καὶ εἰ
τοίνυν με ἔροιο τὴν οἰκοδομικήν, ἐπιστήμην οὖσαν τοῦ

165 a 6 ἕνεκεν secl. Cobet || σφεῖς T : αὐτοὶ σφεῖς W αὐτός φῇς B ||
b 1 αὐτῶν T : αὐτὸν B || b 7 ὁμολογήσοντός σοι Heusde : ὁμολογήσαντός
σου BT || c 3 γιγνώσκειν TB[2] : -σκει B || c 6 ἔφην W : ἔφη BT.

que science de la construction, je te répondrais : nos habitations. Et ainsi de suite pour les autres arts. Par conséquent, à propos de la sagesse aussi, puisque tu la définis « la science de soi-même », si je te demande : quelle est, Critias, l'œuvre
e belle et digne de son nom que réalise pour nous la sagesse ? tu dois pouvoir me répondre. Je t'écoute. »

— « Ta question, Socrate, est mal posée. La sagesse n'est pas une science pareille aux autres, pas plus que les autres ne se ressemblent entre elles. Ta question, au contraire, suppose que toutes les sciences sont pareilles. Mais où vois-tu que le calcul et la géométrie produisent des œuvres comparables aux maisons bâties par l'architecture, aux étoffes produites par le tissage, et aux produits d'une foule d'autres
166 a arts qu'on pourrait citer ? Peux-tu m'en montrer une seule qui présente ce caractère ? Je t'en défie. » — Je lui répondis : « Tu as raison ; mais je puis te montrer l'objet propre de ces sciences, toujours distinct de la science elle-même. Ainsi le calcul a pour objet le pair et l'impair, leur qualité numérique propre et leur rapport entre eux. N'est-ce pas vrai ? » — « Parfaitement, » dit-il. — « Et le pair et l'impair sont distincts du calcul lui-même ? » — « Sans doute. »
b — « A son tour la statique est la science du plus lourd et du plus léger, et le léger et le lourd sont distincts de la statique elle-même. En conviens-tu ? » — « J'en conviens. » — « Indique-moi donc quel est l'objet, différent de la sagesse elle-même, auquel se rapporte cette science qu'est la sagesse. »

— « C'est là le point, Socrate : ta question touche à la différence essentielle qui distingue la sagesse des autres sciences, tandis que tu t'obstines à chercher leur ressemblance[1]. La vérité,
c toute différente, est que les autres sciences ont un objet distinct d'elles-mêmes, au lieu que la sagesse, seule entre toutes, a pour objet propre à la fois les autres sciences et elle-même. Tu ne l'ignores pas, tant s'en faut ; mais tu fais ce dont tu

1. Socrate cherche toujours, quelle que soit la chose à définir, en quoi elle ressemble à d'autres analogues et en quoi elle s'en distingue. C'est là le principe même de la définition socratique, fondée sur la détermination du *genre prochain* et de la *différence propre*, comme disent les logiciens.

οἰκοδομικοῦ, τί φημι ἔργον ἀπεργάζεσθαι, εἴποιμ' ἂν ὅτι οἰκήσεις· ὡσαύτως δὲ καὶ τῶν ἄλλων τεχνῶν. Χρὴ οὖν καὶ σὲ ὑπὲρ τῆς σωφροσύνης, ἐπειδὴ φῄς αὐτὴν ἑαυτοῦ ἐπιστήμην εἶναι, ἔχειν εἰπεῖν ἐρωτηθέντα, ὦ Κριτία, σωφροσύνη, ἐπιστήμη οὖσα ἑαυτοῦ, τί καλὸν ἡμῖν ἔργον ἀπεργάζεται e
καὶ ἄξιον τοῦ ὀνόματος ; Ἴθι οὖν, εἰπέ.

— Ἀλλ', ὦ Σώκρατες, ἔφη, οὐκ ὀρθῶς ζητεῖς· οὐ γὰρ ὁμοία αὕτη πέφυκεν ταῖς ἄλλαις ἐπιστήμαις, οὐδέ γε αἱ ἄλλαι ἀλλήλαις· σὺ δ' ὡς ὁμοίων οὐσῶν ποιῇ τὴν ζήτησιν. Ἐπεὶ λέγε μοι, ἔφη, τῆς λογιστικῆς τέχνης ἢ τῆς γεωμετρικῆς τί ἐστιν τοιοῦτον ἔργον οἷον οἰκία οἰκοδομικῆς ἢ ἱμάτιον ὑφαντικῆς ἢ ἄλλα τοιαῦτ' ἔργα, ἃ πολλὰ ἄν τις ἔχοι πολλῶν τεχνῶν δεῖξαι; Ἔχεις οὖν μοι καὶ σὺ τούτων τοιοῦτόν 166 a
τι ἔργον δεῖξαι; Ἀλλ' οὐχ ἕξεις. — Καὶ ἐγὼ εἶπον ὅτι· Ἀληθῆ λέγεις· ἀλλὰ τόδε σοι ἔχω δεῖξαι, τίνος ἐστὶν ἐπιστήμη ἑκάστη τούτων τῶν ἐπιστημῶν, ὃ τυγχάνει ὂν ἄλλο αὐτῆς τῆς ἐπιστήμης. Οἷον ἡ λογιστική ἐστίν που τοῦ ἀρτίου καὶ τοῦ περιττοῦ, πλήθους ὅπως ἔχει πρὸς αὑτὰ καὶ πρὸς ἄλληλα· ἦ γάρ ; — Πάνυ γε, ἔφη. — Οὐκοῦν ἑτέρου ὄντος τοῦ περιττοῦ καὶ ἀρτίου αὐτῆς τῆς λογιστικῆς ;
— Πῶς δ' οὔ ; — Καὶ μὴν αὖ ἡ στατικὴ τοῦ βαρυτέρου τε b
καὶ κουφοτέρου σταθμοῦ ἐστιν· ἕτερον δέ ἐστιν τὸ βαρὺ καὶ τὸ κοῦφον τῆς στατικῆς αὐτῆς. Ξυγχωρεῖς ; — Ἔγωγε. — Λέγε δή, καὶ ἡ σωφροσύνη τίνος ἐστὶν ἐπιστήμη, ὃ τυγχάνει ἕτερον ὂν αὐτῆς τῆς σωφροσύνης ;

— Τοῦτό ἐστιν ἐκεῖνο, ἔφη, ὦ Σώκρατες· ἐπ' αὐτὸ ἥκεις ἐρευνῶν, ὅτῳ διαφέρει πασῶν τῶν ἐπιστημῶν ἡ σωφροσύνη· σὺ δὲ ὁμοιότητά τινα ζητεῖς αὐτῆς ταῖς ἄλλαις. Τὸ δ' οὐκ ἔστιν οὕτως, ἀλλ' αἱ μὲν ἄλλαι πᾶσαι ἄλλου εἰσὶν ἐπιστῆμαι, c
ἑαυτῶν δ' οὔ, ἡ δὲ μόνη τῶν τε ἄλλων ἐπιστημῶν ἐπιστήμη ἐστὶ καὶ αὐτὴ ἑαυτῆς. Καὶ ταῦτά σε πολλοῦ δεῖ λεληθέναι·

e 4 ὁμοία αὕτη T : ὁμοίως ταύτῃ B || **e** 7 τοιοῦτον T : τὸ τοιοῦτον B || **166 a** 1 τοιοῦτον TB² : τοιούτων B || **b** 2 ἐστιν· Heindorf : ἐστιν στατική· codd. || **b** 3 καὶ τὸ B : τε καὶ T || **b** 7 πασῶν T : πλείω BW.

te défendais tout à l'heure : tu cherches à me réfuter, sans souci du sujet même de la discussion. » — « Ton erreur est grande, repris-je, si tu crois qu'en essayant de te réfuter j'obéisse à un autre motif que celui qui me ferait examiner la
d valeur de mes propres idées, je veux dire la crainte de croire savoir ce que j'ignore en réalité. Je t'affirme qu'en ce moment même c'est ce que je fais et que si je discute ton raisonnement, c'est d'abord dans mon intérêt propre, et peut-être aussi dans l'intérêt de nos amis : car n'est-ce pas, à ton avis, un avantage pour tout le monde que nulle obscurité ne subsiste sur la vérité des choses ? » — « C'est tout à fait mon avis, Socrate. » — « Courage donc, mon très cher, et réponds à mes questions selon ce qui te semble vrai, sans te soucier
e de savoir si c'est Critias ou Socrate qui est convaincu d'erreur : attache-toi au seul raisonnement et vois comment il pourra bien sortir de l'épreuve. » — « Soit, dit-il, j'y consens ; ton idée me paraît raisonnable. » — « Eh bien, repris-je, dis-moi ce que tu penses de la sagesse. »

Reprise de la discussion sur la définition de Critias, modifiée et élargie.

— « Je dis donc, reprit-il, que, seule entre toutes les sciences, la sagesse a pour objet à la fois elle-même et toutes les autres sciences. » — « Ainsi, dis-je, étant la science de toutes les connaissances, elle est aussi la science de l'igno-
167 a rance ? » — « Assurément. » — « Le sage, par conséquent, seul entre tous, est capable de se connaître, de s'examiner lui-même de manière à se rendre compte de ce qu'il sait et de ce qu'il ignore ; et il est capable aussi d'examiner les autres sur ce qu'ils savent ou croient savoir, de manière à reconnaître ce qu'ils savent réellement et au contraire ce qu'ils ignorent en croyant le savoir ; et cela, le sage seul peut le faire. De sorte que la sagesse et la connaissance de soi-même consistent à savoir ce qu'on sait et ce qu'on ne sait pas. Est-ce bien là ta pensée ? » — « Oui, » dit-il. — « Revenons sur nos pas, lui dis-je : le troisième coup est le bon[1].
b Reprenons notre examen du début et voyons d'abord s'il est possible, oui ou non, de reconnaître qu'on a ou qu'on n'a

1. Littéralement : la troisième (coupe) au dieu sauveur. Locution proverbiale empruntée à une coutume des banquets.

ἀλλὰ γάρ, οἶμαι, ὃ ἄρτι οὐκ ἔφησθα ποιεῖν, τοῦτο ποιεῖς·
ἐμὲ γὰρ ἐπιχειρεῖς ἐλέγχειν, ἐάσας περὶ οὗ ὁ λόγος ἐστίν.
— Οἷον, ἦν δ᾽ ἐγώ, ποιεῖς ἡγούμενος, εἰ ὅ τι μάλιστα σὲ
ἐλέγχω, ἄλλου τινὸς ἕνεκα ἐλέγχειν ἢ οὗπερ ἕνεκα κἂν
ἐμαυτὸν διερευνῴμην τί λέγω, φοβούμενος μή ποτε λάθω d
οἰόμενος μέν τι εἰδέναι, εἰδὼς δὲ μή. Καὶ νῦν δὴ οὖν ἔγωγέ
φημι τοῦτο ποιεῖν, τὸν λόγον σκοπεῖν μάλιστα μὲν ἐμαυτοῦ
ἕνεκα, ἴσως δὲ δὴ καὶ τῶν ἄλλων ἐπιτηδείων· ἢ οὐ κοινὸν
οἴει ἀγαθὸν εἶναι σχεδόν τι πᾶσιν ἀνθρώποις, γίγνεσθαι
καταφανὲς ἕκαστον τῶν ὄντων ὅπῃ ἔχει; — Καὶ μάλα, ἦ
δ᾽ ὅς, ἔγωγε, ὦ Σώκρατες. — Θαρρῶν τοίνυν, ἦν δ᾽ ἐγώ,
ὦ μακάριε, ἀποκρινόμενος τὸ ἐρωτώμενον ὅπῃ σοι φαίνε-
ται, ἔα χαίρειν εἴτε Κριτίας ἐστὶν εἴτε Σωκράτης ὁ ἐλεγχό- e
μενος· ἀλλ᾽ αὐτῷ προσέχων τὸν νοῦν τῷ λόγῳ σκόπει, ὅπῃ
ποτὲ ἐκβήσεται ἐλεγχόμενος. — Ἀλλά, ἔφη, ποιήσω οὕτω·
δοκεῖς γάρ μοι μέτρια λέγειν. — Λέγε τοίνυν, ἦν δ᾽ ἐγώ,
περὶ τῆς σωφροσύνης πῶς λέγεις;

— Λέγω τοίνυν, ἦ δ᾽ ὅς, ὅτι μόνη τῶν ἄλλων ἐπιστημῶν
αὐτή τε αὑτῆς ἐστιν καὶ τῶν ἄλλων ἐπιστημῶν ἐπιστήμη.
— Οὐκοῦν, ἦν δ᾽ ἐγώ, καὶ ἀνεπιστημοσύνης ἐπιστήμη ἂν εἴη,
εἴπερ καὶ ἐπιστήμης; — Πάνυ γε, ἔφη. — Ὁ ἄρα σώφρων 167 a
μόνος αὐτός τε ἑαυτὸν γνώσεται καὶ οἷός τε ἔσται ἐξετάσαι
τί τε τυγχάνει εἰδὼς καὶ τί μή, καὶ τοὺς ἄλλους ὡσαύτως
δυνατὸς ἔσται ἐπισκοπεῖν τί τις οἶδεν καὶ οἴεται, εἴπερ
οἶδεν, καὶ τί αὖ οἴεται μὲν εἰδέναι, οἶδεν δ᾽ οὔ, τῶν δ᾽ ἄλλων
οὐδείς· καὶ ἔστιν δὴ τοῦτο τὸ σωφρονεῖν τε καὶ σωφροσύνη
καὶ τὸ ἑαυτὸν αὐτὸν γιγνώσκειν τὸ εἰδέναι ἅ τε οἶδεν καὶ
ἃ μὴ οἶδεν. Ἆρα ταῦτά ἐστιν ἃ λέγεις; — Ἔγωγ᾽, ἔφη.
— Πάλιν τοίνυν, ἦν δ᾽ ἐγώ, τὸ τρίτον τῷ σωτῆρι, ὥσπερ
ἐξ ἀρχῆς ἐπισκεψώμεθα, πρῶτον μὲν εἰ δυνατόν ἐστιν τοῦτ᾽ b
εἶναι ἢ οὔ, τὸ ἃ οἶδεν καὶ ἃ μὴ οἶδεν εἰδέναι ὅτι < οἶδε

e 2 σκόπει Heindorf : σκοπεῖν codd. || **e** 7 αὑτῆς T : αὐτῆς B || **167 a** 5 τί αὖ Bekker : τί αὐτὸς BT || τῶν δ᾽ T : τῶν B || **a** 7 αὐτὸν recc. : αὑτὸν BTW || **a** 7-8 καὶ ἃ W : καὶ ἅτε BT || **b** 1 ἐπισκεψώμεθα T : -σκοπώμεθα B.

pas une connaissance ; ensuite, à supposer que ce soit possible, quel avantage nous aurions à le savoir[1]. » — « Examinons, » dit-il.

Examen du premier point : une science de cette sorte est-elle possible ?

— « Je ne sais, Critias, si tu y verras plus clair que moi ; car, pour moi, je suis fort embarrassé. Veux-tu savoir pourquoi ? » — « Oui. » — « Si ta définition est juste, le tout revient à dire qu'il existe une certaine science n'ayant
c d'autre objet qu'elle-même et les autres sciences, et encore
l'ignorance par-dessus le marché ? » — « Certainement. » —
« Vois donc l'étrangeté de notre hypothèse : je crois qu'elle te
paraîtra dénuée de sens si tu l'appliques à d'autres sujets. » —
« Lesquels et comment cela ? » — « Voici. Essaie d'imaginer
une vue qui ne soit pas la vue des choses qu'aperçoivent les
autres vues, mais une vue d'elle-même et des autres vues, et
aussi des absences de vue : elle ne voit aucune couleur, bien
d qu'étant une vue, et ne perçoit qu'elle-même et les autres
vues : est-ce possible ? » — « Assurément non. » — « Ou une
audition qui n'entende aucun son, mais s'entende elle-même
ainsi que les autres auditions et les non-auditions ? » —
« Pas davantage. » — « En un mot, prends toutes les sensations et cherche s'il en est une qui se perçoive et perçoive les
autres sensations sans rien percevoir elle-même de ce que
celles-ci perçoivent. » — « Je ne le crois pas. »
e — « Et parmi les désirs, en est-il un qui, sans désirer
aucun plaisir, se désire lui-même et désire en même temps
les autres désirs ? » — « Non. » — « Ou une volonté qui,
ne voulant par elle-même aucun bien, se veuille elle-même
avec les autres volontés ? » — « Pas davantage. » — « Peux-tu
citer un amour qui n'aime aucune beauté, mais qui aime à
la fois lui-même et les autres amours ? » — « Non. » — « Ou
une crainte qui ne soit la crainte d'aucun danger, mais seulement d'elle-même et des autres craintes ? » — « Je n'en

1. L'utilité est toujours pour Socrate un critérium important de la vérité. Noter que ce point de vue était aussi le fond de la doctrine de Protagoras et qu'il répondait à une des tendances les plus essentielles de la pensée grecque en général. Même en morale, la considération de l'utilité domine : Socrate justifie la vertu par son utilité ; d'où la célèbre maxime : οὔτις ἑκὼν κακός.

καὶ ὅτι > οὐκ οἶδεν· ἔπειτα εἰ ὅ τι μάλιστα δυνατόν, τίς ἂν εἴη ἡμῖν ὠφελία εἰδόσιν αὐτό. — Ἀλλὰ χρή, ἔφη, σκοπεῖν.

— Ἴθι δή, ἔφην ἐγώ, ὦ Κριτία, σκέψαι, ἐάν τι περὶ αὐτῶν εὐπορώτερος φανῇς ἐμοῦ· ἐγὼ μὲν γὰρ ἀπορῶ· ᾗ δὲ ἀπορῶ, φράσω σοι; — Πάνυ γ', ἔφη. — Ἄλλο τι οὖν, ἦν δ' ἐγώ, πάντα ταῦτ' ἂν εἴη, εἰ ἔστιν ὅπερ σὺ νυνδὴ ἔλεγες, μία τις ἐπιστήμη, ἣ οὐκ ἄλλου τινός ἐστιν ἢ ἑαυτῆς τε καὶ τῶν ἄλλων ἐπιστημῶν ἐπιστήμη, καὶ δὴ c καὶ ἀνεπιστημοσύνης ἡ αὐτὴ αὕτη; — Πάνυ γε. — Ἰδὲ δὴ ὡς ἄτοπον ἐπιχειροῦμεν, ὦ ἑταῖρε, λέγειν· ἐν ἄλλοις γάρ που τὸ αὐτὸ τοῦτο ἐὰν σκοπῇς, δόξει σοι, ὡς ἐγῷμαι, ἀδύνατον εἶναι. — Πῶς δὴ καὶ ποῦ; — Ἐν τοῖσδε. Ἐννόει γὰρ εἴ σοι δοκεῖ ὄψις τις εἶναι, ἣ ὧν μὲν αἱ ἄλλαι ὄψεις εἰσίν, οὐκ ἔστιν τούτων ὄψις, ἑαυτῆς δὲ καὶ τῶν ἄλλων ὄψεων ὄψις ἐστὶν καὶ μὴ ὄψεων ὡσαύτως, καὶ χρῶμα μὲν ὁρᾷ οὐδὲν ὄψις οὖσα, αὑτὴν δὲ καὶ τὰς ἄλλας ὄψεις· δοκεῖ d τίς σοι εἶναι τοιαύτη; — Μὰ Δί' οὐκ ἔμοιγε. — Τί δὲ ἀκοήν, ἣ φωνῆς μὲν οὐδεμιᾶς ἀκούει, αὑτῆς δὲ καὶ τῶν ἄλλων ἀκοῶν ἀκούει καὶ τῶν μὴ ἀκοῶν; — Οὐδὲ τοῦτο. — Συλλήβδην δὴ σκόπει περὶ πασῶν τῶν αἰσθήσεων εἴ τίς σοι δοκεῖ εἶναι αἰσθήσεων μὲν αἴσθησις καὶ αὑτῆς, ὧν δὲ δὴ αἱ ἄλλαι αἰσθήσεις αἰσθάνονται, μηδενὸς αἰσθανομένη; — Οὐκ ἔμοιγε.

— Ἀλλ' ἐπιθυμία δοκεῖ τίς σοι εἶναι, ἥτις ἡδονῆς μὲν e οὐδεμιᾶς ἐστιν ἐπιθυμία, αὑτῆς δὲ καὶ τῶν ἄλλων ἐπιθυμιῶν; — Οὐ δῆτα. — Οὐδὲ μὴν βούλησις, ὡς ἐγῷμαι, ἣ ἀγαθὸν μὲν οὐδὲν βούλεται, αὑτὴν δὲ καὶ τὰς ἄλλας βουλήσεις βούλεται. — Οὐ γὰρ οὖν. — Ἔρωτα δὲ φαίης ἄν τινα εἶναι τοιοῦτον, ὃς τυγχάνει ὢν ἔρως καλοῦ μὲν οὐδενός, αὑτοῦ δὲ καὶ τῶν ἄλλων ἐρώτων; — Οὔκ, ἔφη, ἔγωγε. — Φόβον δὲ ἤδη τινὰ κατανενόηκας, ὃς ἑαυτὸν μὲν καὶ τοὺς ἄλλους

b 2-3 οἶδε καὶ ὅτι add. recc. || b 8 εἰ ἔστιν ὅπερ σὺ t : εἰ ἔστιν ὅπερ T εἴη ἔστιν ὃ σὺ B || d 1 οὐδὲν T : οὐδὲ B || e 3 ἀγαθὸν TW : ἀγαθῶν B || e 7 ἔφη recc. : ἔφην BT.

168 a imagine aucune de cette sorte. » — « Ou une opinion qui ne vise qu'elle-même et les autres opinions, sans se rapporter à rien de ce que visent celles-ci ? » — « Non. »

— « Et quand il s'agit du savoir, nous imaginons, semble-t-il, une science qui, sans objet particulier, n'en a d'autre qu'elle-même et que les autres sciences. » — « C'est en effet notre proposition. » — « N'est-ce point bizarre, s'il est vrai qu'elle existe ? N'affirmons pas encore qu'elle n'existe pas,
b mais cherchons si elle existe. » — « Tu as raison. »

— « Voyons : nous disons donc que cette science a un certain objet et qu'elle possède une vertu propre qui lui permet d'atteindre son objet : est-ce exact ? » — « Parfaitement. » — « Ainsi nous affirmons que ce qui est plus grand possède la vertu d'être plus grand qu'autre chose » — « Oui. » — « Plus grand qu'une chose plus petite, étant lui-même plus grand ? » — « Évidemment. » — « Si donc nous trouvions
c une grandeur plus grande que les autres grandeurs plus grandes et qu'elle-même, mais non pas plus grande qu'aucune des grandeurs moindres, il arriverait nécessairement que cette grandeur plus grande, étant plus grande qu'elle-même, serait en même temps plus petite ? » — « La conséquence, Socrate, est en effet rigoureuse. » — « De même encore, une chose qui serait double des autres doubles et d'elle-même serait le double de cette moitié qui la constituerait elle-même ainsi que des autres choses dont elle serait le double : car une chose ne peut être double que d'une moitié. » — « C'est vrai[1]. »

— « Elle sera donc à la fois plus grande et plus petite qu'elle-même ; le plus-lourd que soi-même sera plus-léger, le plus-vieux sera plus-jeune, et ainsi de suite ; quelle que soit
d la vertu intrinsèque d'une chose, son essence n'est-elle pas déterminée par l'effet que cette vertu est apte à réaliser ? Je prends un exemple. L'ouïe est-elle l'audition des sons ? » — « Assurément. » — « Si donc l'ouïe s'entend elle-même, elle ne s'entend que si elle est douée d'un son ; autrement, elle ne pourrait s'entendre. » — « Sans doute. » — « Et la vue, mon très cher, si elle se voit elle-même, doit donc avoir une

1. On voit ici apparaître la contradiction intime qui est pour Socrate le plus sûr indice de l'erreur, tandis que la vérité d'une proposition se reconnaît à l'accord de tous les termes entre eux. La dialectique a pour objet d'éviter cette contradiction en s'avançant pas

φόβους φοβεῖται, τῶν δεινῶν δ' οὐδὲ ἓν φοβεῖται ; — Οὐ 168 a
κατανενόηκα, ἔφη. — Δόξαν δὲ δοξῶν δόξαν καὶ αὑτῆς, ὧν
δὲ αἱ ἄλλαι δοξάζουσιν μηδὲν δοξάζουσαν ; — Οὐδαμῶς.

— Ἀλλ' ἐπιστήμην, ὡς ἔοικεν, φαμέν τινα εἶναι τοιαύτην,
ἥτις μαθήματος μὲν οὐδενός ἐστιν ἐπιστήμη, αὑτῆς δὲ καὶ
τῶν ἄλλων ἐπιστημῶν ἐπιστήμη ; — Φαμὲν γάρ. — Οὐκοῦν
ἄτοπον, εἰ ἄρα καὶ ἔστιν ; μηδὲν γάρ πω διισχυριζώμεθα
ὡς οὐκ ἔστιν, ἀλλ' εἰ ἔστιν ἔτι σκοπῶμεν. — Ὀρθῶς λέγεις. b
— Φέρε δή· ἔστι μὲν αὕτη ἡ ἐπιστήμη τινὸς ἐπιστήμη, καὶ
ἔχει τινὰ τοιαύτην δύναμιν ὥστε τινὸς εἶναι· ἢ γάρ ; —
Πάνυ γε. — Καὶ γὰρ τὸ μεῖζόν φαμεν τοιαύτην τινὰ ἔχειν
δύναμιν, ὥστε τινὸς εἶναι μεῖζον ; — Ἔχει γάρ. — Οὐκοῦν
ἐλάττονός τινος, εἴπερ ἔσται μεῖζον. — Ἀνάγκη. — Εἰ
οὖν τι εὕροιμεν μεῖζον, ὃ τῶν μὲν μειζόνων ἐστὶν μεῖζον
καὶ ἑαυτοῦ, ὧν δὲ τἆλλα μείζω ἐστὶν μηδενὸς μεῖζον, πάν-
τως ἄν που ἐκεῖνό γ' αὐτῷ ὑπάρχοι, εἴπερ ἑαυτοῦ μεῖζον c
εἴη, καὶ ἔλαττον ἑαυτοῦ εἶναι· ἢ οὔ ; — Πολλὴ ἀνάγκη, ἔφη,
ὦ Σώκρατες. — Οὐκοῦν καὶ εἴ τι διπλάσιόν ἐστιν τῶν τε
ἄλλων διπλασίων καὶ ἑαυτοῦ, ἡμίσεος δήπου ὄντος ἑαυτοῦ
τε καὶ τῶν ἄλλων διπλάσιον ἂν εἴη· οὐ γάρ ἐστίν που ἄλλου
διπλάσιον ἢ ἡμίσεος. — Ἀληθῆ. — Πλέον δὲ αὑτοῦ ὂν οὐ
καὶ ἔλαττον ἔσται, καὶ βαρύτερον ὂν κουφότερον, καὶ πρεσ-
βύτερον ὂν νεώτερον, καὶ τἆλλα πάντα ὡσαύτως, ὅ τί περ
ἂν τὴν ἑαυτοῦ δύναμιν πρὸς ἑαυτὸ ἔχῃ, οὐ καὶ ἐκείνην d
ἕξει τὴν οὐσίαν, πρὸς ἣν ἡ δύναμις αὐτοῦ ἦν ; Λέγω δὲ τὸ
τοιόνδε· οἷον ἡ ἀκοή, φαμέν, οὐκ ἄλλου τινὸς ἦν ἀκοὴ ἢ φωνῆς·
ἢ γάρ ; — Ναί. — Οὐκοῦν εἴπερ αὐτὴ αὑτῆς ἀκούσεται,
φωνὴν ἐχούσης ἑαυτῆς ἀκούσεται· οὐ γὰρ ἂν ἄλλως ἀκού-
σειεν. — Πολλὴ ἀνάγκη. — Καὶ ἡ ὄψις γέ που, ὦ ἄριστε,
εἴπερ ὄψεται αὐτὴ ἑαυτήν, χρῶμά τι αὐτὴν ἀνάγκη

168 a 3 μηδὲν Bt : μηδὲ T || **b** 1 ὀρθῶς TW : εἰ ὀρθῶς B || **b** 8 μείζω T : μείζων B || **c** 1 πάντως ἂν Schanz : πάντως δὴ ἂν codd. || **c** 5 ἂν T : ὢν ἂν B || **c** 7 ἔσται B : ἐστι T || **d** 7 ἀνάγκη T : ἀνάγκην B.

couleur, car un objet sans couleur échappe à la vue. » — « C'est évident. »

e — « Ainsi, Critias, dans tous les exemples que nous avons passés en revue, il nous apparaît pour les uns comme insoutenable, pour les autres comme fort douteux, que la vertu propre de chaque chose puisse produire son effet sur elle-même. Pour les grandeurs, les nombres, et autres choses semblables, c'est manifestement impossible; n'est-ce pas vrai? » — « Tout à fait. » — « Pour ce qui est de l'audition, de la vue, et aussi d'un mouvement qui se remuerait lui-même, d'une chaleur qui se brûlerait, et autres hypothèses analogues, elles sembleront inacceptables à quelques-uns,
169 a sinon à tous; et il faudrait un bien grand homme pour distinguer avec précision, d'après tous les cas particuliers, si toutes les choses sans exception sont incapables d'exercer sur elles-mêmes l'action de leur vertu propre, ou si quelques-unes le peuvent, et les autres, non, et, au cas où il s'en trouverait, s'il faut y comprendre la science que nous déclarons être la sagesse. Pour moi, je ne me crois pas capable de faire toutes ces distinctions. C'est pourquoi je ne puis ni affirmer qu'il puisse exister une science de la science, ni, dans le cas où
b cette science existerait, soutenir qu'elle soit identique à la sagesse, avant d'avoir examiné si la sagesse, ainsi comprise, nous serait utile ou non. Car, que la sagesse nous soit utile et bonne, j'en ai le pressentiment prophétique. C'est donc à toi, fils de Callæschros, puisque tu soutiens que la sagesse est la science de la science et de l'ignorance, qu'il appartient de nous démontrer d'abord que la chose est possible, ensuite que cette possibilité s'accompagne d'utilité. Alors, sans doute, tu me convaincras de la justesse de tes idées sur la nature de la
c sagesse. »

A quoi peut servir la sagesse ainsi entendue?

Critias, en entendant mes paroles et en voyant mon embarras, me sembla ressentir un effet analogue à celui qu'on éprouve à voir bâiller quelqu'un : mon embarras parut malgré lui le gagner à son tour. Mais,

à pas d'une vérité bien établie à une autre (Xénophon, *Mémor.* IV, 6, 15).

ἔχειν· ἄχρων γὰρ ὄψις οὐδὲν μή ποτε ἴδῃ. — Οὐ γὰρ οὖν. e
— Ὁρᾷς οὖν, ὦ Κριτία, ὅτι ὅσα διεληλύθαμεν, τὰ μὲν αὐτῶν ἀδύνατα παντάπασι φαίνεται ἡμῖν, τὰ δ' ἀπιστεῖται σφόδρα μή ποτ' ἂν τὴν ἑαυτῶν δύναμιν πρὸς ἑαυτὰ σχεῖν ; Μεγέθη μὲν γὰρ καὶ πλήθη καὶ τὰ τοιαῦτα παντάπασιν ἀδύνατον· ἢ οὐχί ; — Πάνυ γε. — Ἀκοὴ δ' αὖ καὶ ὄψις καὶ ἔτι γε κίνησις αὐτὴ ἑαυτὴν κινεῖν, καὶ θερμότης κάειν, καὶ πάντα δὴ τὰ τοιαῦτα τοῖς μὲν ἀπιστίαν < ἂν > παράσχοι, ἴσως δέ τισιν οὔ. Μεγάλου δή τινος, ὦ φίλε, ἀνδρὸς δεῖ, ὅστις 169 a
τοῦτο κατὰ πάντων ἱκανῶς διαιρήσεται, πότερον οὐδὲν τῶν ὄντων τὴν αὑτοῦ δύναμιν αὐτὸ πρὸς ἑαυτὸ πέφυκεν ἔχειν [πλὴν ἐπιστήμης], ἀλλὰ πρὸς ἄλλο, ἢ τὰ μέν, τὰ δ' οὔ· καὶ εἰ ἔστιν αὖ ἅτινα αὐτὰ πρὸς αὐτὰ ἔχει, ἆρ' ἐν τούτοις ἐστὶν ἐπιστήμη, ἣν δὴ ἡμεῖς σωφροσύνην φαμὲν εἶναι. Ἐγὼ μὲν οὐ πιστεύω ἐμαυτῷ ἱκανὸς εἶναι ταῦτα διελέσθαι· διὸ καὶ οὔτ' εἰ δυνατόν ἐστι τοῦτο γενέσθαι, ἐπιστήμης ἐπιστήμην εἶναι, ἔχω διισχυρίσασθαι, οὔτ' εἰ ὅ τι μάλιστα ἔστι, σω- b
φροσύνην ἀποδέχομαι αὐτὸ εἶναι, πρὶν ἂν ἐπισκέψωμαι εἴτε τι ἂν ἡμᾶς ὠφελοῖ τοιοῦτον ὄν, εἴτε μή. Τὴν γὰρ οὖν δὴ σωφροσύνην ὠφέλιμόν τι καὶ ἀγαθὸν μαντεύομαι εἶναι· σὺ οὖν, ὦ παῖ Καλλαίσχρου — τίθεσαι γὰρ σωφροσύνην τοῦτ' εἶναι, ἐπιστήμην ἐπιστήμης καὶ δὴ καὶ ἀνεπιστημοσύνης — πρῶτον μὲν τοῦτο ἔνδειξαι, ὅτι δυνατὸν [ἀποδεῖξαί σε] ὃ νυνδὴ ἔλεγον, ἔπειτα πρὸς τῷ δυνατῷ ὅτι καὶ ὠφέλιμον· κἀμὲ τάχ' ἂν ἀποπληρώσαις ὡς ὀρθῶς λέγεις c
περὶ σωφροσύνης, ὃ ἔστιν.

— Καὶ ὁ Κριτίας ἀκούσας ταῦτα καὶ ἰδών με ἀποροῦντα, ὥσπερ οἱ τοὺς χασμωμένους καταντικρὺ ὁρῶντες ταὐτὸν τοῦτο ξυμπάσχουσιν, κἀκεῖνος ἔδοξέ μοι ὑπ' ἐμοῦ ἀποροῦντος ἀναγκασθῆναι καὶ αὐτὸς ἁλῶναι ὑπὸ ἀπορίας.

e 1 οὐδὲν Stallbaum : οὐδὲν ἂν codd. || e 6 γε t : τε BT || e 8 δὴ Schanz : αὖ codd. || ἂν add. Heindorf || 169 a 4 πλὴν ἐπιστήμης secl. Schleiermacher || b 7 ἀποδεῖξαί σε secl. Heindorf || c 6 ἀναγκασθῆναι secludebat Badham.

désireux de soutenir sa réputation, il ne voulait pas rougir devant l'assistance et s'avouer incapable de résoudre la difficulté que je lui proposais. Il parla donc sans rien dire de
d clair, mais pour dissimuler son embarras. Alors, pour faire avancer la discussion, je lui dis : — « Si tu le veux bien, Critias, nous admettrons pour le moment qu'il puisse exister une science de la science : c'est une question à laquelle nous pourrons revenir plus tard ; mais, ce point supposé établi, explique-moi, je te prie, en quoi cela permet de mieux savoir ce qu'on sait et ce qu'on ne sait pas. N'est-ce pas en cela, en effet, que nous avons fait consister la connaissance de soi-même et la sagesse ? » — « Sans doute, et les deux choses
e vont ensemble, Socrate. Car si l'on possède la science qui se connaît elle-même, on a la même qualité que la chose qu'on possède. C'est ainsi qu'avec la vitesse on est rapide, beau avec la beauté, savant avec la science : lorsqu'un homme a cette science qui se connaît elle-même, il se connaît donc aussi. »

— « Je ne conteste pas, repris-je, qu'un homme se connaisse quand il possède ce qui se connaît soi-même ; mais je me demande en quoi la possession de cette science lui fait connaître quelles choses il sait et quelles choses il ignore. » — « Par la raison, Socrate, que les deux sciences n'en font
170 a qu'une. » — « Peut-être bien, dis-je ; mais j'ai peur d'être toujours le même : car je ne comprends pas comment c'est une seule et même chose. » — « Que veux-tu dire ? » reprit-il. — « Voici : la science, en tant que science d'elle-même, permet-elle d'aller au delà de cette simple distinction : ceci est science, ceci est ignorance ? » — « Non ; c'est là sa limite. » — « Mais la science ou l'ignorance de la santé, la science ou l'ignorance du juste, est-ce encore la même chose ? » — « Nullement. » — « De fait, j'imagine, la science ici, c'est la
b science médicale ou la science politique ; là au contraire, c'est la science tout court. » — « Évidemment. » — « Celui donc qui n'ajouterait pas à cette science-là la connaissance de ce qu'est le sain ou de ce qu'est le juste, et se bornerait à connaître la science (vu que c'est de cela seulement[1] qu'il a science), celui-là pourra sans doute raisonnablenent connaître, pour lui-même comme pour les autres, qu'il sait quelque

1. A savoir, de la science.

Ἅτε οὖν εὐδοκιμῶν ἑκάστοτε, ᾐσχύνετο τοὺς παρόντας, καὶ οὔτε ξυγχωρῆσαί μοι ἤθελεν ἀδύνατος εἶναι διελέσθαι ἃ προὐκαλούμην αὐτόν, ἔλεγέν τε οὐδὲν σαφές, ἐπικαλύπτων d
τὴν ἀπορίαν. Κἀγὼ ἡμῖν ἵνα ὁ λόγος προΐοι, εἶπον· Ἀλλ᾽ εἰ δοκεῖ, ὦ Κριτία, νῦν μὲν τοῦτο ξυγχωρήσωμεν, δυνατὸν εἶναι γενέσθαι ἐπιστήμην ἐπιστήμης· αὖθις δὲ ἐπισκεψόμεθα εἴτε οὕτως ἔχει εἴτε μή. Ἴθι δὴ οὖν, εἰ ὅ τι μάλιστα δυνατὸν τοῦτο, τί μᾶλλον οἷόν τέ ἐστιν εἰδέναι ἅ τέ τις οἶδε καὶ ἃ μή; Τοῦτο γὰρ δήπου ἔφαμεν εἶναι τὸ γιγνώσκειν αὐτὸν καὶ σωφρονεῖν· ἦ γάρ; — Πάνυ γε, ἦ δ᾽ ὅς, καὶ ξυμβαίνει γέ που, ὦ Σώκρατες· εἰ γάρ τις ἔχει ἐπιστήμην
ἣ αὐτὴ αὑτὴν γιγνώσκει, τοιοῦτος ἂν αὐτὸς εἴη οἷόνπερ e
ἐστὶν ὃ ἔχει. Ὥσπερ ὅταν τάχος τις ἔχῃ, ταχύς, καὶ ὅταν κάλλος, καλός, καὶ ὅταν γνῶσιν, γιγνώσκων· ὅταν δὲ δὴ γνῶσιν αὐτὴν αὑτῆς τις ἔχῃ, γιγνώσκων που αὐτὸς ἑαυτὸν τότε ἔσται.

— Οὐ τοῦτο, ἦν δ᾽ ἐγώ, ἀμφισβητῶ, ὡς οὐχ ὅταν τὸ αὑτὸ γιγνῶσκόν τις ἔχῃ, αὐτὸς αὑτὸν γνώσεται, ἀλλ᾽ ἔχοντι τοῦτο τίς ἀνάγκη εἰδέναι ἅ τε οἶδεν καὶ ἃ μὴ οἶδεν; —
Ὅτι, ὦ Σώκρατες, ταὐτόν ἐστιν τοῦτο ἐκείνῳ. — Ἴσως, 170 a
ἔφην, ἀλλ᾽ ἐγὼ κινδυνεύω ἀεὶ ὅμοιος εἶναι· οὐ γὰρ αὖ μανθάνω ὡς ἔστιν τὸ αὐτὸ [ἃ οἶδεν εἰδέναι καὶ ἅ τις μὴ οἶδεν εἰδέναι]. — Πῶς λέγεις, ἔφη; — Ὧδε, ἦν δ᾽ ἐγώ· ἐπιστήμη που ἐπιστήμης οὖσα ἆρα πλέον τι οἵα τ᾽ ἔσται διαιρεῖν, ἢ ὅτι τούτων τόδε μὲν ἐπιστήμη, τόδε δ᾽ οὐκ ἐπιστήμη; — Οὔκ, ἀλλὰ τοσοῦτον. — Ταὐτὸν οὖν ἐστιν ἐπιστήμη τε καὶ
ἀνεπιστημοσύνη ὑγιεινοῦ, καὶ ἐπιστήμη τε καὶ ἀνεπιστη- b
μοσύνη δικαίου; — Οὐδαμῶς. — Ἀλλὰ τὸ μὲν οἶμαι ἰατρική, τὸ δὲ πολιτική, τὸ δὲ οὐδὲν ἄλλο ἢ ἐπιστήμη. — Πῶς γὰρ οὔ; — Οὐκοῦν ἐὰν μὴ προσεπίστηταί τις τὸ ὑγιεινὸν καὶ τὸ δίκαιον, ἀλλὰ ἐπιστήμην μόνον γιγνώσκῃ

e 8 καὶ ἃ rec. : καὶ ἅτε BTW || 170 a 1 τοῦτο Cornarius : τὸ αὐτὸ BT || a 3 ἃ οἶδεν... εἰδέναι secl. Hoenebeek Hissink || a 5 διαιρεῖν t : διευρεῖν BTW || b 5 γιγνώσκῃ recc. : γιγνώσκει codd.

chose et possède une certaine science : c'est bien ton avis ? » — « Assurément. »

— « Mais ce qu'il connaît par cette science, comment donc
c le saura-t-il ? En matière de santé, c'est par la médecine, non par la sagesse, qu'on s'instruit ; en matière d'harmonie, c'est par la musique, non par la sagesse ; en matière de construction, c'est par l'architecture, non par la sagesse ; et de même pour tout. N'est-ce pas la vérité ? » — « Je le crois. » — « Comment alors la sagesse seule, si elle n'est que la science des sciences, peut-elle faire connaître qu'on sait ce qui se rapporte aux bâtiments ou à la santé ? » — « C'est impossible en effet. » — « Celui donc qui ignore ces sciences particulières saura seulement qu'il sait, mais sans savoir quoi. » —
d « C'est vraisemblable. » — « La sagesse ne consiste donc pas à savoir quelle chose on sait et quelle chose on ignore, mais seulement, semble-t-il, à savoir qu'on sait ou qu'on ne sait pas. » — « Peut-être. » — « Quant à vérifier si tel qui prétend posséder un savoir particulier le possède réellement ou non, le sage en est incapable : il saura peut-être que cet homme possède un certain savoir, mais la sagesse ne lui enseignera rien sur la nature précise de ce savoir. » — « Cela paraît probable. »

e — « Si un homme se donne pour médecin sans l'être, et si un autre l'est réellement, le sage n'en peut faire la distinction, non plus que pour aucune science particulière. Voyons en effet : qu'un sage ou un homme quelconque veuille distinguer le véritable médecin du charlatan ; comment s'y prendra-t-il ? Il ne peut lui parler de la science médicale : le médecin, en effet, nous l'avons dit, ne connaît rien en dehors du sain et du malade, n'est-il pas vrai ? » — « Oui. » — « Mais le médecin ne sait rien de la science elle-même[1], puisque nous avons attribué celle-ci à la sagesse ? » — « D'accord. » — « Ainsi la médecine non plus n'est pas connue du médecin, puisque c'est une science. » — « Tu dis
171 a vrai. » — « Que le médecin ait une science, le sage pourra s'en rendre compte ; mais pour vérifier de quelle sorte elle

1. Le médecin, en d'autres termes, connaît la médecine pratiquement, mais ne sait pas, d'après ce raisonnement, en quoi la médecine est ou n'est pas une science. Socrate revient toujours à sa conception

ἅτε τούτου μόνον ἔχων ἐπιστήμην, ὅτι μέν τι ἐπίσταται καὶ
ὅτι ἐπιστήμην τινὰ ἔχει, εἰκότως ἂν γιγνώσκοι καὶ περὶ
αὑτοῦ καὶ περὶ τῶν ἄλλων· ἦ γάρ ; — Ναί.
— Ὅ τι δὲ γιγνώσκει ταύτῃ τῇ ἐπιστήμῃ πῶς εἴσεται ;
Γιγνώσκει γὰρ δὴ τὸ μὲν ὑγιεινὸν τῇ ἰατρικῇ, ἀλλ' οὐ σω- c
φροσύνῃ, τὸ δὲ ἁρμονικὸν μουσικῇ, ἀλλ' οὐ σωφροσύνῃ, τὸ
δ' οἰκοδομικὸν οἰκοδομικῇ, ἀλλ' οὐ σωφροσύνῃ, καὶ οὕτω
πάντα· ἢ οὔ ; — Φαίνεται. — Σωφροσύνη δέ, εἴπερ μόνον
ἐστὶν ἐπιστημῶν ἐπιστήμη, πῶς εἴσεται ὅτι τὸ ὑγιεινὸν
γιγνώσκει ἢ ὅτι τὸ οἰκοδομικόν ; — Οὐδαμῶς. — Οὐκ ἄρα
εἴσεται ὃ οἶδεν ὁ τοῦτο ἀγνοῶν, ἀλλ' ὅτι οἶδεν μόνον. —
Ἔοικεν. — Οὐκ ἄρα σωφρονεῖν τοῦτ' ἂν εἴη οὐδὲ σωφροσύνη, d
εἰδέναι ἅ τε οἶδεν καὶ ἃ μὴ οἶδεν, ἀλλ', ὡς ἔοικεν, ὅτι οἶδεν
καὶ ὅτι οὐκ οἶδεν μόνον. — Κινδυνεύει. — Οὐδὲ ἄλλον ἄρα
οἷός τε ἔσται οὗτος ἐξετάσαι φάσκοντά τι ἐπίστασθαι,
πότερον ἐπίσταται ὅ φησιν ἐπίστασθαι ἢ οὐκ ἐπίσταται·
ἀλλὰ τοσοῦτον μόνον, ὡς ἔοικεν, γνώσεται, ὅτι ἔχει τινὰ
ἐπιστήμην, ὅτου δέ γε, ἡ σωφροσύνη οὐ ποιήσει αὐτὸν
γιγνώσκειν. — Οὐ φαίνεται.
— Οὔτε ἄρα τὸν προσποιούμενον ἰατρὸν εἶναι, ὄντα δὲ e
μή, καὶ τὸν ὡς ἀληθῶς ὄντα οἷός τε ἔσται διακρίνειν, οὔτε
ἄλλον οὐδένα τῶν ἐπιστημόνων καὶ μή. Σκεψώμεθα δὲ ἐκ
τῶνδε· εἰ μέλλει ὁ σώφρων ἢ ὁστισοῦν ἄλλος τὸν ὡς ἀληθῶς
ἰατρὸν διαγνώσεσθαι καὶ τὸν μή, ἆρ' οὐχ ὧδε ποιήσει· περὶ
μὲν ἰατρικῆς δήπου αὐτῷ οὐ διαλέξεται· οὐδὲν γὰρ ἐπαΐει,
ὡς ἔφαμεν, ὁ ἰατρός, ἀλλ' ἢ τὸ ὑγιεινὸν καὶ τὸ νοσῶδες· ἢ
οὔ ; — Ναί, οὕτως. — Περὶ δέ γε ἐπιστήμης οὐδὲν οἶδεν,
ἀλλὰ τοῦτο δὴ τῇ σωφροσύνῃ μόνῃ ἀπέδομεν. — Ναί. —
Οὐδὲ περὶ ἰατρικῆς ἄρα οἶδεν ὁ ἰατρικός, ἐπειδήπερ ἡ
ἰατρικὴ ἐπιστήμη οὖσα τυγχάνει. — Ἀληθῆ. — Ὅτι μὲν δὴ 171 a
ἐπιστήμην τινὰ ἔχει γνώσεται ὁ σώφρων τὸν ἰατρόν· δέον δὲ

b 9 πῶς W : ὅπως BT || e 4 ἢ T : τι B || 171 a 2 δέον δὲ Goldbacher : δεῖ δὴ B δὲ δὴ T.

est, ne faut-il pas qu'il en examine aussi l'objet? N'est-il pas vrai qu'une science se définit non comme science en général, mais comme étant une certaine science, la science d'un certain objet? » — « C'est exact. » — « La médecine, en tant qu'elle diffère des autres sciences, se définit, avons-nous dit, par ceci qu'elle est la science du sain et du malade? » — « Oui. » — « Si donc on veut examiner la valeur de la médecine, c'est dans ce qui la constitue qu'il faut l'examiner; car
b ce n'est évidemment pas dans ce qui lui est étranger? » — « Sans aucun doute. » — « En d'autres termes, c'est sur le sain et le malade qu'on interrogera le médecin, en tant que médecin, si l'on veut que l'examen soit correct. » — « Naturellement. » — « Ce sont les paroles et les actes relatifs à cet objet qu'on examinera, pour voir si les paroles sont vraies et les actes exécutés à propos? » — « Sans doute. » — « Mais peut-on, sans posséder la médecine, faire cette enquête? » —
c « Non. » — « Ni personne autre qu'un médecin, ni le sage lui-même, à moins qu'il ne joigne la médecine à la sagesse? » — « Assurément. » — « Ainsi, de toute nécessité, si la sagesse n'est que la science de la science et de l'ignorance, elle est incapable de distinguer le médecin qui sait son métier de celui qui l'ignore, qu'il soit d'ailleurs un charlatan ou un homme qui se fait illusion. Et le sage ne sera pas moins désarmé à l'égard des autres sciences, à moins d'être lui-même du métier, comme tous les autres artisans. » — « C'est vraisemblable, » dit-il.

d — « Quelle est donc alors pour nous, ô Critias, l'utilité de la sagesse, si telle est sa nature? Si le sage avait, comme nous le supposions d'abord, la connaissance de ce qu'il sait et de ce qu'il ignore, en ce sens qu'il pût distinguer les choses qui lui sont connues de celles qui lui sont inconnues, et s'il avait le pouvoir de faire sur ceux qui seraient dans le même cas un travail de même sorte, ce serait pour nous un avantage immense d'être au nombre des sages : car nous vivrions exempts d'erreur, nous les sages, et tous ceux qui seraient soumis à notre direction. Nous-mêmes, en effet, au lieu d'en-
e treprendre des tâches dont nous serions incapables, nous les confierions aux hommes compétents, et nous ne permettrions

de l'idée générale, sans laquelle il n'est pas de définition proprement dite, parce que l'essence des choses échappe.

πεῖραν λαβεῖν ἥτις ἐστίν, ἄλλο τι σκέψεται ὧντινων; Ἢ
οὐ τούτῳ ὥρισται ἑκάστη ἐπιστήμη μὴ μόνον ἐπιστήμη
εἶναι, ἀλλὰ καὶ τίς, τῷ τινῶν εἶναι; — Τούτῳ μὲν οὖν. —
Καὶ ἡ ἰατρικὴ δὴ ἑτέρα εἶναι τῶν ἄλλων ἐπιστημῶν ὡρίσθη
τῷ τοῦ ὑγιεινοῦ εἶναι καὶ νοσώδους ἐπιστήμη. — Ναί. —
Οὐκοῦν ἐν τούτοις ἀναγκαῖον σκοπεῖν τὸν βουλόμενον ἰα-
τρικὴν σκοπεῖν, ἐν οἷς ποτ᾽ ἔστιν· οὐ γὰρ δήπου ἔν γε τοῖς b
ἔξω, ἐν οἷς οὐκ ἔστιν; — Οὐ δῆτα. — Ἐν τοῖς ὑγιεινοῖς
ἄρα καὶ νοσώδεσιν ἐπισκέψεται τὸν ἰατρόν, ᾗ ἰατρικός
ἐστιν, ὁ ὀρθῶς σκοπούμενος. — Ἔοικεν. — Οὐκοῦν ἐν τοῖς
οὕτως ἢ λεγομένοις ἢ πραττομένοις τὰ μὲν λεγόμενα, εἰ
ἀληθῆ λέγεται, σκοπούμενος, τὰ δὲ πραττόμενα, εἰ ὀρθῶς
πράττεται; — Ἀνάγκη. — Ἦ οὖν ἄνευ ἰατρικῆς δύναιτ᾽
ἄν τις τούτων ποτέροις ἐπακολουθῆσαι; — Οὐ δῆτα. — Οὔτε
γε ἄλλος οὐδείς, ὡς ἔοικεν, πλὴν ἰατρός, οὔτε δὴ ὁ σώφρων· c
ἰατρὸς γὰρ ἂν εἴη πρὸς τῇ σωφροσύνῃ. — Ἔστι ταῦτα.

— Παντὸς ἄρα μᾶλλον, εἰ ἡ σωφροσύνη ἐπιστήμης ἐπισ-
τήμη μόνον ἐστὶν καὶ ἀνεπιστημοσύνης, οὔτε ἰατρὸν διακρῖναι
οἵα τε ἔσται ἐπιστάμενον τὰ τῆς τέχνης ἢ μὴ ἐπιστάμενον,
προσποιούμενον δὲ ἢ οἰόμενον, οὔτε ἄλλον οὐδένα τῶν
ἐπισταμένων καὶ ὁτιοῦν, πλήν γε τὸν αὐτοῦ ὁμότεχνον,
ὥσπερ οἱ ἄλλοι δημιουργοί. — Φαίνεται, ἔφη.

— Τίς οὖν, ἦν δ᾽ ἐγώ, ὦ Κριτία, ὠφελία ἡμῖν ἔτι ἂν εἴη d
ἀπὸ τῆς σωφροσύνης τοιαύτης οὔσης; Εἰ μὲν γάρ, ὃ ἐξ
ἀρχῆς ὑπετιθέμεθα, ᾔδειν ὁ σώφρων ἅ τε ᾔδει καὶ ἃ μὴ
ᾔδει, τὰ μὲν ὅτι οἶδεν, τὰ δ᾽ ὅτι οὐκ οἶδεν, καὶ ἄλλον ταὐ-
τὸν τοῦτο πεπονθότα ἐπισκέψασθαι οἷός τ᾽ ἦν, μεγαλωστὶ
ἂν ἡμῖν, φαμέν, ὠφέλιμον ἦν σώφροσιν εἶναι· ἀναμάρτητοι
γὰρ ἂν τὸν βίον ἐζῶμεν αὐτοί τε οἱ τὴν σωφροσύνην ἔχον-
τες καὶ οἱ ἄλλοι πάντες ὅσοι ὑφ᾽ ἡμῶν ἤρχοντο. Οὔτε γὰρ
ἂν αὐτοὶ ἐπεχειροῦμεν πράττειν ἃ μὴ ἠπιστάμεθα, ἀλλ᾽ e

a 7 τῷ τοῦ B : τῷ τὸ T || b 7 ᾗ T : εἰ B || b 8 ποτέροις T : προτέροις B || οὔτε Naegelsbach : οὐδὲ codd. || c 8 ὥσπερ BW : ὥσπερ ἂν T || d 7 ἐζῶμεν BW : διεζῶμεν T || οἱ Heindorf : καὶ οἱ codd.

à nos subordonnés aucune entreprise en dehors de celles qu'ils pourraient mener à bien, c'est-à-dire celles dont ils posséderaient la science. Ainsi, sous l'empire de la sagesse, toute maison serait bien administrée, toute cité bien gouvernée, et il en serait de même partout où règnerait la sagesse. Car l'er-
172 a reur étant supprimée, la droite raison étant souveraine, toutes les actions d'hommes ainsi disposés réussiraient nécessairement, ce qui est la condition du bonheur. N'est-ce pas là, Critias, ce que nous voulions dire, quand nous disions, à propos de la sagesse, que c'est un grand bien de savoir ce qu'on sait et ce qu'on ignore? » — « Je suis tout à fait de ton avis. » — « Mais tu vois qu'en fait nous n'avons trouvé aucune science de cette sorte. » — « Je le vois, » dit-il.

La sagesse, science des sciences, peut-elle en rendre l'acquisition plus facile?

b — « Peut-être du moins cette sagesse que nous concevons comme science du savoir et de l'ignorance aurait-elle cet avantage de faciliter à qui la posséderait l'étude des choses qu'il voudrait apprendre et de lui rendre tout plus clair, grâce à cette vue sur la science qu'il ajouterait à ses autres études[1]. Peut-être en deviendrait-il plus apte aussi à vérifier le savoir des autres dans les choses de son métier, tandis que le manque de cette science affaiblit et compromet ce
c genre d'enquêtes? Ne serait-ce pas là, mon cher, le profit que nous retirons de la sagesse, et ne sommes-nous pas tentés de le voir trop en beau et de le grossir au-delà de ce qu'il est réellement? » — « C'est peut-être vrai, » dit-il.

« Peut-être ; mais peut-être aussi avons-nous perdu notre peine. Ce qui me le ferait croire, c'est que, si la sagesse est ce que nous avons dit, nous aboutissons à des conséquences bien étranges. Admettons qu'il puisse exister une science de la science, et ne refusons pas, mais accordons à la sagesse ce que nous lui avions reconnu d'abord, la capacité de savoir ce qu'elle sait et ce qu'elle ne sait pas. Tout cela étant accordé,

1. Cette idée d'une liaison entre l'étude des diverses sciences se retrouve dans le *Lachès*, 182 b-c. La question ainsi introduite n'est pas discutée, parce que Socrate va tout à l'heure poser une sorte de question préalable. Il est d'ailleurs probable que, si la discussion

ἐξευρίσκοντες τοὺς ἐπισταμένους ἐκείνοις ἂν παρεδίδομεν,
οὔτε τοῖς ἄλλοις ἐπετρέπομεν, ὧν ἤρχομεν, ἄλλο τι πράτ-
τειν ἢ ὅ τι πράττοντες ὀρθῶς ἔμελλον πράξειν· τοῦτο δ'
ἦν ἄν, οὗ ἐπιστήμην εἶχον· καὶ οὕτω δὴ ὑπὸ σωφροσύνης
οἰκία τε οἰκουμένη ἔμελλεν καλῶς οἰκεῖσθαι, πόλις τε πολι-
τευομένη, καὶ ἄλλο πᾶν οὗ σωφροσύνη ἄρχοι· ἁμαρτίας γὰρ
ἐξῃρημένης, ὀρθότητος δὲ ἡγουμένης, ἐν πάσῃ πράξει 172 a
ἀναγκαῖον καλῶς καὶ εὖ πράττειν τοὺς οὕτω διακειμένους,
τοὺς δὲ εὖ πράττοντας εὐδαίμονας εἶναι. Ἆρ' οὐχ οὕτως,
ἦν δ' ἐγώ, ὦ Κριτία, ἐλέγομεν περὶ σωφροσύνης, λέγοντες
ὅσον ἀγαθὸν εἴη τὸ εἰδέναι ἅ τε οἶδέν τις καὶ ἃ μὴ οἶδεν;
— Πάνυ μὲν οὖν, ἔφη, οὕτω. — Νῦν δέ, ἦν δ' ἐγώ, ὁρᾷς
ὅτι οὐδαμοῦ ἐπιστήμη οὐδεμία τοιαύτη οὖσα πέφανται. —
Ὁρῶ, ἔφη.

— Ἆρ' οὖν, ἦν δ' ἐγώ, τοῦτ' ἔχει τὸ ἀγαθὸν ἣν νῦν εὑρί- b
σκομεν σωφροσύνην οὖσαν, τὸ ἐπιστήμην ἐπίστασθαι καὶ
ἀνεπιστημοσύνην, ὅτι ὁ ταύτην ἔχων, ὅ τι ἂν ἄλλο μανθάνῃ,
ῥᾷόν τε μαθήσεται καὶ ἐναργέστερα πάντα αὐτῷ φανεῖται,
ἅτε πρὸς ἑκάστῳ ᾧ ἂν μανθάνῃ προσκαθορῶντι τὴν ἐπισ-
τήμην· καὶ τοὺς ἄλλους δὴ κάλλιον ἐξετάσει περὶ ὧν ἂν καὶ
αὐτὸς μάθῃ, οἱ δὲ ἄνευ τούτου ἐξετάζοντες ἀσθενέστερον
καὶ φαυλότερον τοῦτο δράσουσιν; Ἆρ', ὦ φίλε, τοιαῦτα
ἄττα ἐστὶν ἃ ἀπολαυσόμεθα τῆς σωφροσύνης, ἡμεῖς δὲ c
μεῖζόν τι βλέπομεν καὶ ζητοῦμεν αὐτὸ μεῖζόν τι εἶναι ἢ
ὅσον ἐστίν; — Τάχα δ' ἄν, ἔφη, οὕτως ἔχοι.

— Ἴσως, ἦν δ' ἐγώ· ἴσως δέ γε ἡμεῖς οὐδὲν χρηστὸν
ἐζητήσαμεν. Τεκμαίρομαι δέ, ὅτι μοι ἄτοπ' ἄττα καταφαί-
νεται περὶ σωφροσύνης, εἰ τοιοῦτόν ἐστιν. Ἴδωμεν γάρ, εἰ
βούλει, συγχωρήσαντες καὶ ἐπίστασθαι ἐπιστήμην δυνατὸν
εἶναι καὶ ὅ γε ἐξ ἀρχῆς ἐτιθέμεθα σωφροσύνην εἶναι, τὸ

e 3 οὔτε T : ὃ οὔτε B || **e** 7 πᾶν T : τι πᾶν B || **172 a** 1 ἐξῃρημένης TW : διῃρημένης B || **a** 2 ἀναγκαῖον TW : καλῶς πράττειν ἀναγκαῖον B || **c** 5 τεκμαίρομαι δέ T : τεκμαιρόμενοι B || **c** 8 εἶναι Heusde : εἶναι εἰδέναι codd.

d examinons de plus près si, dans ces conditions, elle peut nous être utile. Nous disions tout à l'heure qu'une telle sagesse serait un grand bien si elle dirigeait l'administration d'une maison ou d'une cité ; mais je ne crois plus, mon cher Critias, que nous eussions raison de le dire. » — « Comment cela ? » dit-il. — « C'est que nous avons trop facilement accordé qu'il y aurait grand avantage pour tout le monde à ce que chacun fît la tâche qu'il connaissait et laissât les autres aux hommes compétents. » — « Eh quoi ? dit-il ; nous aurions eu tort de
e penser ainsi ? » — « Je le crains. » — « Vraiment, mon cher Socrate, c'est ton langage qui est étrange ! » — « Par le chien[1] ! c'est bien aussi mon avis, et c'est en apercevant ces choses tout à l'heure que je te disais l'étrangeté de la vision qui m'apparaissait et ma crainte de nous être fourvoyés. Car, en vérité, si la sagesse est bien telle, je ne vois pas du tout quel avantage elle peut nous apporter. » — « Que veux-tu
173 a dire ? » reprit-il. « Parle, si tu veux que nous te comprenions. » — « Je crois que je divague : cependant l'idée qui m'apparaît doit être vérifiée et non rejetée sans examen, si nous avons quelque souci de nous-mêmes. » — « Tu as raison. »

Épilogue. Résumé de Socrate et conclusion.

— « Écoute-donc mon rêve, qu'il soit venu par la porte de corne ou par la porte d'ivoire[2]. Si la sagesse, telle que nous l'avons définie, venait à régner souverainement en toutes choses, quel en serait l'effet dans
b tous les arts ? Plus de soi-disant pilote qui pût nous tromper ; plus de médecin, plus de général, plus de savants en aucun genre dont la fausse science pût nous en imposer. De là, que résulterait-il pour nous, sinon de nous mieux

avait lieu, elle aboutirait à l'affirmative ; mais elle est sans grand intérêt pour Socrate qui ne considère comme vraiment utile que la science du bien.

1. Juron familier de Socrate.

2. La porte de corne donnait passage aux songes véridiques envoyés aux hommes par les dieux, la porte d'ivoire aux songes trompeurs (Homère, *Odyssée*, XIX, 564-567). C'est Pénélope qui donne à Ulysse, non encore reconnu d'elle, cette explication, à propos d'un songe encourageant qu'elle a eu, mais auquel elle n'ose se fier.

εἰδέναι ἅ τε οἶδεν καὶ ἃ μὴ οἶδεν, μὴ ἀποστερήσωμεν, ἀλλὰ d
δῶμεν· καὶ πάντα ταῦτα δόντες ἔτι βέλτιον σκεψώμεθα εἰ
ἄρα τι καὶ ἡμᾶς ὀνήσει τοιοῦτον ὄν. Ἃ γὰρ νυνδὴ ἐλέγομεν,
ὡς μέγα ἂν εἴη ἀγαθὸν ἡ σωφροσύνη, εἰ τοιοῦτον εἴη, ἡγου-
μένη διοικήσεως καὶ οἰκίας καὶ πόλεως, οὔ μοι δοκοῦμεν, ὦ
Κριτία, καλῶς ὡμολογηκέναι. — Πῶς δή; ἦ δ' ὅς. — Ὅτι,
ἦν δ' ἐγώ, ῥᾳδίως ὡμολογήσαμεν μέγα τι ἀγαθὸν εἶναι τοῖς
ἀνθρώποις, εἰ ἕκαστοι ἡμῶν, ἃ μὲν ἴσασιν, πράττοιεν ταῦτα,
ἃ δὲ μὴ ἐπίσταιντο, ἄλλοις παραδιδοῖεν τοῖς ἐπισταμένοις.
— Οὐκ οὖν, ἔφη, καλῶς ὡμολογήσαμεν; — Οὔ μοι δοκοῦμεν, e
ἦν δ' ἐγώ. — Ἄτοπα λέγεις ὡς ἀληθῶς, ἔφη, ὦ Σώκρατες.
— Νὴ τὸν κύνα, ἔφην, καὶ ἐμοί τοι δοκεῖ οὕτω, κἀνταῦθα
καὶ ἄρτι ἀποβλέψας ἄτοπ' ἄττ' ἔφην μοι προφαίνεσθαι, καὶ
ὅτι φοβοίμην μὴ οὐκ ὀρθῶς σκοποῖμεν. Ὡς ἀληθῶς γάρ, εἰ
ὅ τι μάλιστα τοιοῦτόν ἐστιν ἡ σωφροσύνη, οὐδέν μοι δῆλον
εἶναι δοκεῖ ὅ τι ἀγαθὸν ἡμᾶς ἀπεργάζεται. — Πῶς δή; ἦ 173 a
δ' ὅς· λέγε, ἵνα καὶ ἡμεῖς εἰδῶμεν ὅ τι λέγεις. — Οἶμαι
μέν, ἦν δ' ἐγώ, ληρεῖν με· ὅμως τό γε προφαινόμενον
ἀναγκαῖον σκοπεῖν καὶ μὴ εἰκῇ παριέναι, εἴ τίς γε αὑτοῦ
καὶ σμικρὸν κήδεται. — Καλῶς γάρ, ἔφη, λέγεις.

— Ἄκουε δή, ἔφην, τὸ ἐμὸν ὄναρ, εἴτε διὰ κεράτων εἴτε
δι' ἐλέφαντος ἐλήλυθεν. Εἰ γὰρ ὅ τι μάλιστα ἡμῶν ἄρχοι ἡ
σωφροσύνη, οὖσα οἵαν νῦν ὁριζόμεθα, ἄλλο τι κατὰ τὰς
ἐπιστήμας ἂν πράττοιτο, καὶ οὔτε τις κυβερνήτης φάσκων b
εἶναι, ὢν δὲ οὔ, ἐξαπατῷ ἂν ἡμᾶς, οὔτε ἰατρὸς οὔτε
στρατηγὸς οὔτ' ἄλλος οὐδείς, προσποιούμενός τι εἰδέναι ὃ
μὴ οἶδεν, λανθάνοι ἄν· ἐκ δὴ τούτων οὕτως ἐχόντων ἄλλο
ἂν ἡμῖν τι ξυμβαίνοι < ἢ > ὑγιέσιν τε τὰ σώματα εἶναι

d 1 ἀλλὰ δῶμεν T : ἀλλ' ἴδωμεν BW || d 3 ἄρα τι B²: ἄρτι BT || ὀνήσει T: ὀνήσειν B || e 3 δοκεῖ T: δοκεῖν B || οὕτω κἀνταῦθα Hermann: οὕτως εἰ ἐνταῦθα B οὕτως ἐνταῦθα T || e 4 ἄτοπ' ἄττ' Badham: ἄτοπά γ' BT || 173 a 4 παριέναι T : παρεῖναι B || b 1 ἂν BT : πάντα Stob. — an πᾶν ἂν ? || b 2 ἐξαπατῷ ἂν T : ἐξαπατᾶν B || b 5 ἢ add. Heindorf.

porter, de courir moins de risques sur mer et à la guerre, d'avoir des ustensiles, des chaussures, des vêtements, des objets de toute sorte habilement faits et tout en général bien
c exécuté, parce que nous n'aurions recours qu'à de vrais artisans? Accordons encore, si tu veux, que la divination est la science de l'avenir, et que si la sagesse venait à la gouverner, elle nous débarrasserait des faux devins, tandis qu'elle mettrait en honneur les véritables, prophètes autorisés des choses futures. Que le genre humain, dans ces conditions, vécût et se conduisît selon la science, je suis prêt à le reconnaître :
d car la sagesse nous garderait de laisser l'ignorance nous surprendre et collaborer avec nous. Mais que vivre selon la science dût être pour nous bien vivre et être heureux [1], c'est là, mon cher Critias, une chose qui n'est pas encore bien claire. »

— « Cependant, reprit-il, si tu refuses de voir dans la science la condition dernière [2] du bonheur, tu n'en trouveras pas facilement une autre. » — « Un mot encore d'explication,
e dis-je. De quelle science parles-tu? S'agit-il de tailler le cuir? » — « Non certes. » — « De travailler l'airain? » — « Pas davantage. » — « La laine ou le bois, peut-être, ou quelque autre matière analogue? » — « Nullement. » — « Alors, nous nous écartons de notre formule, *vivre selon la science, c'est être heureux*. Si tu refuses le bonheur à ces gens-là, bien qu'ils vivent selon la science, tu limites, ce me semble, la faculté de produire le bonheur à certaines sciences. Peut-être
174 a as-tu en vue celle que je rappelais tout à l'heure et qui prédit l'avenir? Veux-tu parler de la divination ou de quelque autre science? » — « De celle-là, et d'une autre encore. » — « Laquelle? Celle qui joindrait à l'avenir les choses passées et présentes, et à qui rien n'échapperait? Supposons qu'il existe un homme qui sache tout cela [3] : voilà, tu en conviendras sans

1. Les deux expressions, en grec, sont communément employées dans le même sens.

2. Le mot grec (τέλος) désigne proprement la « fin » d'une chose, et par suite la réalisation complète de cette chose ou ce qui en assure la réalisation. C'est ainsi que l'expression Ζεὺς τέλειος signifie : « Zeus qui amène toute chose à sa fin, à son achèvement parfait ».

3. Dans Homère, le devin Calchas sait non seulement l'avenir, mais aussi le passé et le présent.

μᾶλλον ἢ νῦν, καὶ ἐν τῇ θαλάττῃ κινδυνεύοντας καὶ ἐν
πολέμῳ σῴζεσθαι, καὶ τὰ σκεύη καὶ τὴν ἀμπεχόνην καὶ ὑπό-
δεσιν πᾶσαν καὶ τὰ χρήματα πάντα τεχνικῶς ἡμῖν εἰργασ- c
μένα εἶναι καὶ ἄλλα πολλὰ διὰ τὸ ἀληθινοῖς δημιουργοῖς
χρῆσθαι ; Εἰ δὲ βούλοιό γε, καὶ τὴν μαντικὴν εἶναι ξυγχω-
ρήσωμεν ἐπιστήμην τοῦ μέλλοντος ἔσεσθαι, καὶ τὴν σω-
φροσύνην, αὐτῆς ἐπιστατοῦσαν, τοὺς μὲν ἀλαζόνας ἀπο-
τρέπειν, τοὺς δὲ ὡς ἀληθῶς μάντεις καθιστάναι ἡμῖν
προφήτας τῶν μελλόντων. Κατεσκευασμένον δὴ οὕτω τὸ
ἀνθρώπινον γένος ὅτι μὲν ἐπιστημόνως ἂν πράττοι καὶ ζῴη,
ἕπομαι· ἡ γὰρ σωφροσύνη φυλάττουσα οὐκ ἂν ἐῴη παρεμ- d
πίπτουσαν τὴν ἀνεπιστημοσύνην ξυνεργὸν ἡμῖν εἶναι· ὅτι δ'
ἐπιστημόνως ἂν πράττοντες εὖ ἂν πράττοιμεν καὶ εὐδαιμο-
νοῖμεν, τοῦτο δὲ οὔπω δυνάμεθα μαθεῖν, ὦ φίλε Κριτία.
— Ἀλλὰ μέντοι, ἦ δ' ὅς, οὐ ῥᾳδίως εὑρήσεις ἄλλο τι τέλος
τοῦ εὖ πράττειν, ἐὰν τὸ ἐπιστημόνως ἀτιμάσῃς. — Σμι-
κρὸν τοίνυν με, ἦν δ' ἐγώ, ἔτι προσδίδαξον. Τίνος ἐπιστημό-
νως λέγεις ; Ἢ σκυτῶν τομῆς ; — Μὰ Δί' οὐκ ἔγωγε. — e
Ἀλλὰ χαλκοῦ ἐργασίας ; — Οὐδαμῶς. — Ἀλλὰ ἐρίων ἢ
ξύλων ἢ ἄλλου του τῶν τοιούτων ; — Οὐ δῆτα. — Οὐκ
ἄρα, ἦν δ' ἐγώ, ἔτι ἐμμένομεν τῷ λόγῳ τῷ εὐδαίμονα εἶναι
τὸν ἐπιστημόνως ζῶντα. Οὗτοι γὰρ ἐπιστημόνως ζῶντες
οὐχ ὁμολογοῦνται παρὰ σοῦ εὐδαίμονες εἶναι, ἀλλὰ περί
τινων ἐπιστημόνως ζῶντα σὺ δοκεῖς μοι ἀφορίζεσθαι τὸν
εὐδαίμονα. Καὶ ἴσως λέγεις ὃν νυνδὴ ἐγὼ ἔλεγον, τὸν εἰδότα
τὰ μέλλοντα ἔσεσθαι πάντα, τὸν μάντιν. Τοῦτον ἢ ἄλλον τινὰ 174 a
λέγεις ; — Καὶ τοῦτον ἔγωγε, ἔφη, καὶ ἄλλον. — Τίνα ; ἦν δ'
ἐγώ. Ἆρα μὴ τὸν τοιόνδε, εἴ τις πρὸς τοῖς μέλλουσιν καὶ τὰ
γεγονότα πάντα εἰδείη καὶ τὰ νῦν ὄντα, καὶ μηδὲν ἀγνοοῖ ;

c 2 ἀληθινοῖς δημιουργοῖς TW Stob. : ἀληθινὸν δημιουργὸν B || d 3 ἂν πράττοντες T : τὰ πράττοντες B || e 1 σκυτῶν τομῆς TW : σκυτοτομῆς B (-τομικῆς B²) || e 4 εὐδαίμονα TB² : εὐδαιμονία B || e 7 ζῶντα Schleiermacher : ζώντων BT || σὺ Bekker : εὖ BT || δοκεῖς edd. : δοκεῖ BT.

doute, le plus savant homme que l'on puisse trouver sur la terre. » — « Assurément. » — « Ce que je voudrais savoir maintenant, c'est quelle est, entre toutes ces sciences, celle qui cause son bonheur : y contribuent-elles toutes également ? »
b — « En aucune façon. » — « Laquelle alors y contribue le plus ? Sur quoi porte-t-elle particulièrement entre toutes les choses présentes, passées et futures ? Est-ce la science des dés ? » — « Que veux tu dire avec ta science des dés ? » — « Ou le calcul ? » — « Pas le moins du monde. » — « La science de la santé ? » — « Plutôt. » — « Mais celle que je cherche, celle qui vaut plus que les autres, laquelle est-ce ? » — « C'est celle du bien et du mal[1]. »

— « Malheureux, lui dis-je, tu me faisais tourner dans un cercle, au lieu de m'avouer tout de suite que ce qui constitue
c le bonheur, ce n'est ni une vie savante en général, ni toutes les autres sciences, mais une seule, celle qui a pour objet le bien et le mal. En effet, Critias, si tu retranches cette seule science du milieu des autres, le médecin en sera-t-il moins capable de guérir, le corroyeur de faire des chaussures, le tisserand de faire des vêtements, le pilote de prévenir les dangers de la mer, ou le général ceux de la guerre ? » — « Nullement. » — « Mais, mon cher Critias, l'exécution de ces
d choses ne nous serait plus vraiment bonne et utile si cette science du bien et du mal venait à nous manquer ? » — « Tu dis vrai. » — « Or cette science-là, celle qui a pour office propre de nous être utile, n'est pas la sagesse. Elle est, en effet, non la science des sciences et des ignorances, mais la science du bien et du mal : si donc la science qui nous est utile est cette dernière, la sagesse n'a rien à voir avec l'utilité. »

e — « Comment ne nous serait-elle pas utile aussi ? Si la sagesse est la science des sciences, elle préside à toutes, y compris celle du bien, et par là nous est utile. » — « Est-ce la sagesse ou la médecine qui nous donne la santé ? N'est-ce pas

1. Voilà donc la discussion arrivée à désigner une science particulière, celle du bien et du mal, comme la seule source du bonheur. Mais la sagesse ayant été définie par Critias comme la science des sciences, il n'est plus possible de la ramener à cette science particulière. La vraie pensée de Socrate n'en apparaît pas moins sous le déguisement de cette dialectique négative.

Φῶμεν γάρ τινα εἶναι αὐτόν. Οὐ γὰρ οἶμαι τούτου γε ἔτι ἂν εἴποις οὐδένα ἐπιστημονέστερον ζῶντα εἶναι. — Οὐ δῆτα. — Τόδε δὴ ἔτι προσποθῶ, τίς αὐτὸν τῶν ἐπιστημῶν ποιεῖ εὐδαίμονα; Ἢ ἅπασαι ὁμοίως; — Οὐδαμῶς ὁμοίως, ἔφη. — Ἀλλὰ ποία μάλιστα; Ἧι τί οἶδεν καὶ τῶν ὄντων καὶ b τῶν γεγονότων καὶ τῶν μελλόντων ἔσεσθαι; Ἆρά γε ᾗ τὸ πεττευτικόν; — Ποῖον, ἦ δ' ὅς, πεττευτικόν; — Ἀλλ' ᾗ τὸ λογιστικόν; — Οὐδαμῶς. — Ἀλλ' ᾗ τὸ ὑγιεινόν; — Μᾶλλον, ἔφη. — Ἐκείνη δ' ἣν λέγω μάλιστα, ἦν δ' ἐγώ, ᾗ τί; — Ἧι τὸ ἀγαθόν, ἔφη, καὶ τὸ κακόν.

— Ὦ μιαρέ, ἔφην ἐγώ, πάλαι με περιέλκεις κύκλῳ, ἀποκρυπτόμενος ὅτι οὐ τὸ ἐπιστημόνως ἦν ζῆν τὸ εὖ πράττειν τε καὶ εὐδαιμονεῖν ποιοῦν, οὐδὲ ξυμπασῶν τῶν ἄλλων ἐπισ- c τημῶν, ἀλλὰ μιᾶς οὔσης ταύτης μόνον τῆς περὶ τὸ ἀγαθόν τε καὶ κακόν. Ἐπεί, ὦ Κριτία, εἰ θέλεις ἐξελεῖν ταύτην τὴν ἐπιστήμην ἐκ τῶν ἄλλων ἐπιστημῶν, ἧττόν τι ἡ μὲν ἰατρικὴ ὑγιαίνειν ποιήσει, ἡ δὲ σκυτικὴ ὑποδεδέσθαι, ἡ δὲ ὑφαντικὴ ἠμφιέσθαι, ἡ δὲ κυβερνητικὴ κωλύσει ἐν τῇ θαλάττῃ ἀποθνῄσκειν καὶ ἡ στρατηγικὴ ἐν πολέμῳ; — Οὐδὲν ἧττον, ἔφη. — Ἀλλ', ὦ φίλε Κριτία, τὸ εὖ γε τούτων ἕκαστα γίγνεσθαι καὶ ὠφελίμως ἀπολελοιπὸς ἡμᾶς ἔσται ταύτης d ἀπούσης. — Ἀληθῆ λέγεις. — Οὐχ αὕτη δέ γε, ὡς ἔοικεν, ἐστὶν ἡ σωφροσύνη, ἧς ἔργον ἐστὶν τὸ ὠφελεῖν ἡμᾶς. Οὐ γὰρ ἐπιστημῶν τε καὶ ἀνεπιστημοσυνῶν ἡ ἐπιστήμη ἐστίν, ἀλλὰ ἀγαθοῦ τε καὶ κακοῦ· ὥστε εἰ αὕτη ἐστὶν ὠφέλιμος, ἡ σωφροσύνη ἄλλο τι ἂν εἴη ἡμῖν.

— Τί δ', ἦ δ' ὅς, οὐκ ἂν αὕτη ὠφελοῖ; Εἰ γὰρ ὅ τι μάλιστα τῶν ἐπιστημῶν ἐπιστήμη ἐστὶν ἡ σωφροσύνη, ἐπιστατεῖ δὲ καὶ ταῖς ἄλλαις ἐπιστήμαις, καὶ ταύτης δήπου ἂν ἄρχουσα e τῆς περὶ τἀγαθὸν ἐπιστήμης ὠφελοῖ ἂν ἡμᾶς. — Ἦ κἂν

174 a 5 φῶμεν Schanz : θῶμεν codd. || **c** 6 ἠμφιέσθαι T : ἀμφ- B || **d** 3 ἧς Madvig : ἀλλ' ἧς codd. || **d** 4 τε Heindorf : γε codd. || **d** 6 ἂν εἴη Madvig : ἂν εἴη ἡ ὠφελίμη B ἂν εἴη ὠφελίμη T || **e** 2 κἂν Schanz : καὶ codd.

chaque science qui accomplit son office propre, et non celle-ci qui accomplit l'office des autres ? N'avons-nous pas reconnu depuis longtemps qu'elle est uniquement la science de la science et de l'ignorance, et rien de plus ? N'est-ce pas la vérité ? » — « Je le crois. » — « Ce n'est donc pas elle qui
175 a nous procure la santé. » — « Non. » — « La santé est l'œuvre d'une autre science ? » — « Oui. » — « Ce n'est donc pas elle non plus qui nous procure l'utile, puisque nous venons d'attribuer cet office à une autre science. Est-ce vrai ? » — « Oui. » — « Comment donc la sagesse nous serait-elle utile, si elle ne nous procure aucune utilité particulière ? » — « C'est impossible en effet, Socrate, à ce qu'il semble. »

— « Tu vois donc, Critias, combien ma crainte était justifiée lorsque je m'accusais moi-même de n'avoir su conduire mon enquête sur la sagesse à aucun résultat : il est clair en effet que la chose qui passe pour la plus belle de
b toutes ne nous serait pas apparue comme dénuée d'utilité, si j'avais quelque aptitude à bien conduire une enquête. Et maintenant, nous voici battus sur toute la ligne, et hors d'état de découvrir à quelle réalité le législateur du langage a donné ce nom de sagesse[1]. Cependant, nous avons fait maintes concessions qui ne s'accordaient pas avec notre raisonnement. Nous avons reconnu que la sagesse était une science de la science, bien que le raisonnement ne nous le permît pas et
c même nous le défendît. A cette science, nous avons accordé le pouvoir de connaître les opérations des autres sciences, toujours au mépris du raisonnement, afin de pouvoir dire que le sage sait qu'il connaît les choses qu'il connaît et sait qu'il ignore celles qu'il ignore. Nous avons fait généreusement cette concession, sans réfléchir qu'il était impossible d'avoir une connaissance quelconque d'une chose qu'on ignorait totalement : notre concession, au contraire, admet qu'on peut savoir
d ce qu'on ignore, chose illogique entre toutes, à mon avis. Or, malgré notre complaisance et notre humeur débonnaire, notre discussion, loin de nous conduire à la vérité, s'est moquée

1. Cette expression, « le législateur du langage », correspond à la croyance antique que le langage a été établi par une sorte de loi divine, et que les mots ont une signification par excellence qui peut révéler la nature des choses.

ὑγιαίνειν ποιοῖ, ἦν δ' ἐγώ, αὕτη, ἀλλ' οὐχ ἡ ἰατρική ; Καὶ τἆλλα τὰ τῶν τεχνῶν αὕτη ἂν ποιοῖ, καὶ οὐχ αἱ ἄλλαι τὸ αὑτῆς ἔργον ἑκάστη ; Ἢ οὐ πάλαι διεμαρτυρόμεθα, ὅτι ἐπιστήμης μόνον ἐστὶν καὶ ἀνεπιστημοσύνης ἐπιστήμη, ἄλλου δὲ οὐδενός· οὐχ οὕτω ; — Φαίνεταί γε. — Οὐκ ἄρα ὑγιείας ἔσται δημιουργός. — Οὐ δῆτα. — Ἄλλης γὰρ ἦν 175 a
τέχνης ὑγίεια· ἢ οὔ ; — Ἄλλης. — Οὐδ' ἄρα ὠφελίας, ὦ ἑταῖρε· ἄλλῃ γὰρ αὖ ἀπέδομεν τοῦτο τὸ ἔργον τέχνῃ νυνδή· ἦ γάρ ; — Πάνυ γε. — Πῶς οὖν ὠφέλιμος ἔσται ἡ σωφροσύνη, οὐδεμιᾶς ὠφελίας οὖσα δημιουργός ; — Οὐδαμῶς, ὦ Σώκρατες, ἔοικέν γε.

— Ὁρᾷς οὖν, ὦ Κριτία, ὡς ἐγὼ πάλαι εἰκότως ἐδεδοίκη καὶ δικαίως ἐμαυτὸν ᾐτιώμην ὅτι οὐδὲν χρηστὸν περὶ σωφροσύνης σκοπῶ ; Οὐ γὰρ ἄν που ὅ γε κάλλιστον πάντων ὁμολογεῖται εἶναι, τοῦτο ἡμῖν ἀνωφελὲς ἐφάνη, εἴ τι ἐμοῦ ὄφελος b
ἦν πρὸς τὸ καλῶς ζητεῖν. Νῦν δέ — πανταχῇ γὰρ ἡττώμεθα, καὶ οὐ δυνάμεθα εὑρεῖν ἐφ' ὅτῳ ποτὲ τῶν ὄντων ὁ ὀνοματοθέτης τοῦτο τοὔνομα ἔθετο, τὴν σωφροσύνην. Καίτοι πολλά γε ξυγκεχωρήκαμεν οὐ ξυμβαίνονθ' ἡμῖν ἐν τῷ λόγῳ. Καὶ γὰρ ἐπιστήμην ἐπιστήμης εἶναι ξυνεχωρήσαμεν, οὐκ ἐῶντος τοῦ λόγου οὐδὲ φάσκοντος εἶναι· καὶ ταύτῃ αὖ τῇ ἐπιστήμῃ καὶ τὰ τῶν ἄλλων ἐπιστημῶν ἔργα γιγνώσκειν ξυνεχωρήσαμεν, οὐδὲ τοῦτ' ἐῶντος τοῦ λόγου, ἵνα δὴ ἡμῖν γένοιτο ὁ c
σώφρων ἐπιστήμων ὧν τε οἶδεν, ὅτι οἶδεν, καὶ ὧν μὴ οἶδεν, ὅτι οὐκ οἶδεν. Τοῦτο μὲν δὴ καὶ παντάπασι μεγαλοπρεπῶς ξυνεχωρήσαμεν, οὐδ' ἐπισκεψάμενοι τὸ ἀδύνατον εἶναι, ἅ τις μὴ οἶδεν μηδαμῶς, ταῦτα εἰδέναι ἁμῶς γέ πως· ὅ τι γὰρ οὐκ οἶδεν, φησὶν αὐτὰ εἰδέναι ἡ ἡμετέρα ὁμολογία. Καίτοι, ὡς ἐγᾦμαι, οὐδενὸς ὅτου οὐχὶ ἀλογώτερον τοῦτ' ἂν φανείη. Ἀλλ' ὅμως οὕτως ἡμῶν εὐηθικῶν τυχοῦσα ἡ ζήτησις καὶ οὐ σκληρῶν, οὐδέν τι μᾶλλον εὑρεῖν δύναται τὴν ἀλήθειαν, d

e 4 οὐχ αἱ Hermann : οὐχὶ BT || **175 b** 3 εὑρεῖν Τγρ. : ἔχειν BT || ὀνοματοθέτης recc. : νομοθέτης BTW || **b** 8 καὶ τὰ T : καὶ B || **c** 5 ἁμῶς TW : ἄλλως B || **d** 1 εὑρεῖν T : ἐρεῖν B αἱρεῖν B[2].

d'elle de telle sorte que cette sagesse, ainsi définie à force de concessions et de compromis, le raisonnement nous force à déclarer insolemment qu'elle ne sert à rien. En ce qui me concerne personnellement, j'en prendrais plus volontiers mon parti : mais c'est pour toi, Charmide, que je m'indigne, quand je te vois si beau et si sage, et quand je me dis que cette
e sagesse te sera inutile, que tu ne gagneras rien dans la vie à la posséder. Mais ce qui m'irrite encore plus, c'est l'idée que cette incantation, que j'ai apprise du Thrace et que j'ai eu tant de peine à loger dans ma mémoire, n'est d'aucune valeur pratique. A vrai dire, je ne puis croire qu'il en soit ainsi, et j'aime mieux m'accuser moi-même d'être un mauvais enquêteur. Je reste persuadé que la sagesse est un grand bien et que, si tu la possèdes, tu es favorisé des dieux. Vois donc si tu ne la
176 a possèdes pas déjà sans avoir besoin de l'incantation. Dans ce cas, le conseil que je te donne, c'est de me considérer comme un sot, incapable de rien trouver par le raisonnement, et de t'estimer toi-même d'autant plus heureux que tu es plus sage. »

Charmide répondit alors : « Par Zeus, je ne sais, Socrate, si je suis sage ou non. Comment saurais-je si je possède ce que vous êtes incapables de définir, à t'en croire? Cependant
b tu ne me persuades pas entièrement et je suis bien sûr d'avoir besoin de l'incantation : je suis prêt, pour ma part, à l'entendre tous les jours de ta bouche, jusqu'à ce que tu trouves toi-même la mesure suffisante[1]. » — « Fort bien, Charmide, reprit Critias ; à mes yeux, la preuve de ta sagesse sera de te livrer à l'incantation de Socrate et de ne le quitter ni peu ni prou. » — « Sois sûr, dit-il, que je le suivrai obstinément : tu es mon tuteur et ce serait bien mal à moi de ne pas obéir
c à tes ordres. » — « Je te l'ordonne, » dit Critias. — « J'obéis

1. Charmide reste fidèle à son caractère sage et modeste : il sait qu'il ne sait pas. C'est le premier degré de la sagesse aux yeux de Socrate et le trait par lequel se font reconnaître les hommes capables de philosophie. Ceux-là seuls sont ses vrais disciples, sur lesquels peut s'exercer sa *maïeutique* : il peut accoucher leurs esprits, parce qu'ils ont en eux le germe de la sagesse. Ceux qui manquent de cette sagesse ou d'une curiosité vraiment philosophique, il les renvoie à Prodicos; on sait que Xénophon passe pour avoir été l'élève de Prodicos en même temps que de Socrate.

ἀλλὰ τοσοῦτον κατεγέλασεν αὐτῆς, ὥστε ὃ ἡμεῖς πάλαι
ξυνομολογοῦντες καὶ ξυμπλάττοντες ἐτιθέμεθα σωφροσύνην
εἶναι, τοῦτο ἡμῖν πάνυ ὑβριστικῶς ἀνωφελὲς ὂν ἀπέφαινε.

Τὸ μὲν οὖν ἐμὸν καὶ ἧττον ἀγανακτῶ· ὑπὲρ δὲ σοῦ, ἦν
δ' ἐγώ, ὦ Χαρμίδη, πάνυ ἀγανακτῶ, εἰ σὺ τοιοῦτος ὢν τὴν
ἰδέαν καὶ πρὸς τούτῳ τὴν ψυχὴν σωφρονέστατος, μηδὲν
ὀνήσει ἀπὸ ταύτης τῆς σωφροσύνης μηδέ τί σε ὠφελήσει ἐν e
τῷ βίῳ παροῦσα. Ἔτι δὲ μᾶλλον ἀγανακτῶ ὑπὲρ τῆς ἐπ-
ῳδῆς, ἣν παρὰ τοῦ Θρᾳκὸς ἔμαθον, εἰ μηδενὸς ἀξίου πράγμα-
τος οὖσαν αὐτὴν μετὰ πολλῆς σπουδῆς ἐμάνθανον. Ταῦτ'
οὖν πάνυ μὲν οὐκ οἴομαι οὕτως ἔχειν, ἀλλ' ἐμὲ φαῦλον
εἶναι ζητητήν· ἐπεὶ τήν γε σωφροσύνην μέγα τι ἀγαθὸν
εἶναι, καὶ εἴπερ γε ἔχεις αὐτό, μακάριον εἶναί σε. Ἀλλ'
ὅρα εἰ ἔχεις τε καὶ μηδὲν δέῃ τῆς ἐπῳδῆς· εἰ γὰρ ἔχεις, 176 a
μᾶλλον ἂν ἔγωγέ σοι συμβουλεύσαιμι ἐμὲ μὲν λῆρον ἡγεῖσθαι
εἶναι καὶ ἀδύνατον λόγῳ ὁτιοῦν ζητεῖν, σεαυτὸν δέ, ὅσῳπερ
σωφρονέστερος εἶ, τοσούτῳ εἶναι καὶ εὐδαιμονέστερον.

Καὶ ὁ Χαρμίδης· Ἀλλὰ μὰ Δία, ἦ δ' ὅς, ἔγωγε, ὦ
Σώκρατες, οὐκ οἶδα οὔτ' εἰ ἔχω οὔτ' εἰ μὴ ἔχω. Πῶς γὰρ
ἂν εἰδείην ὅ γε μηδ' ὑμεῖς οἷοί τέ ἐστε ἐξευρεῖν ὅ τί ποτ'
ἔστιν, ὡς φῄς σύ; Ἐγὼ μέντοι οὐ πάνυ σοι πείθομαι, καὶ
ἐμαυτόν, ὦ Σώκρατες, πάνυ οἶμαι δεῖσθαι τῆς ἐπῳδῆς, καὶ b
τό γ' ἐμὸν οὐδὲν κωλύει ἐπᾴδεσθαι ὑπὸ σοῦ ὅσαι ἡμέραι,
ἕως ἂν φῇς σὺ ἱκανῶς ἔχειν. — Εἶεν· ἀλλ', ἔφη ὁ Κριτίας,
ὦ Χαρμίδη, δρᾷ τοῦτο· ἔμοιγ' ἔσται τοῦτο τεκμήριον ὅτι
σωφρονεῖς, ἢν ἐπᾴδειν παρέχῃς Σωκράτει καὶ μὴ ἀπολείπῃ
τούτου μήτε μέγα μήτε σμικρόν. — Ὡς ἀκολουθήσοντος,
ἔφη, καὶ μὴ ἀπολειψομένου· δεινὰ γὰρ ἂν ποιοίην, εἰ μὴ
πειθοίμην σοὶ τῷ ἐπιτρόπῳ καὶ μὴ ποιοίην ἃ κελεύεις. — c

e 2 ἐπῳδῆς TW : ἐπῳδίας B || e 5 πάνυ μὲν Winckelmann : πάνυ μὲν οὖν codd. || e 7 γε T : τε B || 176 a 3 ὅσῳπερ T : ὅς ὥσπερ B || a 6 οὔτ' εἰ ἔχω t : εἴτι ἔχω B εἴτ' εἰ ἔχω T || b 3 ἕως W : ἴσως BT || b 4 δρᾷ Madvig : δρᾷς codd. || b 5 ἢν BW : ἵν' T || ἀπολείπῃ W : -λίπῃ BT.

donc, et je commence dès aujourd'hui. » — « Dites-moi, repris-je, que méditez-vous donc tous les deux ? » — « C'est tout médité, » dit Charmide. — « Veux-tu par hasard, dis-je, user de contrainte, sans me laisser le temps de la réflexion ? » — « Oui, de contrainte, dit-il ; Critias l'ordonne ; vois maintenant ce qui te reste à faire. » — « Je vois
d bien, repris-je, que mes réflexions seraient inutiles : si tu veux une chose à toute force, aucun homme n'est capable de te résister. » — « Alors, dit-il, ne résiste pas, toi non plus. » — « Aussi, repris-je, n'ai-je pas l'intention de résister. »

Ἀλλὰ μήν, ἔφη, κελεύω ἔγωγε. — Ποιήσω τοίνυν, ἔφη, ἀπὸ ταυτησὶ τῆς ἡμέρας ἀρξάμενος. — Οὗτοι, ἦν δ' ἐγώ, τί βουλεύεσθον ποιεῖν; — Οὐδέν, ἔφη ὁ Χαρμίδης, ἀλλὰ βεβουλεύμεθα. — Βιάσῃ ἄρα, ἦν δ' ἐγώ, καὶ οὐδ' ἀνάκρισίν μοι δώσεις; — Ὡς βιασομένου, ἔφη, ἐπειδήπερ ὅδε γε ἐπιτάττει· πρὸς ταῦτα σὺ αὖ βουλεύου ὅ τι ποιήσεις. —
Ἀλλ' οὐδεμία, ἔφην ἐγώ, λείπεται βουλή· σοὶ γὰρ ἐπιχει- d
ροῦντι πράττειν ὁτιοῦν καὶ βιαζομένῳ οὐδεὶς οἷός τ' ἔσται ἐναντιοῦσθαι ἀνθρώπων. — Μὴ τοίνυν, ἦ δ' ὅς, μηδὲ σὺ ἐναντιοῦ. — Οὐ τοίνυν, ἦν δ' ἐγώ, ἐναντιώσομαι.

LACHÈS

NOTICE

I

PERSONNAGES ET CIRCONSTANCES

Deux pères de famille, Lysimaque et Mélésias, soucieux de l'éducation de leurs fils adolescents et ne sachant comment la diriger, ont prié Nicias et Lachès, généraux illustres dans la cité, de venir voir avec eux un maître d'armes dont les exercices attirent la foule, et de les éclairer à ce propos sur l'utilité de faire apprendre à leurs fils l'art des armes. La scène se passe dans un gymnase où Socrate se trouve par hasard : on l'invite à prendre part à la consultation.

Les deux jeunes gens assistent à l'entretien, mais ils ne sont que des personnages muets, ou peu s'en faut.

Lysimaque et Mélésias sont tous deux de naissance illustre, mais se plaignent de n'avoir pas reçu de leurs pères une direction suffisante, qui leur permît de marcher sur leurs traces ; d'où leur résolution d'épargner à leurs fils un inconvénient analogue. Lysimaque, en effet, a eu pour père le grand Aristide, et ne paraît avoir joué lui-même aucun rôle marquant dans la cité, bien qu'il soit mentionné par Démosthène (*contre Leptine*, 115) comme ayant reçu des Athéniens une récompense assez importante. Quant à Mélésias, il était fils de ce Thucydide, distinct de l'historien, qui fut l'un des principaux chefs du parti aristocratique au milieu du ve siècle. Mélésias resta personnellement assez obscur : il est seulement nommé comme ayant figuré parmi les Quatre-Cents (Thuc. VIII, 86, 9).

Nicias est bien connu par les récits de Thucydide et des historiens. Riche, généreux, modéré dans ses sentiments aristocratiques, il est le premier personnage d'Athènes après Périclès et, celui-ci mort, il n'a guère de rivaux, soit comme général, soit comme homme d'État. On sait avec quelle énergie, quoique général habitué à vaincre, il s'opposa au vote de la guerre contre Syracuse, et comment il finit par être obligé de prendre le commandement de l'expédition ; après une période de succès vinrent des revers qui aboutirent à une catastrophe pour l'armée et pour lui-même : il fut mis à mort par les Syracusains. Thucydide, qui apprécie sa prudence et son savoir militaire, lui reproche des scrupules religieux qui ralentirent la retraite à cause d'une éclipse et précipitèrent le désastre.

Lachès, moins célèbre que Nicias, est cependant représenté par Thucydide comme un bon général qui avait commandé avec honneur dans maintes circonstances pendant la guerre du Péloponnèse. Il fut tué en 418 à la bataille de Mantinée. Il ne semble pas qu'il fût de grande naissance : il n'est jamais question de ses ancêtres ; c'était un soldat de vocation, qui ne paraît pas avoir joué de rôle politique.

La scène se passe après la bataille de Délion (424), où Socrate a combattu sous les ordres de Lachès. Comme celui-ci est mort six ans plus tard, c'est très peu de temps après la bataille que le dialogue est censé avoir lieu. Socrate, né en 469, avait donc quarante-cinq ans environ ; il dit lui-même qu'il est plus jeune que les deux généraux et les prie pour cette raison de parler les premiers.

II

COMPOSITION ET SIGNIFICATION PHILOSOPHIQUE

La composition du dialogue est simple et harmonieuse.

Après le préambule, où Lysimaque expose l'objet de la réunion, et où le personnage de Socrate est vivement présenté, Nicias et Lachès, invités à donner leur avis, prennent la parole tour à tour, chacun dans un discours suivi. Les deux avis sont diamétralement opposés : Nicias approuve l'étude des armes, Lachès la tourne en ridicule avec conviction.

Devant ce désaccord de deux juges également qualifiés, Socrate fait remarquer qu'à moins de compter les voix, procédé peu satisfaisant, il est nécessaire de reprendre la question, mais suivant une méthode différente. Il s'agit d'abord de savoir sur quel objet précis on discute, et, cet objet déterminé, d'en obtenir une définition exacte.

L'objet en discussion se ramène à la notion du courage, puisque les deux orateurs ont l'un affirmé, l'autre nié, que la science des armes enseignât le courage.

Qu'est-ce donc que le courage ? Ici commence la discussion dialectique, divisée en deux parties qui se complètent et se font pendant : l'une entre Lachès et Socrate, l'autre entre Nicias et le même Socrate.

La discussion avec Lachès rappelle la discussion avec Charmide dans le dialogue de ce nom, et l'intervention de Nicias ressemble par certains côtés à celle de Critias suppléant Charmide.

Lachès est un homme courageux et un esprit simple. Les définitions successives qu'il donne de la vertu qui est la sienne, ne sont pas fausses, mais elles manquent de rigueur et n'embrassent pas toute l'étendue de l'idée à définir : ce sont des définitions populaires, tout à fait insuffisantes pour un dialecticien rigoureux.

Nicias, qui est un esprit cultivé et qui se pique d'avoir fréquenté les savants, donne une définition qui vise à la profondeur et où l'idée de science, inséparable aux yeux de Socrate de l'idée de vertu, intervient. Mais Socrate n'est pas encore satisfait et l'amène à reconnaître que ce qu'il a défini, c'est peut-être la vertu en général, mais que ce n'est pas la vertu de courage en particulier.

Donc, ni l'un ni l'autre n'ont abouti au résultat cherché. Après une amusante dispute où Lachès et Nicias se raillent mutuellement, Socrate refuse de se prononcer sur le fond du débat et déclare qu'il va lui-même sans retard se remettre à l'école. Lysimaque entre dans le badinage et convient avec Socrate qu'on se retrouvera le lendemain pour examiner de nouveau la question.

Quel est le sens de cette conclusion d'apparence négative ?

Faut-il croire ici encore, avec Horneffer, comme à propos du *Charmide,* que Platon s'est proposé dans ce dialogue de réfuter Socrate lui-même et de séparer sa propre doctrine de celle de son maître ? J'avoue que cette interprétation me semble absurde. Pour qu'elle fût le moins du monde vraisemblable, il faudrait que la théorie de Nicias fût exactement celle du Socrate historique. Or il est manifeste qu'elle viole absolument la règle des définitions telle que Socrate l'avait établie, puisqu'elle néglige, comme on dit dans l'école, la « différence propre », et s'en tient à déterminer le « genre prochain ».

Quelle est donc la signification du dialogue? Il est évident que nous avons ici une simple exposition de méthode, et que cette exposition se suffit à elle-même, quelle que soit la forme de la conclusion provisoire où elle aboutit. La définition du courage n'est qu'un prétexte : l'objet véritable de toute la composition est de montrer : 1° que des discours suivis permettent de soutenir le pour et le contre sans arriver à une démonstration rigoureuse ; 2° que, pour étudier un problème complexe, comme celui de la valeur de l'hoplomachie, il faut d'abord le ramener à des termes simples, qu'on puisse définir; 3° que, pour définir correctement un objet, il ne suffit ni d'en indiquer certains caractères particuliers pris au hasard, ni d'en marquer un trait plus général, mais non spécifique.

Les anciens rattachaient le *Lachès* au genre *maïeutique*; nous l'appellerions en français un dialogue *méthodique.*

Ce caractère très net et un peu étroit le rattache au même groupe que le *Charmide* et permet de l'attribuer en toute vraisemblance à la jeunesse de Platon.

Cela ne veut d'ailleurs pas dire que l'intérêt littéraire en soit moins vif ni l'art moins attrayant.

III

L'ART DU DIALOGUE

Cet attrait vient en particulier de la vérité des caractères et de la verve, tantôt spirituelle, tantôt éloquente, avec laquelle ils s'expriment. De Lysimaque et de son exposé initial, rien d'autre à dire sinon que la modestie et le bon sens du personnage sont fort agréables.

Mais Nicias et Lachès sont deux figures admirables de vie et d'originalité. Lachès est impétueux, tout de premier mouvement, vif dans la réponse, franc et droit avant tout, spirituel et sarcastique au besoin, et en outre, dans le beau passage où il explique pourquoi il est à la fois ami et ennemi des discours, sa description de l'orateur selon son cœur, de l'homme qui accorde sa vie avec sa parole, est d'une éloquence et d'une poésie qui ravissent. — Nicias a moins d'élan, moins de verve ; mais il est la distinction même, et sa finesse sait être par moments fort spirituelle, notamment dans tout ce qu'il dit de Socrate.

IV

LE TEXTE

Mêmes sources que pour le *Charmide*.

En outre, plusieurs fragments du *Lachès* ont été retrouvés sur des papyrus égyptiens (*Greek Papyri in the British Museum*, II, n° 187 ; *Flinders Petrie Papyri*, II, n° 50 ; *Oxyrhynchus Papyri*, II, n° 228). L'intérêt de cette découverte est de justifier une ou deux corrections modernes et de montrer aussi que des altérations de texte se sont introduites de fort bonne heure dans certains exemplaires de Platon. Le papyrus du British Museum, mutilé et peu lisible, n'a pu être utilisé. Le papyrus Flinders Petrie (190 b-191 c) est désigné dans notre apparat par *Fl. P. Pap.* ; le papyrus d'Oxyrhynchus (197 a-e) par *Ox. Pap.*

LACHÈS

[ou *Sur le courage*, genre maïeutique.]

LYSIMAQUE MÉLÉSIAS NICIAS LACHÈS
LES ENFANTS DE LYSIMAQUE ET DE MÉLÉSIAS
SOCRATE

178 a *Préambule.* LYSIMAQUE. — Vous avez vu, Nicias et Lachès, le combat de cet athlète armé. Nous ne vous avons pas dit tout d'abord, Mélésias et moi, pourquoi nous vous avons priés d'assister avec nous à ce spectacle : nous allons maintenant vous en donner la raison, car nous pensons que nous devons être francs avec vous. Il y a des gens qui tournent ces représentations en ridicule, mais qui,
b si on leur en demande leur avis, se dérobent et, par égard pour leur interlocuteur, parlent contre leur pensée. Pour vous, nous estimons que vous êtes bons juges en la matière et que, votre opinion formée, vous serez assez francs pour nous la faire connaître. C'est pourquoi nous vous avons appelés à nous donner votre avis sur la question que nous allons
179 a vous soumettre. Voici où tend ce préambule.

Nous avons deux fils, Mélésias et moi : celui-ci, le fils de Mélésias, s'appelle Thucydide, comme son grand-père ; le mien, que voici, porte aussi le nom de son grand-père paternel et s'appelle Aristide[1]. Nous voulons prendre le plus grand soin de leur éducation et ne pas les laisser, comme tant de jeunes gens au sortir de l'enfance, libres d'agir selon leur caprice :

1. Cette transmission du nom du grand-père au petit-fils était habituelle dans les familles athéniennes.

ΛΑΧΗΣ

[ἢ περὶ ἀνδρείας, μαιευτικός.]

ΛΥΣΙΜΑΧΟΣ ΜΕΛΗΣΙΑΣ ΝΙΚΙΑΣ ΛΑΧΗΣ
ΠΑΙΔΕΣ ΛΥΣΙΜΑΧΟΥ ΚΑΙ ΜΕΛΗΣΙΟΥ
ΣΩΚΡΑΤΗΣ

ΛΥΣΙΜΑΧΟΣ. Τεθέασθε μὲν τὸν ἄνδρα μαχόμενον ἐν 178 a
ὅπλοις, ὦ Νικία τε καὶ Λάχης· οὗ δ' ἕνεκα ὑμᾶς ἐκελεύσαμεν
συνθεάσασθαι ἐγώ τε καὶ Μελησίας ὅδε, τότε μὲν οὐκ εἴπο-
μεν, νῦν δ' ἐροῦμεν. Ἡγούμεθα γὰρ χρῆναι πρός γε ὑμᾶς
παρρησιάζεσθαι. Εἰσὶ γάρ τινες οἳ τῶν τοιούτων κατα-
γελῶσι, καὶ ἐάν τις αὐτοῖς συμβουλεύσηται, οὐκ ἂν εἴποιεν b
ἃ νοοῦσιν, ἀλλὰ στοχαζόμενοι τοῦ συμβουλευομένου ἄλλα
λέγουσι παρὰ τὴν αὑτῶν δόξαν· ὑμᾶς δὲ ἡμεῖς ἡγησάμενοι
καὶ ἱκανοὺς γνῶναι καὶ γνόντας ἁπλῶς ἂν εἰπεῖν ἃ δοκεῖ
ὑμῖν, οὕτω παρελάβομεν ἐπὶ τὴν συμβουλὴν περὶ ὧν μέλ-
λομεν ἀνακοινοῦσθαι. Ἔστιν οὖν τοῦτο, περὶ οὗ πάλαι 179 a
τοσαῦτα προοιμιάζομαι, τόδε.

Ἡμῖν εἰσιν ὑεῖς οὑτοιί, ὅδε μὲν τοῦδε, πάππου ἔχων
ὄνομα Θουκυδίδης, ἐμὸς δὲ αὖ ὅδε· παππῷον δὲ καὶ οὗτος
ὄνομ' ἔχει τοὐμοῦ πατρός· Ἀριστείδην γὰρ αὐτὸν καλοῦμεν.
Ἡμῖν οὖν τούτων δέδοκται ἐπιμεληθῆναι ὡς οἷόν τε μάλιστα,
καὶ μὴ ποιῆσαι ὅπερ οἱ πολλοί, ἐπειδὴ μειράκια γέγονεν,

178 b 3 λέγουσι T : νοοῦσι B || **179 a** 4 δὲ καὶ rec. : τε καὶ BTW.

c'est dès maintenant que nous voulons aborder cette tâche avec toute l'application dont nous sommes capables. Sachant que vous aviez aussi des fils, nous avons pensé que vous aviez
b dû réfléchir autant que personne aux soins à leur donner pour en faire des hommes de mérite, mais que, si par hasard vous aviez quelque peu négligé cette préoccupation, nous vous ferions souvenir que vous n'aviez pas le droit de l'oublier, et qu'ainsi nous vous engagerions à vous joindre à nous pour l'éducation de vos fils[1].

D'où nous est venue cette pensée? La chose mérite d'être contée, bien que le récit en soit un peu long.

Nous prenons nos repas ensemble, Mélésias et moi, et nos
c fils mangent avec nous. Comme je vous le disais tout à l'heure, je serai franc. Donc, chacun de nous trouve dans la vie de son père de belles actions qu'il peut raconter aux deux jeunes gens, actions accomplies dans la guerre et dans la paix, actions relatives aux affaires des alliés et à celles de la cité; mais, de nous deux personnellement, nous n'avons rien à raconter[2]. Nous en avons quelque honte devant nos fils et nous en faisons reproche à nos pères, qui nous ont laissé la
d bride sur le cou dans notre jeunesse, occupés qu'ils étaient eux-mêmes par les affaires des autres ; et nous en tirions une leçon pour nos enfants, leur disant que, s'ils ne prenaient pas soin d'eux-mêmes et ne nous écoutaient pas, ils vivraient sans gloire, tandis que, s'ils faisaient le contraire, ils pourraient se montrer dignes des noms qu'ils portaient. Nos fils nous ont promis de suivre nos conseils, mais nous nous demandons quelle étude ou quel genre de vie est le plus propre à faire d'eux des
e hommes de mérite. Quelqu'un nous signala comme une belle étude pour un jeune homme celle du combat en armes, et, nous vantant l'artiste dont vous avez eu sous les yeux les exercices, il nous engagea à l'aller voir. Nous avons cru bon d'y aller nous-mêmes et de vous le faire voir en même temps, afin que

1. Les fils de Lachès sont inconnus. Celui de Nicias, nommé Nicératos (cf. 200 d), est quelquefois mentionné comme un homme de grande distinction. Il fut mis à mort par les Trente (Xén., *Hellén.* II, 3, 39 ; Diod., XIV, 5, 5).

2. On a vu ci-dessus, dans la *Notice*, que les noms de Lysimaque et de Mélésias n'apparaissent dans les documents athéniens que rarement, et pour des faits de peu d'importance.

ἀνεῖναι αὐτοὺς ὅ τι βούλονται ποιεῖν, ἀλλὰ νῦν δὴ καὶ
ἄρχεσθαι αὐτῶν ἐπιμελεῖσθαι καθ' ὅσον οἷοί τ' ἐσμέν.
Εἰδότες οὖν καὶ ὑμῖν ὑεῖς ὄντας, ἡγησάμεθα μεμελη-
κέναι περὶ αὐτῶν, εἴπερ τισὶν ἄλλοις, πῶς ἂν θεραπευ- b
θέντες γένοιντο ἄριστοι· εἰ δ' ἄρα πολλάκις μὴ προσ-
εσχήκατε τὸν νοῦν τῷ τοιούτῳ, ὑπομνήσοντες ὅτι
οὐ χρὴ αὐτοῦ ἀμελεῖν, καὶ παρακαλοῦντες ὑμᾶς ἐπὶ
τὸ ἐπιμέλειάν τινα ποιήσασθαι τῶν ὑέων κοινῇ μεθ'
ἡμῶν.

Ὅθεν δὲ ἡμῖν ταῦτ' ἔδοξεν, ὦ Νικία τε καὶ Λάχης, χρὴ
ἀκοῦσαι, κἂν ᾖ ὀλίγῳ μακρότερα. Συσσιτοῦμεν γὰρ δὴ ἐγώ
τε καὶ Μελησίας ὅδε, καὶ ἡμῖν τὰ μειράκια παρασιτεῖ.
Ὅπερ οὖν καὶ ἀρχόμενος εἶπον τοῦ λόγου, παρρησιασόμεθα c
πρὸς ὑμᾶς. Ἡμῶν γὰρ ἑκάτερος περὶ τοῦ ἑαυτοῦ πατρὸς
πολλὰ καὶ καλὰ ἔργα ἔχει λέγειν πρὸς τοὺς νεανίσκους,
καὶ ὅσα ἐν πολέμῳ εἰργάσαντο καὶ ὅσα ἐν εἰρήνῃ, διοικοῦν-
τες τά τε τῶν συμμάχων καὶ τὰ τῆς πόλεως· ἡμέτερα δ'
αὐτῶν ἔργα οὐδέτερος ἔχει λέγειν. Ταῦτα δὴ ὑπαισχυνό-
μεθά τε τούσδε καὶ αἰτιώμεθα τοὺς πατέρας ἡμῶν ὅτι
ἡμᾶς μὲν εἴων τρυφᾶν, ἐπειδὴ μειράκια ἐγενόμεθα, τὰ δὲ d
τῶν ἄλλων πράγματα ἔπραττον· καὶ τοῖσδε τοῖς νεανίσκοις
αὐτὰ ταῦτα ἐνδεικνύμεθα, λέγοντες ὅτι, εἰ μὲν ἀμελήσουσιν
ἑαυτῶν καὶ μὴ πείσονται ἡμῖν, ἀκλεεῖς γενήσονται, εἰ δ'
ἐπιμελήσονται, τάχ' ἂν τῶν ὀνομάτων ἄξιοι γένοιντο ἃ
ἔχουσιν.

Οὗτοι μὲν οὖν φασιν πείσεσθαι· ἡμεῖς δὲ δὴ τοῦτο σκο-
ποῦμεν, τί ἂν οὗτοι μαθόντες ἢ ἐπιτηδεύσαντες ὅ τι ἄριστοι
γένοιντο. Εἰσηγήσατο οὖν τις ἡμῖν καὶ τοῦτο τὸ μάθημα, e
ὅτι καλὸν εἴη τῷ νέῳ μαθεῖν ἐν ὅπλοις μάχεσθαι· καὶ ἐπῄνει
τοῦτον ὃν νῦν ὑμεῖς ἐθεάσασθε ἐπιδεικνύμενον, κᾆτ' ἐκέλευε
θεάσασθαι. Ἔδοξε δὴ χρῆναι αὐτούς τε ἐλθεῖν ἐπὶ θέαν

a 9 οἷοί τ' BW : οἷόν τ' T || c 5 τῆς T : τῆσδε τῆς BW || c 7 τούσδε BW : τοῖσδε T || e 2 ὅτι TW : οὐ B : ὡς B^2 || e 4 θεάσασθαι TW : θεάσεσθαι B.

vous pussiez nous en donner votre avis, et, si vous le jugez bon, vous associer à nous dans cette éducation de nos enfants.

Voilà ce que nous avions à vous communiquer. Il vous
180 a appartient maintenant de nous conseiller, de nous dire si vous jugez cette étude utile ou non, si vous connaissez quelque science ou quelque exercice qui puisse être recommandé à des jeunes gens, et de nous donner votre sentiment sur le projet de nous associer.

NICIAS. — Pour moi, Lysimaque et Mélésias, j'approuve votre idée et suis prêt à entrer dans l'association. Je suppose que Lachès est de mon avis.

b LACHÈS. — Ta supposition est juste, Nicias. Ce que disait Lysimaque sur son père et sur celui de Mélésias me semble s'appliquer à merveille à eux, à nous, et à tous ceux qui s'occupent des affaires publiques : il leur arrive précisément ce qu'il a dit, que leurs enfants et toutes leurs affaires privées demeurent dans l'abandon et dans l'oubli [1]. Sur ce point, tu as raison, Lysimaque; mais ce qui m'étonne, c'est que tu
c demandes conseil pour l'éducation des jeunes gens à Nicias et à moi, et que tu négliges de consulter Socrate, ici présent, citoyen de ton dème, et qui passe tout son temps dans les endroits où l'on peut trouver ce que tu cherches, l'étude ou l'exercice qui convient le mieux à un jeune homme.

LYSIMAQUE. — Que dis-tu, Lachès ? Socrate s'occupe de ces questions ?

LACHÈS. — Assurément.

NICIAS. — Je puis moi-même te l'affirmer aussi bien que Lachès : tout récemment, il m'a procuré, pour enseigner la
d musique à mon fils, Damon [2], disciple d'Agathocle, qui n'est pas seulement un musicien délicieux, mais qui, sur tous

1. Outre que la vie politique, à Athènes, était fort absorbante (comme on le voit par le nombre des magistratures et des fonctions qu'énumère Aristote dans sa *Constitution des Athéniens*), il faut noter qu'avant la sophistique il n'y avait rien en Grèce qui ressemblât à un enseignement supérieur régulier. C'est au IVe siècle, et surtout avec l'école d'Isocrate, que s'organise à Athènes un enseignement à la fois oratoire et politique capable de séduire et de retenir les jeunes gens avant leur entrée dans la vie publique.

2. Damon est connu par ses relations avec Périclès (*Premier Alcibiade*, 118 c; Plutarque, *Périclès*, 4). — Agathocle passait pour avoir été l'un des maîtres de Pindare.

τἀνδρὸς καὶ ὑμᾶς συμπαραλαβεῖν ἅμα μὲν συνθεατάς, ἅμα
δὲ συμβούλους τε καὶ κοινωνούς, ἐὰν βούλησθε, περὶ τῆς
τῶν ὑέων ἐπιμελείας.

Ταῦτ' ἐστὶν ἃ ἐβουλόμεθα ὑμῖν ἀνακοινώσασθαι. Ἤδη οὖν 180 a
ὑμέτερον μέρος συμβουλεύειν καὶ περὶ τούτου τοῦ μαθήμα-
τος, εἴτε δοκεῖ χρῆναι μανθάνειν εἴτε μή, καὶ περὶ τῶν
ἄλλων, εἴ τι ἔχετε ἐπαινέσαι μάθημα νέῳ ἀνδρὶ ἢ ἐπιτή-
δευμα, καὶ περὶ τῆς κοινωνίας λέγειν ὁποῖόν τι ποιήσετε.

ΝΙΚΙΑΣ. Ἐγὼ μέν, ὦ Λυσίμαχε καὶ Μελησία, ἐπαινῶ τε
ὑμῶν τὴν διάνοιαν καὶ κοινωνεῖν ἕτοιμος, οἶμαι δὲ καὶ
Λάχητα τόνδε.

ΛΑΧΗΣ. Ἀληθῆ γὰρ οἴει, ὦ Νικία. Ὡς ὅ γε ἔλεγεν ὁ b
Λυσίμαχος ἄρτι περὶ τοῦ πατρὸς τοῦ αὑτοῦ τε καὶ τοῦ
Μελησίου, πάνυ μοι δοκεῖ εὖ εἰρῆσθαι καὶ εἰς ἐκείνους καὶ
εἰς ἡμᾶς καὶ εἰς ἅπαντας ὅσοι τὰ τῶν πόλεων πράττουσιν,
ὅτι αὐτοῖς σχεδόν τι ταῦτα συμβαίνει, ἃ οὗτος λέγει, καὶ
περὶ παῖδας καὶ περὶ τἆλλα ἴδια, ὀλιγώρως τε καὶ ἀμελῶς
διατίθεσθαι. Ταῦτα μὲν οὖν καλῶς λέγεις, ὦ Λυσίμαχε· ὅτι
δ' ἡμᾶς μὲν συμβούλους παρακαλεῖς ἐπὶ τὴν τῶν νεανίσκων
παιδείαν, Σωκράτη δὲ τόνδε οὐ παρακαλεῖς, θαυμάζω, c
πρῶτον μὲν ὄντα δημότην, ἔπειτα ἐνταῦθα ἀεὶ τὰς δια-
τριβὰς ποιούμενον ὅπου τί ἐστι τῶν τοιούτων ὧν σὺ ζητεῖς
περὶ τοὺς νέους ἢ μάθημα ἢ ἐπιτήδευμα καλόν.

ΛΥ. Πῶς λέγεις, ὦ Λάχης; Σωκράτης γὰρ ὅδε τινὸς τῶν
τοιούτων ἐπιμέλειαν πεποίηται;

ΛΑ. Πάνυ μὲν οὖν, ὦ Λυσίμαχε.

ΝΙ. Τοῦτο μέν σοι κἂν ἐγὼ ἔχοιμι εἰπεῖν οὐ χεῖρον
Λάχητος· καὶ γὰρ αὐτῷ μοι ἔναγχος ἄνδρα προὐξένησε τῷ
ὑεῖ διδάσκαλον μουσικῆς, Ἀγαθοκλέους μαθητὴν Δάμωνα, d
ἀνδρῶν χαριέστατον οὐ μόνον τὴν μουσικήν, ἀλλὰ καὶ

180 a 2 μέρος TW : γένος B || a 3 χρῆναι TW : χρῆν. ἡ B || b 6 ὀλιγώρως Schanz : ὀλιγωρεῖσθαι BTW ὀλιγωρεῖν Badham || b 7 καλῶς TW : καλεῖς B.

les sujets, est pour les jeunes gens de cet âge un maître parfait[1].

Lysimaque. — Les hommes de ma génération, — ô Socrate, et vous aussi Nicias et Lachès, — connaissent mal la génération qui les suit; car notre âge nous retient le plus souvent à la maison. Mais si tu as quelque bon conseil à me donner, à moi qui suis de ton dème, ô fils de Sophronisque, tu dois me le
e donner. Ce sera justice, car tu es lié avec moi d'amitié par ton père : nous étions, lui et moi, compagnons et amis, et il est mort avant d'avoir eu avec moi son premier dissentiment. D'ailleurs il me revient à la mémoire des propos de ces jeunes gens qui, dans leurs conversations chez moi, prononcent souvent le nom de Socrate avec beaucoup d'éloges. Mais je ne
181 a leur ai jamais demandé s'ils parlaient du fils de Sophronisque. Dites-moi, mes enfants, Socrate que voici est bien celui dont vous parlez à tout bout de champ?

Les enfants. — C'est lui-même, mon père.

Lysimaque. — Par Héra, Socrate, je te félicite de faire honneur au nom de ton père, le meilleur des hommes, et je serai heureux que tout soit commun entre nous.

Lachès. — Attends, Lysimaque; ne lâche pas encore notre homme : car je l'ai vu faire honneur non seulement à son
b père, mais aussi à sa patrie. Dans la retraite de Délion, il marchait à mes côtés, et je te déclare que si tous avaient eu la même attitude, Athènes aurait gardé la tête haute au lieu de subir un tel échec[2].

Lysimaque. — Socrate, il est beau de recevoir un pareil éloge d'hommes que l'on peut en croire, et sur un sujet comme celui-là. Sache donc qu'en écoutant ces paroles je me réjouis de te voir en une telle estime, et compte-moi parmi

1. Ces maîtres de musique, au dire de Protagoras (*Protagoras*, 316 c), auraient été en quelque sorte des sophistes prudents, cachant leur vraie science sous le déguisement de la musique. Il dit d'ailleurs la même chose de tous les anciens poètes, ce qui donne à cette opinion sa vraie portée : il est exact, en effet, que les poètes ont été les premiers éducateurs de la Grèce, non pas intentionnellement pour la plupart, mais par la force des choses. La poésie est en effet la première forme de littérature que la Grèce ait possédée, et la plus importante jusqu'au ve siècle.

2. La bataille de Délion est de l'année 424. Les Athéniens y furent vaincus par les Thébains.

τἆλλα ὁπόσα βούλει ἄξιον συνδιατρίβειν τηλικούτοις νεανίσκοις.

ΛΥ. Οὗτοι, ὦ Σώκρατές τε καὶ Νικία καὶ Λάχης, οἱ ἥλικοι ἐγὼ ἔτι γιγνώσκομεν τοὺς νεωτέρους, ἅτε κατ' οἰκίαν τὰ πολλὰ διατρίβοντες ὑπὸ τῆς ἡλικίας· ἀλλ' εἴ τι καὶ σύ, ὦ παῖ Σωφρονίσκου, ἔχεις τῷδε τῷ σαυτοῦ δημότῃ ἀγαθὸν συμβουλεῦσαι, χρὴ συμβουλεύειν. Δίκαιος δ' εἶ· καὶ γὰρ e
πατρικὸς ἡμῖν φίλος τυγχάνεις ὤν· ἀεὶ γὰρ ἐγὼ καὶ ὁ σὸς πατὴρ ἑταίρω τε καὶ φίλω ἦμεν, καὶ πρότερον ἐκεῖνος ἐτελεύτησε, πρίν τι ἐμοὶ διενεχθῆναι. Περιφέρει δέ τίς με καὶ μνήμη ἄρτι τῶνδε λεγόντων· τὰ γὰρ μειράκια τάδε πρὸς ἀλλήλους οἴκοι διαλεγόμενοι θαμὰ ἐπιμέμνηνται Σωκράτους καὶ σφόδρα ἐπαινοῦσιν· οὐ μέντοι πώποτε αὐτοὺς ἀνηρώτησα, εἰ τὸν Σωφρονίσκου λέγοιεν. 'Αλλ', ὦ παῖδες, λέγετέ 181 a
μοι, ὅδ' ἐστὶ Σωκράτης, περὶ οὗ ἑκάστοτε ἐμέμνησθε ;

ΠΑΙΔΕΣ. Πάνυ μὲν οὖν, ὦ πάτερ, οὗτος.

ΛΥ. Εὖ γε νὴ τὴν Ἥραν, ὦ Σώκρατες, ὅτι ὀρθοῖς τὸν πατέρα, ἄριστον ἀνδρῶν ὄντα, καὶ ἄλλως καὶ δὴ καὶ ὅτι οἰκεῖα τά τε σὰ ἡμῖν ὑπάρξει καὶ σοὶ τὰ ἡμέτερα.

ΛΑ. Καὶ μήν, ὦ Λυσίμαχε, μὴ ἀφίεσό γε τἀνδρός· ὡς ἐγὼ καὶ ἄλλοθί γε αὐτὸν ἐθεασάμην οὐ μόνον τὸν πατέρα, ἀλλὰ καὶ τὴν πατρίδα ὀρθοῦντα· ἐν γὰρ τῇ ἀπὸ Δηλίου b
φυγῇ μετ' ἐμοῦ συνανεχώρει, κἀγώ σοι λέγω ὅτι εἰ <οἱ> ἄλλοι ἤθελον τοιοῦτοι εἶναι, ὀρθὴ ἂν ἡ πόλις ἦν καὶ οὐκ ἂν ἔπεσε τότε τοιοῦτον πτῶμα.

ΛΥ. Ὦ Σώκρατες, οὗτος μέντοι ὁ ἔπαινός ἐστιν καλός, ὃν σὺ νῦν ἐπαινεῖ ὑπ' ἀνδρῶν ἀξίων πιστεύεσθαι καὶ εἰς ταῦτα εἰς ἃ οὗτοι ἐπαινοῦσιν. Εὖ οὖν ἴσθι ὅτι ἐγὼ ταῦτα ἀκούων χαίρω ὅτι εὐδοκιμεῖς, καὶ σὺ δὲ ἡγοῦ με ἐν τοῖς γ'

d 3 ὁπόσα T : ὁπόσου BW || **d** 5 οὗτοι Badham : οὗτοί τι BTW (οὗτοι W) || **e** 6 θαμὰ TW : ἅμα B || **181 a** 2 ἐμέμνησθε BTW : μέμνησθε rec. || **a** 6 τε Bekker : γε BTW || **b** 2 εἰ οἱ rec. : εἰ BT οἱ W || **b** 3 ἂν ἡ Schanz : ἂν ἡμῶν ἡ BT, sed ἡμῶν extra versum T || **b** 8 εὐδοκιμεῖς T : εὐδοκιμεῖ W εὐδοκίμως B.

c tes amis les plus dévoués. Tu aurais dû plus tôt nous fréquenter et nous tenir pour tes amis, comme il était juste ; du moins, qu'à partir de ce jour, puisque nous avons renouvelé connaissance, il en soit ainsi : rapproche-toi de nous, deviens notre familier et celui de ces jeunes gens, afin que notre amitié se conserve par vous. Voilà ton devoir : tu n'y manqueras pas, et nous te le rappellerons. Mais que pensez-vous de la question que j'avais posée d'abord ? Est-il bon pour un jeune homme, oui ou non, d'apprendre l'art du combat armé ? Que vous en semble ?

d Socrate. — Sur ce sujet, Lysimaque, je te donnerai mon avis dans la mesure du possible et je suis prêt à faire tout ce que tu me demanderas. Mais n'est-il pas de toute justice, étant le plus jeune et le moins compétent, que j'écoute d'abord les autres et que je m'instruise par leurs discours[1] ? S'il me reste alors quelque observation à présenter, il sera temps pour moi de vous expliquer ma pensée et d'essayer de vous convaincre. Nicias, c'est à l'un de vous deux de parler d'abord.

Discours de Nicias pour l'hoplomachie.

e Nicias. — Je n'y fais point d'objection, Socrate. A mon avis, cette étude est utile aux jeunes gens, de plusieurs façons. Qu'ils choisissent, au lieu des divertissements dont ils aiment à occuper leurs loisirs, un exercice propre à fortifier leur santé, c'est excellent, — et, à cet égard, cet exercice n'est inférieur à aucun autre, — et en
182 a outre il est, avec l'équitation, le plus convenable à un homme libre : car les luttes dont nous sommes les athlètes et qui sont proposées à nos ambitions sont précisément celles auxquelles on se prépare en s'exerçant à manier les outils de la guerre. Cette discipline sera encore utile dans le combat même, quand on lutte à plusieurs en lignes ; elle le sera surtout si les lignes sont rompues et qu'on se batte en combats singuliers, tantôt poursuivant un adversaire qui recule et

1. Sur l'âge de Socrate au temps de cette conversation, v. *Notice*. Quant à sa compétence, qui était uniquement celle de tous les hoplites ayant fait la guerre et ayant réfléchi à ce qu'ils avaient vu, s'il a soin de n'en pas faire état, c'est d'abord par modestie, et ensuite parce qu'il a hâte de transporter la discussion sur le terrain moral et philosophique.

εὐνούστατόν σοι εἶναι. Χρῆν μὲν οὖν καὶ πρότερόν σε φοι- c
τᾶν αὐτὸν παρ' ἡμᾶς καὶ οἰκείους ἡγεῖσθαι, ὥσπερ τὸ δίκαιον·
νῦν δ' οὖν ἀπὸ τῆσδε τῆς ἡμέρας, ἐπειδὴ ἀνεγνωρίσαμεν
ἀλλήλους, μὴ ἄλλως ποίει, ἀλλὰ σύνισθί τε καὶ γνώριζε καὶ
ἡμᾶς καὶ τούσδε τοὺς νεωτέρους, ὅπως ἂν διασῴζητε καὶ
ὑμεῖς τὴν ἡμετέραν φιλίαν. Ταῦτα μὲν οὖν καὶ σὺ ποιήσεις
καὶ ἡμεῖς σε καὶ αὖθις ὑπομνήσομεν· περὶ δὲ ὧν ἠρξάμεθα
τί φατε; Τί δοκεῖ; Τὸ μάθημα τοῖς μειρακίοις ἐπιτήδειον
εἶναι ἢ οὔ, τὸ μαθεῖν ἐν ὅπλοις μάχεσθαι;

ΣΩΚΡΑΤΗΣ. Ἀλλὰ καὶ τούτων πέρι, ὦ Λυσίμαχε, d
ἔγωγε πειράσομαι συμβουλεύειν ἄν τι δύνωμαι, καὶ αὖ ἃ
προκαλεῖ πάντα ποιεῖν. Δικαιότατον μέντοι μοι δοκεῖ εἶναι
ἐμὲ νεώτερον ὄντα τῶνδε καὶ ἀπειρότερον τούτων ἀκούειν
πρότερον τί λέγουσιν καὶ μανθάνειν παρ' αὐτῶν· ἐὰν δ' ἔχω
τι ἄλλο παρὰ τὰ ὑπὸ τούτων λεγόμενα, τότ' ἤδη διδάσκειν
καὶ πείθειν καὶ σὲ καὶ τούτους. Ἀλλ', ὦ Νικία, τί οὐ λέγει
πότερος ὑμῶν;

ΝΙ. Ἀλλ' οὐδὲν κωλύει, ὦ Σώκρατες. Δοκεῖ γάρ ἐμοὶ
τοῦτο τὸ μάθημα τοῖς νέοις ὠφέλιμον εἶναι ἐπίστασθαι e
πολλαχῇ. Καὶ γὰρ τὸ μὴ ἄλλοθι διατρίβειν, ἐν οἷς δὴ φιλοῦσιν
οἱ νέοι τὰς διατριβὰς ποιεῖσθαι, ὅταν σχολὴν ἄγωσιν, ἀλλ'
ἐν τούτῳ, εὖ ἔχει, ὅθεν καὶ τὸ σῶμα βέλτιον ἴσχειν ἀνάγκη
— οὐδενὸς γὰρ τῶν γυμνασίων φαυλότερον οὐδ' ἐλάττω
πόνον ἔχει — καὶ ἅμα προσήκει μάλιστ' ἐλευθέρῳ τοῦτό τε 182 a
τὸ γυμνάσιον καὶ ἡ ἱππική· οὗ γὰρ ἀγῶνος ἀθληταί ἐσμεν
καὶ ἐν οἷς ἡμῖν ὁ ἀγὼν πρόκειται, μόνοι οὗτοι γυμνάζονται
οἱ ἐν τούτοις τοῖς περὶ τὸν πόλεμον ὀργάνοις γυμναζόμενοι.
Ἔπειτα ὀνήσει μέν τι τοῦτο τὸ μάθημα καὶ ἐν τῇ μάχῃ
αὐτῇ, ὅταν ἐν τάξει δέῃ μάχεσθαι μετὰ πολλῶν ἄλλων·
μέγιστον μέντοι αὐτοῦ ὄφελος, ὅταν λυθῶσιν αἱ τάξεις καὶ
ἤδη τινὰ δέῃ μόνον πρὸς μόνον ἢ διώκοντα ἀμυνομένῳ τινὶ

c 1 γ' εὐνούστατον Schanz : γ' εὐνουστάτοις B εὐνουστάτοις TW || σε recc. : γε BTW || c 3 ἀπὸ τῆσδε τῆς TW : ἀπό δε τῆς B || 182 a 4 τοῖς recc. : τοῖς τὸν BTW || a 8 τινὰ Badham : τι BTW.

b tantôt, dans une retraite, résistant à un ennemi qui nous presse. Seul à seul, un homme qui sait les armes n'a rien à craindre, ni même peut-être seul contre plusieurs : il est toujours le plus fort par son habileté. Cette première étude conduit d'ailleurs à une autre qui est fort belle : tout homme qui sait les armes désire aborder l'étude suivante, celle de la tactique : et de celle-ci, quand il la possède et qu'il y a pris goût, il
c passe à tout l'ensemble de la stratégie. Ainsi toute une série de belles sciences et de nobles exercices, dignes d'occuper l'intelligence et l'activité d'un homme, se rattachent à cette première connaissance[1].

Ce n'est pas non plus un médiocre avantage de cette étude que d'élever un homme bien au-dessus de lui-même quant à l'assurance et au courage dans la guerre, grâce au savoir qu'elle lui procure. Et ne dédaignons pas enfin cet autre profit (qui sem-
d blera secondaire à quelques-uns), celui d'une plus belle attitude en des circonstances où la beauté a son prix, puisqu'elle fera paraître l'homme plus redoutable à ses adversaires. Ainsi, Lysimaque, je le répète, il me paraît bon de donner cet enseignement aux jeunes gens, et je t'en ai dit les raisons. Mais si Lachès a quelque chose d'autre à dire, nous aurons plaisir à l'entendre.

Discours de Lachès en réponse à Nicias.

Lachès. — Il est difficile, Nicias, de dire d'une science qu'on ne doit pas l'apprendre ; car toute chose, semble-t-il, est bonne à savoir. Cette science des
e armes, si elle est réellement une science, comme le soutiennent ses maîtres et comme le dit Nicias, mérite donc d'être étudiée. Mais si ce n'est pas une science et si ce qu'on nous en promet est vain, ou si ce n'est qu'une science peu sérieuse, à quoi bon l'étudier?

Si j'en parle ainsi, c'est par l'effet des considérations sui-

1. Nicias est représenté comme un esprit cultivé et ami de la philosophie. Ce caractère se marque ici dans l'observation qu'il exprime sur la liaison des diverses sciences et sur l'intérêt qu'on trouve à s'élever de l'une à l'autre. Comparer, dans le *Charmide*, la dernière hypothèse, sur l'utilité que pourrait offrir une « science des sciences », si elle donnait plus de facilité pour apprendre les sciences particulières (172 b et suiv.).

ἐπιθέσθαι ἢ καὶ ἐν φυγῇ ἐπιτιθεμένου ἄλλου ἀμύνασθαι αὐ- b
τόν· οὐ τἂν ὑπό γε ἑνὸς εἷς ὁ τοῦτ᾽ ἐπιστάμενος οὐδὲν ἂν
πάθοι, ἴσως δ᾽ οὐδὲ ὑπὸ πλειόνων, ἀλλὰ πανταχῇ ἂν ταύτῃ
πλεονεκτοῖ. Ἔτι δὲ καὶ εἰς ἄλλου καλοῦ μαθήματος ἐπιθυμίαν
παρακαλεῖ τὸ τοιοῦτον· πᾶς γὰρ ἂν μαθὼν ἐν ὅπλοις
μάχεσθαι ἐπιθυμήσειε καὶ τοῦ ἑξῆς μαθήματος τοῦ περὶ
τὰς τάξεις, καὶ ταῦτα λαβὼν καὶ φιλοτιμηθεὶς ἐν αὐτοῖς
ἐπὶ πᾶν ἂν τὸ περὶ τὰς στρατηγίας ὁρμήσειε· καὶ ἤδη c
δῆλον ὅτι τὰ τούτων ἐχόμενα καὶ μαθήματα πάντα καὶ
ἐπιτηδεύματα καὶ καλὰ καὶ πολλοῦ ἄξια ἀνδρὶ μαθεῖν τε καὶ
ἐπιτηδεῦσαι, ὧν καθηγήσαιτ᾽ ἂν τοῦτο τὸ μάθημα.

Προσθήσομεν δ᾽ αὐτῷ οὐ σμικρὰν προσθήκην, ὅτι πάντα ἄνδρα ἐν πολέμῳ καὶ θαρραλεώτερον καὶ ἀνδρειότερον ἂν ποιήσειεν αὐτὸν αὐτοῦ οὐκ ὀλίγῳ αὕτη ἡ ἐπιστήμη. Μὴ ἀτιμάσωμεν δὲ εἰπεῖν, εἰ καί τῳ σμικρότερον δοκεῖ εἶναι, ὅτι καὶ εὐσχημονέστερον ἐνταῦθα οὗ χρὴ τὸν ἄνδρα εὐσχημονέστερον φαίνεσθαι, οὗ ἅμα καὶ δεινότερος τοῖς ἐχθροῖς φανεῖται διὰ τὴν εὐσχημοσύνην.

Ἐμοὶ μὲν οὖν, ὦ Λυσίμαχε, ὥσπερ λέγω, δοκεῖ τε χρῆναι διδάσκειν τοὺς νεανίσκους ταῦτα καὶ δι᾽ ἃ δοκεῖ εἴρηκα· Λάχητος δ᾽, εἴ τι παρὰ ταῦτα λέγει, κἂν αὐτὸς ἡδέως ἀκούσαιμι.

ΛΑ. Ἀλλ᾽ ἔστι μέν, ὦ Νικία, χαλεπὸν λέγειν περὶ ὁτουοῦν μαθήματος, ὡς οὐ χρὴ μανθάνειν· πάντα γὰρ ἐπίστασθαι ἀγαθὸν δοκεῖ εἶναι. Καὶ δὴ καὶ τὸ ὁπλιτικὸν τοῦτο,
εἰ μέν ἐστιν μάθημα, ὅπερ φασὶν οἱ διδάσκοντες, καὶ οἷον e
Νικίας λέγει, χρὴ αὐτὸ μανθάνειν· εἰ δ᾽ ἔστιν μὲν μὴ μάθημα, ἀλλ᾽ ἐξαπατῶσιν οἱ ὑπισχνούμενοι, ἢ μάθημα μὲν τυγχάνει ὄν, μὴ μέντοι πάνυ σπουδαῖον, τί καὶ δέοι ἂν αὐτὸ μανθάνειν;

b 2 οὐ τἂν Hermann : οὔτ᾽ ἂν T ὅτ᾽ ἂν BW || **c** 3 ἐπιτηδεύματα T : ἐπιτηδεύματα πάντα BW || **d** 1 οὗ TW : οὖν B || **e** 2 αὐτό T : αὐτὸν BW || **e** 4 μὴ μέντοι recc. : μὴ μέντοι τι TW μηδέν τοι τί B || τί W : om. BT.

vantes : je pense que si elle avait quelque valeur, elle n'aurait pas échappé aux Lacédémoniens, dont toute la vie se passe à étudier et à pratiquer les connaissances et
183 a les exercices qui peuvent leur assurer la supériorité dans la guerre. A supposer qu'elle eût échappé aux Lacédémoniens, les maîtres qui l'enseignent n'eussent pu ignorer l'intérêt que portent les Lacédémoniens à ces sortes de choses et les profits considérables qu'un maître apprécié d'eux en cet art était assuré d'obtenir chez les autres peuples, comme il arrive pour les auteurs de tragédies qui ont eu du succès chez nous : quand un poète se croit capable de faire une belle tragédie, il
b ne va pas promener au loin son talent hors de l'Attique pour en faire montre dans les cités environnantes, mais il vient droit ici pour se faire connaître, ainsi qu'il est naturel. Au contraire, je vois tous les maîtres d'armes considérer Lacédémone comme une sorte de lieu sacré inaccessible où ils ne mettent pas même le bout du pied, tandis qu'ils circulent tout à l'entour pour montrer leur talent, et principalement chez les peuples qui se reconnaissent eux-mêmes inférieurs à beaucoup d'autres dans les choses de la guerre[1].

c Ensuite, Lysimaque, j'ai vu à l'œuvre un certain nombre d'entre eux et je sais ce qu'ils valent. Nous pouvons en juger par ce simple fait : jamais aucun de ces hommes qui s'adonnent au maniement des armes ne s'est illustré dans la guerre; on dirait qu'ils le font exprès. Dans les autres arts, les hommes qui se distinguent sont ceux qui les pratiquent habituellement; ceux-ci, au contraire, semblent à cet égard poursuivis par la malechance. Ce Stésilaos, par exemple, que
d nous avons admiré tout à l'heure paradant devant la foule et se vantant si fort, m'a montré un jour beaucoup mieux ses talents, dans la réalité, sans le vouloir.

1. L'argument tiré par Lachès de l'indifférence des Lacédémoniens pour l'hoplomachie rappelle celui que Socrate opposait à Hippias dans le dialogue de ce nom, quand il s'étonnait ironiquement du peu de succès obtenu chez eux par ses discours sur l'éducation. Les plus friands de l'hoplomachie, comme de la sophistique, se rencontrent toujours parmi les peuples qui possèdent le moins l'aptitude à en juger les mérites. Les peuples qui possèdent en ces matières une véritable compétence pratique méprisent ces théories.

Λέγω δὲ ταῦτα περὶ αὐτοῦ εἰς τάδε ἀποβλέψας, ὅτι οἶμαι
ἐγὼ τοῦτο, εἴ τι ἦν, οὐκ ἂν λεληθέναι Λακεδαιμονίους, οἷς
οὐδὲν ἄλλο μέλει ἐν τῷ βίῳ ἢ τοῦτο ζητεῖν καὶ ἐπιτηδεύειν,
ὅ τι ἂν μαθόντες καὶ ἐπιτηδεύσαντες πλεονεκτοῖεν τῶν 183 a
ἄλλων περὶ τὸν πόλεμον. Εἰ δ' ἐκείνους ἐλελήθειν, ἀλλ' οὐ
τούτους γε τοὺς διδασκάλους αὐτοῦ λέληθεν αὐτὸ τοῦτο,
ὅτι ἐκεῖνοι μάλιστα τῶν Ἑλλήνων σπουδάζουσιν ἐπὶ τοῖς
τοιούτοις καὶ ὅτι παρ' ἐκείνοις ἄν τις τιμηθεὶς εἰς ταῦτα
καὶ παρὰ τῶν ἄλλων πλεῖστ' ἂν ἐργάζοιτο χρήματα ὥσπερ
γε καὶ τραγῳδίας ποιητὴς παρ' ἡμῖν τιμηθείς. Τοιγάρτοι ὃς
ἂν οἴηται τραγῳδίαν καλῶς ποιεῖν, οὐκ ἔξωθεν κύκλῳ περὶ
τὴν Ἀττικὴν κατὰ τὰς ἄλλας πόλεις ἐπιδεικνύμενος περι- b
έρχεται, ἀλλ' εὐθὺς δεῦρο φέρεται καὶ τοῖσδ' ἐπιδείκνυτ'
εἰκότως· τοὺς δὲ ἐν ὅπλοις μαχομένους ἐγὼ τούτους ὁρῶ
τὴν μὲν Λακεδαίμονα ἡγουμένους εἶναι ἄβατον ἱερὸν καὶ
οὐδὲ ἄκρῳ ποδὶ ἐπιβαίνοντας, κύκλῳ δὲ περιιόντας αὐτὴν
καὶ πᾶσι μᾶλλον ἐπιδεικνυμένους, καὶ μάλιστα τούτοις οἳ
κἂν αὐτοὶ ὁμολογήσειαν πολλοὺς σφῶν προτέρους εἶναι
πρὸς τὰ τοῦ πολέμου.

Ἔπειτα, ὦ Λυσίμαχε, οὐ πάνυ ὀλίγοις ἐγὼ τούτων παρα- c
γέγονα ἐν αὐτῷ τῷ ἔργῳ, καὶ ὁρῶ οἷοί εἰσιν. Ἔξεστι δὲ καὶ
αὐτόθεν ἡμῖν σκέψασθαι. Ὥσπερ γὰρ ἐπίτηδες οὐδεὶς
πώποτ' εὐδόκιμος γέγονεν ἐν τῷ πολέμῳ ἀνὴρ τῶν τὰ ὁπλι-
τικὰ ἐπιτηδευσάντων. Καίτοι εἴς γε τἆλλα πάντα ἐκ τούτων
οἱ ὀνομαστοὶ γίγνονται, ἐκ τῶν ἐπιτηδευσάντων ἕκαστα·
οὗτοι δ', ὡς ἔοικε, παρὰ τοὺς ἄλλους οὕτω σφόδρα εἰς τοῦτο
δεδυστυχήκασιν. Ἐπεὶ καὶ τοῦτον τὸν Στησίλεων, ὃν ὑμεῖς
μετ' ἐμοῦ ἐν τοσούτῳ ὄχλῳ ἐθεάσασθε ἐπιδεικνύμενον καὶ d
τὰ μεγάλα περὶ αὑτοῦ λέγοντα ἃ ἔλεγεν, ἑτέρωθι ἐγὼ κάλ-
λιον ἐθεασάμην [ἐν τῇ ἀληθείᾳ] ὡς ἀληθῶς ἐπιδεικνύμενον
οὐχ ἑκόντα.

183 b 2 ἐπιδείκνυτ' Schanz : ἐπιδείκνυσιν BTW || **b** 3 ὁρῶ TW : ἐρῶ B || **b** 6-7 οἳ κἂν TW : οὐκ ἂν B || **d** 3 ἐν τῇ ἀληθείᾳ om. rec., secl. Schanz.

Le navire où il était embarqué comme épibate[1] avait abordé un transport : il combattait avec une lance munie d'une faux, arme aussi supérieure aux autres, à l'entendre, que lui-même l'était à tous les combattants. Je vous fais grâce de ses autres exploits, mais voici ce qui advint de cette merveilleuse invention, la faux emmanchée au bout
e d'une lance. Pendant le combat, la faux se prit dans les agrès du navire ennemi et s'y accrocha : Stésilaos tire pour la dégager, sans y réussir. L'autre navire cependant passait le long du bord. Stésilaos courait sur le pont du sien sans lâcher sa lance. Puis, l'ennemi dépassant son navire et l'entraînant lui-même avec la lance qu'il tenait toujours, il la laissa glisser dans sa main jusqu'à l'extrémité du manche.
184 a Il y eut d'abord sur le transport force rires et applaudissements à la vue de son attitude ; à la fin, une pierre qu'on lui lança étant tombée sur le pont juste à ses pieds, il dut lâcher sa lance : alors l'équipage même de sa trière ne put se contenir davantage et rit aux éclats en voyant la lance pendre avec sa faux aux flancs de l'autre navire. Peut-être cet art a-t-il quelque valeur, comme le disait Nicias ; pour moi, je raconte ce que j'ai vu.

b Je le répète donc : que ce soit là une science réelle, sans utilité appréciable, ou que cette prétendue science soit un mensonge sans réalité, il ne vaut pas la peine qu'on l'étudie. J'estime, quant à moi, qu'un lâche qui croirait la posséder et qui en prendrait plus d'assurance, n'en montrerait que mieux sa lâcheté, et qu'un brave, dans le même cas, guetté par les spectateurs, ne pourrait commettre la moindre faute sans s'exposer à la critique la plus cruelle ; car on en veut à
c qui affiche de telles prétentions en cette sorte de savoir, et, à moins d'accomplir des miracles de vaillance incomparables, le vaniteux qui s'y donne pour un maître peut être sûr qu'on se moquera de lui.

1. Les *épibates* sont les soldats combattants embarqués sur les navires de guerre (*trières*). Ces combattants étaient au nombre d'une vingtaine par trière, tandis que les rameurs étaient environ cent quatre-vingts. Les épibates combattaient tantôt de loin, tantôt à l'abordage, et étaient armés en conséquence. — Les transports (ὁλκάδες) sont des navires non armés et plus lourds que les trières; ils appartiennent à la catégorie des bateaux de commerce.

Προσβαλούσης γὰρ τῆς νεὼς ἐφ᾽ ᾗ ἐπεβάτευεν πρὸς
ὁλκάδα τινά, ἐμάχετο ἔχων δορυδρέπανον, διαφέρον δὴ
ὅπλον ἅτε καὶ αὐτὸς τῶν ἄλλων διαφέρων. Τὰ μὲν οὖν ἄλλα
οὐκ ἄξια λέγειν περὶ τἀνδρός, τὸ δὲ σόφισμα τὸ τοῦ δρεπά-
νου τοῦ πρὸς τῇ λόγχῃ οἷον ἀπέβη. Μαχομένου γὰρ αὐτοῦ e
ἐνέσχετό που ἐν τοῖς τῆς νεὼς σκεύεσιν καὶ ἀντελάβετο·
εἷλκεν οὖν ὁ Στησίλεως βουλόμενος ἀπολῦσαι, καὶ οὐχ
οἷός τ᾽ ἦν· ἡ δὲ ναῦς τὴν ναῦν παρῄει. Τέως μὲν οὖν παρ-
έθει ἐν τῇ νηῒ ἀντεχόμενος τοῦ δόρατος· ἐπεὶ δὲ δὴ
παρημείβετο ἡ ναῦς τὴν ναῦν καὶ ἐπέσπα αὐτὸν τοῦ δόρα-
τος ἐχόμενον, ἠφίει τὸ δόρυ διὰ τῆς χειρός, ἕως ἄκρου τοῦ 184 a
στύρακος ἀντελάβετο. Ἦν δὲ γέλως καὶ κρότος ὑπὸ τῶν
ἐκ τῆς ὁλκάδος ἐπί τε τῷ σχήματι αὐτοῦ, καὶ ἐπειδὴ βαλόν-
τος τινὸς λίθῳ παρὰ τοὺς πόδας αὐτοῦ ἐπὶ τὸ κατάστρωμα
ἀφίεται τοῦ δόρατος, τότ᾽ ἤδη καὶ οἱ ἐκ τῆς τριήρους
οὐκέτι οἷοί τ᾽ ἦσαν τὸν γέλωτα κατέχειν, ὁρῶντες αἰωρού-
μενον ἐκ τῆς ὁλκάδος τὸ δορυδρέπανον ἐκεῖνο. Ἴσως μὲν οὖν
εἴη ἄν τι ταῦτα, ὥσπερ Νικίας λέγει· οἷς δ᾽ οὖν ἐγὼ ἐντε-
τύχηκα, τοιαῦτ᾽ ἄττα ἐστίν.

Ὃ οὖν καὶ ἐξ ἀρχῆς εἶπον, ὅτι εἴτε οὕτω σμικρὰς ὠφε- b
λίας ἔχει μάθημα ὄν, εἴτε μὴ ὂν φασὶ καὶ προσποιοῦνται
αὐτὸ εἶναι μάθημα, οὐκ ἄξιον ἐπιχειρεῖν μανθάνειν. Καὶ
γὰρ οὖν μοι δοκεῖ, εἰ μὲν δειλός τις ὢν οἴοιτο αὐτὸ ἐπίστα-
σθαι, θρασύτερος ἂν δι᾽ αὐτὸ γενόμενος ἐπιφανέστερος
γένοιτο οἷος ἦν· εἰ δὲ ἀνδρεῖος, φυλαττόμενος ἂν ὑπὸ τῶν
ἀνθρώπων, εἰ καὶ σμικρὸν ἐξαμάρτοι, μεγάλας ἂν διαβολὰς
ἴσχοι· ἐπίφθονος γὰρ ἡ προσποίησις τῆς τοιαύτης ἐπιστή- c
μης, ὥστ᾽ εἰ μή τι θαυμαστὸν ὅσον διαφέρει τῇ ἀρετῇ τῶν
ἄλλων, οὐκ ἔσθ᾽ ὅπως ἂν τις φύγοι τὸ καταγέλαστος
γενέσθαι φάσκων ἔχειν ταύτην τὴν ἐπιστήμην.

e 5 ἐπεὶ δὲ δὴ B : ἐπειδὴ δὲ TW || **184 a** 1 ἠφίει recc. : ἐφίει BTW || **a** 7 ἐκεῖνο recc. : ἐκείνῳ BTW || **b** 4 αὐτὸ Burnet : αὐτὸν B αὐτὸν δεῖν TW || **b** 6 οἷος Schleiermacher : ἢ οἷος BTW (η T) || **c** 1 ἴσχοι Schanz : ἴσχειν BTW.

Voilà, Lysimaque, mon opinion sur l'étude de cette science. Mais, comme je le disais en commençant, ne laissons pas partir Socrate, ici présent, avant de lui avoir demandé son avis sur le point en discussion.

Appel à Socrate, qui propose la méthode à suivre.

LYSIMAQUE. — Je te le demande donc, Socrate : car notre Conseil me semble
d avoir encore besoin d'un arbitre qui le départage. Si Nicias et Lachès avaient été d'accord, nous aurions pu nous en passer : mais tu vois que leurs votes sont divergents : il convient que tu nous dises auquel des deux tu apportes ton suffrage.

SOCRATE. — Qu'est-ce à dire, Lysimaque ? celui des deux partis qui aura la majorité obtiendra-t-il ta préférence ?

LYSIMAQUE. — Quelle autre conduite adopter, Socrate ?

SOCRATE. — Es-tu dans les mêmes intentions, Mélésias ? Et
e s'il s'agissait de la préparation gymnastique de ton fils, dans une délibération sur la meilleure méthode à suivre, t'en rapporterais-tu à l'avis exprimé par la majorité d'entre nous, ou à celui qui aurait étudié et pratiqué sous un bon pédotribe [1] ?

MÉLÉSIAS. — A ce dernier naturellement, Socrate.

SOCRATE. — Tu aurais plus de confiance en cet homme qu'en nous quatre ensemble ?

MÉLÉSIAS. — Probablement.

SOCRATE. — C'est sans doute que la valeur d'un jugement dépend plus de la science que du nombre des juges ?

MÉLÉSIAS. — Évidemment.

SOCRATE. — Aujourd'hui donc, nous devons chercher d'abord s'il est quelqu'un d'entre nous qui soit compétent
185 a sur le sujet en discussion : s'il en est un, nous devons l'en croire, fût-il seul de son avis, et ne pas écouter les autres ; sinon, il faut chercher ailleurs. Car l'enjeu, pour Lysimaque et pour toi, vous paraît sans doute d'importance : ne s'agit-il pas du plus précieux de vos biens ? il s'agit de savoir si vos fils seront bons ou mauvais, et tout le gouvernement de la

1. Le *pédotribe* tient à la fois du maître de gymnastique proprement dit et du médecin. Il proportionne avec soin les exercices à la personne de l'élève. Cf. P. Girard, *Éducation Athénienne*, p. 186 et suiv.

Τοιαύτη τις ἔμοιγε δοκεῖ, ὦ Λυσίμαχε, ἡ περὶ τοῦτο τὸ μάθημα εἶναι σπουδή· χρὴ δ᾽ ὅπερ σοι ἐξ ἀρχῆς ἔλεγον, καὶ Σωκράτη τόνδε μὴ ἀφιέναι, ἀλλὰ δεῖσθαι συμβουλεύειν ὅπῃ δοκεῖ αὐτῷ περὶ τοῦ προκειμένου.

ΛΥ. Ἀλλὰ δέομαι ἔγωγε, ὦ Σώκρατες· καὶ γὰρ ὥσπερ
ἔτι τοῦ διακρινοῦντος δοκεῖ μοι δεῖν ἡμῖν ἡ βουλή. Εἰ μὲν d
γὰρ συνεφερέσθην τώδε, ἧττον ἂν τοῦ τοιούτου ἔδει· νῦν δέ
— τὴν ἐναντίαν. γάρ, ὡς ὁρᾷς, Λάχης Νικίᾳ ἔθετο — εὖ
δὴ ἔχει ἀκοῦσαι καὶ σοῦ, ποτέρῳ τοῖν ἀνδροῖν σύμψηφος εἶ.

ΣΩ. Τί δέ, ὦ Λυσίμαχε; Ὁπότερ᾽ ἂν οἱ πλείους ἐπαινῶσιν ἡμῶν, τούτοις μέλλεις χρῆσθαι;

ΛΥ. Τί γὰρ ἄν τις καὶ ποιοῖ, ὦ Σώκρατες;

ΣΩ. Ἦ καὶ σύ, ὦ Μελησία, οὕτως ἂν ποιοῖς; Κἂν εἴ
τις περὶ ἀγωνίας τοῦ ὑέος σοι βουλὴ εἴη τί χρὴ ἀσκεῖν, e
ἆρα τοῖς πλείοσιν ἂν ἡμῶν πείθοιο, ἢ ᾽κείνῳ ὅστις τυγχάνει ὑπὸ παιδοτρίβῃ ἀγαθῷ πεπαιδευμένος καὶ ἠσκηκώς;

ΜΕΛΗΣΙΑΣ. Ἐκείνῳ εἰκός γε, ὦ Σώκρατες.

ΣΩ. Αὐτῷ ἄρ᾽ ἂν μᾶλλον πείθοιο ἢ τέτταρσιν οὖσιν ἡμῖν;

ΜΕ. Ἴσως.

ΣΩ. Ἐπιστήμῃ γὰρ οἶμαι δεῖ κρίνεσθαι, ἀλλ᾽ οὐ πλήθει τὸ μέλλον καλῶς κριθήσεσθαι.

ΜΕ. Πῶς γὰρ οὔ;

ΣΩ. Οὐκοῦν καὶ νῦν χρὴ πρῶτον αὐτὸ τοῦτο σκέψασθαι,
εἰ ἔστιν τις ἡμῶν τεχνικὸς περὶ οὗ βουλευόμεθα, ἢ οὔ· καὶ 185 a
εἰ μὲν ἔστιν, ἐκείνῳ πείθεσθαι ἑνὶ ὄντι, τοὺς δ᾽ ἄλλους ἐᾶν· εἰ δὲ μή, ἄλλον τινὰ ζητεῖν. Ἦ περὶ σμικροῦ οἴεσθε νυνὶ κινδυνεύειν καὶ σὺ καὶ Λυσίμαχος, ἀλλ᾽ οὐ περὶ τούτου τοῦ κτήματος ὃ τῶν ὑμετέρων μέγιστον ὂν τυγχάνει; Ὑέων γάρ που ἢ χρηστῶν ἢ τἀναντία γενομένων καὶ πᾶς ὁ

d 1 ἔτι Heindorf : ἐπὶ BTW ἐπὶ τοῦ δ. δ. μοι εἶναι ἡμῖν Badham (non male) || **d** 5 ὁπότερ᾽ Schleiermacher : ὁπότε BTW || **e** 1 ἀγωνίας τοῦ T : ἀγωνιστοῦ BW || **e** 3 καὶ rec. : ἢ καὶ BTW || **e** 5 ἢ TW : om. B.

maison paternelle vaudra plus ou moins selon ce qu'ils seront eux-mêmes.

MÉLÉSIAS. — Tu dis la vérité.

SOCRATE. — Le problème est digne de toute attention.

MÉLÉSIAS. — Assurément.

b SOCRATE. — Comment, je le répète, faudrait-il nous y prendre si nous voulions savoir qui de nous est le plus habile dans l'art des athlètes ? Nous chercherions lequel a le plus étudié et pratiqué cet art sous la direction de bons maîtres ; n'est-il pas vrai ?

MÉLÉSIAS. — Je le crois.

SOCRATE. — Nous devons donc chercher d'abord quelle est la chose pour laquelle nous avons besoin d'un maître ?

MÉLÉSIAS. — Que veux-tu dire ?

SOCRATE. — Voici qui sera peut-être plus clair. Il me semble que nous avons négligé de nous entendre d'abord sur l'objet précis en vue duquel nous délibérons et à propos duquel nous recherchons qui de nous, ayant étudié dans ce
c dessein sous des maîtres, est compétent, et qui ne l'est pas[1].

NICIAS. — Notre examen, Socrate, ne porte-t-il pas sur le combat en armes et sur l'utilité que peut avoir ou ne pas avoir pour les jeunes gens l'étude de cet art ?

SOCRATE. — Sans doute, Nicias. Mais quand on délibère sur un remède pour les yeux et qu'on se demande s'ils ont besoin d'un onguent ou non, est-ce sur le remède ou sur les yeux que porte la délibération ?

NICIAS. — Sur les yeux.

d SOCRATE. — De même, quand on se demande s'il faut mettre un frein à un cheval et à quel moment, n'est-ce pas le cheval, et non le frein, qui est l'objet de la recherche ?

NICIAS. — C'est vrai.

SOCRATE. — Ainsi, d'une manière générale, quand on discute en vue d'une fin, c'est la fin qui est l'objet de la discussion, et non le moyen, subordonné à cette fin[2].

1. Noter ici, comme partout, l'importance attachée par Socrate à ces deux conditions du savoir : d'abord l'enseignement d'un bon maître, ensuite la pratique, qui vérifie la justesse de la théorie par ses résultats utiles.

2. Cf. *Charmide*, 156 d, sur le remède pour la tête.

οἶκος ὁ τοῦ πατρὸς οὕτως οἰκήσεται, ὁποῖοι ἄν τινες οἱ παῖδες γένωνται.

ΜΕ. Ἀληθῆ λέγεις.

ΣΩ. Πολλὴν ἄρα δεῖ προμηθίαν αὐτοῦ ἔχειν.

ΜΕ. Πάνυ γε.

ΣΩ. Πῶς οὖν, ὃ ἐγὼ ἄρτι ἔλεγον, ἐσκοποῦμεν ἄν, εἰ b ἐβουλόμεθα σκέψασθαι τίς ἡμῶν περὶ ἀγωνίαν τεχνικώτατος; Ἆρ' οὐχ ὁ μαθὼν καὶ ἐπιτηδεύσας, ᾧ καὶ διδάσκαλοι ἀγαθοὶ γεγονότες ἦσαν αὐτοῦ τούτου;

ΜΕ. Ἔμοιγε δοκεῖ.

ΣΩ. Οὐκοῦν ἔτι πρότερον, τίνος ὄντος τούτου ζητοῦμεν τοὺς διδασκάλους;

ΜΕ. Πῶς λέγεις;

ΣΩ. Ὧδε ἴσως μᾶλλον κατάδηλον ἔσται. Οὔ μοι δοκεῖ ἐξ ἀρχῆς ἡμῖν ὡμολογῆσθαι τί ποτ' ἔστιν περὶ οὗ βουλευόμεθα καὶ σκεπτόμεθα ὅστις ἡμῶν τεχνικὸς καὶ τούτου ἕνεκα διδασκάλους ἐκτήσατο, καὶ ὅστις μή. c

ΝΙ. Οὐ γάρ, ὦ Σώκρατες, περὶ τοῦ ἐν ὅπλοις μάχεσθαι σκοποῦμεν, εἴτε χρὴ αὐτὸ τοὺς νεανίσκους μανθάνειν εἴτε μή;

ΣΩ. Πάνυ μὲν οὖν, ὦ Νικία. Ἀλλ' ὅταν περὶ φαρμάκου τις τοῦ πρὸς ὀφθαλμοὺς σκοπῆται, εἴτε χρὴ αὐτὸ ὑπαλείφεσθαι εἴτε μή, πότερον οἴει τότε εἶναι τὴν βουλὴν περὶ τοῦ φαρμάκου ἢ περὶ τῶν ὀφθαλμῶν;

ΝΙ. Περὶ τῶν ὀφθαλμῶν.

ΣΩ. Οὐκοῦν καὶ ὅταν ἵππῳ χαλινὸν σκοπῆταί τις εἰ d προσοιστέον ἢ μή, καὶ ὁπότε, τότε που περὶ τοῦ ἵππου βουλεύεται, ἀλλ' οὐ περὶ τοῦ χαλινοῦ;

ΝΙ. Ἀληθῆ.

ΣΩ. Οὐκοῦν ἑνὶ λόγῳ ὅταν τίς τι ἕνεκά του σκοπῇ, περὶ ἐκείνου ἡ βουλὴ τυγχάνει οὖσα οὗ ἕνεκα ἐσκόπει, ἀλλ' οὐ περὶ τοῦ ὃ ἕνεκα ἄλλου ἐζήτει.

185 a 7 ὁ τοῦ TW : τοῦ B || **b 6** τούτου Jacobs : τούτου οὗ BTW || **d 7** ὃ ἕνεκα ἄλλου Cornarius : οὗ ἕνεκα ἄλλο BTW.

Nicias. — Évidemment.

Socrate. — Par conséquent, lorsque nous cherchons un conseiller, nous devons nous demander s'il a la compétence nécessaire relativement à la fin en vue de laquelle nous instituons notre recherche[1].

Nicias. — Sans doute.

e Socrate. — Ainsi, dans la circonstance présente, notre recherche sur la valeur de cette étude a pour fin l'âme des jeunes gens ?

Nicias. — Oui.

Socrate. — Il s'agit donc de savoir lequel de nous est assez expert dans le traitement de l'âme pour être capable de la bien soigner, et s'il a eu de bons maîtres dans cet art.

Lachès. — Mais quoi, Socrate ? N'as-tu jamais vu d'hommes qui, sans maîtres, sont devenus plus habiles dans certains arts qu'avec des leçons ?

Socrate. — Sans doute, Lachès. Mais tu ne te fierais pas à eux s'ils te disaient qu'ils sont habiles sans avoir à te mon-
186 a trer un ou plusieurs beaux ouvrages de leur façon.

Lachès. — Tu as raison.

Socrate. — De même, Lachès et Nicias, puisque Lysimaque et Mélésias nous demandent conseil au sujet de leurs fils pour les aider à rendre leurs âmes aussi parfaites que possible, si nous déclarons que nous avons appris cet art, nous devons leur faire connaître quels maîtres nous avons eus, et prouver que ces maîtres, hommes de mérite eux-mêmes, avaient soigné habilement de jeunes âmes avant de
b nous transmettre leur enseignement. Si quelqu'un de nous déclare n'avoir pas eu de maître, mais peut du moins nous montrer ses œuvres, il doit nous dire quels individus, Athéniens ou étrangers, esclaves[2] ou libres, sont devenus grâce à lui des hommes d'un mérite reconnu. Si nous ne pouvons

1. Démosthène, parlant de l'homme d'État, l'appelle le « conseiller du peuple », et exige de lui des garanties analogues à celles que Socrate exige de tout homme qui prétend donner des conseils.

2. Noter cette place accordée à l'esclave à côté de l'homme libre. Antiphon et Alcidamas ont reconnu vers le même temps ou même avant l'égalité *naturelle* des hommes. L'inégalité entre les hommes vient surtout d'une différence d'éducation, d'après l'auteur inconnu (pseudo-Xénophon) de l'opuscule *Sur la République d'Athènes*.

ΝΙ. Ἀνάγκη.

ΣΩ. Δεῖ ἄρα καὶ τὸν σύμβουλον σκοπεῖν, ἆρα τεχνικός ἐστιν εἰς ἐκείνου θεραπείαν, οὗ ἕνεκα σκοποῦμεν ὃ σκοποῦμεν.

ΝΙ. Πάνυ γε.

ΣΩ. Οὐκοῦν νῦν φαμεν περὶ μαθήματος σκοπεῖν τῆς e
ψυχῆς ἕνεκα τῆς τῶν νεανίσκων;

ΝΙ. Ναί.

ΣΩ. Ὅστις ἄρα ἡμῶν τεχνικὸς περὶ ψυχῆς θεραπείαν καὶ οἷός τε καλῶς τοῦτο θεραπεῦσαι, καὶ ὅτῳ διδάσκαλοι ἀγαθοὶ γεγόνασιν τούτου, σκεπτέον.

ΛΑ. Τί δέ, ὦ Σώκρατες; Οὔπω ἑώρακας ἄνευ διδασκάλων τεχνικωτέρους γεγονότας εἰς ἔνια ἢ μετὰ διδασκάλων;

• ΣΩ. Ἔγωγε, ὦ Λάχης· οἷς γε σὺ οὐκ ἂν ἐθέλοις πιστεῦσαι, εἰ φαῖεν ἀγαθοὶ εἶναι δημιουργοί, εἰ μή τί σοι τῆς αὑτῶν τέχνης ἔργον ἔχοιεν ἐπιδεῖξαι εὖ εἰργασμένον, καὶ
ἓν καὶ πλείω. 186 a

ΛΑ. Τοῦτο μὲν ἀληθῆ λέγεις.

ΣΩ. Καὶ ἡμᾶς ἄρα δεῖ, ὦ Λάχης τε καὶ Νικία, ἐπειδὴ Λυσίμαχος καὶ Μελησίας εἰς συμβουλὴν παρεκαλεσάτην ἡμᾶς περὶ τοῖν ὑέοιν, προθυμούμενοι αὐτοῖν ὅ τι ἀρίστας γενέσθαι τὰς ψυχάς, εἰ μέν φαμεν ἔχειν, ἐπιδεῖξαι αὐτοῖς καὶ διδασκάλους οἵτινες ἡμῶν γεγόνασιν, <οἳ> αὐτοὶ πρῶτον ἀγαθοὶ ὄντες καὶ πολλῶν νέων τεθεραπευκότες ψυ-
χὰς ἔπειτα καὶ ἡμᾶς διδάξαντες φαίνονται· ἢ εἴ τις ἡμῶν b
αὐτῶν ἑαυτῷ διδάσκαλον μὲν οὔ φησι γεγονέναι, ἀλλ' οὖν ἔργα αὐτὸς αὑτοῦ ἔχει εἰπεῖν, ἐπιδεῖξαι τίνες Ἀθηναίων ἢ τῶν ξένων, ἢ δοῦλοι ἢ ἐλεύθεροι, δι' ἐκεῖνον ὁμολογου-

d 10 σκοποῦμεν ὃ σκ. Cron : σκοπούμενοι σκ. BTW || **d** 12 πάνυ — 191 **b** 3 εἶπεν αὐτὸν recenti manu in W || **e** 4 ὅστις Schanz : εἴ τις BTW || **e** 6 τούτου Apelt : τοῦτον BT τοῦτο rec. || **186 a** 7 οἳ add. Bekker || **a** 8 πρῶτον H. Estienne : πρῶτοι BT || **b** 3 ἐπιδεῖξαι rec. : καὶ ἐπιδεῖξαι BT || **b** 4 ἐκεῖνον rec. : ἐκείνων BT.

faire rien de tout cela, prions nos amis de s'adresser à d'autres et ne nous exposons pas, en corrompant leurs fils, à la plus grave responsabilité envers les parents.

c Pour moi, Lysimaque et Mélésias, je déclare tout le premier que je n'ai pas eu de maître en cet art. Cependant j'en ai toujours eu le désir, dès ma jeunesse. Mais je n'ai pas le moyen de payer les sophistes, qui seuls se faisaient forts de me rendre honnête homme. Quant à découvrir ce secret par moi-même, j'en suis encore incapable. Que Nicias et Lachès l'eussent appris ou découvert, je n'en serais pas étonné ; ils sont plus riches que moi, ce qui leur permettait de payer des leçons, et ils sont plus âgés, de sorte qu'ils ont eu le temps de trouver par eux-mêmes. Je les crois fort capables de
d diriger une éducation ; car ils ne trancheraient pas si hardiment sur ce qui convient ou ne convient pas à la jeunesse, s'ils n'avaient une entière confiance en leur propre savoir. Aussi, d'une manière générale, je m'en remets à eux ; mais leur désaccord tout à l'heure m'a surpris.

C'est pourquoi, Lysimaque, imitant Lachès qui t'invitait à ne pas me lâcher et à m'interroger, je te prierai à mon tour de ne lâcher ni Lachès ni Nicias, mais de les inter-
e roger : dis-leur que Socrate affirme ne rien connaître de la question, et n'être pas capable de distinguer lequel des deux a raison, n'étant sur ces matières ni inventeur ni élève d'un maître. Dites-nous l'un et l'autre, Nicias et Lachès, quel savant maître d'éducation vous avez fréquenté [1]. Dites-nous si votre savoir vous vient d'un enseignement ou de vous-mêmes ; et, dans le premier cas, quels maîtres vous
187 a avez eus l'un et l'autre et quels étaient leurs rivaux, afin que si les affaires de la cité vous privent de loisir, nous puissions nous adresser à eux, les décider par grâce, ou contre argent [2], ou des deux façons, à prendre soin de vos fils et

1. Ni Lachès ni Nicias ne répondent à cette question précise, et Socrate l'écartera lui-même plus loin (189 d-e) pour donner un autre objet à la discussion. C'est que la question du « maître » est plus théorique que pratique, et l'intéresse au fond assez peu ; l'essentiel est la dialectique. Dans le cas présent, peu importent les maîtres de Nicias et de Lachès : puisqu'ils sont en désaccord, le raisonnement seul peut décider entre eux.

2. L'argent demandé en échange des conseils caractérise le sophiste.

μένως ἀγαθοὶ γεγόνασιν· εἰ δὲ μηδὲν ἡμῖν τούτων ὑπάρχει,
ἄλλους κελεύειν ζητεῖν καὶ μὴ ἐν ἑταίρων ἀνδρῶν ὑέσιν
κινδυνεύειν διαφθείροντας τὴν μεγίστην αἰτίαν ἔχειν ὑπὸ
τῶν οἰκειοτάτων.

Ἐγὼ μὲν οὖν, ὦ Λυσίμαχέ τε καὶ Μελησία, πρῶτος περὶ c
ἐμαυτοῦ λέγω ὅτι διδάσκαλός μοι οὐ γέγονε τούτου πέρι.
Καίτοι ἐπιθυμῶ γε τοῦ πράγματος ἐκ νέου ἀρξάμενος.
Ἀλλὰ τοῖς μὲν σοφισταῖς οὐκ ἔχω τελεῖν μισθούς, οἵπερ
μόνοι ἐπηγγέλλοντό με οἷοί τ' εἶναι ποιῆσαι καλόν τε κἀγα-
θόν· αὐτὸς δ' αὖ εὑρεῖν τὴν τέχνην ἀδυνατῶ ἔτι νυνί. Εἰ δὲ
Νικίας ἢ Λάχης ηὕρηκεν ἢ μεμάθηκεν, οὐκ ἂν θαυμάσαιμι·
καὶ γὰρ χρήμασιν ἐμοῦ δυνατώτεροι, ὥστε μαθεῖν παρ' ἄλλων,
καὶ ἅμα πρεσβύτεροι, ὥστε ἤδη ηὑρηκέναι. Δοκοῦσι δή μοι
δυνατοὶ εἶναι παιδεῦσαι ἄνθρωπον· οὐ γὰρ ἄν ποτε ἀδεῶς d
ἀπεφαίνοντο περὶ ἐπιτηδευμάτων νέῳ χρηστῶν τε καὶ
πονηρῶν, εἰ μὴ αὐτοῖς ἐπίστευον ἱκανῶς εἰδέναι. Τὰ μὲν
οὖν ἄλλα ἔγωγε τούτοις πιστεύω· ὅτι δὲ διαφέρεσθον ἀλλή-
λοιν, ἐθαύμασα.

Τοῦτο οὖν σου ἐγὼ ἀντιδέομαι, ὦ Λυσίμαχε, καθάπερ
ἄρτι Λάχης μὴ ἀφίεσθαί σε ἐμοῦ διεκελεύετο, ἀλλὰ ἐρωτᾶν,
καὶ ἐγὼ νῦν παρακελεύομαί σοι μὴ ἀφίεσθαι Λάχητος μηδὲ
Νικίου, ἀλλ' ἐρωτᾶν λέγοντα ὅτι ὁ μὲν Σωκράτης οὔ φησιν
ἐπαΐειν περὶ τοῦ πράγματος, οὐδ' ἱκανὸς εἶναι διακρῖναι e
ὁπότερος ὑμῶν ἀληθῆ λέγει· οὔτε γὰρ εὑρετὴς οὔτε μαθητὴς
οὐδενὸς περὶ τῶν τοιούτων γεγονέναι· σὺ δ', ὦ Λάχης καὶ
Νικία, εἴπετον ἡμῖν ἑκάτερος τίνι δὴ δεινοτάτῳ συγγεγό-
νατον περὶ τῆς τῶν νέων τροφῆς, καὶ πότερα μαθόντε παρά
του ἐπίστασθον ἢ αὐτὼ ἐξευρόντε, καὶ εἰ μὲν μαθόντε,
τίς ὁ διδάσκαλος ἑκατέρῳ καὶ τίνες ἄλλοι ὁμότεχνοι αὐτοῖς, 187 a
ἵν', ἂν μὴ ὑμῖν σχολὴ ᾖ ὑπὸ τῶν τῆς πόλεως πραγμάτων,
ἐπ' ἐκείνους ἴωμεν καὶ πείθωμεν ἢ δώροις ἢ χάρισιν ἢ

b 6 κελεύειν rec. : κελεύει BT || c 6 εὑρεῖν T : ἐρεῖν B || d 2 νέῳ T : μὲν B.

des nôtres, de telle sorte que ceux-ci ne fassent pas honte à leurs ancêtres par leur indignité. Si au contraire vous avez trouvé par vous-mêmes la vraie méthode, apportez-nous des exemples, indiquez-nous les noms de ceux qui, grâce à vous, de mauvais sont devenus bons [1]. Car si vous
b commencez aujourd'hui votre métier d'éducateurs, songez que vous faites une expérience dangereuse non sur un Carien [2], mais sur vos fils et sur ceux de vos amis, et prenez garde de débuter, comme on dit, dans le métier de potier, par une jarre [3]. Dites-nous donc laquelle de ces hypothèses s'applique à vous ou ne s'y applique pas.

Voilà, Lysimaque, ce qu'il faut que tu leur demandes, sans leur permettre de s'éloigner.

Acceptation de la méthode de Socrate. Son portrait par les trois interlocuteurs.

Lysimaque. — Il me semble, Nicias et Lachès, que Socrate a raison. A vous de
c décider s'il vous est agréable d'être interrogés et de répondre. Quant à Mélésias et à moi, nous serions évidemment charmés de vous entendre exposer vos idées en réponse aux questions de Socrate. Car, ainsi que je le disais au début, si nous vous avons priés de nous donner vos avis, c'est que nous pensions que vous aviez dû réfléchir
d à ce problème, d'autant plus que vous avez comme nous des fils en âge de compléter leur éducation. Par conséquent, si vous n'y faites point d'objection, veuillez nous le dire et aborder cette recherche avec Socrate, échangeant tour à tour les demandes et les réponses ; car la question, comme le dit Socrate, est pour nous des plus graves. Voyez donc si ce projet vous agrée.

Nicias. — Lysimaque, il me paraît bien qu'en effet tu ne connais Socrate que par son père et que, pour lui personnel-
e lement, tu ne l'as vu qu'enfant, lorsqu'il allait par hasard avec son père à quelque assemblée de votre dème, ou dans

1. Cette seconde preuve de leur savoir ne sera pas plus donnée par eux que la première, et pour la même raison : elle n'est pas une preuve dialectique et vraiment probante ; elle ne pourrait avoir qu'un caractère provisoire.

2. C'est-à-dire *in anima vili*.

3. C'est-à-dire par un ouvrage difficile.

ἀμφότερα ἐπιμεληθῆναι καὶ τῶν ἡμετέρων καὶ τῶν ὑμετέρων
παίδων, ὅπως μὴ καταισχύνωσι τοὺς αὑτῶν προγόνους
φαῦλοι γενόμενοι· εἰ δ' αὐτοὶ εὕρεταὶ γεγονότε τοῦ τοιού-
του, δότε παράδειγμα τίνων ἤδη ἄλλων ἐπιμεληθέντες ἐκ
φαύλων καλούς τε κἀγαθοὺς ἐποιήσατε. Εἰ γὰρ νῦν ἄρξεσθε
πρῶτον παιδεύειν, σκοπεῖν χρὴ μὴ οὐκ ἐν τῷ Καρὶ ὑμῖν ὁ b
κίνδυνος κινδυνεύηται, ἀλλ' ἐν τοῖς ὑέσι τε καὶ ἐν τοῖς
τῶν φίλων παισί, καὶ ἀτεχνῶς τὸ λεγόμενον κατὰ τὴν πα-
ροιμίαν ὑμῖν συμβαίνῃ ἐν πίθῳ ἡ κεραμεία γιγνομένη. Λέγετε
οὖν, τί τούτων ἢ φατὲ ὑμῖν ὑπάρχειν τε καὶ προσήκειν,
ἢ οὔ φατε.

Ταῦτ', ὦ Λυσίμαχε, παρ' αὐτῶν πυνθάνου τε καὶ μὴ
μεθίει τοὺς ἄνδρας.

ΛΥ. Καλῶς μὲν ἔμοιγε δοκεῖ, ὦ ἄνδρες, Σωκράτης
λέγειν· εἰ δὲ βουλομένοις ὑμῖν ἐστι περὶ τῶν τοιούτων c
ἐρωτᾶσθαί τε καὶ διδόναι λόγον, αὐτοὺς δὴ χρὴ γιγνώσκειν,
ὦ Νικία τε καὶ Λάχης. Ἐμοὶ μὲν γὰρ καὶ Μελησίᾳ τῷδε
δῆλον ὅτι ἡδομένοις ἂν εἴη εἰ πάντα ἃ Σωκράτης ἐρωτᾷ
ἐθέλοιτε λόγῳ διεξιέναι· καὶ γὰρ ἐξ ἀρχῆς ἐντεῦθεν ἠρχό-
μην λέγων, ὅτι εἰς συμβουλὴν διὰ ταῦτα ὑμᾶς παρακαλέ-
σαιμεν, ὅτι μεμεληκέναι ὑμῖν ἡγούμεθα, ὡς εἰκός, περὶ τῶν
τοιούτων, καὶ ἄλλως καὶ ἐπειδὴ οἱ παῖδες ὑμῖν ὀλίγου
ὥσπερ οἱ ἡμέτεροι ἡλικίαν ἔχουσι παιδεύεσθαι. Εἰ οὖν ὑμῖν d
μή τι διαφέρει, εἴπατε καὶ κοινῇ μετὰ Σωκράτους σκέψασθε,
διδόντες τε καὶ δεχόμενοι λόγον παρ' ἀλλήλων· εὖ γὰρ καὶ
τοῦτο λέγει ὅδε, ὅτι περὶ τοῦ μεγίστου νῦν βουλευόμεθα
τῶν ἡμετέρων. Ἀλλ' ὁρᾶτε εἰ δοκεῖ χρῆναι οὕτω ποιεῖν.

ΝΙ. Ὦ Λυσίμαχε, δοκεῖς μοι ὡς ἀληθῶς Σωκράτη πα-
τρόθεν γιγνώσκειν μόνον, αὐτῷ δ' οὐ συγγεγονέναι ἀλλ' ἢ
παιδὶ ὄντι, εἴ που ἐν τοῖς δημόταις μετὰ τοῦ πατρὸς ἀκο- e
λουθῶν ἐπλησίασέν σοι ἢ ἐν ἱερῷ ἢ ἐν ἄλλῳ τῳ συλλόγῳ τῶν

187 a 8-9 ἄρξεσθε πρῶτον T : πρῶτον ἄρξασθαι B || b 2 ὑέσι BT : ὑμετέροις Schanz || b 4 συμβαίνῃ Bekker : συμβαίνει BT || c 3 καὶ Μελησίᾳ T : ὦ Μελησία B || c 4 ἃ T : ὧι B ὧν B².

un temple ou dans une autre réunion du même genre[1]. Depuis qu'il a pris de l'âge, il est clair que tu ne l'as jamais rencontré.

Lysimaque. — Pourquoi cela, Nicias ?

Nicias. — Parce que tu me parais ignorer que, si l'on appartient au groupe intime et, pour ainsi dire, à la famille des interlocuteurs habituels de Socrate, on est forcé, quel que soit le sujet qu'on entame d'abord, de se laisser ramener par le fil de l'entretien à des explications sur soi-même, sur son propre genre de vie et sur toute son existence
188 a antérieure. Quand on en est arrivé là, Socrate ne vous lâche plus avant d'avoir tout passé au crible de la belle façon. Pour moi, qui ai l'habitude du personnage, je sais qu'on ne peut éviter d'être ainsi traité et je vois clairement que je n'y échapperai pas moi non plus. Car je me plais, Lysimaque, dans sa compagnie, et je ne trouve pas mauvais d'être remis en mémoire du bien ou du mal que j'ai fait ou que je fais encore ;
b j'estime qu'à subir cette épreuve on devient plus prudent pour l'avenir, si l'on est disposé, selon le précepte de Solon, à apprendre durant toute sa vie[2], et à ne pas croire que la vieillesse toute seule nous apporte la sagesse. Subir l'examen de Socrate n'est pour moi ni une nouveauté ni un désagrément : je savais depuis longtemps qu'avec Socrate ce ne seraient pas seulement les jeunes gens qui seraient mis en
c cause, mais que nous y passerions aussi. Je le répète donc : en ce qui me concerne, je ne m'oppose pas à ce que Socrate s'entretienne avec nous de la manière qui lui plaira. Mais il faut voir ce qu'en pense Lachès.

Lachès. — En matière de discours, Nicias, mon cas est simple, ou, si tu le préfères, il est double. J'ai l'air tantôt d'aimer les discours et tantôt de les détester. Quand j'entends discourir sur la vertu ou sur quelque science un homme qui est vraiment un homme et digne de ses discours,

1. Les dèmes athéniens, jadis indépendants les uns des autres avant leur réunion en une seule cité, n'avaient plus, au cinquième siècle, de vie politique, mais ils conservaient une vie municipale et religieuse assez active.

2. Solon avait dit, dans un vers souvent cité, « en vieillissant, j'apprends toujours quelque chose » :

Γηράσκω δ' αἰεὶ πολλὰ διδασκόμενος.

δημοτῶν· ἐπειδὴ δὲ πρεσβύτερος γέγονεν, οὐκ ἐντετυχηκὼς τῷ ἀνδρὶ δῆλος εἶ.

ΛΥ. Τί μάλιστα, ὦ Νικία;

ΝΙ. Οὔ μοι δοκεῖς εἰδέναι ὅτι, ὃς ἂν ἐγγύτατα Σωκράτους ᾖ λόγῳ, ὥσπερ γένει, καὶ πλησιάζῃ διαλεγόμενος, ἀνάγκη αὐτῷ, ἐὰν ἄρα καὶ περὶ ἄλλου του πρότερον ἄρξηται διαλέγεσθαι, μὴ παύεσθαι ὑπὸ τούτου περιαγόμενον τῷ λόγῳ, πρὶν <ἂν> ἐμπέσῃ εἰς τὸ διδόναι περὶ αὑτοῦ λόγον, ὅντινα τρόπον νῦν τε ζῇ καὶ ὅντινα τὸν παρεληλυ- 188 a
θότα βίον βεβίωκεν· ἐπειδὰν δ' ἐμπέσῃ, ὅτι οὐ πρότερον αὐτὸν ἀφήσει Σωκράτης, πρὶν ἂν βασανίσῃ ταῦτα εὖ τε καὶ καλῶς ἅπαντα. Ἐγὼ δὲ συνήθης τέ εἰμι τῷδε καὶ οἶδ' ὅτι ἀνάγκη ὑπὸ τούτου πάσχειν ταῦτα, καὶ ἔτι γε αὐτὸς ὅτι πείσομαι ταῦτα εὖ οἶδα· χαίρω γάρ, ὦ Λυσίμαχε, τῷ ἀνδρὶ πλησιάζων, καὶ οὐδὲν οἶμαι κακὸν εἶναι τὸ ὑπομιμνήσκεσθαι ὅ τι μὴ καλῶς ἢ πεποιήκαμεν ἢ ποιοῦμεν, ἀλλ' εἰς τὸν ἔπειτα βίον προμηθέστερον ἀνάγκη εἶναι τὸν ταῦτα μὴ b
φεύγοντα, ἀλλ' ἐθέλοντα κατὰ τὸ τοῦ Σόλωνος καὶ ἀξιοῦντα μανθάνειν ἕωσπερ ἂν ζῇ, καὶ μὴ οἰόμενον αὐτὸ τὸ γῆρας νοῦν ἔχον προσιέναι. Ἐμοὶ μὲν οὖν οὐδὲν ἄηθες οὐδ' αὖ ἀηδὲς ὑπὸ Σωκράτους βασανίζεσθαι, ἀλλὰ καὶ πάλαι σχεδόν τι ἠπιστάμην ὅτι οὐ περὶ τῶν μειρακίων ἡμῖν ὁ λόγος ἔσοιτο Σωκράτους παρόντος, ἀλλὰ περὶ ἡμῶν αὐτῶν. Ὅπερ οὖν λέγω, τὸ μὲν ἐμὸν οὐδὲν κωλύει Σωκράτει συνδιατρίβειν c
ὅπως οὗτος βούλεται· Λάχητα δὲ τόνδε ὅρα ὅπως ἔχει περὶ τοῦ τοιούτου.

ΛΑ. Ἁπλοῦν τό γ' ἐμόν, ὦ Νικία, περὶ λόγων ἐστίν· εἰ δὲ βούλει, οὐχ ἁπλοῦν, ἀλλὰ διπλοῦν. Καὶ γὰρ ἂν δόξαιμί τῳ φιλόλογος εἶναι καὶ αὖ μισόλογος. Ὅταν μὲν γὰρ ἀκούω ἀνδρὸς περὶ ἀρετῆς διαλεγομένου ἢ περί τινος σοφίας ὡς ἀληθῶς ὄντος ἀνδρὸς καὶ ἀξίου τῶν λόγων ὧν λέγει, χαίρω

e 7 λόγῳ — γένει secl. Cron || e 10 <ἂν> ἐμπέσῃ recc. : ἐμπέσει BT || 188 a 5 ἔτι T : ὅτι B || b 2 τὸ τοῦ Stobée : τοῦ B τοὺς T || b 3 αὐτὸ man. rec. in W : αὐτῷ BT || c 6 αὖ μισο- T : οὐ μισθολόγος B.

j'en éprouve une joie profonde, par la contemplation de la convenance et de l'harmonie dont le spectacle m'est offert. Un tel homme est à mes yeux le musicien idéal, qui ne se contente pas de mettre la plus belle harmonie dans sa lyre ou dans quelque instrument frivole, mais qui, dans la réalité de sa vie, met d'accord ses paroles et ses actes, selon le mode dorien et non ionien, encore bien moins phrygien
e ou lydien, mais selon le seul qui soit vraiment grec[1]. Cette voix-là m'enchante et me donne pour tout le monde l'air d'un ami des discours, tant je recueille avec passion les mots qu'elle fait entendre. Mais le discoureur qui fait tout le contraire m'ennuie, et d'autant plus qu'il semble parler mieux ; ce qui me donne l'apparence d'un ennemi des discours.

Pour Socrate, je ne connais pas encore ses discours, mais je crois connaître ses actes, et, sur ce point, je l'ai trouvé digne du langage le plus beau et de la plus entière liberté de parole.
189 a Si donc il possède aussi cette qualité, ma bonne volonté lui est acquise ; je serai heureux d'être examiné par lui, et je ne demande pas mieux que d'apprendre, selon le précepte de Solon, auquel je veux ajouter un seul mot : oui, je consens à apprendre dans ma vieillesse, à la condition que le maître soit un honnête homme. C'est une concession que je réclame, l'honnêteté du maître, afin qu'on ne m'accuse pas d'avoir l'entendement rebelle s'il m'arrive d'écouter sans plaisir. Que d'ailleurs le maître soit jeune, encore peu connu,
b ou qu'il ait quelque autre désavantage de ce genre, cela m'est tout à fait égal. Je t'invite donc, Socrate, à m'enseigner et à m'examiner comme il te plaira, et je t'apprendrai en retour ce que je sais. Mes sentiments pour toi datent de ce jour où tu as partagé mon péril et où tu m'as donné de ton courage une preuve pleinement justificative. Parle donc librement sans tenir compte de mon âge.

1. Les anciens ont souvent signalé le caractère propre à chaque mode. C'est une question qui intéressait non seulement les musiciens de profession, mais aussi les moralistes, à cause de l'influence exercée par la musique sur les passions, et de la grande place qu'elle tenait dans l'éducation grecque, surtout avant la sophistique. Platon lui-même en parle longuement dans la *République*. — Le mode dorien avait un caractère viril et grave ; le mode ionien passait pour efféminé, le phrygien pour passionné, le lydien pour gracieux avant tout.

ὑπερφυῶς, θεώμενος ἅμα τόν τε λέγοντα καὶ τὰ λεγόμενα d ὅτι πρέποντα ἀλλήλοις καὶ ἁρμόττοντά ἐστι· καὶ κομιδῇ μοι δοκεῖ μουσικὸς ὁ τοιοῦτος εἶναι, ἁρμονίαν καλλίστην ἡρμοσμένος, οὐ λύραν οὐδὲ παιδιᾶς ὄργανα, ἀλλὰ τῷ ὄντι ζῆν [ἡρμοσμένος οὗ] αὐτὸς αὑτοῦ τὸν βίον σύμφωνον τοῖς λόγοις πρὸς τὰ ἔργα, ἀτεχνῶς δωριστί, ἀλλ' οὐκ ἰαστί, οἶμαι, οὐδὲ φρυγιστὶ οὐδὲ λυδιστί, ἀλλ' ἥπερ μόνη Ἑλληνική ἐστιν ἁρμονία. Ὁ μὲν οὖν τοιοῦτος χαίρειν με ποιεῖ φθεγγόμενος καὶ δοκεῖν ὁτῳοῦν φιλόλογον εἶναι· οὕτω σφόδρα ἀποδέχομαι e παρ' αὐτοῦ τὰ λεγόμενα· ὁ δὲ τἀναντία τούτου πράττων λυπεῖ με, ὅσῳ ἂν δοκῇ ἄμεινον λέγειν, τοσούτῳ μᾶλλον, καὶ ποιεῖ αὖ δοκεῖν εἶναι μισόλογον.

Σωκράτους δ' ἐγὼ τῶν μὲν λόγων οὐκ ἔμπειρός εἰμι, ἀλλὰ πρότερον, ὡς ἔοικε, τῶν ἔργων ἐπειράθην, καὶ ἐκεῖ αὐτὸν ηὗρον ἄξιον ὄντα λόγων καλῶν καὶ πάσης παρρησίας. Εἰ 189 a οὖν καὶ τοῦτο ἔχει, συμβούλομαι τἀνδρί, καὶ ἥδιστ' ἂν ἐξεταζοίμην ὑπὸ τοῦ τοιούτου, καὶ οὐκ ἂν ἀχθοίμην μανθάνων, ἀλλὰ καὶ ἐγὼ τῷ Σόλωνος ἓν μόνον προσλαβών, συγχωρῶ· γηράσκων γὰρ πολλὰ διδάσκεσθαι ἐθέλω ὑπὸ χρηστῶν μόνον. Τοῦτο γάρ μοι συγχωρείτω, ἀγαθὸν καὶ αὐτὸν εἶναι τὸν διδάσκαλον, ἵνα μὴ δυσμαθὴς φαίνωμαι ἀηδῶς μανθάνων· εἰ δὲ νεώτερος ὁ διδάσκων ἔσται ἢ μήπω ἐν δόξῃ ὢν ἤ τι ἄλλο τῶν τοιούτων ἔχων, οὐδέν μοι μέλει. b Σοὶ οὖν, ὦ Σώκρατες, ἐγὼ ἐπαγγέλλομαι καὶ διδάσκειν καὶ ἐλέγχειν ἐμὲ ὅ τι ἂν βούλῃ, καὶ μανθάνειν γε ὅ τι αὖ ἐγὼ οἶδα· οὕτω σὺ παρ' ἐμοὶ διάκεισαι ἀπ' ἐκείνης τῆς ἡμέρας ᾗ μετ' ἐμοῦ συνδιεκινδύνευσας καὶ ἔδωκας σαυτοῦ πεῖραν ἀρετῆς ἣν χρὴ διδόναι τὸν μέλλοντα δικαίως δώσειν. Λέγ' οὖν ὅ τι σοι φίλον, μηδὲν τὴν ἡμετέραν ἡλικίαν ὑπόλογον ποιούμενος.

d 1 τὰ λεγόμενα T : τὸν λεγόμενον B || **d** 2 πρέποντα ἀλλήλοις T : πρέπον· τὰ δ' ἀλλήλοις B || **d** 5 ἡρμοσμένος οὗ secl. Schanz || **d** 6-7 οἶμαι οὐδὲ Badham : οἴομαι δὲ οὐδὲ BT || **189 a** 6 μόνον BT : μόνων rec. || **b** 7 ὑπόλογον H. Estienne : ὑπὸ λόγον BT.

c SOCRATE. — Ce n'est pas vous, je crois, que nous pourrons accuser de vous dérober à la discussion et à la recherche.

LYSIMAQUE. — C'est notre affaire à tous, Socrate, car je te compte comme un des nôtres. Prends-donc ma place dans l'intérêt des enfants pour demander à Nicias et à Lachès ce que nous voulons savoir, et délibère en commun avec eux. Pour moi, l'âge me fait parfois oublier les questions que j'avais l'intention de poser, et, quant à ce qu'on me dit, si d'autres propos viennent à la traverse, je m'y perds tout à
d fait. Causez donc et discutez entre vous le sujet en question. J'écouterai, et quand j'aurai écouté, je ferai, d'accord avec Mélésias, ce que vous aurez décidé.

Position de la question par Socrate.

SOCRATE. — Allons, Nicias et Lachès, il nous faut obéir à Lysimaque et à Mélésias. Nous avions commencé d'examiner quels maîtres nous avions eus et quels disciples
e nous avions formés à la vertu [1] : c'est là une recherche qui peut avoir ses avantages ; mais je songe à une autre qui conduit au même but et qui doit peut-être venir la première. Si nous savions, dans un ordre de choses quelconque, un objet dont la présence améliorât sûrement le sujet qui le possèderait, et si nous étions en outre capables de procurer cette présence, il est clair que nous connaîtrions l'objet à propos duquel on nous demanderait le moyen le plus sûr et le plus facile de l'acquérir. Peut-être saisissez-vous mal ce que je veux dire : je vais m'expliquer plus clairement.

190 a Nous savons, je suppose, que la présence de la vue rend les yeux plus parfaits, et en outre nous avons le pouvoir de leur procurer cette présence : c'est donc évidemment que nous savons ce qu'est la vue, puisque nous pouvons indiquer, à qui nous le demanderait, le moyen le plus court et le plus efficace

1. Telle était en effet, pour Socrate, la première chose à faire pour vérifier le talent d'un maître. Cf. plus haut, p. 101, n. 1. Mais cette méthode, toute extérieure, n'était à ses yeux qu'un moyen vulgaire et commode de trancher la question : le véritable philosophe avait d'autres moyens de la résoudre. Socrate a hâte de revenir au pur raisonnement, seul capable de décider entre des autorités diverses, et de juger les autorités elles-mêmes.

ΣΩ. Οὐ τὰ ὑμέτερα, ὡς ἔοικεν, αἰτιασόμεθα μὴ οὐχ c
ἑτοῖμα εἶναι καὶ συμβουλεύειν καὶ συσκοπεῖν.

ΛΥ. Ἀλλ' ἡμέτερον δὴ ἔργον, ὦ Σώκρατες· ἕνα γάρ σε
ἔγωγε ἡμῶν τίθημι· σκόπει οὖν ἀντ' ἐμοῦ ὑπὲρ τῶν νεα-
νίσκων ὅ τι δεόμεθα παρὰ τῶνδε πυνθάνεσθαι, καὶ συμβού-
λευε διαλεγόμενος τούτοις. Ἐγὼ μὲν γὰρ καὶ ἐπιλανθάνομαι
ἤδη τὰ πολλὰ διὰ τὴν ἡλικίαν ὧν ἂν διανοηθῶ ἐρέσθαι, καὶ
αὖ ἃ ἂν ἀκούσω, ἐάν γε μεταξὺ ἄλλοι λόγοι γένωνται, οὐ
πάνυ μέμνημαι. Ὑμεῖς οὖν λέγετε καὶ διέξιτε πρὸς ὑμᾶς d
αὐτοὺς περὶ ὧν προὐθέμεθα· ἐγὼ δ' ἀκούσομαι καὶ ἀκούσας
αὖ μετὰ Μελησίου τοῦδε ποιήσω τοῦτο ὅ τι ἂν καὶ ὑμῖν
δοκῇ.

ΣΩ. Πειστέον, ὦ Νικία τε καὶ Λάχης, Λυσιμάχῳ καὶ
Μελησίᾳ. Ἃ μὲν οὖν νυνδὴ ἐπεχειρήσαμεν σκοπεῖν, τίνες
οἱ διδάσκαλοι ἡμῖν τῆς τοιαύτης παιδείας γεγόνασιν ἢ τίνας
ἄλλους βελτίους πεποιήκαμεν, ἴσως μὲν οὐ κακῶς ἔχει
ἐξετάζειν καὶ τὰ τοιαῦτα ἡμᾶς αὐτούς· ἀλλ' οἶμαι καὶ ἡ e
τοιάδε σκέψις εἰς ταὐτὸν φέρει, σχεδὸν δέ τι καὶ μᾶλλον ἐξ
ἀρχῆς εἴη ἄν. Εἰ γὰρ τυγχάνομεν ἐπιστάμενοι ὁτουοῦν
πέρι ὅ τι παραγενόμενόν τῳ βέλτιον ποιεῖ ἐκεῖνο ᾧ παρεγέ-
νετο, καὶ προσέτι οἷοί τέ ἐσμεν αὐτὸ ποιεῖν παραγίγνεσθαι
ἐκείνῳ, δῆλον ὅτι αὐτό γε ἴσμεν τοῦτο οὗ πέρι σύμβουλοι
ἂν γενοίμεθα ὡς ἄν τις αὐτὸ ῥᾷστα καὶ ἄριστα κτήσαιτο.
Ἴσως οὖν οὐ μανθάνετέ μου ὅ τι λέγω, ἀλλ' ὧδε ῥᾷον
μαθήσεσθε.

Εἰ τυγχάνομεν ἐπιστάμενοι ὅτι ὄψις παραγενομένη 190 a
ὀφθαλμοῖς βελτίους ποιεῖ ἐκείνους οἷς παρεγένετο, καὶ
προσέτι οἷοί τέ ἐσμεν ποιεῖν αὐτὴν παραγίγνεσθαι ὄμμασι,
δῆλον ὅτι ὄψιν γε ἴσμεν αὐτὴν ὅ τί ποτ' ἔστιν, ἧς πέρι

c 8 ἐάν γε Schanz : ἐὰν δὲ BT || d 5-6 Λυσιμάχῳ καὶ Μελησίᾳ T : Λυσίμαχος καὶ Μελησίᾳ (sic) B || e 3 τυγχάνομεν H. Estienne : ἐτυγχάνομεν BT || e 4 ᾧ παρεγένετο T : ὧν παρεγένοντο B || e 7 ἄριστα rec. : ἄριστ' ἂν BT || 190 a 1 εἰ T : om. B || a 4 ὅ τί ποτ' T : πότ' B τί suprascr. B².

de se la procurer. Car si nous ne savions même pas ce qu'elle est (et de même pour l'ouïe), nous serions de pauvres conseillers et de tristes médecins pour les yeux et pour les oreilles,
b lorsqu'on viendrait nous demander le meilleur moyen d'obtenir la vue ou l'ouïe.

LACHÈS. — Tu as raison, Socrate.

SOCRATE. — Eh bien, dans le cas présent, ceux-ci nous demandent conseil sur la meilleure manière de procurer à leurs fils une vertu dont la présence puisse perfectionner leurs âmes.

LACHÈS. — En effet.

SOCRATE. — Ne faut-il pas alors que nous possédions avant tout la connaissance de la vertu ? Car si nous n'avons aucune idée de ce que la vertu peut être, comment pourrions-nous
c donner à personne un conseil sur le meilleur moyen de l'acquérir ?

LACHÈS. — Ce serait impossible, Socrate.

SOCRATE. — Nous disons donc que nous savons ce qu'est la vertu.

LACHÈS. — Oui, nous l'affirmons.

SOCRATE. — Par conséquent, la connaissant, nous pouvons dire ce qu'elle est.

LACHÈS. — C'est évident.

SOCRATE. — Ne parlons pas trop vite, mon très cher, de la vertu dans son ensemble : la tâche serait peut-être un peu lourde. Bornons-nous d'abord à une de ses parties, pour vérifier la qualité de notre savoir ; cela nous sera probablement plus aisé.

d LACHÈS. — Faisons comme tu le souhaites, Socrate.

SOCRATE. — Laquelle choisir entre les parties de la vertu ? Sans doute celle où paraît tendre l'apprentissage du combat en armes ? On dit ordinairement que c'est le courage. Qu'en penses-tu ?

LACHÈS. — Je suis tout à fait de cet avis.

Recherche d'une définition du courage : dialogue entre Socrate et Lachès. Première définition.

SOCRATE. — Cherchons donc d'abord, Lachès, à définir le courage. Nous verrons ensuite quel est le meilleur moyen
e d'en assurer la présence chez les jeunes gens, dans la mesure où les exercices et l'étude peuvent y réussir. Essaie donc de répondre à ma question : qu'est-ce que le courage ?

σύμβουλοι ἂν γενοίμεθα ὡς ἄν τις αὐτὴν ῥᾷστα καὶ ἄριστα κτήσαιτο. Εἰ γὰρ μηδ' αὐτὸ τοῦτο εἰδεῖμεν, ὅ τί ποτ' ἔστιν ὄψις ἢ ὅ τι ἔστιν ἀκοή, σχολῇ ἂν σύμβουλοί γε ἄξιοι λόγου γενοίμεθα καὶ ἰατροὶ ἢ περὶ ὀφθαλμῶν ἢ περὶ ὤτων, ὅντινα τρόπον ἀκοὴν ἢ ὄψιν κάλλιστ' ἂν κτήσαιτό τις. b

ΛΑ. Ἀληθῆ λέγεις, ὦ Σώκρατες.

ΣΩ. Οὐκοῦν, ὦ Λάχης, καὶ νῦν ἡμᾶς τώδε παρακαλεῖτον εἰς συμβουλήν, τίν' ἂν τρόπον τοῖς ὑέσιν αὐτῶν ἀρετὴ παραγενομένη τὰς ψυχὰς ἀμείνους ποιήσειε ;

ΛΑ. Πάνυ γε.

ΣΩ. Ἆρ' οὖν τοῦτό γ' ὑπάρχειν δεῖ, τὸ εἰδέναι ὅ τί ποτ' ἔστιν ἀρετή ; Εἰ γάρ που μηδ' ἀρετὴν εἰδεῖμεν τὸ παράπαν ὅ τί ποτε τυγχάνει ὄν, τίν' ἂν τρόπον τούτου σύμβουλοι γενοίμεθα ὁτῳοῦν, ὅπως ἂν αὐτὸ κάλλιστα κτήσαιτο ; c

ΛΑ. Οὐδένα, ἔμοιγε δοκεῖ, ὦ Σώκρατες.

ΣΩ. Φαμὲν ἄρα, ὦ Λάχης, εἰδέναι αὐτὸ ὅ τι ἔστιν.

ΛΑ. Φαμὲν μέντοι.

ΣΩ. Οὐκοῦν ὅ γε ἴσμεν, κἂν εἴποιμεν δήπου τί ἐστιν.

ΛΑ. Πῶς γὰρ οὔ ;

ΣΩ. Μὴ τοίνυν, ὦ ἄριστε, περὶ ὅλης ἀρετῆς εὐθέως σκοπώμεθα· πλέον γὰρ ἴσως ἔργον· ἀλλὰ μέρους τινὸς πέρι πρῶτον ἴδωμεν, εἰ ἱκανῶς ἔχομεν πρὸς τὸ εἰδέναι· καὶ ἡμῖν, ὡς τὸ εἰκός, ῥᾴων ἡ σκέψις ἔσται. d

ΛΑ. Ἀλλ' οὕτω ποιῶμεν, ὦ Σώκρατες, ὡς σὺ βούλει.

ΣΩ. Τί οὖν ἂν προελοίμεθα τῶν τῆς ἀρετῆς μερῶν ; Ἢ δῆλον δὴ ὅτι τοῦτο εἰς ὃ τείνειν δοκεῖ ἡ ἐν τοῖς ὅπλοις μάθησις ; δοκεῖ δέ που τοῖς πολλοῖς εἰς ἀνδρείαν. Ἦ γάρ ;

ΛΑ. Καὶ μάλα δὴ οὕτω δοκεῖ.

ΣΩ. Τοῦτο τοίνυν πρῶτον ἐπιχειρήσωμεν, ὦ Λάχης, εἰπεῖν, ἀνδρεία τί ποτ' ἐστίν· ἔπειτα μετὰ τοῦτο σκεψόμεθα καὶ ὅτῳ ἂν τρόπῳ τοῖς νεανίσκοις παραγένοιτο, καθ' e

a 7 σχολῇ edd. : σχολὴ BT || b 5 τὰς ψυχὰς rec. : ταῖς ψυχαῖς BT || b 9 τίν' ἂν rec. : τίνα BT || c 1 αὐτὸ rec. : αὐτῷ BT.

LACHÈS. — Par Zeus, Socrate, la réponse n'est pas difficile : quand un soldat reste à son poste et tient ferme contre l'ennemi au lieu de fuir, sache que cet homme est un brave.

SOCRATE. — Tu as raison, Lachès; mais, par ma faute sans doute et parce que je me suis exprimé peu clairement, tu as répondu à une autre question que celle que j'avais dans l'esprit[1].

LACHÈS. — Que veux-tu dire, Socrate?

191 a SOCRATE. — Je vais essayer de m'expliquer, autant que j'en suis capable. Sans doute, c'est un brave que l'homme dont tu parles, celui qui, ferme dans le rang, combat l'ennemi.

LACHÈS. — Oui, un brave, je l'affirme.

SOCRATE. — Je l'affirme aussi. Mais cet autre qui, au lieu de tenir, se bat, tout en reculant?

LACHÈS. — Comment, en reculant?

SOCRATE. — Comme les Scythes, par exemple, qui combattent aussi bien, dit-on, en reculant qu'en poursuivant.
b Homère vante aussi les chevaux d'Énée, « également rapides dans la poursuite et dans la fuite[2] » ; et parlant d'Énée en personne, il le loue de cela même, de son habileté à fuir, et il l'appelle « artiste en l'art de la fuite ».

LACHÈS. — C'est à bon droit, Socrate ; car il parlait des chars. Et toi tu parlais des Scythes, qui sont des cavaliers. Leur cavalerie combat ainsi, et l'infanterie grecque comme je l'ai dit.

SOCRATE. — Sauf peut-être celle des Lacédémoniens. Car
c on rapporte qu'à Platées, quand ils rencontrèrent les gerrophores perses[3], au lieu de les attendre de pied ferme, ils tournèrent le dos, puis, les rangs des Perses s'étant rompus, ils revinrent à l'attaque, et, par cette manœuvre imitée de la cavalerie, gagnèrent la bataille.

1. Le défaut de cette première définition est de ne pas convenir à toutes les sortes de courage. Elle s'appuie sur une analyse incomplète de l'idée à définir, dont la *compréhension*, comme disent les logiciens, est plus étendue. — Socrate réclame pour lui-même la responsabilité de l'erreur de Lachès : c'est pure politesse de sa part, non sans un peu d'ironie.

2. Homère, *Iliade*, V, 223.

3. Soldats armés d'un bouclier d'osier (γέρρον).

ὅσον οἷόν τε ἐξ ἐπιτηδευμάτων τε καὶ μαθημάτων παραγενέσθαι. Ἀλλὰ πειρῶ εἰπεῖν ὃ λέγω, τί ἐστιν ἀνδρεία.

ΛΑ. Οὐ μὰ τὸν Δία, ὦ Σώκρατες, οὐ χαλεπὸν εἰπεῖν· εἰ γάρ τις ἐθέλοι ἐν τῇ τάξει μένων ἀμύνεσθαι τοὺς πολεμίους καὶ μὴ φεύγοι, εὖ ἴσθι ὅτι ἀνδρεῖος ἂν εἴη.

ΣΩ. Εὖ μὲν λέγεις, ὦ Λάχης· ἀλλ' ἴσως ἐγὼ αἴτιος, οὐ σαφῶς εἰπών, τὸ σὲ ἀποκρίνασθαι μὴ τοῦτο ὃ διανοούμενος ἠρόμην, ἀλλ' ἕτερον.

ΛΑ. Πῶς τοῦτο λέγεις, ὦ Σώκρατες;

ΣΩ. Ἐγὼ φράσω, ἐὰν οἷός τε γένωμαι. Ἀνδρεῖός που 191 a
οὗτος ὃν καὶ σὺ λέγεις, ὃς ἂν ἐν τῇ τάξει μένων μάχηται τοῖς πολεμίοις.

ΛΑ. Ἐγὼ γοῦν φημί.

ΣΩ. Καὶ γὰρ ἐγώ. Ἀλλὰ τί αὖ ὅδε, ὃς ἂν φεύγων μάχηται τοῖς πολεμίοις, ἀλλὰ μὴ μένων;

ΛΑ. Πῶς φεύγων;

ΣΩ. Ὥσπερ που καὶ Σκύθαι λέγονται οὐχ ἧττον φεύγοντες ἢ διώκοντες μάχεσθαι, καὶ Ὅμηρός που ἐπαινῶν τοὺς τοῦ Αἰνείου ἵππους κραιπνὰ μάλ' ἔνθα καὶ ἔνθα ἔφη αὐτοὺς ἐπίστασθαι διώκειν ἠδὲ φέβεσθαι· καὶ αὐτὸν b
τὸν Αἰνείαν κατὰ τοῦτ' ἐνεκωμίασε, κατὰ τὴν τοῦ φόβου ἐπιστήμην, καὶ εἶπεν αὐτὸν εἶναι μήστωρα φόβοιο.

ΛΑ. Καὶ καλῶς γε, ὦ Σώκρατες· περὶ ἁρμάτων γὰρ ἔλεγε· καὶ σὺ τὸ τῶν Σκυθῶν ἱππέων πέρι λέγεις. Τὸ μὲν γὰρ ἱππικὸν τὸ ἐκείνων οὕτω μάχεται, τὸ δὲ ὁπλιτικὸν τό γε τῶν Ἑλλήνων ὡς ἐγὼ λέγω.

ΣΩ. Πλήν γ' ἴσως, ὦ Λάχης, τὸ Λακεδαιμονίων. Λακεδαιμονίους γάρ φασιν ἐν Πλαταιαῖς, ἐπειδὴ πρὸς τοῖς γερ- c
ροφόροις ἐγένοντο, οὐκ ἐθέλειν μένοντας πρὸς αὐτοῖς μάχεσθαι, ἀλλὰ φεύγειν, ἐπειδὴ δ' ἐλύθησαν αἱ τάξεις τῶν Περσῶν, ἀναστρεφομένους ὥσπερ ἱππέας μάχεσθαι καὶ οὕτω νικῆσαι τὴν ἐκεῖ μάχην.

191 c 2 αὐτοῖς BTW : αὐτούς B².

LACHÈS. — C'est exact.

SOCRATE. — Je te disais donc que c'était ma faute si tu m'avais mal répondu, parce que ma question était mal posée.
d Je voulais en effet t'interroger non seulement sur le courage des hoplites, mais aussi sur celui des cavaliers et de tous les combattants en général; non seulement sur celui des combattants, mais sur celui des hommes exposés aux dangers de la mer; sur celui qui se manifeste dans la maladie, dans la pauvreté, dans la vie politique; celui qui résiste non seulement aux maux et aux craintes, mais aussi aux passions et aux
e plaisirs, soit par la lutte de pied ferme, soit par la fuite, — car en toutes ces circonstances, Lachès, il y a bien, n'est-ce pas, des hommes qui se montrent courageux?

LACHÈS. — Au plus haut point, Socrate.

SOCRATE. — Ainsi, tous sont courageux; mais les uns exercent leur courage contre les plaisirs, d'autres contre les souffrances, ou contre les passions, ou contre les objets de crainte; tandis que d'autres, en pareil cas, montrent de la lâcheté.

LACHÈS. — Certainement.

SOCRATE. — Ma question portait sur la nature du courage et de la lâcheté. Essaie maintenant de me dire, à propos du courage d'abord, ce qu'il y a d'identique dans toutes ses formes[1]. Saisis-tu ce que je veux dire?

LACHÈS. — Pas tout à fait.

192 a SOCRATE. — Je m'explique. Suppose qu'on t'interroge sur la nature de la vitesse : elle peut se trouver dans la course, dans le jeu de la cithare, dans la parole, dans l'étude, et, pour nous en tenir à ses emplois les plus notables, nous pouvons manifester cette qualité dans l'exercice de nos mains, de nos jambes, de nos lèvres, de notre voix, enfin de notre pensée. N'es-tu pas de cet avis?

LACHÈS. — Parfaitement.

SOCRATE. — Suppose maintenant qu'on me demande :

1. La recherche du caractère commun à toutes les différentes sortes du courage est la seconde démarche de l'*induction* socratique (ἐπαγωγή) en vue d'arriver à une définition. C'est ce caractère commun qui constitue l'idée générale, l'idée du « genre » auquel se rattache l' « espèce ». Toutes ces prétendues définitions de Lachès ne sont que des définitions incomplètes.

ΛΑ. Ἀληθῆ λέγεις.

ΣΩ. Τοῦτο τοίνυν ὃ ἄρτι ἔλεγον, ὅτι ἐγὼ αἴτιος μὴ καλῶς σε ἀποκρίνασθαι, ὅτι οὐ καλῶς ἠρόμην. Βουλόμενος γάρ σου πυθέσθαι μὴ μόνον τοὺς ἐν τῷ ὁπλιτικῷ ἀνδρείους, d
ἀλλὰ καὶ τοὺς ἐν τῷ ἱππικῷ καὶ ἐν ξύμπαντι τῷ πολεμικῷ εἴδει, καὶ μὴ μόνον τοὺς ἐν τῷ πολέμῳ, ἀλλὰ καὶ τοὺς ἐν τοῖς πρὸς τὴν θάλατταν κινδύνοις ἀνδρείους ὄντας, καὶ ὅσοι γε πρὸς νόσους καὶ ὅσοι πρὸς πενίας ἢ καὶ πρὸς τὰ πολιτικὰ ἀνδρεῖοί εἰσιν, καὶ ἔτι αὖ μὴ μόνον ὅσοι πρὸς λύπας ἀνδρεῖοί εἰσιν ἢ φόβους, ἀλλὰ καὶ πρὸς ἐπιθυμίας ἢ ἡδονὰς δεινοὶ μάχεσθαι, καὶ μένοντες καὶ ἀναστρέφοντες — εἰσὶ e
γάρ πού τινες, ὦ Λάχης, καὶ ἐν τοῖς τοιούτοις ἀνδρεῖοι.

ΛΑ. Καὶ σφόδρα, ὦ Σώκρατες.

ΣΩ. Οὐκοῦν ἀνδρεῖοι μὲν πάντες οὗτοί εἰσιν, ἀλλ' οἱ μὲν ἐν ἡδοναῖς, οἱ δ' ἐν λύπαις, οἱ δ' ἐν ἐπιθυμίαις, οἱ δ' ἐν φόβοις τὴν ἀνδρείαν ἔκτηνται· οἱ δέ γ', οἶμαι, δειλίαν ἐν τοῖς αὐτοῖς τούτοις.

ΛΑ. Πάνυ γε.

ΣΩ. Τί ποτε ὂν ἑκάτερον τούτων, τοῦτο ἐπυνθανόμην. Πάλιν οὖν πειρῶ εἰπεῖν ἀνδρείαν πρῶτον, τί ὂν ἐν πᾶσι τούτοις ταὐτόν ἐστιν· ἢ οὔπω καταμανθάνεις ὃ λέγω;

ΛΑ. Οὐ πάνυ τι.

ΣΩ. Ἀλλ' ὧδε λέγω, ὥσπερ ἂν εἰ τάχος ἠρώτων τί ποτ' 192 a
ἐστίν, ὃ καὶ ἐν τῷ τρέχειν τυγχάνει ὂν ἡμῖν καὶ ἐν τῷ κιθαρίζειν καὶ ἐν τῷ λέγειν καὶ ἐν τῷ μανθάνειν καὶ ἐν ἄλλοις πολλοῖς, καὶ σχεδόν τι αὐτὸ κεκτήμεθα, οὗ καὶ πέρι ἄξιον λέγειν, ἢ ἐν ταῖς τῶν χειρῶν πράξεσιν ἢ σκελῶν ἢ στόματός τε καὶ φωνῆς ἢ διανοίας· ἢ οὐχ οὕτω καὶ σὺ λέγεις;

ΛΑ. Πάνυ γε.

ΣΩ. Εἰ τοίνυν τίς με ἔροιτο, Ὦ Σώκρατες, τί λέγεις

c 7 ὃ ἄρτι *Fl. P. Pap.* : αἴτιον BTW || d 4 κινδύνοις B²TW : κινδύνους B || d 6 ἔτι W *Fl. P. Pap.* : ὅτι BT || e 1 καὶ ἀναστρέφοντες Kräl : ἢ ἀναστρέφοντες BTW.

b qu'entends-tu, Socrate, par cette vitesse dont tu reconnais l'existence dans toutes ces choses? Je répondrais : j'appelle vitesse la faculté d'accomplir en peu de temps beaucoup d'actes relatifs à la parole, à la course, et ainsi de suite.

LACHÈS. — La réponse serait juste.

SOCRATE. — Eh bien, Lachès, essaie de me dire à ton tour en quoi consiste cette faculté qui s'exerce à la fois à l'égard du plaisir, de la douleur, de toutes les choses énumérées tout à l'heure par nous, et que nous appelons le courage.

c *Seconde définition de Lachès.*

LACHÈS. — Il me semble que c'est une certaine force de l'âme, si nous considérons sa nature en général.

SOCRATE. — Nous le devons, Lachès, si nous voulons répondre à notre question. Cependant je doute que toute force d'âme te paraisse courageuse, et voici ce qui cause mon doute : je suis sûr que tu ranges le courage parmi les très belles choses[1].

LACHÈS. — Parmi les plus belles, sois-en sûr.

SOCRATE. — Mais n'est-ce pas la force accompagnée d'intelligence qui est belle et bonne?

LACHÈS. — Assurément.

d SOCRATE. — Et si elle est jointe à la folie? n'est-elle pas alors mauvaise et nuisible?

LACHÈS. — Oui.

SOCRATE. — Peux-tu appeler belle une chose nuisible et mauvaise?

LACHÈS. — Je n'en ai pas le droit, Socrate.

SOCRATE. — Tu n'appelleras donc pas courage cette espèce de force d'âme, puisque celle-ci est laide et que le courage est beau.

LACHÈS. — Tu as raison.

SOCRATE. — Et ce serait la force d'âme intelligente, d'après toi, qui serait le courage[2]?

1. Même procédé que dans le *Charmide* : la beauté associée à la bonté des choses, et celle-ci à leur utilité. — Noter la vivacité des réponses de Lachès, toujours ardent, surtout pour louer le courage.

2. L'idée d' « intelligence », introduite dans la définition provi-

τοῦτο, ὃ ἐν πᾶσιν ὀνομάζεις ταχυτῆτα εἶναι ; εἴποιμ' ἂν αὐτῷ ὅτι τὴν ἐν ὀλίγῳ χρόνῳ πολλὰ διαπραττομένην δύνα- b
μιν ταχυτῆτα ἔγωγε καλῶ καὶ περὶ φωνὴν καὶ περὶ δρόμον καὶ περὶ τἆλλα πάντα.

ΛΑ. Ὀρθῶς γε σὺ λέγων.

ΣΩ. Πειρῶ δὴ καὶ σύ, ὦ Λάχης, τὴν ἀνδρείαν οὕτως εἰπεῖν, τίς οὖσα δύναμις ἡ αὐτὴ ἐν ἡδονῇ καὶ ἐν λύπῃ καὶ ἐν ἅπασιν οἷς νυνδὴ ἐλέγομεν αὐτὴν εἶναι, ἔπειτα ἀνδρεία κέκληται.

ΛΑ. Δοκεῖ τοίνυν μοι καρτερία τις εἶναι τῆς ψυχῆς, εἰ τό γε διὰ πάντων [περὶ ἀνδρείας] πεφυκὸς δεῖ εἰπεῖν. c

ΣΩ. Ἀλλὰ μὴν δεῖ, εἴ γε τὸ ἐρωτώμενον ἀποκρινούμεθα ἡμῖν αὐτοῖς. Τοῦτο τοίνυν ἔμοιγε φαίνεται· οὔ τι πᾶσά γε, ὡς ἐγῷμαι, καρτερία ἀνδρεία σοι φαίνεται· τεκμαίρομαι δὲ ἐνθένδε· σχεδὸν γάρ τι οἶδα, ὦ Λάχης, ὅτι τῶν πάνυ καλῶν πραγμάτων ἡγεῖ σὺ ἀνδρείαν εἶναι.

ΛΑ. Εὖ μὲν οὖν ἴσθι ὅτι τῶν καλλίστων.

ΣΩ. Οὐκοῦν ἡ μὲν μετὰ φρονήσεως καρτερία καλὴ κἀγαθή ;

ΛΑ. Πάνυ γε.

ΣΩ. Τί δ' ἡ μετ' ἀφροσύνης ; Οὐ τοὐναντίον ταύτῃ d
βλαβερὰ καὶ κακοῦργος ;

ΛΑ. Ναί.

ΣΩ. Καλὸν οὖν τι φήσεις σὺ εἶναι τὸ τοιοῦτον, ὂν κακοῦργόν τε καὶ βλαβερόν ;

ΛΑ. Οὔκουν δίκαιόν γε, ὦ Σώκρατες.

ΣΩ. Οὐκ ἄρα τήν γε τοιαύτην καρτερίαν ἀνδρείαν ὁμολογήσεις εἶναι, ἐπειδήπερ οὐ καλή ἐστιν, ἡ δὲ ἀνδρεία καλόν ἐστιν.

ΛΑ. Ἀληθῆ λέγεις.

ΣΩ. Ἡ φρόνιμος ἄρα καρτερία κατὰ τὸν σὸν λόγον ἀνδρεία ἂν εἴη.

192 c 1 περὶ ἀνδρείας secl. Badham.

Lachès. — C'est vraisemblable.

e Socrate. — Voyons donc en quoi elle doit être intelligente. Est-ce à l'égard de toute chose, petite ou grande ? Par exemple, si un homme supporte de faire une dépense intelligente en prévision d'un gain supérieur, diras-tu qu'il est courageux ?

Lachès. — Non certes, par Zeus !

Socrate. — Imagine maintenant un médecin à qui son fils ou tout autre malade, souffrant d'une pneumonie, demande
193 a à boire ou à manger ; inflexible, il tient bon et refuse avec force. Est-ce là du courage ?

Lachès. — Cette force-là non plus n'a rien de commun avec le courage.

Socrate. — A la guerre, un homme tient bon et s'apprête à combattre par suite d'un calcul intelligent, sachant que d'autres vont venir à son aide, que l'adversaire est moins nombreux et plus faible que son propre parti, qu'il a en outre l'avantage de la position : cet homme dont la force d'âme s'appuie de tant d'intelligence et de préparations est-il
b plus courageux, selon toi, que celui qui, dans les rangs opposés, soutient énergiquement son attaque ?

Lachès. — C'est ce dernier, Socrate, qui est courageux.

Socrate. — Cependant l'énergie de celui-ci est moins intelligente que celle de l'autre.

Lachès. — C'est vrai.

Socrate. — Et le bon cavalier qui lutte dans un combat de cavalerie n'est-il pas moins courageux à ton avis, que le mauvais cavalier ?

Lachès. — Je le crois.

Socrate. — Et de même le bon frondeur ou le bon archer, ou tout autre dont le courage s'appuie sur son habileté ?

c Lachès. — Sans doute.

Socrate. — Et s'il s'agit de descendre dans un puits ou de plonger, les hommes qui consentent à s'y risquer sans être du métier ne sont-ils pas plus courageux que ceux qui le connaissent ?

soire, la rend plus précise, sans l'achever. Un nouveau progrès est nécessaire : déterminer la sorte d'intelligence requise. Mais Lachès n'arrive pas à élucider la question. Irrité de son impuissance, il va renoncer à poursuivre l'examen, et un nouveau pas sera fait par Nicias.

ΛΑ. Ἔοικεν.

ΣΩ. Ἴδωμεν δή, ἡ εἰς τί φρόνιμος ; ἢ ἡ εἰς ἅπαντα e
καὶ τὰ μεγάλα καὶ τὰ σμικρά ; οἷον εἴ τις καρτερεῖ ἀν-
αλίσκων ἀργύριον φρονίμως, εἰδὼς ὅτι ἀναλώσας πλέον ἐκτή-
σεται, τοῦτον ἀνδρεῖον καλοῖς ἄν ;

ΛΑ. Μὰ Δί' οὐκ ἔγωγε.

ΣΩ. Ἀλλ' οἷον εἴ τις ἰατρὸς ὤν, περιπλευμονίᾳ τοῦ ὑέος
ἐχομένου ἢ ἄλλου τινὸς καὶ δεομένου πιεῖν ἢ φαγεῖν δοῦναι,
μὴ κάμπτοιτο, ἀλλὰ καρτεροῖ ; 193 a

ΛΑ. Οὐδ' ὁπωστιοῦν οὐδ' αὕτη.

ΣΩ. Ἀλλ' ἐν πολέμῳ καρτεροῦντα ἄνδρα καὶ ἐθέλοντα
μάχεσθαι, φρονίμως λογιζόμενον, εἰδότα μὲν ὅτι βοηθή-
σουσιν ἄλλοι αὐτῷ, πρὸς ἐλάττους δὲ καὶ φαυλοτέρους
μαχεῖται ἢ μεθ' ὧν αὐτός ἐστιν, ἔτι δὲ χωρία ἔχει κρείττω,
τοῦτον τὸν μετὰ τῆς τοιαύτης φρονήσεως καὶ παρασκευῆς
καρτεροῦντα ἀνδρειότερον ἂν φαίης ἢ τὸν ἐν τῷ ἐναντίῳ
στρατοπέδῳ ἐθέλοντα ὑπομένειν τε καὶ καρτερεῖν ;

ΛΑ. Τὸν ἐν τῷ ἐναντίῳ, ἔμοιγε δοκεῖ, ὦ Σώκρατες. b

ΣΩ. Ἀλλὰ μὴν ἀφρονεστέρα γε ἡ τούτου ἢ ἡ τοῦ ἑτέρου
καρτερία.

ΛΑ. Ἀληθῆ λέγεις.

ΣΩ. Καὶ τὸν μετ' ἐπιστήμης ἄρα ἱππικῆς καρτεροῦντα
ἐν ἱππομαχίᾳ ἧττον φήσεις ἀνδρεῖον εἶναι ἢ τὸν ἄνευ
ἐπιστήμης.

ΛΑ. Ἔμοιγε δοκεῖ.

ΣΩ. Καὶ τὸν μετὰ σφενδονητικῆς ἢ τοξικῆς ἢ ἄλλης
τινὸς τέχνης καρτεροῦντα.

ΛΑ. Πάνυ γε. c

ΣΩ. Καὶ ὅσοι δὴ ἐθέλουσιν εἰς φρέαρ καταβαίνοντες καὶ
κολυμβῶντες καρτερεῖν ἐν τούτῳ τῷ ἔργῳ, μὴ ὄντες δεινοί,
ἢ ἔν τινι ἄλλῳ τοιούτῳ, ἀνδρειοτέρους φήσεις τῶν ταῦτα
δεινῶν.

193 a 2 αὕτη TW : αὐτή B || **b** 9 μετὰ W : μὲν μετὰ BT || **c** 2 δὴ ἐθέλουσιν Schanz : ἂν ἐθέλουσιν B ἐὰν ἐθέλουσιν T ἐὰν ἐθέλωσιν W.

Lachès. — Comment le nier, Socrate ?

Socrate. — Impossible en effet, si l'on en juge ainsi.

Lachès. — Mais c'est bien ainsi que j'en juge.

Socrate. — Cependant, Lachès, il y a moins d'intelligence à courir ce risque et à l'affronter sans expérience qu'avec la connaissance de l'art.

Lachès. — C'est probable.

d Socrate. — N'avons-nous pas dit tout à l'heure que la force et l'énergie dénuées d'intelligence étaient laides et nuisibles ?

Lachès. — Oui.

Socrate. — Et nous avons reconnu que le courage était une belle chose.

Lachès. — Nous en sommes tombés d'accord.

Socrate. — Or voici maintenant que, tout au contraire, nous appelons courage cette chose laide, une force d'âme déraisonnable.

Lachès. — C'est vrai.

Socrate. — Juges-tu donc que nous ayons bien raisonné ?

Lachès. — Pas du tout, Socrate, par Zeus !

Socrate. — Ainsi, pour reprendre ton expression, notre
e harmonie n'a rien de dorien, mon cher Lachès ; car nos actes ne s'accordent pas avec nos paroles, puisque dans notre vie, semble-t-il, on nous reconnaît du courage, tandis que dans nos discours, si l'on nous entendait, on ne saurait trouver cette qualité.

Lachès. — Rien n'est plus vrai.

Socrate. — Que faire ? Trouves-tu que nous soyons en belle posture ?

Lachès. — Pas le moins du monde.

Lachès renonce et fait place à Nicias.

Socrate. — Veux-tu que nous nous soumettions à l'invitation que nous adressent nos discours ?

Lachès. — Quelle invitation ? Quels discours ?

194 a Socrate. — Le discours qui nous invite à montrer de la force d'âme. Si tu le veux bien, nous aurons celle de persister dans notre recherche, sans quoi le courage lui-même nous raillerait de le chercher avec si peu de courage, puisque la force d'âme se confond souvent avec le courage.

ΛΑ. Τί γὰρ ἄν τις ἄλλο φαίη, ὦ Σώκρατες;

ΣΩ. Οὐδέν, εἴπερ οἴοιτό γε οὕτως.

ΛΑ. Ἀλλὰ μὴν οἶμαί γε.

ΣΩ. Καὶ μήν που ἀφρονεστέρως γε, ὦ Λάχης, οἱ τοιοῦτοι κινδυνεύουσίν τε καὶ καρτεροῦσιν ἢ οἱ μετὰ τέχνης αὐτὸ πράττοντες.

ΛΑ. Φαίνονται.

ΣΩ. Οὐκοῦν αἰσχρὰ ἡ ἄφρων τόλμα τε καὶ καρτέρησις d
ἐν τῷ πρόσθεν ἐφάνη ἡμῖν οὖσα καὶ βλαβερά;

ΛΑ. Πάνυ γε.

ΣΩ. Ἡ δέ γε ἀνδρεία ὡμολογεῖτο καλόν τι εἶναι.

ΛΑ. Ὡμολογεῖτο γάρ.

ΣΩ. Νῦν δ' αὖ πάλιν φαμὲν ἐκεῖνο τὸ αἰσχρόν, τὴν ἄφρονα καρτέρησιν, ἀνδρείαν εἶναι.

ΛΑ. Ἐοίκαμεν.

ΣΩ. Καλῶς οὖν σοι δοκοῦμεν λέγειν;

ΛΑ. Μὰ τὸν Δία, ὦ Σώκρατες, ἐμοὶ μὲν οὔ.

ΣΩ. Οὐκ ἄρα που κατὰ τὸν σὸν λόγον δωριστὶ ἡρμόσμεθα ἐγώ τε καὶ σύ, ὦ Λάχης· τὰ γὰρ ἔργα οὐ ξυμφωνεῖ e
ἡμῖν τοῖς λόγοις. Ἔργῳ μὲν γάρ, ὡς ἔοικε, φαίη ἄν τις ἡμᾶς ἀνδρείας μετέχειν, λόγῳ δ', ὡς ἐγῷμαι, οὐκ ἄν, εἰ νῦν ἡμῶν ἀκούσειε διαλεγομένων.

ΛΑ. Ἀληθέστατα λέγεις.

ΣΩ. Τί οὖν; δοκεῖ καλὸν εἶναι οὕτως ἡμᾶς διακεῖσθαι;

ΛΑ. Οὐδ' ὁπωστιοῦν.

ΣΩ. Βούλει οὖν ᾧ λέγομεν πειθώμεθα τό γε τοσοῦτον;

ΛΑ. Τὸ ποῖον δὴ τοῦτο, καὶ τίνι τούτῳ;

ΣΩ. Τῷ λόγῳ ὃς καρτερεῖν κελεύει. Εἰ οὖν βούλει, καὶ 194 a
ἡμεῖς ἐπὶ τῇ ζητήσει ἐπιμείνωμέν τε καὶ καρτερήσωμεν, ἵνα καὶ μὴ ἡμῶν αὐτὴ ἡ ἀνδρεία καταγελάσῃ, ὅτι οὐκ ἀνδρείως αὐτὴν ζητοῦμεν, εἰ ἄρα πολλάκις αὐτὴ ἡ καρτέρησίς ἐστιν ἀνδρεία.

e 4 ἀκούσειε Jacobs : ἀκούσει BTW || 194 a 3 αὐτὴ T : αὕτη B αὐτῇ W.

LACHÈS. — Pour moi, Socrate, je suis prêt à persévérer. Mais je n'ai pas l'habitude de ces discours, et mon propre langage m'impatiente ; je suis véritablement en colère quand
b je me vois si incapable d'exprimer ce que je pense. Je suis convaincu que je me fais du courage une idée exacte, mais elle m'échappe je ne sais comment, si bien que ma parole ne peut arriver à la saisir et à la formuler.

SOCRATE. — Eh bien, mon cher, le bon chasseur continue sa poursuite sans faiblesse.

LACHÈS. — C'est incontestable.

SOCRATE. — Veux-tu que nous invitions Nicias à entrer dans la chasse ? Il sera peut-être plus heureux que nous.

c LACHÈS. — Oui, je le veux. Comment hésiter ?

SOCRATE. — Allons, Nicias, tes amis sont en détresse dans leur discussion ; viens au secours de leur embarras, si tu y peux quelque chose. Tu vois dans quelle obscurité nous nous débattons. Dis-nous ce que tu penses du courage. Tire-nous de nos difficultés, en mettant ta parole au service de ta pensée.

NICIAS. — Il me semble, depuis longtemps, Socrate, que vous définissez mal le courage : vous n'utilisez pas une idée juste que je t'ai entendu exposer précédemment.

SOCRATE. — Laquelle, Nicias ?

d *Première définition de Nicias critiquée par Lachès.*

NICIAS. — Je t'ai souvent entendu dire que chacun de nous était bon dans les choses qu'il savait et mauvais dans celles qu'il ignorait[1].

SOCRATE. — C'est vrai, Nicias, par Zeus !

NICIAS. — Donc, si l'homme courageux est bon, c'est qu'il possède la science du courage.

SOCRATE. — Tu entends, Lachès ?

LACHÈS. — Oui, mais je ne comprends pas très bien ce qu'il veut dire.

SOCRATE. — Je crois comprendre, et il me semble qu'il fait consister le courage dans une certaine science.

1. La notion d' « intelligence », introduite par Lachès et restée vague, est remplacée par celle de « savoir » ou de « science », empruntée par Nicias à Socrate, mais avec une signification encore indéterminée ou même inexacte.

ΛΑ. Ἐγὼ μὲν ἕτοιμος, ὦ Σώκρατες, μὴ προαφίστασθαι· καίτοι ἀήθης γ' εἰμὶ τῶν τοιούτων λόγων· ἀλλά τίς με καὶ φιλονεικία εἴληφεν πρὸς τὰ εἰρημένα, καὶ ὡς ἀληθῶς ἀγανακτῶ, εἰ οὑτωσὶ ἃ νοῶ μὴ οἷός τ' εἰμὶ εἰπεῖν. Νοεῖν μὲν b
γὰρ ἔμοιγε δοκῶ περὶ ἀνδρείας ὅ τι ἔστιν, οὐκ οἶδα δ' ὅπῃ με ἄρτι διέφυγεν, ὥστε μὴ ξυλλαβεῖν τῷ λόγῳ αὐτὴν καὶ εἰπεῖν ὅ τι ἔστιν.

ΣΩ. Οὐκοῦν, ὦ φίλε, τὸν ἀγαθὸν κυνηγέτην μεταθεῖν χρὴ καὶ μὴ ἀνιέναι.

ΛΑ. Παντάπασι μὲν οὖν.

ΣΩ. Βούλει οὖν καὶ Νικίαν τόνδε παρακαλῶμεν ἐπὶ τὸ κυνηγέσιον, εἴ τι ἡμῶν εὐπορώτερός ἐστιν;

ΛΑ. Βούλομαι· πῶς γὰρ οὔ;

ΣΩ. Ἴθι δή, ὦ Νικία, ἀνδράσι φίλοις χειμαζομένοις ἐν c
λόγῳ καὶ ἀποροῦσιν βοήθησον, εἴ τινα ἔχεις δύναμιν. Τὰ μὲν γὰρ δὴ ἡμέτερα ὁρᾷς ὡς ἄπορα· σὺ δ' εἰπὼν ὅ τι ἡγεῖ ἀνδρείαν εἶναι, ἡμᾶς τε τῆς ἀπορίας ἔκλυσαι καὶ αὐτὸς ἃ νοεῖς τῷ λόγῳ βεβαίωσαι.

ΝΙ. Δοκεῖτε τοίνυν μοι πάλαι οὐ καλῶς, ὦ Σώκρατες, ὁρίζεσθαι τὴν ἀνδρείαν· ὃ γὰρ ἐγὼ σοῦ ἤδη καλῶς λέγοντος ἀκήκοα, τούτῳ οὐ χρῆσθε.

ΣΩ. Ποίῳ δή, ὦ Νικία;

ΝΙ. Πολλάκις ἀκήκοά σου λέγοντος ὅτι ταῦτα ἀγαθὸς d
ἕκαστος ἡμῶν ἅπερ σοφός, ἃ δὲ ἀμαθής, ταῦτα δὲ κακός.

ΣΩ. Ἀληθῆ μέντοι νὴ Δία λέγεις, ὦ Νικία.

ΝΙ. Οὐκοῦν εἴπερ ὁ ἀνδρεῖος ἀγαθός, δῆλον ὅτι σοφός ἐστιν.

ΣΩ. Ἤκουσας, ὦ Λάχης;

ΛΑ. Ἔγωγε, καὶ οὐ σφόδρα γε μανθάνω ὃ λέγει.

ΣΩ. Ἀλλ' ἐγὼ δοκῶ μανθάνειν, καί μοι δοκεῖ ἁνὴρ σοφίαν τινὰ τὴν ἀνδρείαν λέγειν.

a 6 ἕτοιμος TW : ἑτοίμως B || a 7 ἀήθης γ' T : γ' ἀήθης W ἀληθής γ' B || c 4 ἔκλυσαι TW : ἐλκύσαι B || d 8 ἁνὴρ Bekker : ἀνὴρ BTW : ὁ ἀνὴρ rec.

LACHÈS. — Quelle science, Socrate ?

e SOCRATE. — N'est-ce pas lui que tu interroges ?

LACHÈS. — En effet.

SOCRATE. — Allons, Nicias, dis-lui quelle science, selon toi, constitue le courage. Ce n'est sûrement pas l'aulétique !

NICIAS. — Non certes.

SOCRATE. — Ni la citharistique.

NICIAS. — Pas davantage.

SOCRATE. — Quelle est-elle donc et quel en est l'objet ?

LACHÈS. — Tu l'interroges à merveille, Socrate, et il faut qu'il nous dise de quelle science il veut parler.

NICIAS. — Cette science, Lachès, est celle des choses qu'il
195 a faut redouter ou espérer, dans la guerre et en toutes circonstances.

LACHÈS. — Ce qu'il dit est absurde, Socrate !

SOCRATE. — Que lui reproches-tu, Lachès ?

LACHÈS. — Ce que je lui reproche ? J'affirme que le courage n'a rien de commun avec la science !

SOCRATE. — Ce n'est pas l'avis de Nicias.

LACHÈS. — Non certes ! c'est justement pour cela qu'il radote[1].

SOCRATE. — Eh bien, redressons-le sans lui dire des injures.

NICIAS. — Ce n'est pas cela, Socrate : à mon avis Lachès
b désire que je déraisonne, ayant eu lui-même ce malheur.

LACHÈS. — Oui, Nicias, je le désire et j'espère le démontrer. Ce que tu dis n'a pas de sens : dans les maladies, par exemple, n'est-ce pas le médecin qui connaît le danger ? Vas-tu dire que ce soit l'homme brave ou que les médecins soient des braves ?

NICIAS. — En aucune façon.

LACHÈS. — Les agriculteurs non plus : cependant ils connaissent, je suppose, les dangers que comporte l'agriculture. Il en est de même de tous les artisans, qui connaissent
c les bonnes et les mauvaises chances de leur métier, et qui n'en sont pas plus pour cela des braves.

1. Le caractère de Lachés, vif et brusque, se soutient d'un bout à l'autre. Il s'oppose à l'ironie de Nicias, plus raffinée et plus mordante, où se reconnaît l'homme qui n'est pas seulement un général, mais aussi un politique et un ami des conversations philosophiques.

ΛΑ. Ποίαν, ὦ Σώκρατες, σοφίαν;

ΣΩ. Οὐκοῦν τόνδε τοῦτο ἐρωτᾷς; e

ΛΑ. Ἔγωγε.

ΣΩ. Ἴθι δή, αὐτῷ εἰπέ, ὦ Νικία, ποία σοφία ἀνδρεία ἂν εἴη κατὰ τὸν σὸν λόγον· οὐ γάρ που ἥ γε αὐλητική.

ΝΙ. Οὐδαμῶς.

ΣΩ. Οὐδὲ μὴν ἡ κιθαριστική.

ΝΙ. Οὐ δῆτα.

ΣΩ. Ἀλλὰ τίς δὴ αὕτη ἢ τίνος ἐπιστήμη;

ΛΑ. Πάνυ μὲν οὖν ὀρθῶς αὐτὸν ἐρωτᾷς, ὦ Σώκρατες, καὶ εἰπέτω γε τίνα φησὶν αὐτὴν εἶναι.

ΝΙ. Ταύτην ἔγωγε, ὦ Λάχης, τὴν τῶν δεινῶν καὶ θαρραλέων ἐπιστήμην καὶ ἐν πολέμῳ καὶ ἐν τοῖς ἄλλοις ἅπασιν. 195 a

ΛΑ. Ὡς ἄτοπα λέγει, ὦ Σώκρατες.

ΣΩ. Πρὸς τί τοῦτ᾽ εἶπες βλέψας, ὦ Λάχης;

ΛΑ. Πρὸς ὅ τι; Χωρὶς δήπου σοφία ἐστὶν ἀνδρείας.

ΣΩ. Οὔκουν φησί γε Νικίας.

ΛΑ. Οὐ μέντοι μὰ Δία· ταῦτά τοι καὶ ληρεῖ.

ΣΩ. Οὐκοῦν διδάσκωμεν αὐτόν, ἀλλὰ μὴ λοιδορῶμεν.

ΝΙ. Οὔκ, ἀλλά μοι δοκεῖ, ὦ Σώκρατες, Λάχης ἐπιθυμεῖν κἀμὲ φανῆναι μηδὲν λέγοντα, ὅτι καὶ αὐτὸς ἄρτι τοιοῦτος ἐφάνη. b

ΛΑ. Πάνυ μὲν οὖν, ὦ Νικία, καὶ πειράσομαί γε ἀποφῆναι. Οὐδὲν γὰρ λέγεις· ἐπεὶ αὐτίκα ἐν ταῖς νόσοις οὐχ οἱ ἰατροὶ τὰ δεινὰ ἐπίστανται; Ἢ οἱ ἀνδρεῖοι δοκοῦσί σοι ἐπίστασθαι; Ἢ τοὺς ἰατροὺς σὺ ἀνδρείους καλεῖς;

ΝΙ. Οὐδ᾽ ὁπωστιοῦν.

ΛΑ. Οὐδέ γε τοὺς γεωργοὺς οἶμαι. Καίτοι τά γε ἐν τῇ γεωργίᾳ δεινὰ οὗτοι δήπου ἐπίστανται, καὶ οἱ ἄλλοι δημιουργοὶ ἅπαντες τὰ ἐν ταῖς αὑτῶν τέχναις δεινά τε καὶ θαρραλέα ἴσασιν· ἀλλ᾽ οὐδέν τι μᾶλλον οὗτοι ἀνδρεῖοί εἰσιν. c

e 8 ἢ W : ἦ B ἡ T || 195 a 2 λέγει B² : λέγεις BT(?)W || a 4 ὅ τι rec. : τί BTW || a 7 διδάσκωμεν t: διδάσκομεν BTW.

Socrate. — Que penses-tu de son objection, Nicias ? Elle me semble intéressante.

Nicias. — Intéressante, peut-être ; mais vraie, non pas.

Socrate. — Comment cela ?

Nicias. — Parce qu'il se figure que la science des médecins devant les malades va plus loin qu'à distinguer la santé de la maladie. Mais c'est à cela qu'elle se borne. S'il se trouvait que la santé fût réellement pour quelqu'un un plus grand mal que la maladie, crois-tu, Lachès, que les médecins s'en apercevraient ? N'est-il pas vrai qu'il vaudrait mieux pour beaucoup de malades ne jamais recouvrer la santé que de se rétablir ? Dis-moi : crois-tu que tous les hommes aient
d avantage à vivre et ne serait-il pas meilleur pour beaucoup d'être morts ?

Lachès. — Je le crois en effet.

Nicias. — Pour ceux qui gagneraient à être morts, les mêmes choses sont-elles redoutables que pour ceux qui ont intérêt à vivre ?

Lachès. — Non.

Nicias. — Accordes-tu le pouvoir de faire cette distinction soit aux médecins soit à aucun autre technicien que celui qui connaît le redoutable et son contraire, et que j'appelle l'homme courageux ?

Socrate. — Entends-tu bien, Lachès, ce qu'il veut dire ?

e Lachès. — J'entends que les devins sont pour lui les hommes courageux ; car quel autre qu'un devin peut savoir s'il vaut mieux vivre ou être mort ? Cependant, Nicias, te donnes-tu toi-même pour devin, ou reconnais-tu que tu n'es ni devin ni courageux [1] ?

Nicias. — Quoi ? tu réserves au devin la science du redoutable et de son contraire ?

Lachès. — Sans doute : quel autre la possède ?

Nicias. — Celui que je dis, mon cher, bien plus que le devin. Car le rôle du devin est de savoir le signe qui annonce l'avenir, si l'on doit mourir, être malade, perdre ses
196 a biens, sortir vainqueur ou vaincu soit d'un combat soit d'une

1. La réponse ironique de Lachès montre l'insuffisance de la définition donnée par Nicias, mais cette insuffisance est plus grande encore que ne le croit Lachès, ainsi que va le démontrer Socrate.

ΣΩ. Τί δοκεῖ Λάχης λέγειν, ὦ Νικία; Ἔοικεν μέντοι λέγειν τι.

ΝΙ. Καὶ γὰρ λέγει γέ τι, οὐ μέντοι ἀληθές γε.

ΣΩ. Πῶς δή;

ΝΙ. Ὅτι οἴεται τοὺς ἰατροὺς πλέον τι εἰδέναι περὶ τοὺς κάμνοντας ἢ τὸ ὑγιεινὸν [εἰπεῖν οἷόν] τε καὶ νοσῶδες. Οἱ δὲ δήπου τοσοῦτον μόνον ἴσασιν· εἰ δὲ δεινόν τῳ τοῦτό ἐστιν τὸ ὑγιαίνειν μᾶλλον ἢ τὸ κάμνειν, ἡγεῖ σὺ τουτί, ὦ Λάχης, τοὺς ἰατροὺς ἐπίστασθαι; ἢ οὐ πολλοῖς οἴει ἐκ τῆς νόσου ἄμεινον εἶναι μὴ ἀναστῆναι ἢ ἀναστῆναι; τοῦτο γὰρ εἰπέ· σὺ πᾶσι φῂς ἄμεινον εἶναι ζῆν καὶ οὐ πολλοῖς κρεῖτ- d
τον τεθνάναι;

ΛΑ. Οἶμαι ἔγωγε τοῦτό γε.

ΝΙ. Οἷς οὖν τεθνάναι λυσιτελεῖ, ταὐτὰ οἴει δεινὰ εἶναι καὶ οἷς ζῆν;

ΛΑ. Οὐκ ἔγωγε.

ΝΙ. Ἀλλὰ τοῦτο δὴ σὺ δίδως τοῖς ἰατροῖς γιγνώσκειν ἢ ἄλλῳ τινὶ δημιουργῷ πλὴν τῷ τῶν δεινῶν καὶ μὴ δεινῶν ἐπιστήμονι, ὃν ἐγὼ ἀνδρεῖον καλῶ;

ΣΩ. Κατανοεῖς, ὦ Λάχης, ὅ τι λέγει;

ΛΑ. Ἔγωγε, ὅτι γε τοὺς μάντεις καλεῖ τοὺς ἀνδρείους· e
τίς γὰρ δὴ ἄλλος εἴσεται ὅτῳ ἄμεινον ζῆν ἢ τεθνάναι; καίτοι σύ, ὦ Νικία, πότερον ὁμολογεῖς μάντις εἶναι ἢ οὔτε μάντις οὔτε ἀνδρεῖος;

ΝΙ. Τί δέ; μάντει αὖ οἴει προσήκειν τὰ δεινὰ γιγνώσκειν καὶ τὰ θαρραλέα;

ΛΑ. Ἔγωγε· τίνι γὰρ ἄλλῳ;

ΝΙ. Ὧι ἐγὼ λέγω πολὺ μᾶλλον, ὦ βέλτιστε· ἐπεὶ μάντιν γε τὰ σημεῖα μόνον δεῖ γιγνώσκειν τῶν ἐσομένων, εἴτε τῳ θάνατος εἴτε νόσος εἴτε ἀποβολὴ χρημάτων ἔσται, εἴτε νίκη εἴτε ἧττα ἢ πολέμου ἢ καὶ ἄλλης τινὸς ἀγωνίας· ὅ τι 196 a

c 7 εἰπεῖν οἷόν secl. Badham || c 8 δήπου τοσοῦτον Hermann : δή τι τοσοῦτον δήπου BTW || d 7 τοῦτο TW : τοῦ B || e 5 προσήκειν T : προσήκει B προσῆκεν W.

lutte quelconque ; mais s'il est avantageux ou non d'éprouver tel ou tel sort, en quoi le devin est-il plus capable qu'un autre d'en juger ?

LACHÈS. — Je ne comprends pas, Socrate, ce qu'il veut dire. Il n'y a ni devin, ni médecin, ni personne qui mérite, à l'en croire, d'être appelé courageux, sauf peut-être quelque dieu. Pour moi, je suis convaincu que Nicias n'ose pas avouer hardi-
b ment qu'il ne dit rien qui vaille : au lieu de cela, il se démène en tous sens pour cacher son embarras[1]. Nous aurions été capables nous aussi, toi et moi, de toutes ces contorsions si nous avions voulu dissimuler nos contradictions. Devant un tribunal, ces façons auraient quelque raison d'être ; mais ici, dans une réunion comme la nôtre, à quoi bon de vains discours destinés à se faire valoir ?

c SOCRATE. — Ils seraient en effet déplacés, Lachès. Mais prenons garde : Nicias croit sans doute à la valeur de ce qu'il dit et ne parle pas pour le plaisir de parler. Tâchons d'éclaircir sa pensée : s'il nous apparaît qu'il ait raison, nous nous inclinerons ; s'il a tort, nous le lui ferons voir.

LACHÈS. — Eh bien, Socrate, si tu veux l'interroger, interroge-le ; pour moi, je suis édifié.

SOCRATE. — Je n'y fais point d'objection ; je parlerai à la fois pour toi et pour moi.

LACHÈS. — C'est entendu.

Socrate examine la définition de Nicias.

SOCRATE. — Dis-moi donc, Nicias, ou plutôt dis-nous, puisque je parle en
d notre nom commun, à Lachès et à moi : tu affirmes que le courage est la science du redoutable et de son contraire ?

NICIAS. — Oui.

SOCRATE. — Et que cette science n'est pas à la portée de tout le monde, puisque ni le médecin ni le devin ne la possèdent nécessairement, et qu'ils ne seront courageux qu'à la condition de l'acquérir ? N'est-ce pas là ce que tu soutenais ?

NICIAS. — Parfaitement.

1. Lachès prête à Nicias l'attitude que Socrate, dans le récit du *Charmide*, attribuait à Critias devant certaines objections ; mais ici Socrate va prendre la défense de Nicias contre Lachès.

δέ τῳ ἄμεινον τούτων ἢ παθεῖν ἢ μὴ παθεῖν, τί μᾶλλον μάντει προσήκει κρῖναι ἢ ἄλλῳ ὁτῳοῦν;

ΛΑ. Ἀλλ' ἐγὼ τοῦτο οὐ μανθάνω, ὦ Σώκρατες, ὅ τι βούλεται λέγειν· οὔτε γὰρ μάντιν οὔτε ἰατρὸν οὔτε ἄλλον οὐδένα δηλοῖ ὅντινα λέγει τὸν ἀνδρεῖον, εἰ μὴ εἰ θεόν τινα λέγει αὐτὸν εἶναι. Ἐμοὶ μὲν οὖν φαίνεται Νικίας οὐκ ἐθέλειν γενναίως ὁμολογεῖν ὅτι οὐδὲν λέγει, ἀλλὰ στρέφεται b ἄνω καὶ κάτω ἐπικρυπτόμενος τὴν αὑτοῦ ἀπορίαν· καίτοι κἂν ἡμεῖς οἷοί τε ἦμεν ἄρτι ἐγώ τε καὶ σὺ τοιαῦτα στρέφεσθαι, εἰ ἐβουλόμεθα μὴ δοκεῖν ἐναντία ἡμῖν αὐτοῖς λέγειν. Εἰ μὲν οὖν ἐν δικαστηρίῳ ἡμῖν οἱ λόγοι ἦσαν, εἶχεν ἄν τινα λόγον ταῦτα ποιεῖν· νῦν δὲ τί ἂν τις ἐν ξυνουσίᾳ τοιᾷδε μάτην κενοῖς λόγοις αὐτὸς αὑτὸν κοσμοῖ;

ΣΩ. Οὐδὲν οὐδ' ἐμοὶ δοκεῖ, ὦ Λάχης· ἀλλ' ὁρῶμεν μὴ c Νικίας οἴεταί τι λέγειν καὶ οὐ λόγου ἕνεκα ταῦτα λέγει. Αὐτοῦ οὖν σαφέστερον πυθώμεθα τί ποτε νοεῖ· καὶ ἐάν τι φαίνηται λέγων, ξυγχωρησόμεθα, εἰ δὲ μή, διδάξομεν.

ΛΑ. Σὺ τοίνυν, ὦ Σώκρατες, εἰ βούλει πυνθάνεσθαι, πυνθάνου· ἐγὼ δ' ἴσως ἱκανῶς πέπυσμαι.

ΣΩ. Ἀλλ' οὐδέν με κωλύει· κοινὴ γὰρ ἔσται ἡ πύστις ὑπὲρ ἐμοῦ τε καὶ σοῦ.

ΛΑ. Πάνυ μὲν οὖν.

ΣΩ. Λέγε δή μοι, ὦ Νικία, μᾶλλον δ' ἡμῖν· κοινούμεθα γὰρ ἐγώ τε καὶ Λάχης τὸν λόγον· τὴν ἀνδρείαν ἐπιστήμην d φῂς δεινῶν τε καὶ θαρραλέων εἶναι;

ΝΙ. Ἔγωγε.

ΣΩ. Τοῦτο δὲ οὐ παντὸς δὴ εἶναι ἀνδρὸς γνῶναι, ὁπότε γε μήτε ἰατρὸς μήτε μάντις αὐτὸ γνώσεται μηδὲ ἀνδρεῖος ἔσται, ἐὰν μὴ αὐτὴν ταύτην τὴν ἐπιστήμην προσλάβῃ· οὐχ οὕτως ἔλεγες;

ΝΙ. Οὕτω μὲν οὖν.

196 a 4 τοῦτο BTW : τούτου Schanz τοῦτον Bekker || **a 5** μάντιν TWB² : μιν B.

Socrate. — En ce cas, ce n'est pas le premier porc venu, comme dit le proverbe, qui peut posséder cette science et devenir courageux.

Nicias. — Sans doute.

e Socrate. — Je vois, Nicias, que tu refuses le courage même à la laie de Crommyon [1]. Je ne dis pas cela pour plaisanter : c'est une conséquence nécessaire de ta définition, semble-t-il, de ne reconnaître à aucun animal le courage à moins d'admettre qu'une science inaccessible à beaucoup d'hommes à cause de sa difficulté soit à la portée d'un lion, d'une panthère ou de quelque sanglier. Mais il est nécessaire, si le courage est ce que tu dis, de soutenir que le lion et le cerf, la panthère et le singe sont égaux à cet égard.

Nouvelle intervention de Lachès.

197 a Lachès. — Par les dieux, Socrate, tu as raison. Réponds sincèrement, Nicias ; dis-nous si tu attribues une science plus grande que la nôtre aux animaux que tout le monde appelle courageux, ou si, en opposition avec le sentiment universel, tu oses leur refuser le courage.

Nicias. — Je n'appelle courageux, mon cher Lachès, ni les animaux ni aucun être qui méprise le danger par ignorance : je les appelle téméraires et fous. Crois-tu que j'appelle courageux des enfants qui, par ignorance, ne redoutent rien ?
b Courage et absence de crainte, suivant moi, sont choses différentes [2]. J'estime que le courage et la prévoyance sont le fait d'un très petit nombre, mais la témérité, l'audace, l'absence de crainte fondées sur l'imprévoyance se rencontrent chez beaucoup d'hommes, de femmes, d'enfants et d'animaux. Les êtres que tu appelles courageux avec le vulgaire, je les appelle téméraires, et j'appelle courageux ceux qui sont doués de réflexion, les seuls dont je parle.

c Lachès. — Tu vois, Socrate, avec quel art, à ce qu'il croit, il nous a fait entendre son propre éloge : mais ceux que tout le monde appelle courageux, il les dépouille de leur gloire.

1. Crommyon est un lieu voisin de Corinthe, où Thésée, selon la légende, combattit et tua une laie redoutable.

2. La distinction entre « courage » et « absence de crainte » est présentée par Nicias à la manière de Prodicos.

ΣΩ. Κατὰ τὴν παροιμίαν ἄρα τῷ ὄντι οὐκ ἂν πᾶσα ὗς γνοίη οὐδ' ἂν ἀνδρεία γένοιτο.

ΝΙ. Οὔ μοι δοκεῖ.

ΣΩ. Δῆλον δή, ὦ Νικία, ὅτι οὐδὲ τὴν Κρομμυωνίαν ὗν e
πιστεύεις σύ γε ἀνδρείαν γεγονέναι. Τοῦτο δὲ λέγω οὐ
παίζων, ἀλλ' ἀναγκαῖον οἶμαι τῷ ταῦτα λέγοντι μηδενὸς
θηρίου ἀποδέχεσθαι ἀνδρείαν, ἢ ξυγχωρεῖν θηρίον τι οὕτω
σοφὸν εἶναι, ὥστε ἃ ὀλίγοι ἀνθρώπων ἴσασι διὰ τὸ χαλεπὰ
εἶναι γνῶναι, ταῦτα λέοντα ἢ πάρδαλιν ἤ τινα κάπρον φά-
ναι εἰδέναι· ἀλλ' ἀνάγκη ὁμοίως λέοντα καὶ ἔλαφον καὶ ταῦ-
ρον καὶ πίθηκον πρὸς ἀνδρείαν φάναι πεφυκέναι τὸν τιθέ-
μενον ἀνδρείαν τοῦθ' ὅπερ σὺ τίθεσαι.

ΛΑ. Νὴ τοὺς θεούς, καὶ εὖ γε λέγεις, ὦ Σώκρατες. Καὶ 197 a
ἡμῖν ὡς ἀληθῶς τοῦτο ἀπόκριναι, ὦ Νικία, πότερον
σοφώτερα φῄς ἡμῶν ταῦτα εἶναι τὰ θηρία, ἃ πάντες ὁμολο-
γοῦμεν ἀνδρεῖα εἶναι, ἢ πᾶσιν ἐναντιούμενος τολμᾷς μηδὲ
ἀνδρεῖα αὐτὰ καλεῖν ;

ΝΙ. Οὐ γάρ τι, ὦ Λάχης, ἔγωγε ἀνδρεῖα καλῶ οὔτε
θηρία οὔτε ἄλλο οὐδὲν τὸ τὰ δεινὰ ὑπὸ ἀγνοίας μὴ φοβού-
μενον, ἀλλ' ἄφοβον καὶ μῶρον· ἢ καὶ τὰ παιδία πάντα οἴει
με ἀνδρεῖα καλεῖν, ἃ δι' ἄγνοιαν οὐδὲν δέδοικεν ; Ἀλλ', οἶμαι, b
τὸ ἄφοβον καὶ τὸ ἀνδρεῖον οὐ ταὐτόν ἐστιν. Ἐγὼ δὲ ἀν-
δρείας μὲν καὶ προμηθίας πάνυ τισὶν ὀλίγοις οἶμαι μετεῖναι,
θρασύτητος δὲ καὶ τόλμης καὶ τοῦ ἀφόβου μετὰ ἀπρομηθίας
πάνυ πολλοῖς καὶ ἀνδρῶν καὶ γυναικῶν καὶ παίδων καὶ
θηρίων. Ταῦτ' οὖν ἃ σὺ καλεῖς ἀνδρεῖα καὶ οἱ πολλοί, ἐγὼ
θρασέα καλῶ, ἀνδρεῖα δὲ τὰ φρόνιμα περὶ ὧν λέγω. c

ΛΑ. Θέασαι, ὦ Σώκρατες, ὡς εὖ ὅδε ἑαυτὸν δή, ὡς
οἴεται, κοσμεῖ τῷ λόγῳ· οὓς δὲ πάντες ὁμολογοῦσιν ἀν-
δρείους εἶναι, τούτους ἀποστερεῖν ἐπιχειρεῖ ταύτης τῆς
τιμῆς.

e 2 σύ γε TW : εὖ γε B || **197 a** 7 ἀγνοίας Schanz (ex editione Basileensi altera) : ἀνοίας BTW || **b** 1 δι' ἄγνοιαν t (διαγνοιαν) : δι' ἄνοιαν BTW.

Nicias. — Je n'en fais rien, Lachès ; sois sans inquiétude. Je prétends que tu es savant, étant courageux, toi, ainsi que Lamachos, et beaucoup d'autres Athéniens.

Lachès. — Je ne veux pas te répondre, quoique j'aie beaucoup à dire, car tu m'objecterais peut-être que je suis par trop de mon dème d'Aïxonée[1].

d Socrate. — Ne lui réponds pas, Lachès ; tu ne t'aperçois pas, je crois, que cet art des distinctions lui vient de notre ami Damon, qui n'est pas sans fréquenter beaucoup Prodicos, le plus habile sans doute des sophistes à distinguer les sens des mots.

Lachès. — En effet, Socrate, ce genre de gloriole convient mieux à un sophiste qu'à un homme que la cité juge digne d'être son chef.

e Socrate. — Il convient pourtant, mon très cher, que l'homme qui préside aux plus grandes affaires soit pourvu de la plus grande sagesse. Or Nicias me paraît mériter que l'on désire savoir à quelle idée correspond pour lui ce mot de courage.

Lachès. — Interroge-le donc toi-même, Socrate.

Socrate. — Telle est bien mon intention, mon cher Lachès ; mais n'espère pas te dérober à notre association ; sois attentif et prends ta part de l'examen.

Lachès. — Soit, puisque tu l'exiges.

Reprise de la discussion par Socrate.

198 a Socrate. — Oui, je l'exige. Mais toi, Nicias, reprends les choses de plus haut : tu te souviens qu'au début nous avons abordé l'étude du courage en le considérant comme une des parties de la vertu.

Nicias. — Parfaitement.

Socrate. — Ainsi, dans tes réponses, tu ne perdais pas de vue qu'il était seulement une partie, entre beaucoup d'autres, d'un tout qui s'appelle la vertu.

Nicias. — Assurément.

Socrate. — Es-tu d'accord avec moi sur ce que je vais dire ? Pour moi, en dehors du courage, ce terme désigne aussi la sagesse, la justice, et le reste. Sommes-nous d'accord ?

1. Les gens de ce dème passaient pour querelleurs.

ΝΙ. Οὔκουν ἔγωγε, ὦ Λάχης, ἀλλὰ θάρρει· φημὶ γάρ σε εἶναι σοφόν, καὶ Λάμαχόν γε, εἴπερ ἐστὲ ἀνδρεῖοι, καὶ ἄλλους γε συχνοὺς Ἀθηναίων.

ΛΑ. Οὐδὲν ἐρῶ πρὸς ταῦτα, ἔχων εἰπεῖν, ἵνα μή με φῇς ὡς ἀληθῶς Αἰξωνέα εἶναι.

ΣΩ. Μηδέ γε εἴπῃς, ὦ Λάχης· καὶ γάρ μοι δοκεῖς τοῦδε d
μὴ ᾐσθῆσθαι ὅτι ταύτην τὴν σοφίαν παρὰ Δάμωνος τοῦ ἡμετέρου ἑταίρου παρείληφεν, ὁ δὲ Δάμων τῷ Προδίκῳ πολλὰ πλησιάζει, ὃς δὴ δοκεῖ τῶν σοφιστῶν κάλλιστα τὰ τοιαῦτα ὀνόματα διαιρεῖν.

ΛΑ. Καὶ γὰρ πρέπει, ὦ Σώκρατες, σοφιστῇ τὰ τοιαῦτα μᾶλλον κομψεύεσθαι ἢ ἀνδρὶ ὃν ἡ πόλις ἀξιοῖ αὑτῆς προεστάναι.

ΣΩ. Πρέπει μέντοι, ὦ μακάριε, τῶν μεγίστων προστα- e
τοῦντι μεγίστης φρονήσεως μετέχειν· δοκεῖ δέ μοι Νικίας ἄξιος εἶναι ἐπισκέψεως, ὅποι ποτὲ βλέπων τοὔνομα τοῦτο τίθησι τὴν ἀνδρείαν.

ΛΑ. Αὐτὸς τοίνυν σκόπει, ὦ Σώκρατες.

ΣΩ. Τοῦτο μέλλω ποιεῖν, ὦ ἄριστε· μὴ μέντοι οἴου με ἀφήσειν σε τῆς κοινωνίας τοῦ λόγου, ἀλλὰ πρόσεχε τὸν νοῦν καὶ συσκόπει τὰ λεγόμενα.

ΛΑ. Ταῦτα δὴ ἔστω, εἰ δοκεῖ χρῆναι.

ΣΩ. Ἀλλὰ δοκεῖ. Σὺ δέ, Νικία, λέγε ἡμῖν πάλιν ἐξ
ἀρχῆς· οἶσθ᾽ ὅτι τὴν ἀνδρείαν κατ᾽ ἀρχὰς τοῦ λόγου ἐσκο- 198 a
ποῦμεν ὡς μέρος ἀρετῆς σκοποῦντες;

ΝΙ. Πάνυ γε.

ΣΩ. Οὐκοῦν καὶ σὺ τοῦτο ἀπεκρίνω ὡς μόριον, ὄντων δὴ καὶ ἄλλων μερῶν, ἃ ξύμπαντα ἀρετὴ κέκληται;

ΝΙ. Πῶς γὰρ οὔ;

ΣΩ. Ἆρ᾽ οὖν ἅπερ ἐγὼ καὶ σὺ ταῦτα λέγεις; Ἐγὼ δὲ καλῶ πρὸς ἀνδρείᾳ σωφροσύνην καὶ δικαιοσύνην καὶ ἄλλ᾽ ἄττα τοιαῦτα. Οὐ καὶ σύ;

d 1 τοῦδε Keck : οὐδὲ BTW || **d** 7 προεστάναι *Ox. Pap.* : προϊστάναι BTW || **e** 9 δὴ Schanz (papyro confirmatum) : δὲ BTW.

b Nicias. — Tout à fait.

Socrate. — Voilà qui est entendu : sur ce point, nulle dissidence ; maintenant, sur le redoutable et son contraire, faisons en sorte que tu n'aies pas une opinion et nous une autre. Je vais t'exposer notre opinion ; tu nous diras si tu l'acceptes. Nous appelons redoutables les choses qui inspirent de la crainte, rassurantes celles qui n'en inspirent pas. Or ce qui inspire de la crainte, ce n'est ni le mal passé ni le mal présent, c'est le mal à venir, attendu que la crainte est l'attente d'un mal futur. N'est-ce point ton avis, Lachès ?

Lachès. — Entièrement, Socrate.

c Socrate. — Tu entends, Nicias, quelle est notre thèse : nous appelons choses redoutables les maux futurs, et choses rassurantes celles qui, si elles arrivent, ne sont pas un mal ou sont un bien. Admets-tu ou rejettes-tu cette proposition ?

Nicias. — Je l'accepte pleinement.

Socrate. — Et c'est la connaissance de ces choses que tu appelles courage ?

Nicias. — Parfaitement.

Socrate. — Il reste un troisième point sur lequel nous avons à voir si nous sommes d'accord.

Nicias. — Lequel ?

d Socrate. — Je vais te le dire. Il nous semble, à Lachès et à moi, que la science, dans la diversité de ses applications, n'est pas différente selon qu'elle se rapporte au passé pour savoir ce qu'il a été, au présent pour savoir ce qu'il est, à l'avenir pour savoir comment il se réalisera le plus favorablement, mais qu'elle est toujours identique à elle-même[1]. En ce qui concerne la santé, par exemple, la médecine, unique pour tous les temps, ne change pas suivant qu'elle considère ce qui se passe maintenant, ce qui s'est passé jadis, ou ce qui e se passera plus tard. Pour ce qui regarde les productions de la

1. Ce caractère universel de la vérité scientifique est l'argument invoqué par Socrate dans l'*Hippias majeur* contre une définition du beau qui ne tenait pas compte des exemples du passé et qui ne pouvait s'appliquer notamment à certains héros. Cf. *Hippias majeur*, p. 291 c, et suiv. La vérité scientifique est universelle parce qu'elle s'appuie sur des idées générales, selon Socrate, donc exempte de toute contingence.

ΝΙ. Πάνυ μὲν οὖν. b

ΣΩ. Ἔχε δή· ταῦτα μὲν γὰρ ὁμολογοῦμεν, περὶ δὲ τῶν δεινῶν καὶ θαρραλέων σκεψώμεθα, ὅπως μὴ σὺ μὲν ἄλλ' ἄττα ἡγῇ, ἡμεῖς δὲ ἄλλα. Ἃ μὲν οὖν ἡμεῖς ἡγούμεθα, φράσομέν σοι· σὺ δέ, ἂν μὴ ὁμολογῇς, διδάξεις. Ἡγούμεθα δ' ἡμεῖς δεινὰ μὲν εἶναι ἃ καὶ δέος παρέχει, θαρραλέα δὲ ἃ μὴ δέος παρέχει· δέος δὲ παρέχειν οὐ τὰ γεγονότα οὐδὲ τὰ παρόντα τῶν κακῶν, ἀλλὰ τὰ προσδοκώμενα· δέος γὰρ εἶναι προσδοκίαν μέλλοντος κακοῦ· ἢ οὐχ οὕτω καὶ σύ, ὦ Λάχης;

ΛΑ. Πάνυ γε σφόδρα, ὦ Σώκρατες.

ΣΩ. Τά μὲν ἡμέτερα τοίνυν, ὦ Νικία, ἀκούεις, ὅτι c
δεινὰ μὲν τὰ μέλλοντα κακά φαμεν εἶναι, θαρραλέα δὲ τὰ μὴ κακὰ ἢ ἀγαθὰ μέλλοντα· σὺ δὲ ταύτῃ ἢ ἄλλῃ περὶ τούτων λέγεις;

ΝΙ. Ταύτῃ ἔγωγε.

ΣΩ. Τούτων δέ γε τὴν ἐπιστήμην ἀνδρείαν προσαγορεύεις;

ΝΙ. Κομιδῇ γε.

ΣΩ. Ἔτι δὴ τὸ τρίτον σκεψώμεθα εἰ ξυνδοκεῖ σοί τε καὶ ἡμῖν.

ΝΙ. Τὸ ποῖον δὴ τοῦτο;

ΣΩ. Ἐγὼ δὴ φράσω. Δοκεῖ γὰρ δὴ ἐμοί τε καὶ τῷδε, d
περὶ ὅσων ἐστὶν ἐπιστήμη, οὐκ ἄλλη μὲν εἶναι περὶ γεγονότος, εἰδέναι ὅπῃ γέγονεν, ἄλλη δὲ περὶ γιγνομένων, ὅπῃ γίγνεται, ἄλλη δὲ ὅπῃ ἂν κάλλιστα γένοιτο καὶ γενήσεται τὸ μήπω γεγονός, ἀλλ' ἡ αὐτή. Οἷον περὶ τὸ ὑγιεινὸν εἰς ἅπαντας τοὺς χρόνους οὐκ ἄλλη τις ἢ < ἡ > ἰατρική, μία οὖσα, ἐφορᾷ καὶ γιγνόμενα καὶ γεγονότα καὶ γενησόμενα ὅπῃ γενήσεται· καὶ περὶ τὰ ἐκ τῆς γῆς αὖ φυόμενα ἡ γεωργία e

198 b 7 παρέχειν Ast : παρέχει BT || **b** 9 καὶ σύ Schanz : καὶ σὺ δοκεῖ BW (σοι B²) δοκεῖ καὶ σὺ T (σοι t) καὶ συνδοκεῖ Burnet || **d** 2-3 γεγονότος TW : γεγονὸς B || **d** 4 καὶ γενήσεται secl. Schanz || **d** 6 ἡ add. rec.

terre, l'agriculture se comporte de la même façon. Quant aux choses de la guerre, vous pouvez certes attester tous deux que la stratégie sait parfaitement pourvoir à tout et notamment à l'avenir, sans croire nécessaire de recourir à la divination, à qui elle donne des ordres au contraire, comme sachant mieux qu'elle les actions de guerre présentes et
199 a futures : c'est pourquoi la loi met le devin sous le commandement du général, non le général sous celui du devin. Est-ce là notre avis, Lachès ?

Lachès. — C'est cela même.

Socrate. — Et toi, Nicias, es-tu d'accord avec nous pour reconnaître que la science est toujours identique à elle-même relativement à des choses identiques, que celles-ci soit passées, présentes, ou futures ?

Nicias. — C'est aussi mon opinion, Socrate.

Socrate. — Or le courage est selon toi la science du redou-
b table et de son contraire. N'est-il pas vrai ?

Nicias. — Oui.

Socrate. — Et nous avons dit que le redoutable, c'est un mal futur, et le rassurant, un bien à venir.

Nicias. — Sans doute.

Socrate. — D'autre part, la même science s'applique aux mêmes choses, dans l'avenir comme dans tout autre temps.

Nicias. — C'est juste.

Socrate. — Donc aussi le courage n'est pas seulement la science du redoutable et de son contraire ; car il n'est pas expert seulement sur les biens et les maux de l'avenir, mais aussi sur ceux du présent, du passé, et de tous les temps,
c en toutes circonstances, comme les autres sciences [1].

Nicias. — C'est vraisemblable.

Socrate. — Ainsi, Nicias, tu n'as répondu que sur le tiers du courage, quand nous t'interrogions sur le courage tout entier. Or maintenant il résulte de ton propre discours que le courage n'est pas seulement la science du redoutable et de son contraire, mais plutôt celle de tous les biens et de tous

1. L'objection de Socrate implique que Nicias, en parlant du redoutable et de son contraire, n'entend parler que du redoutable *actuel*. Si Nicias veut parler du redoutable *en soi*, sa définition doit être complétée, et l'on arrive alors à la conception socratique du

ὡσαύτως ἔχει· καὶ δήπου τὰ περὶ τὸν πόλεμον αὐτοὶ ἂν μαρτυρήσαιτε ὅτι ἡ στρατηγία κάλλιστα προμηθεῖται τά τε ἄλλα καὶ περὶ τὸ μέλλον ἔσεσθαι, οὐδὲ τῇ μαντικῇ οἴεται δεῖν ὑπηρετεῖν, ἀλλὰ ἄρχειν, ὡς εἰδυῖα κάλλιον τὰ περὶ τὸν
πόλεμον καὶ γιγνόμενα καὶ γενησόμενα· καὶ ὁ νόμος οὕτω 199 a
τάττει, μὴ τὸν μάντιν τοῦ στρατηγοῦ ἄρχειν, ἀλλὰ τὸν στρατηγὸν τοῦ μάντεως· φήσομεν ταῦτα, ὦ Λάχης ;

ΛΑ. Φήσομεν.

ΣΩ. Τί δέ ; Σὺ ἡμῖν, ὦ Νικία, ξύμφῃς περὶ τῶν αὐτῶν τὴν αὐτὴν ἐπιστήμην καὶ ἐσομένων καὶ γιγνομένων καὶ γεγονότων ἐπαΐειν ;

ΝΙ. Ἔγωγε· δοκεῖ γάρ μοι οὕτως, ὦ Σώκρατες.

ΣΩ. Οὐκοῦν, ὦ ἄριστε, καὶ ἡ ἀνδρεία τῶν δεινῶν ἐπιστήμη ἐστὶν καὶ θαρραλέων, ὡς φῄς· ἦ γάρ ; b

ΝΙ. Ναί.

ΣΩ. Τὰ δὲ δεινὰ ὡμολόγηται καὶ τὰ θαρραλέα τὰ μὲν μέλλοντα ἀγαθά, τὰ δὲ μέλλοντα κακὰ εἶναι.

ΝΙ. Πάνυ γε.

ΣΩ. Ἡ δέ γ' αὐτὴ ἐπιστήμη τῶν αὐτῶν καὶ μελλόντων καὶ πάντως ἐχόντων εἶναι.

ΝΙ. Ἔστι ταῦτα.

ΣΩ. Οὐ μόνον ἄρα τῶν δεινῶν καὶ θαρραλέων ἡ ἀνδρεία ἐπιστήμη ἐστίν· οὐ γὰρ μελλόντων μόνον πέρι τῶν ἀγαθῶν τε καὶ κακῶν ἐπαΐει, ἀλλὰ καὶ γιγνομένων καὶ γεγονότων
καὶ πάντως ἐχόντων, ὥσπερ αἱ ἄλλαι ἐπιστῆμαι. c

ΝΙ. Ἔοικέν γε.

ΣΩ. Μέρος ἄρα ἀνδρείας ἡμῖν, ὦ Νικία, ἀπεκρίνω σχεδόν τι τρίτον· καίτοι ἡμεῖς ἠρωτῶμεν ὅλην δὴ ἀνδρείαν ὅ τι εἴη. Καὶ νῦν δή, ὡς ἔοικεν, κατὰ τὸν σὸν λόγον οὐ μόνον δεινῶν τε καὶ θαρραλέων ἐπιστήμη ἡ ἀνδρεία ἐστίν, ἀλλὰ σχεδόν τι ἡ περὶ πάντων ἀγαθῶν τε καὶ κακῶν καὶ

e 3 μαρτυρήσαιτε recc. : μαρτυρήσετε BTW || 199 b 3 τὰ δὲ TW : ταῦτα δὲ B || καὶ τὰ TW : καὶ B || c 1 καὶ πάντως ἐχόντων secl. Stallbaum || c 4 δὴ Schanz : ἂν BTW.

d les maux en tout temps. Faut-il modifier en ce sens ta définition? qu'en penses-tu?

NICIAS. — Je crois qu'il le faut, Socrate.

SOCRATE. — Ne te semble-t-il pas, ô divin, qu'un homme ne serait pas éloigné de la vertu totale s'il connaissait tous les biens dans toutes leurs formes, dans le présent, dans le passé, dans l'avenir, et de même tous les maux? Crois-tu qu'il manquât de sagesse, de justice, de piété, cet homme qui, tout à la fois, à l'égard des dieux et des hommes, saurait reconnaître avec prudence le redoutable et ce qui ne l'est pas,
e et se ménager tous les biens, connaissant la manière dont il devrait se comporter avec eux?

NICIAS. — Je suis tenté de t'approuver.

SOCRATE. — Ce n'est donc pas d'une partie de la vertu que tu parles maintenant, mais bien de la vertu tout entière.

NICIAS. — Je le crois.

SOCRATE. — Nous avions dit cependant que le courage était une partie de la vertu.

NICIAS. — Nous l'avons dit en effet.

SOCRATE. — Mais ce dont nous parlons maintenant ne paraît pas être cela.

NICIAS. — Assurément non.

SOCRATE. — Il faut en conclure, Nicias, que nous n'avons pas découvert la vraie nature du courage.

NICIAS. — C'est probable.

La définition est rejetée. Échange de compliments ironiques entre Lachès et Nicias.

200 a LACHÈS. — Je croyais pourtant bien, mon cher Nicias, que tu allais la découvrir, à te voir si méprisant pour mes réponses à Socrate. J'avais grand espoir que les savantes leçons de Damon t'en auraient rendu capable.

NICIAS. — Je te félicite, Lachès: tu tiens pour indifférent de n'avoir su que dire tout à l'heure sur le courage. Il te suffit de me voir exposé à la même mésaventure, et peu t'importe, à ce qu'il semble, d'ignorer avec moi une chose que devrait savoir tout homme qui se croit
b quelque mérite. Ta conduite est bien humaine: tu regardes les

bien et du mal, que Socrate va indiquer, mais non étudier à fond; d'où la conclusion provisoirement négative du dialogue.

πάντως ἐχόντων, ὡς νῦν αὖ ὁ σὸς λόγος, ἀνδρεία ἂν εἴη. d
Οὕτως αὖ μετατίθεσθαι ἢ πῶς λέγεις, ὦ Νικία ;

ΝΙ. Ἔμοιγε δοκεῖ, ὦ Σώκρατες.

ΣΩ. Δοκεῖ οὖν σοι, ὦ δαιμόνιε, ἀπολείπειν ἄν τι ὁ τοιοῦτος ἀρετῆς, εἴπερ εἰδείη τά τε ἀγαθὰ πάντα καὶ παντάπασιν ὡς γίγνεται καὶ γενήσεται καὶ γέγονε, καὶ τὰ κακὰ ὡσαύτως ; Καὶ τοῦτον οἴει ἂν σὺ ἐνδεᾶ εἶναι σωφροσύνης ἢ δικαιοσύνης τε καὶ ὁσιότητος, ᾧ γε μόνῳ προσήκει καὶ περὶ θεοὺς καὶ περὶ ἀνθρώπους ἐξευλαβεῖσθαί τε τὰ δεινὰ καὶ τὰ μή, καὶ τἀγαθὰ πορίζεσθαι, ἐπισταμένῳ ὀρθῶς e
προσομιλεῖν ;

ΝΙ. Λέγειν τὶ ὦ Σώκρατές μοι δοκεῖς.

ΣΩ. Οὐκ ἄρα, ὦ Νικία, μόριον ἀρετῆς ἂν εἴη τὸ νῦν σοι λεγόμενον, ἀλλὰ σύμπασα ἀρετή.

ΝΙ. Ἔοικεν.

ΣΩ. Καὶ μὴν ἔφαμέν γε τὴν ἀνδρείαν μόριον εἶναι ἓν τῶν τῆς ἀρετῆς.

ΝΙ. Ἔφαμεν γάρ.

ΣΩ. Τὸ δέ γε νῦν λεγόμενον οὐ φαίνεται.

ΝΙ. Οὐκ ἔοικεν.

ΣΩ. Οὐκ ἄρα ηὑρήκαμεν, ὦ Νικία, ἀνδρεία ὅ τι ἐστίν.

ΝΙ. Οὐ φαινόμεθα.

ΛΑ. Καὶ μὴν ἔγωγε, ὦ φίλε Νικία, ᾤμην σε εὑρήσειν, ἐπειδὴ ἐμοῦ κατεφρόνησας Σωκράτει ἀποκριναμένου· πάνυ 200 a
δὴ μεγάλην ἐλπίδα εἶχον, ὡς τῇ παρὰ τοῦ Δάμωνος σοφίᾳ αὐτὴν ἀνευρήσεις.

ΝΙ. Εὖ γε, ὦ Λάχης, ὅτι οὐδὲν οἴει σὺ ἔτι πρᾶγμα εἶναι, ὅτι αὐτὸς ἄρτι ἐφάνης ἀνδρείας πέρι οὐδὲν εἰδώς, ἀλλ' εἰ καὶ ἐγὼ ἕτερος τοιοῦτος ἀναφανήσομαι, πρὸς τοῦτο βλέπεις, καὶ οὐδὲν ἔτι διοίσει, ὡς ἔοικε, σοὶ μετ' ἐμοῦ μηδὲν εἰδέναι ὧν προσήκει ἐπιστήμην ἔχειν ἀνδρὶ οἰομένῳ τὶ εἶναι. Σὺ μὲν οὖν μοι δοκεῖς ὡς ἀληθῶς ἀνθρώπειον πρᾶγμα ἐργά- b

e 1 καὶ τὰ μή secl. Badham || 200 a 7 σοὶ recc. : σὺ BTW.

autres et tu oublies de te regarder. Quant à moi, je crois m'être convenablement expliqué sur le sujet en discussion, et si j'ai faibli sur quelque point, j'espère me corriger avec l'aide de Damon, que tu railles sans le connaître même de vue, et auprès de quelques autres. Lorsque j'aurai réparé mes faiblesses, je te ferai part de mon savoir très largement ; car tu
c me parais avoir beaucoup à apprendre.

Lachès. — Tu es un savant, Nicias. Cependant je conseille à Lysimaque et à Mélésias, au sujet de l'éducation de leurs fils, de nous souhaiter le bonjour à tous deux, mais de garder Socrate, comme je le disais au début ; et pour moi, si mes enfants étaient encore en âge, c'est cela même que je ferais.

Nicias. — Je t'accorde volontiers que, si Socrate consent à prendre soin de ces jeunes gens, ils n'ont pas à chercher plus
d loin. Je serais le premier à lui confier Nicératos[1], s'il le voulait bien ; mais chaque fois que je lui en parle, il me propose quelque autre et se dérobe[2]. Vois donc, Lysimaque, si tu sauras mieux te faire écouter de Socrate.

Lysimaque. — Ce serait justice, car je ferais pour lui, moi aussi, bien des choses que je ne consentirais à faire que pour peu de gens en dehors de lui. Que décides-tu, Socrate ? Te rends-tu à ma prière et veux-tu aider ces jeunes gens à devenir meilleurs ?

Conclusion.

e Socrate. — Il serait coupable, Lysimaque, de refuser son aide à qui désire devenir meilleur. Si donc, dans cet entretien, j'avais fait preuve de science et ceux-ci d'ignorance, c'est à bon droit que tu m'inviterais à remplir cette tâche. Mais en fait, nous sommes tous restés en détresse. Qui donc choisir entre nous ?
201 a Personne, à mon avis. Les choses étant ainsi, voici mon conseil ; vous jugerez ce qu'il vaut. J'estime que nous devons tous ensemble — personne ne trahira notre secret — chercher

1. Sur Nicératos, cf. plus haut p. 91, n. 1 (179 b).

2. On sait que telle était l'habitude de Socrate lorsqu'on lui demandait des leçons proprement dites, ou lorsque la curiosité vraiment philosophique semblait manquer à celui qui recherchait son aide. Donner des leçons et se les faire payer était à ses yeux le propre du technicien, s'il s'agissait d'une science véritable, ou le propre du sophiste, s'il s'agissait d'une science vaine, bornée à de simples apparences.

ζεσθαι, οὐδὲν πρὸς σαυτὸν βλέπειν, ἀλλὰ πρὸς τοὺς ἄλλους·
ἐγὼ δ' οἶμαι ἐμοὶ περὶ ὧν ἐλέγομεν νῦν τε ἐπιεικῶς εἰρῆ-
σθαι, καὶ εἴ τι αὐτῶν μὴ ἱκανῶς εἴρηται, ὕστερον ἐπανορ-
θώσεσθαι καὶ μετὰ Δάμωνος, οὗ σύ τι οἴει καταγελᾶν, καὶ
ταῦτα οὐδ' ἰδὼν πώποτε τὸν Δάμωνα, καὶ μετ' ἄλλων· καὶ
ἐπειδὰν βεβαιώσωμαι αὐτά, διδάξω καὶ σέ, καὶ οὐ φθονήσω·
δοκεῖς γάρ μοι καὶ μάλα σφόδρα δεῖσθαι μαθεῖν. c

ΛΑ. Σοφὸς γάρ τοι σὺ εἶ, ὦ Νικία. Ἀλλ' ὅμως ἐγὼ
Λυσιμάχῳ τῷδε καὶ Μελησίᾳ συμβουλεύω, σὲ μὲν καὶ ἐμὲ
περὶ τῆς παιδείας τῶν νεανίσκων χαίρειν ἐᾶν, Σωκράτη δὲ
τουτονί, ὅπερ ἐξ ἀρχῆς ἔλεγον, μὴ ἀφιέναι· εἰ δὲ καὶ ἐμοὶ
ἐν ἡλικίᾳ ἦσαν οἱ παῖδες, ταὐτὰ ἂν ταῦτ' ἐποίουν.

ΝΙ. Ταῦτα μὲν κἀγὼ ξυγχωρῶ, ἐάνπερ ἐθέλῃ Σωκράτης
τῶν μειρακίων ἐπιμελεῖσθαι, μηδένα ἄλλον ζητεῖν· ἐπεὶ κἂν
ἐγὼ τὸν Νικήρατον τούτῳ ἥδιστα ἐπιτρέποιμι, εἰ ἐθέλοι d
οὗτος· ἀλλὰ γὰρ ἄλλους μοι ἑκάστοτε ξυνίστησιν, ὅταν τι
αὐτῷ περὶ τούτου μνησθῶ, αὐτὸς δὲ οὐκ ἐθέλει. Ἀλλ' ὅρα,
ὦ Λυσίμαχε, εἴ τι σοῦ ἂν μᾶλλον ὑπακούοι Σωκράτης.

ΛΥ. Δίκαιόν γέ τοι, ὦ Νικία, ἐπεὶ καὶ ἐγὼ τούτῳ πολλὰ
ἂν ἐθελήσαιμι ποιεῖν, ἃ οὐκ ἂν ἄλλοις πάνυ πολλοῖς ἐθέ-
λοιμι. Πῶς οὖν φῄς, ὦ Σώκρατες ; Ὑπακούσει τι καὶ
συμπροθυμήσει ὡς βελτίστοις γενέσθαι τοῖς μειρακίοις ;

ΣΩ. Καὶ γὰρ ἂν δεινὸν εἴη, ὦ Λυσίμαχε, τοῦτό γε, μὴ e
ἐθέλειν τῳ ξυμπροθυμεῖσθαι ὡς βελτίστῳ γενέσθαι· εἰ μὲν
οὖν ἐν τοῖς διαλόγοις τοῖς ἄρτι ἐγὼ μὲν ἐφάνην εἰδώς,
τώδε δὲ μὴ εἰδότε, δίκαιον ἂν ἦν ἐμὲ μάλιστα ἐπὶ τοῦτο τὸ
ἔργον παρακαλεῖν· νῦν δ' — ὁμοίως γὰρ πάντες ἐν ἀπορίᾳ
ἐγενόμεθα· τί οὖν ἄν τις ἡμῶν τίνα προαιροῖτο ; Ἐμοὶ μὲν
οὖν δὴ αὐτῷ δοκεῖ οὐδένα· ἀλλ' ἐπειδὴ ταῦτα οὕτως ἔχει, 201 a
σκέψασθε ἄν τι δόξω ξυμβουλεύειν ὑμῖν. Ἐγὼ γάρ φημι
χρῆναι, ὦ ἄνδρες — οὐδεὶς γὰρ ἔκφορος λόγου — κοινῇ

b 2 σαυτόν rec. : αὑτόν BT αὐτόν W || **b** 5 σύ τι Schanz : σύ που BTW || **c** 8 ἐπεὶ κἂν TW : ἐπειδ' ἂν B || **d** 4 εἴ τι TW : οὔ τι B || **d** 8 βελτίστοις TW : βέλτιστος B || **201 a** 3 λόγου Heusde : λόγος BTW.

d'abord pour nous-mêmes et ensuite pour vos enfants, un maître aussi parfait que possible, car nous en avons besoin, sans ménager l'argent ni quoi que ce soit. Quant à rester tranquillement tels que nous sommes, je ne l'admets pas. Si quelqu'un de vous sourit à l'idée que nous puissions, à notre âge,
b aller encore à l'école, je me couvrirai de l'autorité d'Homère qui a dit que « la honte est mauvaise quand elle accompagne l'indigent[1] ». Laissons donc tranquilles les mauvais plaisants et prenons soin à la fois de nous-mêmes et de ces jeunes gens.

LYSIMAQUE. — Ton discours me plaît, Socrate, et je veux, comme le plus vieux, être le plus empressé à étudier avec ces enfants. Mais voici ce que je te demande : demain matin viens
c chez moi, sans faute, pour causer encore de ce projet. Pour l'instant, séparons-nous.

SOCRATE. — Je n'y manquerai pas, Lysimaque ; je serai demain chez toi, s'il plaît aux dieux.

1. *Odyssée*, XVII, 347.

πάντας ἡμᾶς ζητεῖν μάλιστα μὲν ἡμῖν αὐτοῖς διδάσκαλον ὡς ἄριστον, δεόμεθα γάρ, ἔπειτα καὶ τοῖς μειρακίοις, μήτε χρημάτων φειδομένους μήτε ἄλλου μηδενός· ἐᾶν δὲ ἡμᾶς αὐτοὺς ἔχειν, ὡς νῦν ἔχομεν, οὐ ξυμβουλεύω. Εἰ δέ τις ἡμῶν καταγελάσεται, ὅτι τηλικοίδε ὄντες εἰς διδασκάλων ἀξιοῦμεν φοιτᾶν, τὸν Ὅμηρον δοκεῖ μοι χρῆναι προβάλ- b
λεσθαι, ὃς ἔφη οὐκ ἀγαθὴν εἶναι αἰδῶ κεχρημένῳ ἀνδρὶ παρεῖναι. Καὶ ἡμεῖς οὖν ἐάσαντες χαίρειν εἴ τίς τι ἐρεῖ, κοινῇ ἡμῶν αὐτῶν καὶ τῶν μειρακίων ἐπιμέλειαν ποιησώμεθα.

ΛΥ. Ἐμοὶ μὲν ἀρέσκει, ὦ Σώκρατες, ἃ λέγεις· καὶ ἐθέλω, ὅσῳπερ γεραίτατός εἰμι, τοσούτῳ προθυμότατα μανθάνειν μετὰ τῶν νεανίσκων. Ἀλλά μοι ουτωσὶ ποίησον· αὔριον ἕωθεν ἀφίκου οἴκαδε, καὶ μὴ ἄλλως ποιήσῃς, ἵνα c
βουλευσώμεθα περὶ αὐτῶν τούτων· τὸ δὲ νῦν εἶναι τὴν συνουσίαν διαλύσωμεν.

ΣΩ. Ἀλλὰ ποιήσω, ὦ Λυσίμαχε, ταῦτα, καὶ ἥξω παρὰ σὲ αὔριον, ἐὰν θεὸς ἐθέλῃ.

a 8 τηλικοίδε B²TW : ἡλικοίδε B || c 3 διαλύσωμεν W : διαλύσομεν BT.

LYSIS

NOTICE

Le *Lysis* ressemble au *Charmide* par sa forme narrative et non simplement dramatique : Socrate est censé raconter son entretien à un ami, qui n'est pas nommé. Nous avons vu que cette forme de dialogue semble appartenir à la première période de la carrière de Platon.

Comme dans le *Charmide* aussi, le lieu de la scène est une palestre, fréquentée par une nombreuse jeunesse : les éphèbes et les enfants s'y pressent en foule. Ordinairement, ces deux classes sont séparées ; mais c'est le jour de la fête d'Hermès, patron des gymnases, et ce jour-là elles ont la liberté de se réunir ; de sorte que nous voyons à la fois, dans le *Lysis*, des éphèbes comme Hippothalès et des enfants encore conduits par leurs pédagogues, comme Lysis et Ménexène.

Par la vivacité gracieuse des tableaux, par l'harmonie de la composition, le *Lysis* rappelle également le *Charmide*, et la convenance entre le sujet de la discussion et les personnages n'y est pas moins étroite : le sujet de l'entretien, en effet, est la nature de l'amitié, dont Lysis et Ménexène, enfants tous deux, présentent une agréable image.

Ici enfin, comme dans le *Charmide*, la discussion n'aboutit à aucune conclusion ferme et semble purement négative. Mais en réalité, et plus encore que dans le *Charmide*, elle laisse pressentir des théories nettement platoniciennes.

Revenons sur ces différents points.

I

LES PERSONNAGES

Les interlocuteurs de Socrate sont au nombre de quatre : Lysis, Ménexène, Hippothalès et Ctésippe. Tous sont des personnages réels, mentionnés à diverses reprises par Platon, et appartenant à de grandes familles athéniennes ; mais aucun d'eux n'a joué de rôle historique marquant, de sorte que nous en sommes réduits, sur leur compte, aux indications données par Platon lui-même, ou peu s'en faut.

Lysis est fils de Démophon, du dème d'Aixonée. Sa famille est célèbre par ses richesses, ses chevaux, ses victoires aux grands jeux de la Grèce (*Lysis*, 205 c). Lui-même est au premier rang des enfants par sa beauté. Son âge n'est pas indiqué avec précision, mais nous voyons qu'il est déjà assez habile à jouer de la lyre (209 c) : il peut donc avoir au moins une douzaine d'années. D'autre part, sa discussion avec Socrate prouve qu'il a déjà lu nombre de poètes. On ne saurait cependant lui attribuer un âge beaucoup plus avancé, à en juger par sa timidité et sa modestie, et par la manière dont sa mère, dit-il, lui donnerait sur les doigts, s'il s'avisait de toucher à ses fuseaux.

Ménexène, fils de Démophon, est à peu près du même âge, et il est le grand ami de Lysis. A la question de Socrate qui lui demande lequel des deux est le plus âgé, il répond évasivement : « Nous en disputons » (207 c). Il semble cependant l'aîné de Lysis. Ménexène est nommé dans le *Phédon* (59 b) et il a donné, comme on sait, son nom à un dialogue de Platon. Ses ancêtres ne sont pas moins illustres que ceux de son ami Lysis (*Ménexène*, 234 a). L'amitié des deux enfants est d'une délicatesse naïve et charmante.

Hippothalès, fils d'Hiéronymos, est aussi un admirateur de Lysis, mais avec moins de naïveté que Ménexène. Il est plus âgé ; il a de quinze à dix-huit ans ; il compose des écrits en vers et en prose en l'honneur de celui qu'il aime. Diogène Laërce le cite parmi les disciples de Platon (III, 46) : c'est tout ce que nous savons de lui.

Ctésippe, enfin, du dème de Péanée, est un disciple de Socrate plusieurs fois nommé par Platon. Il était cousin de Ménexène (206 b). Dans le *Lysis,* il n'a qu'un rôle secondaire : il accompagne Socrate au gymnase, le met en relations avec les jeunes gens, et trace le portrait d'Hippothalès.

II

LA COMPOSITION

Le dialogue s'ouvre par un préambule, destiné, comme d'habitude, à marquer le lieu de la scène, à présenter les personnages et à introduire le sujet de la discussion. Tout en se dirigeant vers la palestre avec Hippothalès, Socrate découvre l'amour de celui-ci pour Lysis, et comme Ctésippe se moque à ce propos des poèmes et de la prose d'Hippothalès, Socrate déclare qu'il lui enseignera la vraie manière de parler à un ami : l'accabler de vains compliments, est une sottise. On entre. La fête d'Hermès vient de se terminer et les enfants jouent aux osselets ou se dispersent. A l'entrée de Socrate, Lysis, Ménexène, d'autres encore se rapprochent peu à peu et l'entretien s'engage.

Socrate demande à Lysis s'il est bien certain que ses parents l'aiment fort. Sur la réponse affirmative de Lysis, Socrate lui fait remarquer le caractère de cette affection des parents, qui ne lui laissent aucune liberté sur une foule de choses, et il l'amène à trouver la raison de cette conduite dans son ignorance de ces choses. L'amitié ne peut reposer, pour être complète, que sur la confiance inspirée par le savoir utile et efficace de l'ami.

A ce moment, Ménexène, qui s'était absenté pour une cérémonie religieuse, revient, et c'est avec lui que Socrate continue la discussion : qui est l'ami, celui qui aime ou celui qui est aimé? La solution n'apparaissant pas, Socrate pose la question autrement et examine avec Lysis, qui a manifesté vivement l'intérêt qu'il prend au débat, les causes attribuées par les poètes, « ces pères de toute science », à la naissance de l'amitié.

Les uns font naître l'amitié de la ressemblance, les autres

de la contrariété. On reconnait là les théories des Empédocle, des Héraclite, et certaines sentences proverbiales d'Hésiode. Une dialectique subtile montre que les deux explications sont également insuffisantes, soit qu'il s'agisse de deux êtres absolument bons, ou absolument mauvais, ou l'un bon et l'autre mauvais.

Reste donc une seule solution possible : c'est qu'il y ait une certaine convenance ou parenté entre deux êtres dont l'un serait bon et l'autre ni tout à fait bon ni tout à fait mauvais. Encore faut-il que cette convenance n'aille pas jusqu'à une ressemblance complète. Mais est-ce possible?

La discussion s'arrête sur ce doute. Au moment où Socrate médite de la reprendre, elle est brusquement interrompue par l'arrivée plaisante des pédagogues, esclaves à demi-barbares et un peu avinés, qui réclament les enfants. Avec eux, inutile de résister : il faut céder et lever la séance.

III

LA SIGNIFICATION PHILOSOPHIQUE

Malgré cette conclusion d'apparence négative, la vraie pensée de Platon n'est pas douteuse.

Pour que la « convenance » nécessaire à l'amitié ne soit pas une « ressemblance » complète, pour qu'il y ait, en d'autres termes, analogie et non identité, il faut qu'il existe à la fois de l'absolu et du relatif. La ressemblance complète n'existe qu'entre deux absolus, soit en bien, soit en mal, et ni l'un ni l'autre de ces deux couples, en vertu de la discussion précédente, ne sont capables d'amitié. Il reste donc que le bien, soit absolu, soit relatif, éveille l'amitié d'un être bon, mais non absolument bon, capable par conséquent de sentir ce qui lui manque et de le désirer. On reconnaît là le fond même de la théorie platonicienne des Idées et du Bien, telle qu'elle est exposée dans le *Banquet* et dans la *République*. La forme négative de la conclusion, bien loin de trahir quelque incertitude dans la pensée de Platon, prouve que ses lecteurs étaient assez informés de sa doctrine pour ne pas risquer de s'y tromper. Il ne faut donc pas placer la date du *Lysis* trop tôt dans la vie de Platon. D'autre part, la forme narrative du dialogue oblige, ainsi que nous l'avons vu pour le *Charmide*, à ne pas le placer trop tard. Disons donc, sans chercher une précision impossible, qu'il appartient très vraisemblablement à une période voisine de celle des grands dialogues antérieurs au *Théétète*.

IV

LE TEXTE

Mêmes sources que pour le *Charmide*.

LYSIS

[ou *Sur l'amitié* ; genre maïeutique.]

SOCRATE HIPPOTHALÈS CTÉSIPPE
MÉNEXÈNE LYSIS

Préambule : la palestre et les interlocuteurs.

203 a Je revenais de l'Académie directement au Lycée par la route qui longe le mur à l'extérieur. Arrivé près de la poterne où se trouve la fontaine de Panope, je rencontrai Hippothalès, fils d'Hiéronyme, et Ctésippe, du dème de Péanée, avec un groupe de jeunes gens qui les accompagnaient. Comme j'approchais, Hippothalès m'aperçut : « Socrate,
b dit-il, d'où viens-tu et où vas-tu ? » — « De l'Académie, dis-je, droit au Lycée. » — « Viens ici, droit vers nous. Tu ne veux pas te détourner de ta route ? La chose en vaut pourtant la peine. » — « Où me mènes-tu ? Et vers quelle compagnie ? » — « Ici, » dit-il, en me montrant en face du mur une enceinte dont la porte était ouverte. « C'est là que
204 a nous passons nos journées, avec de nombreux et beaux jeunes gens. » — « Qu'est-ce là, dis-je, et à quoi vous occupez-vous ? » — « C'est une nouvelle palestre; nous y passons le temps en des entretiens auxquels nous aimerions à te voir prendre part. » — « A merveille, dis-je; et quel est le maître[1] ? » — « Quelqu'un que tu connais et qui fait ton

1. Le « maître » dont il est ici question semble distinct du « pédotribe », qui dirige les exercices gymnastiques des jeunes gens et qui est ordinairement le propriétaire de la palestre. Il est qualifié de « sophiste » par Socrate et s'appelle Miccos. Ce personnage, d'ailleurs

ΛΥΣΙΣ

[ἢ περὶ φιλίας, μαιευτικός.

ΣΩΚΡΑΤΗΣ ΙΠΠΟΘΑΛΗΣ ΚΤΗΣΙΠΠΟΣ ΜΕΝΕΞΕΝΟΣ ΛΥΣΙΣ

Ἐπορευόμην μὲν ἐξ Ἀκαδημείας εὐθὺ Λυκείου τὴν ἔξω 203 a
τείχους ὑπ' αὐτὸ τὸ τεῖχος· ἐπειδὴ δ' ἐγενόμην κατὰ τὴν πυλίδα ᾗ ἡ Πάνοπος κρήνη, ἐνταῦθα συνέτυχον Ἱπποθάλει τε τῷ Ἱερωνύμου καὶ Κτησίππῳ τῷ Παιανιεῖ καὶ ἄλλοις μετὰ τούτων νεανίσκοις ἀθρόοις συνεστῶσι.

Καί με προσιόντα ὁ Ἱπποθάλης ἰδών· Ὦ Σώκρατες, ἔφη,
ποῖ δὴ πορεύει καὶ πόθεν; — Ἐξ Ἀκαδημείας, ἦν δ' ἐγώ, b
πορεύομαι εὐθὺ Λυκείου. — Δεῦρο δή, ἦ δ' ὅς, εὐθὺ ἡμῶν. Οὐ παραβαλεῖς; Ἄξιον μέντοι. — Ποῖ, ἔφην ἐγώ, λέγεις, καὶ παρὰ τίνας τοὺς ὑμᾶς; — Δεῦρο, ἔφη, δείξας μοι ἐν τῷ καταντικρὺ τοῦ τείχους περίβολόν τέ τινα καὶ θύραν ἀνεῳγμένην. Διατρίβομεν δέ, ἦ δ' ὅς, αὐτόθι ἡμεῖς τε αὐτοὶ καὶ
ἄλλοι πάνυ πολλοὶ καὶ καλοί. — Ἔστιν δὲ δὴ τί τοῦτο, καὶ 204 a
τίς ἡ διατριβή; — Παλαίστρα, ἔφη, νεωστὶ ᾠκοδομημένη· ἡ δὲ διατριβὴ τὰ πολλὰ ἐν λόγοις, ὧν ἡδέως ἄν σοι μεταδιδοῖμεν. — Καλῶς γε, ἦν δ' ἐγώ, ποιοῦντες· διδάσκει δὲ τίς

203 b 2 εὐθὺ ἡμῶν B : εὐθὺς ἡμῶν TW || **b** 3 παραβαλεῖς Hirschig : παραβάλλεις BT || **b** 6 αὐτοὶ TW : αὐτοὶ ἢ B || **204 a** 2 ἔφη t : ἔφην T φῆν B φησι B[2] || **a** 3 ἂν T : δή B || **a** 4 γε W : δὲ BT.

éloge, Miccos. » — « Par Zeus, c'est un homme qui ne manque pas de mérite, un sophiste distingué. » — « Veux-tu
b nous suivre? Tu verras ceux qui fréquentent l'endroit. » — « J'aimerais, dis-je, à savoir d'abord de toi ce que j'y vais faire et quel est le bel enfant de l'endroit? » — « Les préférences sont diverses, Socrate. » — « Mais quelle est la tienne, Hippothalès? fais la moi connaître. »

A cette question, il rougit. « Hippothalès, fils d'Hiéronyme[1], repris-je, inutile de me dire si tu aimes ou non : je sais que tu aimes et que tu n'en es même plus aux premiers pas dans la route de l'amour. Pour tout le reste, je suis médiocre et de peu
c de ressource; mais c'est en moi une sorte de don des dieux de savoir reconnaître au premier coup d'œil celui qui aime ou qui est aimé. » Mes paroles le firent rougir bien plus encore. Alors Ctésippe l'interpellant : « C'est très joli, Hippothalès, de rougir et d'hésiter à prononcer aucun nom ; mais il suffira à Socrate de quelques instants de causerie avec toi pour que tu l'assommes à répéter sans cesse ce nom que tu ne veux pas lui dire. Pour nous, Socrate, il nous étourdit du nom de Lysis et nous en avons
d les oreilles rebattues. S'il vide par hasard quelques coupes, il le prodigue si copieusement que nous croyons encore l'entendre à notre réveil. Quand il se borne à en parler, c'est déjà terrible, beaucoup moins pourtant que s'il lui prend fantaisie de déverser sur nous ses vers et sa prose[2]; mais le pis, c'est quand il chante ses amours d'une voix redoutable à laquelle nous ne pouvons échapper. Et dire qu'en ce moment, ta
e question le fait rougir ! » — « Lysis, je suppose, est très jeune, car c'est la première fois que j'entends son nom ». — « On ne le prononce guère, en effet : c'est par le nom de son père qu'on le désigne encore, car son père est fort connu. Mais je suis bien sûr que tu as dû le remarquer lui-même pour sa beauté, qui suffit à le faire reconnaître. » — « De qui

inconnu, pourrait être un de ces sophistes qui, dès le ve siècle, vont enseigner dans les palestres les sciences diverses dont ils font profession, comme fait le Socrate des *Nuées*, v. 201-204, ou comme les deux sophistes de l'*Euthydème* (p. 271 a).

1. La double appellation par le nom propre et le nom du père a quelque chose de solennel qui donne à la phrase un tour plaisant.

2. Les éloges en prose sont alors une invention récente de la sophistique.

αὐτόθι ; — Σὸς ἑταῖρός γε, ἦ δ' ὅς, καὶ ἐπαινέτης, Μίκκος. — Μὰ Δία, ἦν δ' ἐγώ, οὐ φαῦλός γε ἀνήρ, ἀλλ' ἱκανὸς σοφιστής. — Βούλει οὖν ἕπεσθαι, ἔφη, ἵνα καὶ ἴδῃς τοὺς ὄντας αὐτοῦ ; — Πρῶτον ἡδέως ἀκούσαιμ' ἂν ἐπὶ τῷ καὶ b
εἴσειμι καὶ τίς ὁ καλός. — Ἄλλος, ἔφη, ἄλλῳ ἡμῶν δοκεῖ, ὦ Σώκρατες. — Σοὶ δὲ δὴ τίς, ὦ Ἱππόθαλες ; Τοῦτό μοι εἰπέ.

Καὶ ὃς ἐρωτηθεὶς ἠρυθρίασεν, καὶ ἐγὼ εἶπον· Ὦ παῖ Ἱερωνύμου Ἱππόθαλες, τοῦτο μὲν μηκέτι εἴπῃς, εἴτε ἐρᾷς του εἴτε μή· οἶδα γὰρ ὅτι οὐ μόνον ἐρᾷς, ἀλλὰ καὶ πόρρω ἤδη εἶ πορευόμενος τοῦ ἔρωτος. Εἰμὶ δ' ἐγὼ τὰ μὲν ἄλλα φαῦλος καὶ ἄχρηστος, τοῦτο δέ μοί πως ἐκ θεοῦ δέδοται, c
ταχὺ οἵῳ τ' εἶναι γνῶναι ἐρῶντά τε καὶ ἐρώμενον. — Καὶ ὃς ἀκούσας πολὺ ἔτι μᾶλλον ἠρυθρίασεν.

Ὁ οὖν Κτήσιππος, Ἀστεῖόν γε, ἦ δ' ὅς, ὅτι ἐρυθριᾷς, ὦ Ἱππόθαλες, καὶ ὀκνεῖς εἰπεῖν Σωκράτει τοὔνομα· ἐὰν δ' οὗτος καὶ σμικρὸν χρόνον συνδιατρίψῃ σοι, παραταθήσεται ὑπὸ σοῦ ἀκούων θαμὰ λέγοντος. Ἡμῶν γοῦν, ὦ Σώκρατες, ἐκκεκώφωκε τὰ ὦτα καὶ ἐμπέπληκε Λύσιδος· ἂν μὲν δὴ καὶ d
ὑποπίῃ, εὐμαρία ἡμῖν ἐστιν καὶ ἐξ ὕπνου ἐγρομένοις Λύσιδος οἴεσθαι τοὔνομα ἀκούειν. Καὶ ἃ μὲν καταλογάδην διηγεῖται, δεινὰ ὄντα, οὐ πάνυ τι δεινά ἐστιν· ἀλλ' ἐπειδὰν τὰ ποιήματα ἡμῶν ἐπιχειρήσῃ καταντλεῖν καὶ συγγράμματα. Καὶ ὃ ἐστιν τούτων δεινότερον, ὅτι καὶ ᾄδει εἰς τὰ παιδικὰ φωνῇ θαυμασίᾳ, ἣν ἡμᾶς δεῖ ἀκούοντας ἀνέχεσθαι. Νῦν δὲ ἐρωτώμενος ὑπὸ σοῦ ἐρυθριᾷ. — Ἔστιν δέ, ἦν δ' ἐγώ, ὁ e
Λύσις νέος τις, ὡς ἔοικε· τεκμαίρομαι δέ, ὅτι ἀκούσας τοὔνομα οὐκ ἔγνων. — Οὐ γὰρ πάνυ, ἔφη, τὶ αὐτοῦ τοὔνομα λέγουσιν, ἀλλ' ἔτι πατρόθεν ἐπονομάζεται διὰ τὸ σφόδρα τὸν πατέρα γιγνώσκεσθαι αὐτοῦ. Ἐπεὶ εὖ οἶδ' ὅτι πολλοῦ

a 5 γε recc. : τε BTW || **a** 6 ἀνήρ Schanz : ἀνὴρ BTW || **a** 7 ἴδῃς Ficin : εἰδῇς BT || **b** 1 αὐτοῦ Schanz : αὐτόθι αὐτοῦ BT || **b** 3 μοι T : ποι B || **b** 8 πορευόμενος secl. Schanz || **e** 4 ἔτι T : εἰ B || **e** 4-5 σφόδρα τὸν TW : σφοδρότατον B.

donc est-il fils ? » — « Il est le fils aîné de Démocratès, du dème d'Aïxonée. » — « Eh bien, Hippothalès, repris-je, c'est de toutes façons un noble et généreux amour que tu as rencontré.
205 a Célèbre-le donc devant moi comme tu fais devant tes amis, afin que je voie si tu connais le langage qui convient à un amant, soit qu'il s'adresse à l'objet aimé, soit qu'il en parle à d'autres. » — « Est-ce que par hasard, Socrate, tu attaches quelque importance aux bavardages de Ctésippe ? » — « Nies-tu ton amour pour celui qu'il indique ? » — « Non ; mais je prétends que je ne compose en son honneur ni vers ni prose. » — « Il est fou, dit Ctésippe ; les histoires qu'il te raconte n'ont pas le sens commun. »

Je repris alors : — « Hippothalès, je ne suis pas curieux
b d'entendre tes vers ni les chansons que tu as pu faire pour ce jeune garçon : ta pensée seule m'intéresse, car je désire savoir comment tu te comportes à l'égard de celui que tu aimes. » — « Ctésippe peut te le dire ; il le sait à merveille et doit s'en souvenir, s'il est vrai, comme il le prétend, que je lui en rebatte les oreilles. »

— « Oui, par les dieux, dit Ctésippe, je le sais fort bien, et la chose, Socrate, est même tout à fait risible. Qu'on soit amoureux d'un enfant, qu'on lui consacre plus que personne toute son attention, et qu'on ne trouve à dire de lui rien de personnel, rien que ce que pourrait dire un tout
c petit garçon, n'est-ce pas plaisant ? Des banalités que chante toute la ville sur Démocratès, sur l'autre Lysis, le grand-père de celui-ci, et sur tous ses aïeux, leurs richesses, leurs chevaux, les victoires Pythiques, Isthmiques, Néméennes de leurs quadriges et de leurs coursiers, voilà ce qu'il met en vers et en prose, avec d'autres vieilleries tout aussi fraîches [1]. Hier encore, il nous racontait dans un poème l'hospitalité offerte à Héraclès par un de ses ancêtres, et nous
d expliquait cet accueil par la parenté d'Héraclès et de cet ancêtre, né lui-même de Zeus et de la fille du héros fondateur de son dème : bref, des contes de bonnes femmes, Socrate, et tout à l'avenant. Voilà ce qu'il dit, ce qu'il

1. Littéralement : « encore plus contemporaines de Kronos », dont le règne avait précédé l'avènement de Zeus, selon la tradition hésiodique.

δεῖς τὸ εἶδος ἀγνοεῖν τοῦ παιδός· ἱκανὸς γὰρ καὶ ἀπὸ μόνου τούτου γιγνώσκεσθαι. — Λεγέσθω, ἦν δ' ἐγώ, οὗτινος ἔστιν. — Δημοκράτους, ἔφη, τοῦ Αἰξωνέως ὁ πρεσβύτατος ὑός. — Εἶεν, ἦν δ' ἐγώ, ὦ Ἱππόθαλες, ὡς γενναῖον καὶ νεανικὸν τοῦτον τὸν ἔρωτα πανταχῇ ἀνηῦρες· καί μοι ἴθι ἐπίδειξαι
ἃ καὶ τοῖσδε ἐπιδείκνυσαι, ἵνα εἰδῶ εἰ ἐπίστασαι ἃ χρὴ 205 a
ἐραστὴν περὶ παιδικῶν πρὸς αὐτὸν ἢ πρὸς ἄλλους λέγειν.

— Τούτων δέ τι, ἔφη, σταθμᾷ, ὦ Σώκρατες, ὧν ὅδε λέγει ; — Πότερον, ἦν δ' ἐγώ, καὶ τὸ ἐρᾶν ἔξαρνος εἶ οὗ λέγει ὅδε ; — Οὐκ ἔγωγε, ἔφη, ἀλλὰ μὴ ποιεῖν εἰς τὰ παιδικὰ μηδὲ συγγράφειν. — Οὐχ ὑγιαίνει, ἔφη ὁ Κτήσιππος, ἀλλὰ ληρεῖ τε καὶ μαίνεται.

— Καὶ ἐγὼ εἶπον· Ὦ Ἱππόθαλες, οὔ τι τῶν μέτρων δέομαι
ἀκοῦσαι οὐδὲ μέλος εἴ τι πεποίηκας εἰς τὸν νεανίσκον, ἀλλὰ b
τῆς διανοίας, ἵνα εἰδῶ τίνα τρόπον προσφέρει πρὸς τὰ παιδικά. — Ὅδε δήπου σοι, ἔφη, ἐρεῖ· ἀκριβῶς γὰρ ἐπίσταται καὶ μέμνηται, εἴπερ, ὡς λέγει, ὑπ' ἐμοῦ ἀεὶ ἀκούων διατεθρύληται.

— Νὴ τοὺς θεούς, ἔφη ὁ Κτήσιππος, πάνυ γε. Καὶ γάρ ἐστι καταγέλαστα, ὦ Σώκρατες. Τὸ γὰρ ἐραστὴν ὄντα καὶ διαφερόντως τῶν ἄλλων τὸν νοῦν προσέχοντα τῷ παιδὶ ἴδιον μὲν
μηδὲν ἔχειν λέγειν, ὃ οὐχὶ κἂν παῖς εἴποι, πῶς οὐχὶ κατα- c
γέλαστον ; Ἃ δὲ ἡ πόλις ὅλη ᾄδει περὶ Δημοκράτους καὶ Λύσιδος τοῦ πάππου τοῦ παιδὸς καὶ πάντων πέρι τῶν προγόνων, πλούτους τε καὶ ἱπποτροφίας καὶ νίκας Πυθοῖ καὶ Ἰσθμοῖ καὶ Νεμέᾳ τεθρίπποις τε καὶ κέλησι, ταῦτα ποιεῖ τε καὶ λέγει, πρὸς δὲ τούτοις ἔτι τούτων κρονικώτερα. Τὸν γὰρ τοῦ Ἡρακλέους ξενισμὸν πρῴην ἡμῖν ἐν ποιήματί τινι διῄειν, ὡς διὰ τὴν τοῦ Ἡρακλέους ξυγγένειαν ὁ πρόγονος
αὐτῶν ὑποδέξαιτο τὸν Ἡρακλέα, γεγονὼς αὐτὸς ἐκ Διός τε d
καὶ τῆς τοῦ δήμου ἀρχηγέτου θυγατρός, ἅπερ αἱ γραῖαι ᾄδουσι, καὶ ἄλλα πολλὰ τοιαῦτα, ὦ Σώκρατες· ταῦτ' ἐστὶν

e 6 δεῖς BW : δεῖ σε T ‖ 205 a 3 ὅδε TW : om. B ‖ c 6 κρονικώτερα TW : χρονικώτερα B.

chante, et ce qu'il nous oblige à écouter. » — « Plaisant Hippothalès, dis-je alors, qui n'attends pas d'être victorieux pour mettre ta victoire en vers et en chansons[1] ! » — « Mais ce n'est pas à moi, dit-il, que s'adressent mes vers et mes chants. » — « Tu ne t'en aperçois pas, dis-je. » — « Comment cela ? » —
e « Personne plus que toi n'est visé par ces éloges. Si tu triomphes d'un objet tel que tu le décris, c'est à toi-même que feront honneur tes vers et ta prose comme un véritable chant de victoire anticipé, à cause du mérite même de ta conquête : mais s'il t'échappe, plus l'éloge aura été pompeux, plus tu feras rire de toi qui auras manqué une si belle et si glorieuse victoire.
206 a Les gens habiles en amour, mon cher, ne vantent pas l'aimé avant de s'en être rendus maîtres, dans l'incertitude du résultat. De plus les beaux enfants, à se voir célébrés et magnifiés, prennent de l'orgueil et se rengorgent. N'est-ce pas ton avis ? » — « Oui, dit-il. »

— « Et plus ils s'enorgueillissent, plus ils sont difficiles à prendre ? » — « C'est probable. » — « Que penserais-tu d'un chasseur qui commencerait par effrayer le gibier et
b par rendre sa chasse plus difficile ? » — « Ce serait évidemment un pauvre chasseur. » — « Est-il d'un art bien habile d'employer les paroles et les chants de manière à effaroucher au lieu d'apprivoiser ? » — « Je ne le pense pas. » — « Garde-toi donc, Hippothalès, de t'exposer par ta poésie à mériter tous ces reproches. Je ne suppose pourtant pas qu'un homme qui se nuit à lui-même par ses vers soit considéré par toi comme un poète habile, puisqu'il se fait du mal[2]. » — « Non certes ;
c ce serait déraisonnable. Mais c'est pour cela même que je m'adresse à toi, Socrate, et que je te demande conseil : indique-moi, si tu le peux, ce qu'il faut dire et faire pour gagner la faveur de celui qu'on aime. »

— « Ce n'est pas facile à dire, repris-je. Cependant, si tu

1. Le premier mot s'applique aux poèmes récités, le second aux *encômia* chantés et accompagnés de musique, à la façon des hymnes de Pindare ou des odes lesbiennes.

2. Socrate, suivant son habitude, associe ici encore l'idée de l'*utilité* à celle de l'*habileté*, comme ailleurs à celle de la *science*. L'habileté purement technique n'a, selon lui, aucun intérêt. Xénophon et Platon expliquent par le même motif son peu de goût pour les sciences purement spéculatives.

ἃ οὗτος λέγων τε καὶ ᾄδων ἀναγκάζει καὶ ἡμᾶς ἀκροᾶ-
σθαι.

Καὶ ἐγὼ ἀκούσας εἶπον· Ὦ καταγέλαστε Ἱππόθαλες,
πρὶν νενικηκέναι ποιεῖς τε καὶ ᾄδεις εἰς σαυτὸν ἐγκώμιον;
— Ἀλλ' οὐκ εἰς ἐμαυτόν, ἔφη, ὦ Σώκρατες, οὔτε ποιῶ
οὔτε ᾄδω. — Οὐκ οἴει γε, ἦν δ' ἐγώ. — Τὸ δὲ πῶς ἔχει;
ἔφη. — Πάντων μάλιστα, εἶπον, εἰς σὲ τείνουσιν αὗται αἱ e
ᾠδαί. Ἐὰν μὲν γὰρ ἕλῃς τὰ παιδικὰ τοιαῦτα ὄντα, κόσμος
σοι ἔσται τὰ λεχθέντα καὶ ᾀσθέντα καὶ τῷ ὄντι ἐγκώμια
ὥσπερ νενικηκότι, ὅτι τοιούτων παιδικῶν ἔτυχες· ἐὰν δέ σε
διαφύγῃ, ὅσῳ ἂν μείζω σοι εἰρημένα ᾖ ἐγκώμια περὶ τῶν
παιδικῶν, τοσούτῳ μειζόνων δόξεις καλῶν τε κἀγαθῶν
ἐστερημένος καταγέλαστος εἶναι. Ὅστις οὖν τὰ ἐρωτικά, 206 a
ὦ φίλε, σοφός, οὐκ ἐπαινεῖ τὸν ἐρώμενον πρὶν ἂν ἕλῃ,
δεδιὼς τὸ μέλλον ὅπῃ ἀποβήσεται. Καὶ ἅμα οἱ καλοί, ἐπει-
δάν τις αὐτοὺς ἐπαινῇ καὶ αὔξῃ, φρονήματος ἐμπίμπλανται
καὶ μεγαλαυχίας· ἢ οὐκ οἴει; — Ἔγωγε, ἔφη.

— Οὐκοῦν ὅσῳ ἂν μεγαλαυχότεροι ὦσιν, δυσαλωτότεροι
γίγνονται; — Εἰκός γε. — Ποῖός τις οὖν ἄν σοι δοκεῖ
θηρευτὴς εἶναι, εἰ ἀνασοβοῖ θηρεύων καὶ δυσαλωτοτέραν τὴν
ἄγραν ποιοῖ; — Δῆλον ὅτι φαῦλος. — Καὶ μὲν δὴ λόγοις b
τε καὶ ᾠδαῖς μὴ κηλεῖν, ἀλλ' ἐξαγριαίνειν πολλὴ ἀμουσία· ἦ
γάρ; — Δοκεῖ μοι. — Σκόπει δή, ὦ Ἱππόθαλες, ὅπως μὴ
πᾶσι τούτοις ἔνοχον σαυτὸν ποιήσεις διὰ τὴν ποίησιν· καί-
τοι οἶμαι ἐγὼ ἄνδρα ποιήσει βλάπτοντα ἑαυτὸν οὐκ ἄν σε
ἐθέλειν ὁμολογῆσαι ὡς ἀγαθός ποτ' ἐστὶν ποιητής, βλαβε-
ρὸς ὢν ἑαυτῷ. — Οὐ μὰ τὸν Δία, ἔφη· πολλὴ γὰρ ἂν ἀλογία
εἴη· ἀλλὰ διὰ ταῦτα δή σοι, ὦ Σώκρατες, ἀνακοινοῦμαι, καὶ c
εἴ τι ἄλλο ἔχεις, συμβούλευε, τίνα ἄν τις λόγον διαλεγό-
μενος ἢ τί πράττων προσφιλὴς παιδικοῖς γένοιτο.

— Οὐ ῥᾴδιον, ἦν δ' ἐγώ, εἰπεῖν· ἀλλ' εἴ μοι ἐθελήσαις αὐτὸν

206 a 7 δοκεῖ recc. : δοκοῖ BTW b 3 δοκεῖ TW : δοκεῖ γάρ B ‖ b 4 ποιήσεις recc. : ποιήσῃς BTW.

voulais bien l'amener à causer avec moi, peut-être saurais-je t'indiquer le langage que tu devrais tenir, à la place des discours et des chants que tes amis t'attribuent. » — « Aucune difficulté, dit-il. Si tu veux bien entrer ici avec Ctésippe, t'asseoir et causer, je pense qu'il s'approchera de lui-même : car il adore entendre causer, et de plus, en raison de la fête
d d'Hermès[1], les adolescents aujourd'hui sont réunis aux enfants. Il s'approchera donc ; sinon, comme il est en relations avec Ctésippe, dont le cousin, Ménexène, est son compagnon le plus habituel, il suffira que Ctésippe l'appelle, s'il ne vient pas de lui-même. » — « Faisons, dis-je, comme tu le proposes. » — En même temps, je prends le bras de Ctésippe et je me
e dirige vers la palestre suivi de tous les autres.

Quand nous fûmes entrés, je vis que les enfants avaient fini de sacrifier et que, la cérémonie à peu près terminée, ils jouaient aux osselets, tous en costume de fête. La plupart étaient dans la cour ; quelques-uns, dans un coin du vestiaire, jouaient à pair ou impair avec force osselets qu'ils puisaient dans des corbeilles ; d'autres, en cercle, les regardaient.
207 a Parmi les spectateurs se trouvait Lysis, debout au milieu des enfants et des jeunes gens, couronne en tête, attirant les regards par un air qui ne justifiait pas seulement sa réputation de beauté, mais qui faisait voir aussi la noblesse de sa nature[2].

Nous allâmes nous asseoir du côté opposé — l'endroit étant tranquille — et nous nous mîmes à causer. Lysis, se tournant, nous regardait sans cesse, et visiblement il avait le désir de nous rejoindre. Il hésita quelque temps, n'osant
b approcher seul. Puis Ménexène, qui jouait dans la cour, entra, et, apercevant Ctésippe auprès de moi, vint s'asseoir à nos côtés. Lysis, qui s'en aperçut le suivit et s'assit auprès de lui. Alors d'autres arrivèrent, et notamment Hippothalès,

1. Hermès est le patron des gymnases et des palestres. Les adolescents (νεανίσκοι) ont probablement de 14 à 18 ans, les enfants de 12 à 14. Lysis est encore un enfant, tandis qu'Hippothalès est un adolescent, tout près d'être un éphèbe. C'est seulement à 18 ans, devenus éphèbes, que les jeunes gens quittaient la palestre pour le gymnase.

2. Littéralement : « qu'il était beau et bon ». On sait que cette expression est courante dans le langage attique pour désigner l'homme bien né et de bonne mine, l'*honnête homme* au sens du dix-septième siècle.

ποιῆσαι εἰς λόγους ἐλθεῖν, ἴσως ἂν δυναίμην σοι ἐπιδεῖξαι ἃ χρὴ αὐτῷ διαλέγεσθαι ἀντὶ τούτων ὧν οὗτοι λέγειν τε καὶ ᾄδειν φασί σε. — Ἀλλ' οὐδέν, ἔφη, χαλεπόν. Ἂν γὰρ εἰσέλθῃς μετὰ Κτησίππου τοῦδε καὶ καθεζόμενος διαλέγῃ, οἶμαι μὲν καὶ αὐτός σοι πρόσεισι· φιλήκοος γάρ, ὦ Σώκρατες, διαφερόντως ἐστίν, καὶ ἅμα, ὡς Ἑρμαῖα ἄγουσιν, ἀνα- d
μεμιγμένοι ἐν ταὐτῷ εἰσιν οἵ τε νεανίσκοι καὶ οἱ παῖδες. Πρόσεισιν οὖν σοι· εἰ δὲ μή, Κτησίππῳ συνήθης ἐστὶν διὰ τὸν τούτου ἀνεψιὸν Μενέξενον· Μενεξένῳ μὲν γὰρ δὴ πάντων μάλιστα ἑταῖρος ὢν τυγχάνει. Καλεσάτω οὖν οὗτος αὐτόν, ἐὰν ἄρα μὴ προσίῃ αὐτός. — Ταῦτα, ἦν δ' ἐγώ, χρὴ ποιεῖν. — Καὶ ἅμα λαβὼν τὸν Κτήσιππον προσῄ' εἰς τὴν e
παλαίστραν· οἱ δ' ἄλλοι ὕστεροι ἡμῶν ἦσαν.

Εἰσελθόντες δὲ κατελάβομεν αὐτόθι τεθυκότας τε τοὺς παῖδας καὶ τὰ περὶ τὰ ἱερεῖα σχεδόν τι ἤδη πεποιημένα, ἀστραγαλίζοντάς τε δὴ καὶ κεκοσμημένους ἅπαντας. Οἱ μὲν οὖν πολλοὶ ἐν τῇ αὐλῇ ἔπαιζον ἔξω, οἱ δέ τινες τοῦ ἀποδυτηρίου ἐν γωνίᾳ ἠρτίαζον ἀστραγάλοις παμπόλλοις, ἐκ φορμίσκων τινῶν προαιρούμενοι· τούτους δὲ περιέστασαν ἄλλοι θεωροῦντες. Ὧν δὴ καὶ ὁ Λύσις ἦν, καὶ εἱστήκειν ἐν τοῖς παισί τε καὶ νεανίσκοις ἐστεφανωμένος καὶ τὴν ὄψιν 207 a
διαφέρων, οὐ τὸ καλὸς εἶναι μόνον ἄξιος ἀκοῦσαι, ἀλλ' ὅτι καλός τε κἀγαθός.

Καὶ ἡμεῖς εἰς τὸ καταντικρὺ ἀποχωρήσαντες ἐκαθεζόμεθα — ἦν γὰρ αὐτόθι ἡσυχία — καί τι ἀλλήλοις διελεγόμεθα. Περιστρεφόμενος οὖν ὁ Λύσις θαμὰ ἐπεσκοπεῖτο ἡμᾶς, καὶ δῆλος ἦν ἐπιθυμῶν προσελθεῖν. Τέως μὲν οὖν ἠπόρει τε καὶ ὤκνει μόνος προσιέναι· ἔπειτα ὁ Μενέξενος ἐκ τῆς αὐλῆς μεταξὺ παίζων εἰσέρχεται, καὶ ὡς εἶδεν ἐμέ τε καὶ b
τὸν Κτήσιππον, ᾖει παρακαθιζησόμενος· ἰδὼν οὖν αὐτὸν ὁ Λύσις εἵπετο καὶ συμπαρεκαθέζετο μετὰ τοῦ Μενεξένου. Προσῆλθον δὴ καὶ οἱ ἄλλοι, καὶ δὴ καὶ ὁ Ἱπποθάλης, ἐπειδὴ

c 7 σε TW : γε B || e 1 προσῄ' Schanz : προσείη B προσίει T.

qui, voyant un certain nombre d'assistants autour de nous, alla se cacher derrière eux de manière à n'être pas aperçu de Lysis, qu'il craignait de fâcher, et il resta debout pour écouter.

c Je regardai alors Ménexène et je lui dis : — « Fils de Démophon, lequel de vous deux est le plus âgé? » — « Nous en disputons, dit-il. » — « Disputez-vous aussi sur la question de savoir lequel est le mieux né? » — « Assurément. — « Ou le plus beau? » — Tous deux se mirent à rire. Je repris : — « Je ne vous demanderai pas lequel est le plus riche, car vous êtes amis, n'est-ce pas? » — « Très amis, » répondirent-ils. — « Eh bien, tout est commun entre amis, dit-on[1], de sorte que vous ne pouvez être inégaux à cet égard, si ce que vous dites de votre amitié est vrai. » — Ils en tombèrent d'accord.

Début de la conversation avec Ménexène, puis Lysis. Pourquoi les enfants obéissent aux parents.

d J'allais leur demander lequel était le plus juste et le plus savant, lorsque je fus interrompu par le départ de Ménexène, qu'on vint chercher de la part du pédotribe : je crois qu'il avait un rite religieux à accomplir[2].

Après qu'il fut parti, j'interrogeai Lysis : — « Je pense, Lysis, que ton père et ta mère t'aiment fort? » — « Sans doute. » — « Ils te souhaitent donc le plus grand bonheur
e possible? » — « Évidemment. — « Crois-tu qu'on puisse être heureux si l'on est esclave et hors d'état de faire ce qu'on veut? » — « Non certes. »

— « Par conséquent, si ton père et ta mère te chérissent, s'ils désirent ton bonheur, ils cherchent tous les moyens de t'assurer ce bonheur? » — « Assurément. » — « Ils te laissent donc faire toutes tes volontés sans jamais te réprimander ni te rien défendre? » — « Pas le moins du monde, Socrate ; ils me défendent une foule de choses. »

— « Que me dis-tu? Ils veulent ton bonheur et t'empê-

1. Cette locution proverbiale semble avoir été d'abord une maxime pythagoricienne.

2. La surveillance des rites religieux propres à la palestre était une des fonctions du pédotribe. A son rôle essentiel de maître de gymnastique, il ajoutait aussi parfois une sorte de direction médicale (cf. *Rép.*, III, 406 a-b).

πλείους ἑώρα ἐφισταμένους, τούτους ἐπηλυγισάμενος προσέστη ᾗ μὴ ᾤετο κατόψεσθαι τὸν Λύσιν, δεδιὼς μὴ αὐτῷ ἀπεχθάνοιτο· καὶ οὕτω προσεστὼς ἠκροᾶτο.

Καὶ ἐγὼ πρὸς τὸν Μενέξενον ἀποβλέψας· Ὦ παῖ Δη-
μοφῶντος, ἦν δ' ἐγώ, πότερος ὑμῶν πρεσβύτερος ; — Ἀμ- c
φισβητοῦμεν, ἔφη. — Οὐκοῦν καὶ ὁπότερος γενναιότερος
ἐρίζοιτ' ἄν, ἦν δ' ἐγώ. — Πάνυ γε, ἔφη. — Καὶ μὴν ὁπότερός γε καλλίων, ὡσαύτως. — Ἐγελασάτην οὖν ἄμφω. — Οὐ μὴν ὁπότερός γε, ἔφην, πλουσιώτερος ὑμῶν, οὐκ ἐρήσομαι· φίλω γάρ ἐστον. Ἦ γάρ ; — Πάνυ γ', ἐφάτην. — Οὐκοῦν κοινά τά γε φίλων λέγεται, ὥστε τούτῳ γε οὐδὲν διοίσετον, εἴπερ ἀληθῆ περὶ τῆς φιλίας λέγετον. — Συνεψάτην.

Ἐπεχείρουν δὴ μετὰ τοῦτο ἐρωτᾶν ὁπότερος δικαιότερος d
καὶ σοφώτερος αὐτῶν εἴη. Μεταξὺ οὖν τις προσελθὼν ἀνέστησε τὸν Μενέξενον, φάσκων καλεῖν τὸν παιδοτρίβην· ἐδόκει γάρ μοι ἱεροποιῶν τυγχάνειν.

Ἐκεῖνος μὲν οὖν ᾤχετο· ἐγὼ δὲ τὸν Λύσιν ἠρόμην· Ἦ που, ἦν δ' ἐγώ, ὦ Λύσι, σφόδρα φιλεῖ σε ὁ πατὴρ καὶ ἡ μήτηρ ; — Πάνυ γε, ἦ δ' ὅς. — Οὐκοῦν βούλοιντο ἄν σε ὡς εὐδαιμονέστατον εἶναι ; — Πῶς γὰρ οὔ ; — Δοκεῖ δέ
σοι εὐδαίμων εἶναι < ἂν > ἄνθρωπος δουλεύων τε καὶ ᾧ e
μηδὲν ἐξείη ποιεῖν ὧν ἐπιθυμοῖ ; — Μὰ Δί' οὐκ ἔμοιγε, ἔφη.

— Οὐκοῦν εἴ σε φιλεῖ ὁ πατὴρ καὶ ἡ μήτηρ καὶ εὐδαίμονά σε ἐπιθυμοῦσι γενέσθαι, τοῦτο παντὶ τρόπῳ δῆλον ὅτι προθυμοῦνται ὅπως ἂν εὐδαιμονοίης. — Πῶς γὰρ οὐχί ; ἔφη. — Ἐῶσιν ἄρα σε ἃ βούλει ποιεῖν, καὶ οὐδὲν ἐπιπλήττουσιν οὐδὲ διακωλύουσι ποιεῖν ὧν ἂν ἐπιθυμῇς ; — Ναὶ μὰ Δία ἐμέ γε, ὦ Σώκρατες, καὶ μάλα γε πολλὰ κωλύουσιν.

— Πῶς λέγεις ; ἦν δ' ἐγώ. Βουλόμενοί σε μακάριον εἶναι

207 b 5-6 προσέστη H. Estienne : προέστη BTW || e 1 <ἂν> ἄνθρωπος Madvig.

208 a chent de faire ce que tu veux? Voyons, réponds-moi. Je suppose que tu désires monter sur un des chars de ton père et prendre les rênes dans une lutte de vitesse, crois-tu qu'ils te le permettraient, oui ou non? » — « Non certes, par Zeus! » — « Et à qui le permettrait-il? » — « Il y a un cocher payé par mon père. » — « Que dis-tu là? C'est à un mercenaire plutôt qu'à toi qu'on accorde la liberté de mener les chevaux à sa guise, et c'est même pour cela qu'on le paie? » — « Quoi
b d'étonnant? dit-il. » — « Et l'attelage des mulets? Je suppose qu'on te le donne à conduire, et que, s'il te plaît de prendre le fouet pour les frapper, on te laisse faire? » — « Comment, dit-il, me le permettrait-on? » — « N'y a-t-il donc personne qui ait le droit de les frapper? » — « Si vraiment : c'est le muletier. » — « Un esclave ou un homme libre? » — « Un esclave », dit-il.

— « Ainsi donc, un esclave est mis par tes parents au-dessus de toi, leur fils, ils lui confient ce qu'ils te refusent et ils le laissent faire comme il veut, tandis qu'ils t'en empêchent?
c Dis-moi encore une chose : est-ce qu'on te permet de te gouverner toi-même, ou ce droit même t'est-il refusé. » — « Comment me serait-il accordé? » — « Alors, tu as quelqu'un qui te gouverne? » — « Oui, le pédagogue que tu vois ici[1]. » — « Un esclave, peut-être? » — « Sans doute; un des nôtres. » — « L'étrange chose, pour un homme libre, d'obéir à un esclave! Et en quoi consiste ce gouvernement qu'il exerce sur toi? » — « Il me conduit chez le maître d'école. » — « Est-ce que ces maîtres d'école aussi te comman-
d dent? » — « Assurément. » — Voilà bien des maîtres et des gouverneurs que ton père se plaît à t'imposer! Mais du moins, quand tu rentres à la maison près de ta mère, j'aime à croire que celle-ci, pour te voir heureux, te laisse toute liberté à l'égard de ses laines et de ses toiles, quand elle tisse? Elle ne t'empêche pas, j'imagine, de toucher à son métier ni à sa navette ni à aucun des instruments de son travail? »

e Lysis se mit à rire : « Non seulement elle m'en empêche, Socrate, mais encore elle me corrigerait si j'y touchais. »

1. Le « pédagogue » était chargé d'accompagner et de surveiller l'enfant quand il sortait de la maison. C'était un simple esclave, parfois d'origine barbare et sachant mal le grec, parfois aussi sujet à l'intempérance, comme on le voit par les dernières lignes du *Lysis*.

διακωλύουσι τοῦτο ποιεῖν ὃ ἂν βούλῃ; Ὧδε δέ μοι λέγε. 208 a
Ἢν ἐπιθυμήσῃς ἐπί τινος τῶν τοῦ πατρὸς ἁρμάτων ὀχεῖσθαι λαβὼν τὰς ἡνίας, ὅταν ἁμιλλᾶται, οὐκ ἂν ἐῷέν σε, ἀλλὰ διακωλύοιεν; — Μὰ Δί' οὐ μέντοι ἄν, ἔφη, ἐῷεν. — Ἀλλὰ τίνα μήν; — Ἔστιν τις ἡνίοχος παρὰ τοῦ πατρὸς μισθὸν φέρων. — Πῶς λέγεις; Μισθωτῷ μᾶλλον ἐπιτρέπουσιν ἢ σοὶ ποιεῖν ὅ τι ἂν βούληται περὶ τοὺς ἵππους, καὶ προσέτι αὐτοῦ τούτου ἀργύριον τελοῦσιν; — Ἀλλὰ τί μήν; ἔφη. — b
Ἀλλὰ τοῦ ὀρικοῦ ζεύγους, οἶμαι, ἐπιτρέπουσίν σοι ἄρχειν, κἂν εἰ βούλοιο λαβὼν τὴν μάστιγα τύπτειν, ἐῷεν ἄν. — Πόθεν, ἦ δ' ὅς, ἐῷεν; — Τί δέ; ἦν δ' ἐγώ· οὐδενὶ ἔξεστιν αὐτοὺς τύπτειν; — Καὶ μάλα, ἔφη, τῷ ὀρεοκόμῳ. — Δούλῳ ὄντι ἢ ἐλευθέρῳ; — Δούλῳ, ἔφη.

— Καὶ δοῦλον, ὡς ἔοικεν, ἡγοῦνται περὶ πλείονος ἢ σὲ τὸν ὑόν, καὶ ἐπιτρέπουσι τὰ ἑαυτῶν μᾶλλον ἢ σοί, καὶ ἐῶσιν ποιεῖν ὅ τι βούλεται, σὲ δὲ διακωλύουσι; Καί μοι ἔτι τόδε c
εἰπέ. Σὲ αὐτὸν ἐῶσιν ἄρχειν σεαυτοῦ, ἢ οὐδὲ τοῦτο ἐπιτρέπουσί σοι; — Πῶς γάρ, ἔφη, ἐπιτρέπουσιν; — Ἀλλ' ἄρχει τίς σου; — Ὅδε, παιδαγωγός, ἔφη. — Μῶν δοῦλος ὤν; — Ἀλλὰ τί μήν; Ἡμέτερός γε, ἔφη. — Ἦ δεινόν, ἦν δ' ἐγώ, ἐλεύθερον ὄντα ὑπὸ δούλου ἄρχεσθαι. Τί δὲ ποιῶν αὖ οὗτος ὁ παιδαγωγός σου ἄρχει; — Ἄγων δήπου, ἔφη, εἰς διδασκάλου. — Μῶν μὴ καὶ οὗτοί σου ἄρχουσιν, οἱ διδάσκαλοι; — Πάντως δήπου. — Παμπόλλους ἄρα σοι d
δεσπότας καὶ ἄρχοντας ἑκὼν ὁ πατὴρ ἐφίστησιν. Ἀλλ' ἆρα, ἐπειδὰν οἴκαδε ἔλθῃς παρὰ τὴν μητέρα, ἐκείνη σε ἐᾷ ποιεῖν ὅ τι ἂν βούλῃ, ἵν' αὐτῇ μακάριος ᾖς, ἢ περὶ τὰ ἔρια ἢ περὶ τὸν ἱστόν, ὅταν ὑφαίνῃ; Οὔ τι γάρ που διακωλύει σε ἢ τῆς σπάθης ἢ τῆς κερκίδος ἢ ἄλλου του τῶν περὶ ταλασιουργίαν ὀργάνων ἅπτεσθαι. — Καὶ ὃς γελάσας· Μὰ Δία, ἔφη, ὦ Σώκρατες, οὐ μόνον γε διακωλύει, ἀλλὰ καὶ τυπτοίμην ἄν, e

208 a 5 τίνα BT : τί Schanz || a 6 μισθωτῷ T : μισθωτῇ B || b 4 ἐῷεν secl. Hirschig || e 1 ἄν T : om. B.

« Par Héraclès, dis-je, aurais-tu commis quelque faute envers ton père ou ta mère? » — « Jamais, par Zeus! »

— « Alors, quel peut être le motif qui les pousse à t'empêcher si fort d'être heureux et de faire ce qui te plaît? D'où vient qu'ils te tiennent tout le long du jour dans un esclavage perpétuel, et qu'en somme tu ne fais à peu près rien de ce que tu veux? Toutes tes richesses, au total, quelque grandes qu'elles soient, ne te servent à rien : tout le monde
209 a en dispose plus que toi-même et il n'est pas jusqu'à ta personne, si noble, qui ne soit confiée à la direction et aux soins d'autrui. Quant à toi, Lysis, tu n'es le maître de personne et tu ne fais rien de ce que tu désires. » — « C'est que je n'ai pas encore l'âge, Socrate. »

« Cette raison, fils de Démophon, n'est pas décisive, car il est au moins un cas où ton père et ta mère s'en remettent à toi sans attendre les années. S'ils ont besoin
b de se faire lire ou écrire quelque chose, c'est toi, je suppose, qu'ils en chargent d'abord. Est-ce vrai? » — « Parfaitement. » — « Là, tu fais ce que tu veux : quand tu écris, tu commences par une lettre ou par une autre, comme il te plaît, et de même quand tu lis. Si tu prends ta lyre, je ne pense pas que ni ton père ni ta mère te défendent de tendre ou de relâcher les cordes ni de les toucher ou de les faire vibrer avec ton plectre selon ton goût[1]. T'en empêchent-ils? » — « Non sans doute. » — « D'où vient donc que, dans ce cas, ils te
c laissent libre et que, tout à l'heure, ils t'imposaient leur volonté? » — « Cela tient sans doute à ce que je sais ces choses et non les autres. »

— « Soit, mon cher enfant. Ce n'est donc pas le nombre de tes années que ton père attend pour tout remettre entre tes mains; mais, le jour où il te jugera plus sage que lui, il se confiera lui-même à toi avec tout ce qu'il possède. » — « Je le crois, » dit-il. — « Bon. Et ton voisin, ne se conduira-t-il pas à ton égard par la même règle que ton père?

1. On sait la place que tenait la musique dans l'éducation athénienne. Cf. P. Girard, *Education athénienne*, p. 160-184. Aux yeux de Platon, cette étude de la musique, qu'il recommande aussi dans la *République*, devait avoir pour objet principal de soumettre les âmes à la loi du rythme, de les *rythmiser*, comme la gymnastique y soumettait les corps.

εἰ ἁπτοίμην. — Ἡράκλεις, ἦν δ' ἐγώ, μῶν μή τι ἠδίκηκας τὸν πατέρα ἢ τὴν μητέρα ; — Μὰ Δί' οὐκ ἔγωγε, ἔφη.

— Ἀλλ' ἀντὶ τίνος μὴν οὕτω σε δεινῶς διακωλύουσιν εὐδαίμονα εἶναι καὶ ποιεῖν ὅ τι ἂν βούλῃ, καὶ δι' ἡμέρας ὅλης τρέφουσί σε ἀεί τῳ δουλεύοντα καὶ ἑνὶ λόγῳ ὀλίγου ὧν ἐπιθυμεῖς οὐδὲν ποιοῦντα ; Ὥστε σοι, ὡς ἔοικεν, οὔτε τῶν χρημάτων τοσούτων ὄντων οὐδὲν ὄφελος, ἀλλὰ πάντες αὐτῶν
μᾶλλον ἄρχουσιν ἢ σύ, οὔτε τοῦ σώματος οὕτω γενναίου 209 a
ὄντος, ἀλλὰ καὶ τοῦτο ἄλλος ποιμαίνει καὶ θεραπεύει· σὺ δὲ ἄρχεις οὐδενός, ὦ Λύσι, οὐδὲ ποιεῖς οὐδὲν ὧν ἐπιθυμεῖς. — Οὐ γάρ πω, ἔφη, ἡλικίαν ἔχω, ὦ Σώκρατες.

— Μὴ οὐ τοῦτό σε, ὦ παῖ Δημοκράτους, κωλύῃ, ἐπεὶ τό γε τοσόνδε, ὡς ἐγῷμαι, καὶ ὁ πατὴρ καὶ ἡ μήτηρ σοι ἐπιτρέπουσιν καὶ οὐκ ἀναμένουσιν ἕως ἂν ἡλικίαν ἔχῃς. Ὅταν γὰρ βούλωνται αὐτοῖς τι ἢ ἀναγνωσθῆναι ἢ γραφῆναι, σέ,
ὡς ἐγῷμαι, πρῶτον τῶν ἐν τῇ οἰκίᾳ ἐπὶ τοῦτο τάττουσιν. b
Ἦ γάρ ; — Πάνυ γ', ἔφη. — Οὐκοῦν ἔξεστί σοι ἐνταῦθ' ὅ τι ἂν βούλῃ πρῶτον τῶν γραμμάτων γράφειν καὶ ὅ τι ἂν δεύτερον· καὶ ἀναγιγνώσκειν ὡσαύτως ἔξεστιν. Καὶ ἐπειδάν, ὡς ἐγῷμαι, τὴν λύραν λάβῃς, οὐ διακωλύουσί σε οὔτε ὁ πατὴρ οὔτε ἡ μήτηρ ἐπιτεῖναί τε καὶ ἀνεῖναι ἣν ἂν βούλῃ τῶν χορδῶν, καὶ ψῆλαι καὶ κρούειν τῷ πλήκτρῳ. Ἦ διακωλύουσιν ; — Οὐ δῆτα. — Τί ποτ' ἂν οὖν εἴη, ὦ Λύσι, τὸ
αἴτιον ὅτι ἐνταῦθα μὲν οὐ διακωλύουσιν, ἐν οἷς δὲ ἄρτι c
ἐλέγομεν κωλύουσιν ; — Ὅτι, οἶμαι, ἔφη, ταῦτα μὲν ἐπίσταμαι, ἐκεῖνα δ' οὔ.

— Εἶεν, ἦν δ' ἐγώ, ὦ ἄριστε· οὐκ ἄρα τὴν ἡλικίαν σου περιμένει ὁ πατὴρ ἐπιτρέπειν πάντα, ἀλλ' ᾗ ἂν ἡμέρᾳ ἡγήσηταί σε βέλτιον αὐτοῦ φρονεῖν, ταύτῃ ἐπιτρέψει σοι καὶ αὑτὸν καὶ τὰ αὑτοῦ. — Οἶμαι ἔγωγε, ἔφη. — Εἶεν, ἦν δ' ἐγώ· τί δέ ; Τῷ γείτονι ἆρ' οὐχ ὁ αὐτὸς ὅρος ὅσπερ τῷ πατρὶ περὶ

209 a 4 πω rec. : που BTW || a 7 ἔχῃς recc. : ἔχοις BTW || a 8 τι ἢ Badham : τινα BT.

d Quand il te jugera plus habile que lui à conduire une maison,
te confiera-t-il la sienne ou en gardera-t-il la direction ? » —
« Je crois qu'il me la confiera. » — « Et les Athéniens : ne
penses-tu pas qu'ils te confieront leurs affaires quand ils
jugeront ta capacité suffisante ? » — « Je le pense. »
— « Par Zeus, que dirons-nous du grand-Roi ? Son fils
aîné doit lui succéder dans le gouvernement de l'Asie; cepen-
e dant, quand sa viande est en train de bouillir et qu'il s'agit
de mettre quelque ingrédient dans le bouillon, est-ce à ce
fils qu'il s'adressera de préférence, ou bien à nous, étrangers,
si nous allons le trouver et lui donner la preuve que nous
sommes plus savants que son fils dans l'art de préparer les
mets ? » — « A nous, bien certainement. » — « A son fils, il
défendra d'y mettre quoi que ce soit; quant à nous, s'il nous
plaisait d'y jeter le sel à poignées, il nous laisserait faire. »
— « Sans aucun doute. » — « Suppose que son fils vienne à
souffrir des yeux; l'empêcherait-il d'y toucher, oui ou non,
s'il le jugeait ignorant en médecine ? » — « Il l'en empêche-
210 a rait. » — « Nous, au contraire, s'il nous croyait médecins,
il nous laisserait ouvrir l'œil malade et le saupoudrer de
cendre tout à notre aise, bien convaincu que nous aurions
raison. » — « C'est la vérité. » — « N'est-il pas certain,
d'une manière générale, qu'il aurait plus de confiance en nous
qu'en lui-même et en son fils, pour toutes les choses dans
lesquelles nous lui paraîtrions en savoir plus qu'eux ? » —
« Nécessairement, Socrate. »

La science, condition de l'amitié.

« Ainsi donc, repris-je, mon cher Lysis,
b chaque fois que nous sommes en posses-
sion d'une science[1], tous s'en remettent
à nous pour ce qui la concerne, Grecs et barbares, hommes
et femmes, et nous agissons dans ce domaine comme il
nous plaît, sans que personne ait l'idée de nous contrecarrer :
là nous sommes libres nous-mêmes, et les autres nous obéis-
sent; c'est vraiment notre propriété, car nous en récolterons
les fruits. Au contraire, dans les choses dont l'intelligence

1. Il s'agit ici plutôt encore d'un savoir pratique que d'une science proprement dite. Mais ce savoir suffit pour que celui qui le possède dispose d'un pouvoir efficace : par là, il devient « utile et bon » (ce dernier mot dans le sens grec, très voisin d'*utile*), comme on le voit

σοῦ ; Πότερον οἴει αὐτὸν ἐπιτρέψειν σοι τὴν αὐτοῦ οἰκίαν d
οἰκονομεῖν, ὅταν σε ἡγήσηται βέλτιον περὶ οἰκονομίας ἑαυτοῦ φρονεῖν, ἢ αὐτὸν ἐπιστατήσειν ; — Ἐμοὶ ἐπιτρέψειν οἶμαι. — Τί δ᾽ ; Ἀθηναίους οἴει σοι οὐκ ἐπιτρέψειν τὰ αὑτῶν, ὅταν αἰσθάνωνται ὅτι ἱκανῶς φρονεῖς ; — Ἔγωγε.

— Πρὸς Διός, ἦν δ᾽ ἐγώ, τί ἄρα ὁ μέγας βασιλεύς ; Πότερον τῷ πρεσβυτάτῳ ὑεῖ, οὗ ἡ τῆς Ἀσίας ἀρχὴ γίγνεται, μᾶλλον ἂν ἐπιτρέψειεν ἑψομένων κρεῶν ὅ τι ἂν βούληται ἐμβαλεῖν εἰς τὸν ζωμόν, ἢ ἡμῖν, εἰ ἀφικόμενοι παρ᾽ ἐκεῖνον e
ἐνδειξαίμεθα αὐτῷ ὅτι ἡμεῖς κάλλιον φρονοῦμεν ἢ ὁ ὑὸς αὐτοῦ περὶ ὄψου σκευασίας ; — Ἡμῖν δῆλον ὅτι, ἔφη. — Καὶ τὸν μέν γε οὐδ᾽ ἂν σμικρὸν ἐάσειεν ἐμβαλεῖν· ἡμᾶς δέ, κἂν εἰ βουλοίμεθα δραξάμενοι τῶν ἁλῶν, ἔφη ἂν ἐμβαλεῖν. — Πῶς γὰρ οὔ ; — Τί δ᾽ εἰ τοὺς ὀφθαλμοὺς ὁ ὑὸς αὐτοῦ ἀσθενοῖ, ἆρα ἐῴη ἂν αὐτὸν ἅπτεσθαι τῶν ἑαυτοῦ ὀφθαλμῶν, μὴ ἰατρικὸν ἡγούμενος, ἢ κωλύοι ἄν ; — Κωλύοι ἄν. — 210 a
Ἡμᾶς δέ γε εἰ ὑπολαμβάνοι ἰατρικοὺς εἶναι, κἂν εἰ βουλοίμεθα διανοίγοντες τοὺς ὀφθαλμοὺς ἐμπάσαι τῆς τέφρας, οἶμαι, οὐκ ἂν κωλύσειεν, ἡγούμενος ὀρθῶς φρονεῖν. — Ἀληθῆ λέγεις. — Ἆρ᾽ οὖν καὶ τἆλλα πάντα ἡμῖν ἐπιτρέποι ἂν μᾶλλον ἢ ἑαυτῷ καὶ τῷ ὑεῖ, περὶ ὅσων ἂν δόξωμεν αὐτῷ σοφώτεροι ἐκείνων εἶναι ; — Ἀνάγκη, ἔφη, ὦ Σώκρατες.

— Οὕτως ἄρα ἔχει, ἦν δ᾽ ἐγώ, ὦ φίλε Λύσι· εἰς μὲν ταῦτα, ἃ ἂν φρόνιμοι γενώμεθα, ἅπαντες ἡμῖν ἐπιτρέψουσιν, b
Ἕλληνές τε καὶ βάρβαροι καὶ ἄνδρες καὶ γυναῖκες, ποιήσομέν τε ἐν τούτοις ὅ τι ἂν βουλώμεθα, καὶ οὐδεὶς ἡμᾶς ἑκὼν εἶναι ἐμποδιεῖ, ἀλλ᾽ αὐτοί τε ἐλεύθεροι ἐσόμεθα ἐν αὐτοῖς καὶ ἄλλων ἄρχοντες, ἡμέτερά τε ταῦτα ἔσται· ὀνησόμεθα γὰρ ἀπ᾽ αὐτῶν· εἰς ἃ δ᾽ ἂν νοῦν μὴ κτησώμεθα, οὔτε

d 2 οἰκονομεῖν T[2] : οἰκοδομεῖν BTW || οἰκονομίας T : οἰκοδομίας BW || **d** 8 ἐπιτρέψειεν ἑψομένων W (ex emend.) : ἐπιτρέψειν ἐνεψομένων B ἐπιτρέψειεν ἐν ἑψομένων T || ὅ τι Heindorf : ἐμβάλλειν ὅ τι BT || **210 a** 1 ἰατρικὸν rec. : ἰατρὸν BTW || **a** 3 διανοίγοντες W : διαχαγόντες B διανύγοντες T || **a** 8 ἔχει Priscianus : ἔχοι BT.

nous fait défaut, personne ne nous laisse agir à notre gré, tous les embarras possibles nous sont suscités, non seulement
c par les étrangers, mais par notre père et notre mère, par de plus proches encore si nous en pouvions imaginer de tels ; nous y sommes esclaves des autres et elles ne sont pas vraiment à nous, car le profit ne nous en revient pas. Reconnais-tu que les choses se passent ainsi ? » — « Je le reconnais. »

— « Comment alors trouver des amis ? Quelle affection peut s'attacher à nous dans l'absence de toute qualité utile aux autres ? » — « C'est impossible, en effet. » — « Toi-même, ni ton père ne peut t'aimer, ni personne ne peut aimer qui que ce soit en tant qu'inutile. » — « Je le crois. » — « Si donc tu deviens savant, mon enfant, tous les hommes seront pour toi des amis et des parents : car tu deviendras utile et bon.
d Sinon, personne n'aura d'amitié pour toi, pas même ton père ni ta mère ni tes parents. Comment penser orgueilleusement de soi-même, mon cher Lysis, si l'on n'est pas encore capable de pensée ? » — « C'est impossible. » — « Or, tant que tu as besoin d'un maître, ta pensée reste imparfaite. » — « Oui. » — « Tu ne saurais donc non plus penser orgueilleusement tant que tu es incapable de penser. » — « Par Zeus, Socrate, je suis de ton avis. »

A ces mots, je tournai les yeux vers Hippothalès et je
e faillis commettre une maladresse ; car l'idée m'était venue de lui dire : Voilà, Hippothalès, la vraie manière de parler à celui qu'on aime : il faut l'abaisser et diminuer son mérite, au lieu de l'admirer bouche bée et de le gâter comme tu fais. Mais le voyant mal à l'aise et troublé par ce que nous disions, je me souvins qu'il avait désiré que sa présence ne fût pas remarquée de Lysis. Je me ressaisis donc et m'abstins de lui parler.

Retour de Ménexène.

211 a Sur ces entrefaites, Ménexène revint et reprit auprès de Lysis la place qu'il avait quittée. Lysis alors, dans un gracieux mouvement d'amitié enfantine, me dit à voix basse, en cachette de Ménexène : « Socrate, ce que tu m'as dit, répète le à Ménexène. » — « C'est toi-même qui le lui répèteras,

par la suite. Cette conception utilitaire de l'amitié est foncièrement grecque.

τις ἡμῖν ἐπιτρέψει περὶ αὐτὰ ποιεῖν τὰ ἡμῖν δοκοῦντα,
ἀλλ᾽ ἐμποδιοῦσι πάντες καθ᾽ ὅ τι ἂν δύνωνται, οὐ μόνον οἱ c
ἀλλότριοι, ἀλλὰ καὶ ὁ πατὴρ καὶ ἡ μήτηρ καὶ εἴ τι τούτων
οἰκειότερόν ἐστιν, αὐτοί τε ἐν αὐτοῖς ἐσόμεθα ἄλλων ὑπή-
κοοι, καὶ ἡμῖν ἔσται ἀλλότρια· οὐδὲν γὰρ ἀπ᾽ αὐτῶν ὀνησό-
μεθα. Συγχωρεῖς οὕτως ἔχειν ; — Συγχωρῶ.

— Ἆρ᾽ οὖν τῳ φίλοι ἐσόμεθα καί τις ἡμᾶς φιλήσει ἐν τού-
τοις, ἐν οἷς ἂν ὦμεν ἀνωφελεῖς ; — Οὐ δῆτα, ἔφη. — Νῦν
ἄρα οὐδὲ σὲ ὁ πατὴρ οὐδὲ ἄλλος ἄλλον οὐδένα φιλεῖ, καθ᾽
ὅσον ἂν ᾖ ἄχρηστος. — Οὐκ ἔοικεν, ἔφη. — Ἐὰν μὲν ἄρα
σοφὸς γένῃ, ὦ παῖ, πάντες σοι φίλοι καὶ πάντες σοι οἰκεῖοι d
ἔσονται· χρήσιμος γὰρ καὶ ἀγαθὸς ἔσει· εἰ δὲ μή, σοὶ οὔτε
ἄλλος οὐδεὶς οὔτε ὁ πατὴρ φίλος ἔσται οὔτε ἡ μήτηρ οὔτε οἱ
οἰκεῖοι. Οἷόν τε οὖν ἐπὶ τούτοις, ὦ Λύσι, μέγα φρονεῖν, ἐν
οἷς τις μήπω φρονεῖ ; — Καὶ πῶς ἄν ; ἔφη. — Εἰ δ᾽ ἄρα
σὺ διδασκάλου δέει, οὔπω φρονεῖς. — Ἀληθῆ. — Οὐδ᾽ ἄρα
μεγαλόφρων εἶ, εἴπερ ἄφρων ἔτι. — Μὰ Δία, ἔφη, ὦ Σώ-
κρατες, οὔ μοι δοκεῖ.

— Καὶ ἐγὼ ἀκούσας αὐτοῦ ἀπέβλεψα πρὸς τὸν Ἱπποθάλη, e
καὶ ὀλίγου ἐξήμαρτον· ἐπῆλθε γάρ μοι εἰπεῖν ὅτι· Οὕτω χρή,
ὦ Ἱππόθαλες, τοῖς παιδικοῖς διαλέγεσθαι, ταπεινοῦντα καὶ
συστέλλοντα, ἀλλὰ μὴ ὥσπερ σὺ χαυνοῦντα καὶ διαθρύ-
πτοντα. Κατιδὼν οὖν αὐτὸν ἀγωνιῶντα καὶ τεθορυβημένον
ὑπὸ τῶν λεγομένων, ἀνεμνήσθην ὅτι καὶ προσεστὼς λανθά-
νειν τὸν Λύσιν ἐβούλετο· ἀνέλαβον οὖν ἐμαυτὸν καὶ ἐπέσχον
τοῦ λόγου.

Καὶ ἐν τούτῳ ὁ Μενέξενος πάλιν ἧκεν, καὶ ἐκαθέζετο 211 a
παρὰ τὸν Λύσιν, ὅθεν καὶ ἐξανέστη. Ὁ οὖν Λύσις μάλα
παιδικῶς καὶ φιλικῶς, λάθρᾳ τοῦ Μενεξένου, σμικρὸν πρός
με λέγων ἔφη· Ὦ Σώκρατες, ἅπερ καὶ ἐμοὶ λέγεις,
εἰπὲ καὶ Μενεξένῳ. — Καὶ ἐγὼ εἶπον· Ταῦτα μὲν σὺ

c 6 φιλήσει ἐν rec. : φιλήσειεν ἐν BTW || d 5 φρονεῖ T : φρόνιμος BW (sed οἶ suprascr. W).

répondis-je ; car tu m'as écouté avec beaucoup d'attention. » — « C'est vrai, dit-il. » — « Essaie donc, dis-je, de garder mes paroles aussi fidèlement que possible dans ta mémoire afin de les lui rapporter clairement. Si quelque détail vient à
b t'échapper, tu n'auras qu'à me le redemander à l'occasion. » — « C'est ce que je ne manquerai pas de faire, Socrate, et de bon cœur, sois-en sûr. Mais dis-lui quelque autre chose dont je puisse aussi faire mon profit, en attendant qu'il soit l'heure de rentrer. » — « Je t'obéirai, puisque tu l'exiges ; mais n'oublie pas de venir à mon aide, si Ménexène essaie de me rétorquer : tu sais qu'il est grand disputeur. » — « Oui, par Zeus, il l'est terriblement, et c'est pour cela que je désire te voir
c causer avec lui. » — « Pour que je me rende ridicule? » — « Non, mais pour que tu le remettes à sa place. » — « Comment m'y prendre? Ce n'est pas facile ; Ménexène est un rude jouteur : il est l'élève de Ctésippe. Mais voici Ctésippe lui-même ; ne le vois-tu pas? » — « Ne t'inquiète pas de lui, Socrate ; cause avec Ménexène tout à ton aise. » — « Causons donc, repris-je. »

Comme nous parlions ainsi entre nous, Ctésippe nous interrompit : — « A quoi pensez-vous, dit-il, de garder ce festin pour vous seuls et de nous laisser en dehors de l'entretien? »
d — « Entrez-y donc, repris-je. Lysis déclare ne pas bien saisir ma pensée, mais croit que Ménexène la comprendrait et désire qu'on l'interroge. »

Début de la discussion avec Ménexène.

— « Qu'est-ce qui t'empêche de l'interroger? » — « Soit ; interrogeons-le. Je te prie de répondre, Ménexène, à une question[1]. Depuis mon enfance, il est une chose que j'ai toujours désirée ; chacun a sa passion :
e pour l'un, ce sont les chevaux, pour un autre les chiens, pour un autre l'or ou les honneurs. Quant à moi, tous ces objets me laissent froid ; mais je désire passionnément acquérir des amis, et un bon ami me plairait infiniment plus que la plus belle caille du monde, le plus beau des coqs, voire même, par Zeus, le plus beau des chevaux ou des chiens. Je crois, par le chien ! que je préfèrerais un ami à tous les trésors

1. La discussion, avec Ménexène, va prendre un tour beaucoup plus abstrait que précédemment. Il ne s'agit plus de déterminer une

αὐτῷ ἐρεῖς, ὦ Λύσι· πάντως γὰρ προσεῖχες τὸν νοῦν. —
Πάνυ μὲν οὖν, ἔφη. — Πειρῶ τοίνυν, ἦν δ' ἐγώ, ἀπομνη-
μονεῦσαι αὐτὰ ὅ τι μάλιστα, ἵνα τούτῳ σαφῶς πάντα εἴπῃς· b
ἐὰν δέ τι αὐτῶν ἐπιλάθῃ, αὖθίς με ἀνερέσθαι ὅταν ἐντύχῃς
πρῶτον. — Ἀλλὰ ποιήσω, ἔφη, ταῦτα, ὦ Σώκρατες, πάνυ
σφόδρα, εὖ ἴσθι. Ἀλλά τι ἄλλο αὐτῷ λέγε, ἵνα καὶ ἐγὼ
ἀκούω, ἕως ἂν οἴκαδε ὥρα ᾖ ἀπιέναι. — Ἀλλὰ χρὴ ποιεῖν
ταῦτα, ἦν δ' ἐγώ, ἐπειδή γε καὶ σὺ κελεύεις· ἀλλὰ ὅρα
ὅπως ἐπικουρήσεις μοι, ἐάν με ἐλέγχειν ἐπιχειρῇ ὁ Μενέ-
ξενος· ἢ οὐκ οἶσθα ὅτι ἐριστικός ἐστιν ; — Ναὶ μὰ Δία,
ἔφη, σφόδρα γε· διὰ ταῦτά τοι καὶ βούλομαί σε αὐτῷ διαλέ- c
γεσθαι. — Ἵνα, ἦν δ' ἐγώ, καταγέλαστος γένωμαι ; — Οὐ
μὰ Δία, ἔφη, ἀλλ' ἵνα αὐτὸν κολάσῃς. — Πόθεν ; ἦν δ'
ἐγώ· οὐ ῥᾴδιον· δεινὸς γὰρ ὁ ἄνθρωπος, Κτησίππου μαθη-
τής. Πάρεστι δέ τοι αὐτός, οὐχ ὁρᾷς ; Κτήσιππος. —
Μηδενός σοι, ἔφη, μελέτω, ὦ Σώκρατες, ἀλλ' ἴθι διαλέγου
αὐτῷ. — Διαλεκτέον, ἦν δ' ἐγώ.

Ταῦτα οὖν ἡμῶν λεγόντων πρὸς ἡμᾶς αὐτούς· Τί
ὑμεῖς, ἔφη ὁ Κτήσιππος, αὐτὼ μόνω ἑστιᾶσθον, ἡμῖν δὲ οὐ
μεταδίδοτον τῶν λόγων ; — Ἀλλὰ μήν, ἦν δ' ἐγώ, μεταδο- d
τέον. Ὅδε γάρ τι ὧν λέγω οὐ μανθάνει, ἀλλά φησιν οἴεσθαι
Μενέξενον εἰδέναι, καὶ κελεύει τοῦτον ἐρωτᾶν.

— Τί οὖν, ἦ δ' ὅς, οὐκ ἐρωτᾷς ; — Ἀλλ' ἐρήσομαι, ἦν δ'
ἐγώ. Καί μοι εἰπέ, ὦ Μενέξενε, ὃ ἄν σε ἔρωμαι. Τυγχάνω
γὰρ ἐκ παιδὸς ἐπιθυμῶν κτήματός του, ὥσπερ ἄλλος ἄλλου.
Ὁ μὲν γάρ τις ἵππους ἐπιθυμεῖ κτᾶσθαι, ὁ δὲ κύνας, ὁ δὲ e
χρυσίον, ὁ δὲ τιμάς· ἐγὼ δὲ πρὸς μὲν ταῦτα πρᾴως ἔχω,
πρὸς δὲ τὴν τῶν φίλων κτῆσιν πάνυ ἐρωτικῶς, καὶ βουλοί-
μην ἄν μοι φίλον ἀγαθὸν γενέσθαι μᾶλλον ἢ τὸν ἄριστον ἐν
ἀνθρώποις ὄρτυγα ἢ ἀλεκτρυόνα, καὶ ναὶ μὰ Δία ἔγωγε
μᾶλλον ἢ ἵππον τε καὶ κύνα· οἶμαι δέ, νὴ τὸν κύνα, μᾶλλον
ἢ τὸ Δαρείου χρυσίον κτήσασθαι δεξαίμην πολὺ πρότερον

211 b 7 ἐπικουρήσεις T : ἐπικουρήσῃς B.

212 a de Darius, tant je suis avide d'amitié. Aussi, quand je vous vois, Lysis et toi, je suis émerveillé et je vous proclame parfaitement heureux, d'avoir pu, tout jeunes, acquérir si vite et si facilement un pareil bien : toi, Ménexène, l'amitié si prompte et si profonde de Lysis, et Lysis la tienne. Pour moi, je suis si loin d'un pareil bonheur que je ne sais même pas comment on devient amis, et c'est la question que je veux te poser, à toi qui le sais par expérience [1].

L'ami est-il celui qui aime ou celui qui est aimé?

b Réponds-moi donc : Quand quelqu'un en aime un autre, lequel est l'ami, celui qui aime, ou celui qui est aimé? Ou bien n'y a-t-il aucune différence? » — « A mon avis, dit-il, la distinction est impossible. » — « Que veux-tu dire? Tous les deux, selon toi, deviendraient amis par cela seul que l'un des deux aimerait l'autre? » — « Oui, dit-il, à ce qu'il me semble ». — « Comment? ne peut-il arriver qu'on aime sans être payé de retour? » — « Oui. » — « Et même que l'amour excite de la haine? C'est un sort que subissent, semble-t-il, nombre d'amants de la part de l'aimé : ils aiment avec passion et se croient ou dédaignés ou même
c détestés. N'est-ce pas ton opinion? » — « C'est la vérité même. » — « Ainsi, dans ce cas, l'un aime et l'autre est aimé? » — « Oui. » — « Lequel des deux est l'ami de l'autre? celui qui aime, qu'il soit dédaigné ou haï, ou celui qui est aimé? ou bien, dans ce cas, l'amitié existe-t-elle encore, si elle n'est pas réciproque? » — « Je crois qu'elle n'existe plus. » — « Alors, nous arrivons à contredire notre
d opinion précédente. Car, tout à l'heure, nous disions que si l'un des deux aimait, tous deux étaient amis, et maintenant nous disons que, si tous deux n'aiment pas, ni l'un ni l'autre ne sont amis. » — « Je le crains, dit-il. » — « Ainsi, pas d'amitié si celui qui aime n'est payé de retour? » — « C'est probable. »

— « D'où il suit que nul ne peut être ami des chevaux si les

des conditions extérieures de l'amitié ou le profit qu'elle procure ; il s'agit d'en analyser les causes générales et profondes, quelles que soient les formes variables qu'elle puisse revêtir.

1. Socrate s'adresse avant tout, en toute matière, à l'expérience personnelle de son interlocuteur.

ἑταῖρον [μᾶλλον ἢ αὐτὸν Δαρεῖον]· οὕτως ἐγὼ φιλέταιρός
τίς εἰμι. Ὑμᾶς οὖν ὁρῶν, σέ τε καὶ Λύσιν, ἐκπέπληγμαι 212 a
καὶ εὐδαιμονίζω ὅτι οὕτω νέοι ὄντες οἷοί τ' ἐστὸν τοῦτο τὸ
κτῆμα ταχὺ καὶ ῥᾳδίως κτᾶσθαι, καὶ σύ τε τοῦτον οὕτω
φίλον ἐκτήσω ταχύ τε καὶ σφόδρα, καὶ αὖ οὗτος σέ· ἐγὼ δὲ
οὕτω πόρρω εἰμὶ τοῦ κτήματος, ὥστε οὐδ' ὅντινα τρόπον
γίγνεται φίλος ἕτερος ἑτέρου οἶδα, ἀλλὰ ταῦτα δὴ αὐτά σε
βούλομαι ἐρέσθαι ἅτε ἔμπειρον.

Καί μοι εἰπέ· ἐπειδάν τίς τινα φιλῇ, πότερος ποτέρου
φίλος γίγνεται, ὁ φιλῶν τοῦ φιλουμένου ἢ ὁ φιλούμενος τοῦ b
φιλοῦντος· ἢ οὐδὲν διαφέρει; — Οὐδέν, ἔφη, ἔμοιγε δοκεῖ
διαφέρειν. — Πῶς λέγεις; ἦν δ' ἐγώ· ἀμφότεροι ἄρα
ἀλλήλων φίλοι γίγνονται, ἐὰν μόνος ὁ ἕτερος τὸν ἕτερον
φιλῇ; — Ἔμοιγε, ἔφη, δοκεῖ. — Τί δέ; Οὐκ ἔστιν φιλοῦντα
μὴ ἀντιφιλεῖσθαι ὑπὸ τούτου ὃν ἂν φιλῇ; — Ἔστιν. — Τί
δέ; Ἆρα ἔστιν καὶ μισεῖσθαι φιλοῦντα; Οἷόν που ἐνίοτε
δοκοῦσι καὶ οἱ ἐρασταὶ πάσχειν πρὸς τὰ παιδικά· φιλοῦντες
γὰρ ὡς οἷόν τε μάλιστα οἱ μὲν οἴονται οὐκ ἀντιφιλεῖσθαι, c
οἱ δὲ καὶ μισεῖσθαι· ἢ οὐκ ἀληθὲς δοκεῖ σοι τοῦτο; —
Σφόδρα γε, ἔφη, ἀληθές. — Οὐκοῦν ἐν τῷ τοιούτῳ, ἦν δ'
ἐγώ, ὁ μὲν φιλεῖ, ὁ δὲ φιλεῖται; — Ναί. — Πότερος οὖν
αὐτῶν ποτέρου φίλος ἐστίν; ὁ φιλῶν τοῦ φιλουμένου, ἐάν
τε μὴ ἀντιφιλῆται ἐάν τε καὶ μισῆται, ἢ ὁ φιλούμενος τοῦ
φιλοῦντος; ἢ οὐδέτερος αὖ ἐν τῷ τοιούτῳ οὐδετέρου
φίλος ἐστίν, ἂν μὴ ἀμφότεροι ἀλλήλους φιλῶσιν; — Ἔοικε
γοῦν οὕτως ἔχειν. — Ἀλλοίως ἄρα νῦν ἡμῖν δοκεῖ ἢ πρό- d
τερον ἔδοξεν. Τότε μὲν γάρ, εἰ ὁ ἕτερος φιλοῖ, φίλω εἶναι
ἄμφω· νῦν δέ, ἂν μὴ ἀμφότεροι φιλῶσιν, οὐδέτερος φίλος.
— Κινδυνεύει, ἔφη. — Οὐκ ἄρα ἐστὶν φίλον τῷ φιλοῦντι
οὐδὲν μὴ οὐκ ἀντιφιλοῦν. — Οὐκ ἔοικεν. — Οὐδ' ἄρα
φίλιπποί εἰσιν οὓς ἂν οἱ ἵπποι μὴ ἀντιφιλῶσιν, οὐδὲ φιλόρ-

e 8 μᾶλλον — Δαρεῖον secl. Schanz. || **212 a** 3 σύ τε Heindorf : σὺ δὲ BT || **b** 4 μόνος <μόνον> C. Schmidt || **c** 1 οἱ μὲν Heindorf : οἰόμενοι BT || **c** 4 πότερος Hirschig : ὁπότερος BT || **c** 6 μὴ H. Müller : καὶ BT.

chevaux ne l'aiment, ami des cailles, des chiens, du vin, de la gymnastique ou de la sagesse, si la sagesse ne lui rend la
e pareille, ainsi que tout le reste. Ou bien faut-il dire que l'on aime ces objets sans qu'ils vous soient amis, et que le poète a menti quand il disait :

« *Heureux ceux à qui sont amis les enfants, les chevaux à l'ongle unique, les chiens de chasse et l'hôte étranger ?* [1] »

— « Je ne crois pas qu'il ait menti, » dit-il. — « Ces vers te paraissent vrais ? » — « Oui. » — « Donc, ce qui est aimé est l'ami de ce qui aime, mon cher Ménexène, même si l'aimé ne rend pas l'amour ou ne rend que la haine. Par exemple, les enfants nouveau-nés, encore incapables d'affection, mais
213 a quelquefois pleins de colère contre leur père ou leur mère quand ceux-ci les corrigent, sont ce que leurs parents aiment le plus au monde jusque dans le moment de ces grandes colères. » — « Je suis tout à fait de ton avis. » — « L'ami est donc celui qui est aimé, non celui qui aime. » — « C'est vraisemblable. » — « L'ennemi, c'est celui qui est détesté, non celui qui déteste. » — « Je le crois. » — « Il arrive donc souvent que notre ennemi nous soit cher, et que nous soyons haïs de ceux qui nous sont chers, de sorte que nous sommes les
b amis de nos ennemis et les ennemis de nos amis, s'il est vrai que l'ami soit celui qui est aimé et non celui qui aime. Cependant, c'est une chose singulièrement contradictoire, et plutôt même impossible, d'être l'ennemi de son ami et l'ami de son ennemi. » — « Je crois que tu as raison, Socrate. » — « Puisque c'est impossible, il faut avouer que celui qui aime est l'ami de celui qui est aimé. » — « Sans doute. » — « Et que celui qui hait est l'ennemi de celui qui est haï. » — « Nécessairement. » — « De telle sorte que nous voici ramenés de
c force à notre première déclaration, que nous pouvons être l'ami de qui n'est pas notre ami, parfois même de notre ennemi, lorsque nous aimons qui ne nous aime pas ou qui nous hait ; et que souvent, par contre, nous pouvons être l'ennemi de qui ne nous hait pas ou même nous aime, lorsque nous haïssons qui n'a pour nous aucune haine ou peut-être même a pour nous de l'amitié. » — « C'est probable. »

1. Vers de Solon.

τυγες, οὐδ' αὖ φιλόκυνές γε καὶ φίλοινοι καὶ φιλογυμνασταὶ
καὶ φιλόσοφοι, ἂν μὴ ἡ σοφία αὐτοὺς ἀντιφιλῇ. Ἢ φιλοῦσι
μὲν ταῦτα ἕκαστοι, οὐ μέντοι φίλα ὄντα, ἀλλὰ ψεύδεθ' ὁ e
ποιητής, ὃς ἔφη·

ὄλβιος, ᾧ παῖδές τε φίλοι καὶ μώνυχες ἵπποι
καὶ κύνες ἀγρευταὶ καὶ ξένος ἀλλοδαπός;

— Οὐκ ἔμοιγε δοκεῖ, ἦ δ' ὅς. — Ἀλλ' ἀληθῆ δοκεῖ λέγειν
σοι; — Ναί.

— Τὸ φιλούμενον ἄρα τῷ φιλοῦντι φίλον ἐστίν, ὡς ἔοικεν,
ὦ Μενέξενε, ἐάν τε μὴ φιλῇ ἐάν τε καὶ μισῇ· οἷον καὶ τὰ
νεωστὶ γεγονότα παιδία, τὰ μὲν οὐδέπω φιλοῦντα, τὰ δὲ
καὶ μισοῦντα, ὅταν κολάζηται ὑπὸ τῆς μητρὸς ἢ ὑπὸ τοῦ 213 a
πατρός, ὅμως καὶ μισοῦντα ἐν ἐκείνῳ τῷ χρόνῳ πάντων
μάλιστά ἐστι τοῖς γονεῦσι φίλτατα. — Ἔμοιγε δοκεῖ, ἔφη,
οὕτως ἔχειν. — Οὐκ ἄρα ὁ φιλῶν φίλος ἐκ τούτου τοῦ λόγου,
ἀλλ' ὁ φιλούμενος. — Ἔοικεν. — Καὶ ὁ μισούμενος ἐχθρὸς
ἄρα, ἀλλ' οὐχ ὁ μισῶν. — Φαίνεται. — Πολλοὶ ἄρα ὑπὸ τῶν
ἐχθρῶν φιλοῦνται, ὑπὸ δὲ τῶν φίλων μισοῦνται, καὶ τοῖς
μὲν ἐχθροῖς φίλοι εἰσίν, τοῖς δὲ φίλοις ἐχθροί, εἰ τὸ φιλού- b
μενον φίλον ἐστίν, ἀλλὰ μὴ τὸ φιλοῦν. Καίτοι πολλὴ ἀλογία,
ὦ φίλε ἑταῖρε, μᾶλλον δέ, οἶμαι, καὶ ἀδύνατον, τῷ τε φίλῳ
ἐχθρὸν καὶ τῷ ἐχθρῷ φίλον εἶναι. — Ἀληθῆ, ἔφη, ἔοικας
λέγειν, ὦ Σώκρατες.

— Οὐκοῦν εἰ τοῦτ' ἀδύνατον, τὸ φιλοῦν ἂν εἴη φίλον τοῦ
φιλουμένου. — Φαίνεται. — Τὸ μισοῦν ἄρα πάλιν ἐχθρὸν
τοῦ μισουμένου. — Ἀνάγκη. — Οὐκοῦν ταὐτὰ ἡμῖν συμβή-
σεται ἀναγκαῖον εἶναι ὁμολογεῖν, ἅπερ ἐπὶ τῶν πρότερον, c
πολλάκις φίλον εἶναι μὴ φίλου, πολλάκις δὲ καὶ ἐχθροῦ,
ὅταν ἢ μὴ φιλοῦν τις φιλῇ ἢ καὶ μισοῦν φιλῇ· πολλάκις δ'
ἐχθρὸν εἶναι μὴ ἐχθροῦ ἢ καὶ φίλου, ὅταν ἢ μὴ μισοῦν τις
μισῇ ἢ καὶ φιλοῦν μισῇ. — Κινδυνεύει, ἔφη.

e 8 μὴ add. Schanz || 213 a 6 μισῶν recc. : φιλῶν BTW || c 4-5 ἢ μὴ μισοῦν τις μισῇ recc. : ἢ μὴ μισοῦν τις Cornarius ἢ μισοῦν τις φιλῇ BT.

— « Comment sortir de là, repris-je, si tes amis ne sont ni ceux qui aiment, ni ceux qui sont aimés, ni ceux qui à la fois aiment et sont aimés, et s'il faut chercher ailleurs ceux
d qui sont amis entre eux ? » — « Par Zeus, Socrate, je ne sais trop que répondre. » — « Peut-être, Ménexène, avons-nous mal dirigé toute cette recherche. » — « Je le crois, en effet, Socrate », dit Lysis, qui rougit en disant ces mots : il me parut en effet que cette interruption lui était échappée malgré lui dans l'ardeur de son attention, qui n'avait cessé d'être visible.

Conversation avec Lysis : les opinions des poètes. La ressemblance.

Désireux donc de donner quelque relâche à Ménexène et charmé par la curiosité sérieuse de son ami, j'engageai l'entre-
e tien avec Lysis et je lui dis : — « Tu as raison, Lysis, de dire que, si nous avions bien conduit notre examen, nous aurions évité de nous égarer ainsi. Il faut donc changer de route, car c'est une route difficile que celle où notre recherche s'était engagée. Prenons plutôt celle où nous avons fait quelques pas et interrogeons les poètes. Les poètes, en effet, sont les pères
214 a de toute science et nos guides. Ils ont sur l'amitié, lorsqu'une fois elle est née, de belles maximes ; mais c'est la divinité elle-même, à les en croire, qui la fait naître, en poussant les amis l'un vers l'autre :

Toujours un dieu pousse le semblable vers le semblable [1],

b et il le lui fait connaître : as-tu déjà lu ces vers ? » — « Oui, » dit-il. — « Tu connais sans doute aussi les écrits des savants, où il est dit pareillement que le semblable est toujours et nécessairement l'ami du semblable ? Je parle de ceux qui ont discouru et écrit sur l'origine des choses et sur le Tout [2]. » — « Oui. » — « N'est-il pas vrai qu'ils ont raison ? » — « Peut-être, » dit-il.

— « Peut-être à moitié raison, mais peut-être aussi tout à fait, si nous savons les entendre. Il nous semble que le

1. *Od.*, XVII, 218.

2. Il s'agit ici des physiciens d'Ionie, des Éléates, et des autres anciens philosophes, y compris Empédocle d'Agrigente. On sait la place que faisait Empédocle à l'Amitié (φιλία) et à la Querelle (νεῖκος) dans son système du monde.

— Τί οὖν δὴ χρησώμεθα, ἦν δ' ἐγώ, εἰ μήτε οἱ φιλοῦντες φίλοι ἔσονται μήτε οἱ φιλούμενοι μήτε οἱ φιλοῦντές τε καὶ φιλούμενοι, ἀλλὰ καὶ παρὰ ταῦτα ἄλλους τινὰς ἔτι φήσομεν εἶναι φίλους ἀλλήλοις γιγνομένους ; — Οὐ μὰ τὸν Δία, ἔφη, ὦ Σώκρατες, οὐ πάνυ εὐπορῶ ἔγωγε. — Ἆρα μή, ἦν δ'
ἐγώ, ὦ Μενέξενε, τὸ παράπαν οὐκ ὀρθῶς ἐζητοῦμεν ; — d
Οὐκ ἔμοιγε δοκεῖ, ἔφη, ὦ Σώκρατες, ὁ Λύσις. Καὶ ἅμα εἰπὼν ἠρυθρίασεν· ἐδόκει γάρ μοι ἄκοντ' αὐτὸν ἐκφεύγειν τὸ λεχθὲν διὰ τὸ σφόδρα προσέχειν τὸν νοῦν τοῖς λεγομένοις· δῆλος δ' ἦν καὶ ὅτε ἠκροᾶτο οὕτως ἔχων.

Ἐγὼ οὖν βουλόμενος τόν τε Μενέξενον ἀναπαῦσαι καὶ ἐκείνου ἡσθεὶς τῇ φιλοσοφίᾳ, οὕτω μεταβαλὼν πρὸς τὸν
Λύσιν ἐποιούμην τοὺς λόγους, καὶ εἶπον· — Ὦ Λύσι, e
ἀληθῆ μοι δοκεῖς λέγειν ὅτι εἰ ὀρθῶς ἡμεῖς ἐσκοποῦμεν, οὐκ ἄν ποτε οὕτως ἐπλανώμεθα. Ἀλλὰ ταύτῃ μὲν μηκέτι ἴωμεν· καὶ γὰρ χαλεπή τίς μοι φαίνεται ὥσπερ ὁδὸς ἡ σκέψις· ᾗ δὲ ἐτράπημεν, δοκεῖ μοι χρῆναι ἰέναι, σκοποῦντας [τὰ] κατὰ
τοὺς ποιητάς· οὗτοι γὰρ ἡμῖν ὥσπερ πατέρες τῆς σοφίας 214 a
εἰσὶν καὶ ἡγεμόνες. Λέγουσι δὲ δήπου οὐ φαύλως ἀποφαινόμενοι περὶ τῶν φίλων, οἳ τυγχάνουσιν ὄντες· ἀλλὰ τὸν θεὸν αὐτόν φασιν ποιεῖν φίλους αὐτούς, ἄγοντα παρ' ἀλλήλους. Λέγουσι δέ πως ταῦτα, ὡς ἐγῷμαι, ὡδί·

αἰεί τοι τὸν ὁμοῖον ἄγει θεὸς ὡς τὸν ὁμοῖον

καὶ ποιεῖ γνώριμον· ἢ οὐκ ἐντετύχηκας τούτοις τοῖς ἔπε- b
σιν ; — Ἔγωγ', ἔφη.

— Οὐκοῦν καὶ τοῖς τῶν σοφωτάτων συγγράμμασιν ἐντετύχηκας ταῦτα ταὐτὰ λέγουσιν, ὅτι τὸ ὁμοῖον τῷ ὁμοίῳ ἀνάγκη ἀεὶ φίλον εἶναι; Εἰσὶν δέ που οὗτοι οἱ περὶ φύσεώς τε καὶ τοῦ ὅλου διαλεγόμενοι καὶ γράφοντες. — Ἀληθῆ, ἔφη, λέγεις. — Ἆρ' οὖν, ἦν δ' ἐγώ, εὖ λέγουσιν; — Ἴσως, ἔφη.

d 2 ἔφη, ὦ Σ. Heindorf : ὦ Σ., ἔφη rec. : ἔφη om. BT || **e 5** σκοποῦντας Schleiermacher : σκοποῦντα BT || τὰ secl. Heindorf || **214 b 4** ταῦτα ταὐτὰ Heindorf : ταῦτα αὐτὰ BT.

méchant est d'autant plus ennemi du méchant qu'il s'en
c approche et le fréquente davantage. Le méchant, en effet, commet l'injustice ; or il est impossible que celui qui commet l'injustice et celui qui la subit soient amis. Qu'en penses-tu ? » — « C'est vrai. » — « Ainsi la moitié de cette pensée serait fausse, s'il est vrai que les méchants soient semblables entre eux. » — « Tu dis vrai. »

— « Je suppose qu'ils ont voulu dire que les bons sont semblables entre eux et amis, mais que les méchants, ainsi qu'on le dit d'eux en général, ne sont même pas d'accord avec
d eux-mêmes, toujours furieux et déséquilibrés. Or ce qui n'a même pas de ressemblance ni d'accord avec soi-même ne saurait guères ressembler à autrui ni lui être ami. Ne le crois-tu pas ? » — « Oui. » — « Ainsi ce qu'ils veulent dire, selon moi, mon cher Lysis, en disant que le semblable est ami du semblable, c'est qu'il ne peut exister d'amitié qu'entre les bons, mais que le méchant ne saurait avoir d'amitié véritable ni avec les bons ni avec les méchants [1]. Sommes-nous d'accord ? » — Il fit un signe d'assentiment. — « Nous savons maintenant
e qui sont les amis : notre raisonnement nous indique que ce sont les bons. » — « C'est tout à fait mon opinion, » dit-il.

— « Je le crois aussi ; cependant il me vient un scrupule. Courage donc, par Zeus, examinons la difficulté que j'entrevois. Le semblable est-il ami du semblable en tant que semblable, et est-il utile comme tel à son ami considéré sous cet aspect ? Ou plutôt : le semblable peut-il procurer au semblable, en tant qu'ils sont semblables, aucun bien ou aucun mal que celui-ci ne puisse se procurer à lui-même ? Peut-il
215 a éprouver quoi que ce soit qui ne puisse lui venir de lui-même ? Comment des êtres de ce genre pourraient-ils tirer l'un de l'autre quelque satisfaction, puisqu'ils ne peuvent être d'aucune aide l'un à l'autre ? Est-ce possible ? » — « Non. » — Mais sans satisfaction, que devient l'amitié ? » — « Elle est impossible. » — « Alors le semblable n'est pas ami du semblable, et si le bon est ami du bon, c'est en tant que bon, non en

1. Chez Empédocle, la ressemblance dont il s'agit est plutôt physique. Socrate, selon son habitude, ne s'intéresse qu'aux choses morales. Les anciens philosophes, au contraire, sont surtout des physiciens ou des métaphysiciens.

— Ἴσως, ἦν δ' ἐγώ, τὸ ἥμισυ αὐτοῦ, ἴσως δὲ καὶ πᾶν, ἀλλ'
ἡμεῖς οὐ συνίεμεν. Δοκεῖ γὰρ ἡμῖν ὅ γε πονηρὸς τῷ πονηρῷ,
ὅσῳ ἂν ἐγγυτέρω προσίῃ καὶ μᾶλλον ὁμιλῇ, τοσούτῳ ἐχθίων c
γίγνεσθαι. Ἀδικεῖ γάρ· ἀδικοῦντας δὲ καὶ ἀδικουμένους
ἀδύνατόν που φίλους εἶναι. Οὐχ οὕτως ; — Ναί, ἦ δ' ὅς
— Ταύτῃ μὲν ἂν τοίνυν τοῦ λεγομένου τὸ ἥμισυ οὐκ ἀληθὲς
εἴη, εἴπερ οἱ πονηροὶ ἀλλήλοις ὅμοιοι. — Ἀληθῆ λέγεις. —
Ἀλλά μοι δοκοῦσιν λέγειν τοὺς ἀγαθοὺς ὁμοίους εἶναι ἀλλή-
λοις καὶ φίλους, τοὺς δὲ κακούς, ὅπερ καὶ λέγεται περὶ αὐτῶν,
μηδέποτε ὁμοίους μηδ' αὐτοὺς αὑτοῖς εἶναι, ἀλλ' ἐμπλήκ-
τους τε καὶ ἀσταθμήτους· ὃ δὲ αὐτὸ αὑτῷ ἀνόμοιον εἴη καὶ d
διάφορον, σχολῇ γ' < ἂν > τῳ ἄλλῳ ὅμοιον ἢ φίλον γένοιτο·
ἢ οὐ καὶ σοὶ δοκεῖ οὕτως ; — Ἔμοιγ', ἔφη. — Τοῦτο τοίνυν
αἰνίττονται, ὡς ἐμοὶ δοκοῦσιν, ὦ ἑταῖρε, οἱ τὸ ὅμοιον τῷ
ὁμοίῳ φίλον λέγοντες, ὡς ὁ ἀγαθὸς τῷ ἀγαθῷ μόνος μόνῳ
φίλος, ὁ δὲ κακὸς οὔτε ἀγαθῷ οὔτε κακῷ οὐδέποτε εἰς
ἀληθῆ φιλίαν ἔρχεται. Συνδοκεῖ σοι ; — Κατένευσεν. —
Ἔχομεν ἄρα ἤδη τίνες εἰσὶν οἱ φίλοι· ὁ γὰρ λόγος ἡμῖν
σημαίνει ὅτι οἳ ἂν ὦσιν ἀγαθοί. — Πάνυ γε, ἔφη, δοκεῖ. e
— Καὶ ἐμοί, ἦν δ' ἐγώ· καίτοι δυσχεραίνω τί γε ἐν αὐτῷ·
φέρε οὖν, ὦ πρὸς Διός, ἴδωμεν τί καὶ ὑποπτεύω. Ὁ ὅμοιος
τῷ ὁμοίῳ καθ' ὅσον ὅμοιος φίλος, καὶ ἔστιν χρήσιμος ὁ
τοιοῦτος τῷ τοιούτῳ ; Μᾶλλον δὲ ὧδε· ὁτιοῦν ὅμοιον
ὁτῳοῦν ὁμοίῳ τίνα ὠφελίαν [ἔχειν] ἢ τίνα βλάβην ἂν ποιῆ-
σαι δύναιτο, ὃ μὴ καὶ αὐτὸ αὑτῷ ; ἢ τί ἂν παθεῖν, ὃ μὴ
καὶ ὑφ' αὑτοῦ πάθοι ; Τὰ δὴ τοιαῦτα πῶς ἂν ὑπ' ἀλλήλων 215 a
ἀγαπηθείη, μηδεμίαν ἐπικουρίαν ἀλλήλοις ἔχοντα ; Ἔστιν
ὅπως; — Οὐκ ἔστιν. — Ὃ δὲ μὴ ἀγαπῷτο, πῶς φίλον ; —
Οὐδαμῶς. — Ἀλλὰ δὴ ὁ μὲν ὅμοιος τῷ ὁμοίῳ οὐ φίλος· ὁ
δὲ ἀγαθὸς τῷ ἀγαθῷ καθ' ὅσον ἀγαθός, οὐ καθ ὅσον ὅμοιος,
φίλος ἂν εἴη ; — Ἴσως. — Τί δέ ; Οὐχ ὁ ἀγαθός, καθ'

b 9 οὐ TW : om. B || c 1 προσίῃ T : προσείῃ B || d 1 εἴη T : ἂν εἴη B || d 2 ἂν add. Bekker || e 6 ἔχειν secl. Schanz : ἔχειν B ἔχει T.

tant que semblable ? » — « Probablement. » — « Mais quoi ?
Le bon, en tant que bon, ne se suffit-il pas à lui-même ? » —
« Oui. » — « Celui qui se suffit à lui-même n'a besoin de rien
b en tant qu'il se suffit ? » — « C'est évident. » — « Celui qui
n'a besoin de rien ne saurait recevoir du dehors aucune satis-
faction ? » — « Non ». — « On ne saurait non plus aimer ce
qui ne donne aucune satisfaction ? » — « Non certes. » — « Or
celui qui n'aime pas n'est pas un ami ? » — « Il ne semble
pas. » — « Comment donc les bons seraient-ils amis des bons
le moins du monde, à notre avis, si l'absence de l'un n'est
point pénible à l'autre (car chacun d'eux se suffit, même
isolé), et si leur réunion ne leur procure aucun avantage ?
Comment deux êtres de cette sorte attacheraient-ils un
c grand prix à leur intimité ? » — « C'est impossible, en effet. »
— « Ils ne seraient donc pas amis, puisqu'ils feraient peu de
cas l'un de l'autre. » — « C'est la vérité. »

L'amitié des contraires.

— « Vois, Lysis, dans quel piège nous sommes pris. Nous serions-nous trompés du tout au tout ? » — « Que veux-tu
dire ? » — « J'ai naguère entendu affirmer (le souvenir m'en
revient à l'instant) que le semblable était en guerre perpé-
tuelle avec le semblable et les bons avec les bons ; et celui qui
parlait ainsi s'appuyait sur le témoignage d'Hésiode, qui a dit :

Le potier hait le potier, l'aède hait l'aède,
d *et le pauvre hait le pauvre*[1] ;

et il ajoutait qu'il en est de même en tout ; que par une
nécessité universelle, la jalousie, les querelles, l'hostilité
règnent entre les choses les plus semblables, comme l'amitié
entre les plus différentes ; que le pauvre est forcé d'être l'ami
du riche, le faible du fort pour en obtenir du secours, ainsi
e que le malade du médecin, et que tout ignorant recherche
et aime le savant. Il poursuivait en termes plus imposants,
déclarant qu'il s'en fallait de tout que le semblable ne fût l'ami
du semblable, que la vérité était précisément à l'opposé, et
qu'en réalité c'était les contraires les plus extrêmes qui étaient
les plus amis. Il disait que chaque chose aspirait à son con-

1. Hésiode, *Travaux*, v. 25.

ὅσον ἀγαθός, κατὰ τοσοῦτον ἱκανὸς ἂν εἴη αὑτῷ; — Ναί.
— Ὁ δέ γε ἱκανὸς οὐδενὸς δεόμενος κατὰ τὴν ἱκανότητα.
— Πῶς γὰρ οὔ; — Ὁ δὲ μή του δεόμενος οὐδέ τι ἀγαπῴη b
ἄν. — Οὐ γὰρ οὖν. — Ὁ δὲ μὴ ἀγαπῶν οὐδ᾽ ἂν φιλοῖ. —
Οὐ δῆτα. — Ὁ δὲ μὴ φιλῶν γε οὐ φίλος. — Οὐ φαίνεται.
— Πῶς οὖν οἱ ἀγαθοὶ τοῖς ἀγαθοῖς ἡμῖν φίλοι ἔσονται τὴν
ἀρχήν, οἳ μήτε ἀπόντες ποθεινοὶ ἀλλήλοις, ἱκανοὶ γὰρ
ἑαυτοῖς καὶ χωρὶς ὄντες, μήτε παρόντες χρείαν αὐτῶν
ἔχουσιν; Τοὺς δὴ τοιούτους τίς μηχανὴ περὶ πολλοῦ
ποιεῖσθαι ἀλλήλους; — Οὐδεμία, ἔφη. — Φίλοι δέ γε οὐκ
ἂν εἶεν μὴ περὶ πολλοῦ ποιούμενοι ἑαυτούς. — Ἀληθῆ. c
— Ἄθρει δή, ὦ Λύσι, πῇ παρακρουόμεθα. Ἆρά γε ὅλῳ τινὶ
ἐξαπατώμεθα; — Πῶς δή; ἔφη. — Ἤδη ποτέ του ἤκουσα
λέγοντος, καὶ ἄρτι ἀναμιμνῄσκομαι, ὅτι τὸ μὲν ὅμοιον τῷ
ὁμοίῳ καὶ οἱ ἀγαθοὶ τοῖς ἀγαθοῖς πολεμιώτατοι εἶεν· καὶ
δὴ καὶ τὸν Ἡσίοδον ἐπήγετο μάρτυρα, λέγων ὡς ἄρα

καὶ κεραμεὺς κεραμεῖ κοτέει καὶ ἀοιδὸς ἀοιδῷ
καὶ πτωχὸς πτωχῷ, d

καὶ τἆλλα δὴ πάντα οὕτως ἔφη ἀναγκαῖον εἶναι μάλιστα τὰ
ὁμοιότατα <πρὸς> ἄλληλα φθόνου τε καὶ φιλονεικίας καὶ
ἔχθρας ἐμπίμπλασθαι, τὰ δ᾽ ἀνομοιότατα φιλίας. Τὸν γὰρ
πένητα τῷ πλουσίῳ ἀναγκάζεσθαι φίλον εἶναι καὶ τὸν
ἀσθενῆ τῷ ἰσχυρῷ τῆς ἐπικουρίας ἕνεκα, καὶ τὸν κάμνοντα
τῷ ἰατρῷ· καὶ πάντα δὴ τὸν μὴ εἰδότα ἀγαπᾶν τὸν εἰδότα
καὶ φιλεῖν. Καὶ δὴ καὶ ἔτι ἐπεξῄει τῷ λόγῳ μεγαλοπρεπέσ- e
τερον, λέγων ὡς ἄρα παντὸς δέοι τὸ ὅμοιον τῷ ὁμοίῳ φίλον
εἶναι, ἀλλ᾽ αὐτὸ τὸ ἐναντίον εἴη τούτου· τὸ γὰρ ἐναντιώτα-
τον τῷ ἐναντιωτάτῳ εἶναι μάλιστα φίλον. Ἐπιθυμεῖν γὰρ
τοῦ τοιούτου ἕκαστον, ἀλλ᾽ οὐ τοῦ ὁμοίου· τὸ μὲν γὰρ ξηρὸν
ὑγροῦ, τὸ δὲ ψυχρὸν θερμοῦ, τὸ δὲ πικρὸν γλυκέος, τὸ δὲ

215 b 2 ὁ δὲ μὴ ἀγαπῶν Schleiermacher : ὃ δὲ μὴ ἀγαπῴη BT || **d** 3 πρὸς add. rec. || **e** 1 φιλεῖν TW : φιλεῖν καὶ φιλεῖ ... B φ. κ. φιλεῖσθαι B[2] || **e** 4 ἐπιθυμεῖν TW : ἐπιθυμεῖ B.

traire, non à son semblable : le sec à l'humide, le froid au chaud, l'amer au doux, l'aigu à l'émoussé, le vide au plein, le plein au vide ; et ainsi de suite, attendu que le contraire se nourrissait du contraire, tandis que le semblable n'avait
216 a aucun profit à tirer du semblable. Et certes, mon cher, en parlant de la sorte, il faisait de l'effet, car il parlait bien [1]. Mais vous, dis-je, que vous en semble ? » — « C'est fort beau, dit Ménéxène, à l'entendre ainsi présenter. » — « Dirons-nous donc que le contraire est essentiellement l'ami du contraire ? » — « Sans doute. »

— « Soit. Mais ne trouves-tu là rien d'étrange, Ménexène ? Quelle joie nous allons procurer à ces merveilleux savants, les dénicheurs de contradictions [2] ! Comme ils vont se jeter sur nous et nous demander s'il est rien qui soit plus contradic-
b toire que l'hostilité et l'amitié ! Que leur répondrons-nous ? Ne serons-nous pas forcés d'avouer qu'ils ont raison ? » — « Évidemment. » — « Quoi ! diront-ils, l'ennemi est ami de l'ami, et l'ami est ami de l'ennemi ? » — « Ni l'un ni l'autre. » — « Le juste est ami de l'injuste, la tempérance de l'intempérance, le bien du mal ? » — « Il me paraît impossible qu'il en soit ainsi. » — « Cependant, si c'est de l'opposition que naît l'amitié, il faut bien que ces choses opposées soient amies. » — « La conséquence est forcée, en effet. » — « Ainsi, ni le semblable n'est ami du semblable, ni le contraire ne l'est du contraire. » — « Cela paraît probable. »

c *Le beau et le bien.* — « Poursuivons notre recherche. Peut-être l'amitié est-elle tout autre chose que ce que nous supposons : ce qui devient ami du bien, c'est peut-être ce qui n'est ni le bien ni le mal. » — « Comment l'entends-tu ? » — « Par Zeus, je n'en sais rien ; j'ai moi-même le vertige parmi ces obscurités du raisonnement, et peut-être faut-il dire avec le vieux proverbe que c'est le beau qui nous est ami. Il ressemble en tout cas à un corps souple, lisse, bril-
d lant d'huile, et de là vient sans doute qu'il glisse entre nos mains et nous échappe, vu sa nature ; car pour moi c'est le bien qui est beau. N'est-ce pas ton avis ? » — « Oui. »

1. Ces théories sont celles d'Héraclite d'Ephèse.

2. Allusion probable à quelque ouvrage sophistique sur les *antilogies*.

ὀξὺ ἀμβλέος, τὸ δὲ κενὸν πληρώσεως, καὶ τὸ πλῆρες δὲ
κενώσεως· καὶ τἆλλα οὕτω κατὰ τὸν αὐτὸν λόγον. Τροφὴν
γὰρ εἶναι τὸ ἐναντίον τῷ ἐναντίῳ· τὸ γὰρ ὅμοιον τοῦ ὁμοίου
οὐδὲν ἂν ἀπολαῦσαι. Καὶ μέντοι, ὦ ἑταῖρε, καὶ κομψὸς ἐδόκει 216 a
εἶναι ταῦτα λέγων· εὖ γὰρ ἔλεγεν. Ὑμῖν δέ, ἦν δ' ἐγώ, πῶς
δοκεῖ λέγειν ; — Εὖ γε, ἔφη ὁ Μενέξενος, ὥς γε οὑτωσὶ
ἀκοῦσαι. — Φῶμεν ἄρα τὸ ἐναντίον τῷ ἐναντίῳ μάλιστα
φίλον εἶναι ; — Πάνυ γε.

— Εἶεν, ἦν δ' ἐγώ· οὐκ ἀλλόκοτον, ὦ Μενέξενε ; καὶ ἡμῖν
εὐθὺς ἅσμενοι ἐπιπηδήσονται οὗτοι οἱ πάσσοφοι ἄνδρες, οἱ
ἀντιλογικοί, καὶ ἐρήσονται εἰ οὐκ ἐναντιώτατον ἔχθρα φιλίᾳ ; b
Οἷς τί ἀποκρινούμεθα ; Ἢ οὐκ ἀνάγκη ὁμολογεῖν ὅτι ἀληθῆ
λέγουσιν ; — Ἀνάγκη. — Ἆρ' οὖν, φήσουσιν, τὸ ἐχθρὸν τῷ
φίλῳ φίλον ἢ τὸ φίλον τῷ ἐχθρῷ ; — Οὐδέτερα, ἔφη. — Ἀλλὰ
τὸ δίκαιον τῷ ἀδίκῳ, ἢ τὸ σῶφρον τῷ ἀκολάστῳ, ἢ τὸ ἀγα-
θὸν τῷ κακῷ ; — Οὐκ ἄν μοι δοκεῖ οὕτως ἔχειν. — Ἀλλὰ
μέντοι, ἦν δ' ἐγώ, εἴπερ γε κατὰ τὴν ἐναντιότητά τί τῳ
φίλον ἐστίν, ἀνάγκη καὶ ταῦτα φίλα εἶναι. — Ἀνάγκη. —
Οὔτε ἄρα τὸ ὅμοιον τῷ ὁμοίῳ οὔτε τὸ ἐναντίον τῷ ἐναντίῳ
φίλον. — Οὐκ ἔοικεν.

— Ἔτι δὲ καὶ τόδε σκεψώμεθα, μὴ ἔτι μᾶλλον ἡμᾶς λανθάνει c
τὸ φίλον ὡς ἀληθῶς οὐδὲν τούτων ὄν, ἀλλὰ τὸ μήτε ἀγαθὸν
μήτε κακὸν φίλον οὕτω ποτὲ γιγνόμενον τοῦ ἀγαθοῦ. — Πῶς,
ἦ δ' ὅς, λέγεις ; — Ἀλλὰ μὰ Δία, ἦν δ' ἐγώ, οὐκ οἶδα, ἀλλὰ
τῷ ὄντι αὐτὸς ἰλιγγιῶ ὑπὸ τῆς τοῦ λόγου ἀπορίας, καὶ
κινδυνεύει κατὰ τὴν ἀρχαίαν παροιμίαν τὸ καλὸν φίλον
εἶναι. Ἔοικε γοῦν μαλακῷ τινι καὶ λείῳ καὶ λιπαρῷ· διὸ καὶ
ἴσως ῥᾳδίως διολισθαίνει καὶ διαδύεται ἡμᾶς, ἅτε τοιοῦτον d
ὄν. Λέγω γὰρ τἀγαθὸν καλὸν εἶναι· σὺ δ' οὐκ οἴει ; —
Ἔγωγε.

216 a 6 ἀλλόκοτον Baiter : ἀλλοκότων BT || **b** 7-8 τῳ φίλον Ficin : τῷ φίλῳ φίλον Bt τῷ φίλον φίλον T || **c** 1 ἔτι μᾶλλον TW : om. B || **d** 1 ἴσως BT : οὕτως Schanz.

Le milieu entre le bien et le mal.

— « Je dis donc, par une sorte d'inspiration divinatrice[1], que ce qui est ami du beau et du bien, c'est ce qui n'est ni bon ni mauvais. Suis bien les raisons de ma divination. Il me semble qu'il existe en quelque sorte trois genres, le bon, le mauvais, et ce qui n'est ni bon ni mauvais. Qu'en dis-tu ? » — « C'est aussi mon opinion. » — « Je déclare en outre que ni le bon n'est ami du bon, ni le mauvais du mau-
e vais, ni le bon du mauvais, puisque notre discours précédent nous interdit de le croire. Reste donc, si l'amitié existe, que ce qui n'est ni bon ni mauvais soit ami ou du bon ou de son semblable à lui-même ; car rien, je suppose, ne peut devenir l'ami du mauvais. » — « C'est la vérité. » — « Mais nous venons de dire que le semblable n'est pas non plus l'ami du semblable. N'est-ce pas vrai ? » — « Oui. » — « Ce qui n'est ni bon ni mauvais ne peut donc être ami de ce qui lui ressemble. » — « Assurément. » — « Par conséquent, c'est du bien seul que peut devenir ami cela seulement qui n'est ni
217 a bon ni mauvais. » — « La conclusion semble inévitable. »

— « Ne sommes-nous pas rentrés dans la bonne voie, ô enfants, sous la conduite de ce raisonnement ? Si nous considérons, en effet, un corps en santé, il n'a besoin ni de médecine ni de secours, il a le nécessaire, et tant qu'un homme se porte bien, il n'est pas ami du médecin pour sa santé. N'est-il pas vrai ? » — « C'est vrai. » — « Mais le malade est l'ami du médecin à cause de sa maladie ? » — « Sans doute. » — « Or la maladie est un mal, tandis que la médecine est utile et bonne. »
b — « Oui. » — « Le corps, en tant que corps, n'est ni bon ni mauvais. » — « C'est juste. » — « C'est à cause de la maladie que le corps est obligé d'accueillir la médecine et de l'aimer ? » — « Je le crois. » — « Ce qui n'est ni bon ni mauvais devient donc ami du bien à cause de la présence d'un mal ? » — « C'est vraisemblable. » — « Mais il l'aime avant d'être lui-même devenu mauvais par l'effet du mal qui
c est en lui ; une fois devenu mauvais, il ne saurait désirer le bien et l'aimer, puisque nous avons dit que le mal ne peut être l'ami du bien. » — « C'est impossible, en effet. »

— « Faites attention à mes paroles. Je dis que certaines

1. En d'autres termes, la théorie proposée par Socrate n'est

— Λέγω τοίνυν ἀπομαντευόμενος, τοῦ καλοῦ τε κἀγαθοῦ
φίλον εἶναι τὸ μήτε ἀγαθὸν μήτε κακόν· πρὸς ἃ δὲ λέγων
μαντεύομαι, ἄκουσον. Δοκεῖ μοι ὥσπερεὶ τρία ἄττα εἶναι
γένη, τὸ μὲν ἀγαθόν, τὸ δὲ κακόν, τὸ δ' οὔτ' ἀγαθὸν οὔτε κακόν.
Τί δὲ σοί; — Καὶ ἐμοί, ἔφη. — Καὶ οὔτε τἀγαθὸν τἀγαθῷ
οὔτε τὸ κακὸν τῷ κακῷ οὔτε τἀγαθὸν τῷ κακῷ φίλον εἶναι,
ὥσπερ οὐδ' ὁ ἔμπροσθεν λόγος ἐᾷ· λείπεται δή, εἴπερ τῴ τί e
ἐστιν φίλον, τὸ μήτε ἀγαθὸν μήτε κακὸν φίλον εἶναι ἢ τοῦ
ἀγαθοῦ ἢ τοῦ τοιούτου οἷον αὐτό ἐστιν. Οὐ γὰρ ἄν που τῷ
κακῷ φίλον ἄν τι γένοιτο. — Ἀληθῆ. — Οὐδὲ μὴν τὸ ὅμοιον
τῷ ὁμοίῳ ἔφαμεν ἄρτι· ἦ γάρ; — Ναί. — Οὐκ ἄρα ἔσται
τῷ μήτε ἀγαθῷ μήτε κακῷ τὸ τοιοῦτον φίλον οἷον αὐτό. —
Οὐ φαίνεται. — Τῷ ἀγαθῷ ἄρα τὸ μήτε ἀγαθὸν μήτε κακὸν
μόνῳ μόνον συμβαίνει γίγνεσθαι φίλον. — Ἀνάγκη, ὡς 217 a
ἔοικεν.

— Ἆρ' οὖν καὶ καλῶς, ἦν δ' ἐγώ, ὦ παῖδες, ὑφηγεῖται ἡμῖν
τὸ νῦν λεγόμενον; Εἰ γοῦν θέλοιμεν ἐννοῆσαι τὸ ὑγιαῖνον
σῶμα, οὐδὲν ἰατρικῆς δεῖται οὐδὲ ὠφελίας· ἱκανῶς γὰρ
ἔχει, ὥστε ὑγιαίνων οὐδεὶς ἰατρῷ φίλος διὰ τὴν ὑγίειαν.
Ἦ γάρ; — Οὐδείς. — Ἀλλ' ὁ κάμνων, οἶμαι, διὰ τὴν
νόσον. — Πῶς γὰρ οὔ; — Νόσος μὲν δὴ κακόν, ἰατρικὴ δὲ b
ὠφέλιμον καὶ ἀγαθόν. — Ναί. — Σῶμα δέ γέ που κατὰ τὸ
σῶμα εἶναι οὔτε ἀγαθὸν οὔτε κακόν. — Οὕτως. — Ἀναγ-
κάζεται δέ γε σῶμα διὰ νόσον ἰατρικὴν ἀσπάζεσθαι καὶ
φιλεῖν. — Δοκεῖ μοι. — Τὸ μήτε κακὸν ἄρα μήτε ἀγαθὸν
φίλον γίγνεται τοῦ ἀγαθοῦ διὰ κακοῦ παρουσίαν. — Ἔοι-
κεν. — Δῆλον δέ γε ὅτι πρὶν γενέσθαι αὐτὸ κακὸν ὑπὸ τοῦ
κακοῦ οὗ ἔχει. Οὐ γὰρ δή γε κακὸν γεγονὸς ἔτι ἂν τοῦ
ἀγαθοῦ ἐπιθυμοῖ καὶ φίλον εἴη· ἀδύνατον γὰρ ἔφαμεν κακὸν c
ἀγαθῷ φίλον εἶναι. — Ἀδύνατον γάρ.

— Σκέψασθε δὴ ὃ λέγω· λέγω γὰρ ὅτι ἔνια μέν, οἷον ἂν ᾖ

e 1 δή Heindorf : δ' BT || e 3 ἄν που BT : δήπου Schanz || 217 a 1 γίγνεσθαι φίλον TW : γίγνεσθαι B || b 8 ἔτι Salvini : ἐστι B ἔστιν T || ἂν Heindorf : ἀντὶ BT || c 1 ἀγαθοῦ recc. : ἀγαθοῦ οὐ BT.

choses, quand un accident les affecte, prennent la qualité de cet accident, et d'autres non. Par exemple, si l'on teint un objet, la teinture est un accident qui affecte la chose teinte. » — « Sans doute. » — « En résulte-t-il qu'un objet, dans ce cas, soit de la même couleur que la teinture ? » — « Je ne comprends pas bien, dit-il. » — « Je m'explique, dis-je.
d Tu as les cheveux blonds : si l'on y met de la céruse, seront-ils blancs, ou n'en auront-ils que l'apparence ? » — « Ce serait une simple apparence. » — « Cependant la blancheur serait en eux. » — « Oui. » — « Et malgré cela ils ne seraient pas encore blancs, et la présence de cette blancheur ne les rendrait ni blancs ni noirs. » — « C'est vrai. » — « Mais quand la vieillesse leur donnera cette même couleur, les voilà devenus, par la présence de la blancheur, identiques à ce
e qui les affecte. » — « Évidemment. » — « Voici donc ce que je te demande : un objet est-il toujours pareil à l'accident dont il est affecté, ou bien est-ce tantôt vrai, tantôt non, selon la manière dont il est affecté par l'accident ? » — « C'est la seconde idée qui est exacte. » — « Ce qui n'est ni bon ni mauvais peut donc, si quelque mal l'affecte, tantôt ne pas être encore mauvais, et tantôt au contraire le devenir. » — « Certainement. » — « Par conséquent, lorsque la présence du mal ne l'a pas encore gâté, cette présence même excite en lui le désir du bien. Si elle l'a gâté, au contraire, elle le rend incapable de désirer le bien et de l'aimer. Car on ne peut plus dire alors qu'il ne soit ni bon ni mauvais : il est mauvais, et nous avons dit que le mauvais ne peut être
218 a l'ami du bon. » — « Non certes. » — « Pour la même raison, nous pouvons dire aussi que ceux qui sont en possession de la science ne sont plus amis de la science, qu'ils soient dieux ou hommes ; et que d'autre part on ne peut être ami de la science si l'on pousse l'ignorance au point d'en devenir mauvais, car on ne voit jamais les hommes tout à fait mauvais et illettrés aimer la science. Restent ceux qui, sans être exempts de ce mal d'ignorance, n'en sont pas atteints jusqu'à n'avoir plus ni intelligence ni connaissance d'aucune sorte, mais qui se rendent compte de leur propre ignorance.
b C'est ainsi que ceux-là sont amis de la science ou philosophes

qu'une intuition provisoire, qui doit être vérifiée méthodiquement.

τὸ παρόν, τοιαῦτά ἐστι καὶ αὐτά, ἔνια δὲ οὔ. Ὥσπερ εἰ ἐθέλοι τις χρώματί τῳ ὁτιοῦν ἀλεῖψαι, πάρεστίν που τῷ ἀλειφθέντι τὸ ἐπαλειφθέν. — Πάνυ γε. — Ἆρ' οὖν καὶ ἔστιν τότε τοιοῦτον τὴν χρόαν τὸ ἀλειφθέν, οἷον τὸ ἐπόν ;
— Οὐ μανθάνω, ἦ δ' ὅς. — Ἀλλ' ὧδε, ἦν δ' ἐγώ. Εἴ d
τίς σου ξανθὰς οὔσας τὰς τρίχας ψιμυθίῳ ἀλείψειεν, πότερον τότε λευκαὶ εἶεν ἢ φαίνοιντ' ἄν ; — Φαίνοιντ' ἄν, ἦ δ' ὅς. — Καὶ μὴν παρείη γ' ἂν αὐταῖς λευκότης. — Ναί. — Ἀλλ' ὅμως οὐδέν τι μᾶλλον ἂν εἶεν λευκαί πω, ἀλλὰ παρούσης λευκότητος οὔτε τι λευκαὶ οὔτε μέλαιναί εἰσιν. — Ἀληθῆ. — Ἀλλ' ὅταν δή, ὦ φίλε, τὸ γῆρας αὐταῖς ταὐτὸν τοῦτο χρῶμα ἐπαγάγῃ, τότε ἐγένοντο οἷόνπερ τὸ παρόν,
λευκοῦ παρουσίᾳ λευκαί. — Πῶς γὰρ οὔ ; — Τοῦτο τοίνυν e
ἐρωτῶ νῦν δή, εἰ ᾧ ἄν τι παρῇ, τοιοῦτον ἔσται τὸ ἔχον οἷον τὸ παρόν· ἢ ἐὰν μὲν κατά τινα τρόπον παρῇ, ἔσται, ἐὰν δὲ μή, οὔ ; — Οὕτω μᾶλλον, ἔφη. — Καὶ τὸ μήτε κακὸν ἄρα μήτε ἀγαθὸν ἐνίοτε κακοῦ παρόντος οὔπω κακόν ἐστιν, ἔστιν δ' ὅτε ἤδη τὸ τοιοῦτον γέγονεν. — Πάνυ γε. — Οὐκοῦν ὅταν μήπω κακὸν ᾖ κακοῦ παρόντος, αὕτη μὲν ἡ παρουσία ἀγαθοῦ αὐτὸ ποιεῖ ἐπιθυμεῖν· ἡ δὲ κακὸν ποιοῦσα ἀποστερεῖ αὐτὸ τῆς τε ἐπιθυμίας ἅμα καὶ τῆς φιλίας
τἀγαθοῦ. Οὐ γὰρ ἔτι ἐστὶν οὔτε κακὸν οὔτε ἀγαθόν, ἀλλὰ 218 a
κακόν· φίλον δὲ ἀγαθῷ κακὸν οὐκ ἦν. — Οὐ γὰρ οὖν.

— Διὰ ταῦτα δὴ φαῖμεν ἂν καὶ τοὺς ἤδη σοφοὺς μηκέτι φιλοσοφεῖν, εἴτε θεοὶ εἴτε ἄνθρωποί εἰσιν οὗτοι· οὐδ' αὖ ἐκείνους φιλοσοφεῖν τοὺς οὕτως ἄγνοιαν ἔχοντας ὥστε κακοὺς εἶναι· κακὸν γὰρ καὶ ἀμαθῆ οὐδένα φιλοσοφεῖν. Λείπονται δὴ οἱ ἔχοντες μὲν τὸ κακὸν τοῦτο, τὴν ἄγνοιαν, μήπω δὲ ὑπ' αὐτοῦ ὄντες ἀγνώμονες μηδὲ ἀμαθεῖς, ἀλλ' ἔτι
ἡγούμενοι μὴ εἰδέναι ἃ μὴ ἴσασιν. Διὸ δὴ καὶ φιλοσοφοῦσιν b

c 5 ὁτιοῦν recc. : ὁτιοῦν τι BTW || c 6 πάνυ γε BW : om. T || c 7 ἀλειφθέν Heindorf : ἐπαλειφθέν BT || ἐπόν Heindorf : ἔτι ὄν BT || d 3 τότε Heindorf : ποτε BT || φαίνοιντ' ἄν (altero loco) edd. : φαίνοιτ' ἄν B || 218 a 2 ἀγαθῷ κακὸν Heindorf : ἀγαθῶν κακῷ T ἀγαθὸν κακῷ Bt.

qui ne sont encore ni bons ni mauvais ; quant aux mauvais ils ne philosophent pas plus que les bons, puisque, d'après nos discours du début, ni le contraire n'est l'ami du contraire ni le semblable du semblable. Vous en souvenez-vous ? » — « Parfaitement. » — « Cette fois, mon cher Lysis et mon cher Ménexène, nous avons enfin découvert ce qu'est l'amitié et ce qu'elle n'est pas. Nous disons donc que l'ami, qu'il s'agisse de l'âme ou du corps ou de toute autre chose, est ce qui,
c n'étant ni bon ni mauvais, est amené par la présence du mal à désirer le bien. »

Ils furent tous deux de mon avis et reconnurent avec moi que telle était la vérité.

La fin et le moyen dans l'amitié.

J'étais moi-même tout joyeux, ravi d'avoir fait bonne chasse et de tenir enfin mon gibier. Puis, je ne sais comment, un doute étrange me vint : je soupçonnai nos conclusions d'être fausses, et, désolé, je m'écriai : — « Hélas, mes enfants, notre trésor, je le crains, n'existait que dans notre
d rêve ! » — « Comment cela ? dit Ménexène. » — « J'ai peur que nous n'ayons fait une mauvaise rencontre et que ces beaux discours sur l'amitié ne fussent que des charlatans qui s'en sont fait accroire. » — « Explique-toi », dit-il. — « Voici. Quand on est ami, l'est-on de quelque chose, oui ou non ? » — « Oui, sans aucun doute. » — « L'est-on sans raison et sans but, ou pour quelque raison et en vue d'un certain objet ? » — « Avec une raison et un but. » — « Cet
e objet, en vue duquel on est ami, est-il lui-même ami ou ennemi, ou n'est-il ni l'un ni l'autre ? » — « Je ne te suis pas parfaitement. » — « Je n'en suis pas surpris. Peut-être vas-tu me suivre plus aisément de la façon que voici, et moi-même, sans doute, je me comprendrai mieux. Le malade, dont nous parlions tout à l'heure, est ami du médecin ? Est-ce vrai ? » — « Oui. » — « C'est à cause de sa maladie et en vue de la santé qu'il aime le médecin ? » — « Oui. » — « Or la maladie est un mal ? » — « Évidemment. » — « Et la santé ? repris-je. Est-elle un bien, ou un mal, ou ni l'un ni l'autre ? » — « Elle est un bien. » — « Nous avons dit, si je ne me
219 a trompe, que le corps, qui n'est ni bon ni mauvais, aime la médecine à cause de la maladie qui est un mal ; que la

οἱ οὔτε ἀγαθοὶ οὔτε κακοί πω ὄντες· ὅσοι δὲ κακοί, οὐ φιλοσοφοῦσιν, οὐδὲ οἱ ἀγαθοί· οὔτε γὰρ τὸ ἐναντίον τοῦ ἐναντίου οὔτε τὸ ὅμοιον τοῦ ὁμοίου φίλον ἡμῖν ἐφάνη ἐν τοῖς ἔμπροσθεν λόγοις. Ἢ οὐ μέμνησθε; — Πάνυ γε, ἐφάτην. — Νῦν ἄρα, ἦν δ' ἐγώ, ὦ Λύσι τε καὶ Μενέξενε, παντὸς μᾶλλον ἐξηυρήκαμεν ὃ ἔστιν τὸ φίλον καὶ οὔ. Φαμὲν γὰρ αὐτό, καὶ κατὰ τὴν ψυχὴν καὶ κατὰ τὸ σῶμα καὶ πανταχοῦ, τὸ μήτε κακὸν μήτε ἀγαθὸν διὰ κακοῦ παρουσίαν τοῦ ἀγαθοῦ c
φίλον εἶναι. — Παντάπασιν ἐφάτην τε καὶ συνεχωρείτην οὕτω τοῦτ' ἔχειν.

Καὶ δὴ καὶ αὐτὸς ἐγὼ πάνυ ἔχαιρον, ὥσπερ θηρευτής τις, ἔχων ἀγαπητῶς ὃ ἐθηρευόμην. Κἄπειτ' οὐκ οἶδ' ὁπόθεν μοι ἀτοπωτάτη τις ὑποψία εἰσῆλθεν ὡς οὐκ ἀληθῆ εἴη τὰ ὡμολογημένα ἡμῖν· καὶ εὐθὺς ἀχθεσθεὶς εἶπον· Βαβαῖ, ὦ Λύσι τε καὶ Μενέξενε, κινδυνεύομεν ὄναρ πεπλουτηκέναι. — Τί μάλιστα; ἔφη ὁ Μενέξενος. — Φοβοῦμαι, ἦν δ' ἐγώ, d
μὴ ὥσπερ ἀνθρώποις ἀλαζόσιν λόγοις τισὶν τοιούτοις ψευδέσιν ἐντετυχήκαμεν περὶ τοῦ φίλου. — Πῶς δή; ἔφη.

— Ὧδε, ἦν δ' ἐγώ, σκοπῶμεν· φίλος ὅς ἂν εἴη, πότερόν ἐστίν τῳ φίλος ἢ οὔ; — Ἀνάγκη, ἔφη. — Πότερον οὖν οὐδενὸς ἕνεκα καὶ δι' οὐδέν, ἢ ἕνεκά του καὶ διά τι; — Ἕνεκά του καὶ διά τι. — Πότερον φίλου ὄντος ἐκείνου τοῦ πράγματος, οὗ ἕνεκα φίλος ὁ φίλος τῷ φίλῳ, ἢ οὔτε φίλου οὔτε ἐχθροῦ; — Οὐ πάνυ, ἔφη, ἕπομαι. — Εἰκότως γε, e
ἦν δ' ἐγώ· ἀλλ' ὧδε ἴσως ἀκολουθήσεις, οἶμαι δὲ καὶ ἐγὼ μᾶλλον εἴσομαι ὅ τι λέγω. Ὁ κάμνων, νυνδὴ ἔφαμεν, τοῦ ἰατροῦ φίλος· οὐχ οὕτως; — Ναί. — Οὐκοῦν διὰ νόσον ἕνεκα ὑγιείας τοῦ ἰατροῦ φίλος; — Ναί. — Ἡ δέ γε νόσος κακόν; — Πῶς δ' οὔ; — Τί δὲ ὑγίεια; ἦν δ' ἐγώ· ἀγαθὸν ἢ κακὸν ἢ οὐδέτερα; — Ἀγαθόν, ἔφη. — Ἐλέγομεν δ' ἄρα, ὡς ἔοικεν, ὅτι τὸ σῶμα, οὔτε ἀγαθὸν οὔτε κακόν, διὰ τὴν 219 a

b 5-6 πάνυ γε ἐφάτην· νῦν ἄρα B : νῦν πάνυ γε ἐφάτην ἄρα TW || d 2-3 ψευδέσιν secl. Heindorf || d 4 πότερον recc. : πότερος BTW || e 3 ἔφαμεν Heindorf : φαμὲν BT.

médecine est un bien, que c'est en vue de la santé qu'on
l'aime, et que la santé elle-même est bonne. Est-ce vrai ? »
— « Oui. » — « La santé est-elle amie ou ennemie ? » —
« Elle est amie. » — « Et la maladie est ennemie ? » —
b « Certainement. » — « Ainsi donc, ce qui n'est ni bon ni
mauvais est ami du bon, à cause du mauvais et de l'ennemi,
en vue du bon et de l'ami ? » — « C'est vraisemblable. »
— « De sorte qu'en définitive c'est en vue de ce qu'il aime
que l'ami est ami, à cause de ce qu'il déteste ? » — « Je le
crois. » — « Soit, dis-je. Et maintenant, mes enfants, attention à ne pas nous laisser égarer.

Que l'ami soit l'ami de l'ami, et qu'ainsi le semblable
aime le semblable, je laisse cela de côté, bien que nous ayons
dit tout à l'heure que c'était chose impossible. Mais voici qui
c mérite examen si nous voulons éviter de nous tromper. La
médecine, disons-nous, est aimée en vue de la santé. » — « Oui.
— « Donc la santé est aimée. » — « Oui. » — Si elle est aimée,
c'est en vue de quelque chose. » — « Oui. » — « D'une chose qui
est aimée de nous, si nous voulons être conséquents avec nos
précédentes déclarations. » — « Assurément. » — « Donc cette
chose elle-même est aimée en vue d'une autre que nous aimons ».
— « Oui. » — Mais ne sommes-nous pas entraînés ainsi dans
une progression sans fin, à moins que nous ne finissions par
atteindre un point initial au delà duquel nous ne soyons plus
renvoyés à un autre objet ami, et qui soit le principe même de
d toute amitié, l'objet en vue duquel nous disons que nous aimons
tous les autres[1] ? » — « C'est inévitable. » — « Voilà pourquoi je
me demandais si tous ces autres objets, que nous appelions amis
en ne visant que lui, n'en étaient pas de simples fantômes qui
nous égaraient, et si ce premier principe n'était pas la seule
chose qui nous fût véritablement amie. Réfléchissons, en effet :
imaginons une chose qu'on mette au-dessus de tout, un fils,
par exemple, que son père préfère à toutes ses richesses : ce
père, à cause de sa préférenre pour son fils, sera conduit à
e mettre certaines choses à très haut prix. S'il voit que son fils

1. Cette nécessité d'atteindre un premier principe, au delà duquel il ne soit pas nécessaire de remonter indéfiniment, a été exprimée par Aristote dans la formule célèbre : ἀνάγκη στῆναι. Le premier principe de tout mouvement, pour Aristote, est Dieu, qui attire tout par l'amour.

νόσον, τοῦτο δὲ διὰ τὸ κακόν, τῆς ἰατρικῆς φίλον ἐστίν·
ἀγαθὸν δ' ἡ ἰατρική· ἕνεκα δὲ τῆς ὑγιείας τὴν φιλίαν ἡ
ἰατρικὴ ἀνῄρηται· ἡ δὲ ὑγίεια ἀγαθόν. Ἦ γάρ ; — Ναί. —
Φίλον δὲ ἢ οὐ φίλον ἡ ὑγίεια ; — Φίλον. — Ἡ δὲ νόσος
ἐχθρόν. — Πάνυ γε. — Τὸ οὔτε κακὸν οὔτε ἀγαθὸν ἄρα διὰ
τὸ κακὸν καὶ τὸ ἐχθρὸν τοῦ ἀγαθοῦ φίλον ἐστὶν ἕνεκα τοῦ ἀγα- b
θοῦ καὶ φίλου. — Φαίνεται. — Ἕνεκα ἄρα τοῦ φίλου τὸ
φίλον < τοῦ φίλου > φίλον διὰ τὸ ἐχθρόν. — Ἔοικεν.

— Εἶεν, ἦν δ' ἐγώ· ἐπειδὴ ἐνταῦθα ἥκομεν, ὦ παῖδες, πρόσ-
σχωμεν τὸν νοῦν μὴ ἐξαπατηθῶμεν. Ὅτι μὲν γὰρ φίλον
τοῦ φίλου τὸ φίλον γέγονεν, ἐῶ χαίρειν, καὶ τοῦ ὁμοίου γ'
< ὅτι > τὸ ὅμοιον φίλον γίγνεται, ὃ ἔφαμεν ἀδύνατον
εἶναι· ἀλλ' ὅμως τόδε σκεψώμεθα, μὴ ἡμᾶς ἐξαπατήσῃ τὸ
νῦν λεγόμενον. Ἡ ἰατρική, φαμέν, ἕνεκα τῆς ὑγιείας φίλον. c
— Ναί. — Οὐκοῦν καὶ ἡ ὑγίεια φίλον ; — Πάνυ γε. — Εἰ
ἄρα φίλον, ἕνεκά του. — Ναί. — Φίλου γέ τινος δή, εἴπερ
ἀκολουθήσει τῇ πρόσθεν ὁμολογίᾳ. — Πάνυ γε. — Οὐκοῦν
καὶ ἐκεῖνο φίλον αὖ ἔσται ἕνεκα φίλου ; — Ναί. — Ἆρ' οὖν
οὐκ ἀνάγκη ἀπειπεῖν ἡμᾶς οὕτως ἰόντας, ἢ ἀφικέσθαι ἐπί
τινα ἀρχήν, ἣ οὐκέτ' ἐπανοίσει ἐπ' ἄλλο φίλον, [ἀλλ' ἥξει]
ἐπ' ἐκεῖνο ὅ ἐστιν < τὸ > πρῶτον φίλον, οὗ ἕνεκα καὶ τὰ
ἄλλα φαμὲν πάντα φίλα εἶναι ; — Ἀνάγκη. d

— Τοῦτο δή ἐστιν ὃ λέγω, μὴ ἡμᾶς τἆλλα πάντα ἃ εἴπομεν
ἐκείνου ἕνεκα φίλα εἶναι, ὥσπερ εἴδωλα ἄττα ὄντα αὐτοῦ,
ἐξαπατᾷ, ᾖ δ' ἐκεῖνο τὸ πρῶτον, ὃ ὡς ἀληθῶς ἐστι φίλον.
Ἐννοήσωμεν γὰρ οὑτωσί· ὅταν τίς τι περὶ πολλοῦ ποιῆται,
οἷόνπερ ἐνίοτε πατὴρ ὑὸν ἀντὶ πάντων τῶν ἄλλων χρημάτων
προτιμᾷ, ὁ δὴ τοιοῦτος ἕνεκα τοῦ τὸν ὑὸν περὶ παντὸς
ἡγεῖσθαι ἆρα καὶ ἄλλο τι ἂν περὶ πολλοῦ ποιοῖτο ; Οἷον εἰ e

219 a 3 δ' ἡ Heindorf : δὲ BT || **b** 3 τοῦ φίλου add. Hermann || **b** 6-7 γ' ὅτι Madvig : γε BT || **b** 7 ἔφαμεν t : φαμὲν BT || **c** 3 δή W : δεῖ BT || **c** 6 ἣ Schanz : καὶ BT || **c** 7 ἄλλο recc. : ἄλλον BT || ἀλλ' ἥξει secl. Schanz || **c** 8 τὸ add. Heindorf || **d** 2 ἡμᾶς τἆλλα T : μάλιστα ἄλλα BW || **d** 5 ὅταν H. Estienne : ὃ ἂν BT εἰ ὃ ἂν W.

a bu de la ciguë, il fera du vin la plus haute estime, du moment où il croira que le vin peut le sauver. » — « Assurément. » — « Il appréciera aussi le vase qui contient le vin. » — « Sans doute. » — « Dirons-nous qu'alors il ne fait pas moins de cas d'un vase d'argile que de son fils, de trois cotyles de vin que de son fils ? N'est-ce pas plutôt que toutes les préoccupations de ce genre se rapportent, non aux
220 a moyens qu'on emploie en vue d'une certaine fin, mais à la fin en vue de laquelle on emploie les moyens. Nous disons souvent, il est vrai, que nous faisons grand cas de l'or et de l'argent ; mais ce n'en est peut-être pas plus exact : ce que nous apprécions, en réalité, c'est ce qui apparaît comme la fin en vue de laquelle nous recherchons l'or et tous les autres moyens d'action. N'est-ce pas là ce que nous devons affirmer ? » — « Assurément. »

b — « N'en est-il pas de même au sujet de l'amitié ? Quand nous appelons amie une chose que nous aimons en vue d'une autre, notre amitié n'est qu'une manière de parler : la chose vraiment aimée semble bien être celle-là seule où tendent toutes ces prétendues amitiés. » — « Il semble en effet qu'il en soit ainsi. » — « Ainsi, ce qui est vraiment ami ne l'est pas en vue d'autre chose ? » — « Non sans doute. » — « Voici donc un point réglé : ce qui est aimé ne l'est pas en vue d'une autre chose qu'on aime. C'est le bien qui est aimé ? » — « Je le crois ».

— « Mais le bien ne serait-il pas aimé à cause du mal, et
c ne faut-il pas raisonner ainsi : étant données les trois espèces que nous avons distinguées, le bon, le mauvais, l'indifférent, si nous ne gardons que la première et la dernière, en supposant le mal exclu du corps, de l'âme et de toutes les choses que nous avons reconnues n'être par elles-mêmes ni bonnes ni mauvaises, devrons-nous dire alors que le bien ne pourrait nous être d'aucune utilité et ne servirait à rien[1] ? Si nul mal en effet ne nous blessait, nous n'aurions plus besoin

1. Toute la discussion qui suit, et qui est fort abstraite, peut se résumer ainsi : — Nous avons cru trouver dans le bien un objet suprême qu'on aime pour lui-même et au delà duquel nous n'aurions pas à remonter pour expliquer l'amour qu'il inspire ; mais est-il vrai que le bien ait ce caractère absolu qui en ferait une fin en soi ? L'amour du bien n'est-il pas surtout l'horreur du mal ? Mais si le mal était supprimé par hypothèse, quelle utilité resterait au bien et

αἰσθάνοιτο αὐτὸν κώνειον πεπωκότα, ἆρα περὶ πολλοῦ ποιοῖτ' ἂν οἶνον, εἴπερ τοῦτο ἡγοῖτο τὸν ὑὸν σώσειν ; — Τί μήν ; ἔφη. — Οὐκοῦν καὶ τὸ ἀγγεῖον, ἐν ᾧ ὁ οἶνος ἐνείη ; — Πάνυ γε. — Ἆρ' οὖν τότε οὐδὲν περὶ πλείονος ποιεῖται, κύλικα κεραμέαν ἢ τὸν ὑὸν τὸν αὑτοῦ, οὐδὲ τρεῖς κοτύλας οἴνου ἢ τὸν ὑόν ; Ἢ ὧδέ πως ἔχει· πᾶσα ἡ τοιαύτη σπουδὴ οὐκ ἐπὶ τούτοις ἐστὶν ἐσπουδασμένη, ἐπὶ τοῖς ἕνεκά του παρασκευαζομένοις, ἀλλ' ἐπ' ἐκείνῳ, οὗ ἕνεκα πάντα τὰ τοιαῦτα παρασκευάζεται; Οὐχ ὅτι πολλάκις λέγομεν ὡς 220 a
περὶ πολλοῦ ποιούμεθα χρυσίον καὶ ἀργύριον· ἀλλὰ μὴ οὐδέν τι μᾶλλον οὕτω τό γε ἀληθὲς ἔχῃ· ἀλλ' ἐκεῖνό ἐστιν ὃ περὶ παντὸς ποιούμεθα, ὃ ἂν φανῇ ὄν, ὅτου ἕνεκα καὶ χρυσίον καὶ πάντα τὰ παρασκευαζόμενα παρασκευάζεται. Ἆρ' οὕτως φήσομεν ; — Πάνυ γε.

— Οὐκοῦν καὶ περὶ τοῦ φίλου ὁ αὐτὸς λόγος ; Ὅσα γάρ φαμεν φίλα εἶναι ἡμῖν ἕνεκα φίλου τινὸς ἑτέρου, ῥήματι φαινόμεθα λέγοντες αὐτό· φίλον δὲ τῷ ὄντι κινδυνεύει b
ἐκεῖνο αὐτὸ εἶναι, εἰς ὃ πᾶσαι αὗται αἱ λεγόμεναι φιλίαι τελευτῶσιν. — Κινδυνεύει οὕτως, ἔφη, ἔχειν. — Οὐκοῦν τό γε τῷ ὄντι φίλον οὐ φίλου τινὸς ἕνεκα φίλον ἐστίν ; — Ἀληθῆ. — Τοῦτο μὲν δὴ ἀπήλλακται, μὴ φίλου τινὸς ἕνεκα τὸ φίλον φίλον εἶναι· ἀλλ' ἆρα τὸ ἀγαθόν ἐστιν φίλον ; — Ἔμοιγε δοκεῖ.

— Ἆρ' οὖν διὰ τὸ κακὸν τὸ ἀγαθὸν φιλεῖται, καὶ ἔχει ὧδε· εἰ τριῶν ὄντων ὧν νυνδὴ ἐλέγομεν, ἀγαθοῦ καὶ κακοῦ καὶ c
μήτε ἀγαθοῦ μήτε κακοῦ, τὰ δύο λειφθείη, τὸ δὲ κακὸν ἐκποδὼν ἀπέλθοι καὶ μηδενὸς ἐφάπτοιτο μήτε σώματος μήτε ψυχῆς μήτε τῶν ἄλλων, ἃ δή φαμεν αὐτὰ καθ' αὑτὰ οὔτε κακὰ εἶναι οὔτε ἀγαθά, ἆρα τότε οὐδὲν ἂν ἡμῖν χρήσιμον εἴη τὸ ἀγαθόν, ἀλλ' ἄχρηστον ἂν γεγονὸς εἴη ; Εἰ γὰρ μηδὲν ἡμᾶς ἔτι βλάπτοι, οὐδὲν ἂν οὐδεμιᾶς ὠφελίας δεοί-

e 6 κεραμέαν TW : κεραμέα B || 220 a 8 ἑτέρου Hermann : ἑτέρῳ BT || c 2 λειφθείη Heindorf : ληφθείη B²T.

d de secours et il deviendrait évident par là que c'était le mal qui nous rendait le bien précieux et cher, parce que celui-ci était le remède de la maladie qu'était le mal : mais, la maladie supprimée, le remède n'a plus d'objet. En est-il ainsi du bien ? Est-il vrai que c'est à cause du mal qu'il est aimé de nous, qui sommes à mi-chemin du bien et du mal, et que par lui-même il n'est d'aucun usage ? » — « Il semble, dit-il, que ce soit la vérité. » — « Ainsi donc, cet objet de notre amour auquel aboutiraient toutes nos autres amitiés, toutes celles qui n'existent suivant nous qu'en vue d'une autre fin qu'elles-
e mêmes, cet objet ne ressemble en rien aux autres. Ceux-ci, en effet sont appelés amis en vue d'un autre objet ami, tandis que l'amitié en soi aurait un caractère tout opposé, puisque la cause en serait dans un objet ennemi. De sorte que, l'ennemi disparaissant, l'amitié aussi s'évanouirait. » — « Il me semble, en effet, qu'il n'y en aurait pas, à raisonner ainsi. »

— « Par Zeus, repris-je, si le mal disparaissait, que deviendraient la faim et la soif, et les autres besoins du même
221 a genre ? Seraient-ils supprimés ? Ou bien la faim subsisterait-elle tant qu'il y aurait des hommes et des animaux, mais en cessant d'être nuisible ? La soif et les autres désirs, tout en subsistant, cesseraient-ils de faire du mal, puisque le mal aurait disparu ? Ou bien est-il ridicule de poser une question sur ce qui sera ou ne sera pas dans un état de choses que personne ne connaît ? Tout ce que nous savons, c'est qu'aujourd'hui la faim fait parfois du mal et parfois est utile. Est-ce vrai ? » — « Tout à fait. » — « De même, la soif et ce genre de
b désirs comporte tantôt du mal, tantôt du bien, tantôt ni l'un ni l'autre ? » — « Absolument. » — Mais, le mal supprimé, pourquoi sa suppression entraînerait-elle la suppression de ce qui n'est pas un mal ? » — « Aucune nécessité, en effet. » — « Donc, même après la suppression du mal, les désirs qui ne sont ni bons ni mauvais subsisteront ? » — « Probablement. » — « Est-il donc possible, si l'on éprouve des désirs et des passions, de ne pas aimer les choses que l'on désire et vers lesquelles on est porté par la passion ? » —

quel motif aurions-nous de l'aimer ? Si nous ne voulons pas expliquer l'amour du bien par l'horreur du mal, il faut trouver à cet amour une autre explication. Et ainsi est introduite la notion nouvelle de convenance.

μεθα, καὶ οὕτω δὴ ἂν τότε γένοιτο κατάδηλον ὅτι διὰ τὸ d
κακὸν τἀγαθὸν ἠγαπῶμεν καὶ ἐφιλοῦμεν, ὡς φάρμακον ὂν
τοῦ κακοῦ τὸ ἀγαθόν, τὸ δὲ κακὸν νόσημα· νοσήματος δὲ μὴ
ὄντος οὐδὲν δεῖ φαρμάκου. Ἆρ' οὕτω πέφυκέ τε καὶ φιλεῖ-
ται τἀγαθὸν διὰ τὸ κακὸν ὑφ' ἡμῶν, τῶν μεταξὺ ὄντων τοῦ
κακοῦ τε καὶ τἀγαθοῦ, αὐτὸ δ' ἑαυτοῦ ἕνεκα οὐδεμίαν χρείαν
ἔχει ; — Ἔοικεν, ἦ δ' ὅς, οὕτως ἔχειν. — Τὸ ἄρα φίλον
ἡμῖν ἐκεῖνο, εἰς ὃ ἐτελεύτα πάντα τὰ ἄλλ', <ἃ> ἕνεκα ἑτέρου
φίλου φίλα ἔφαμεν εἶναι, οὐδὲν δὴ τούτοις ἔοικεν. Ταῦτα
μὲν γὰρ φίλου ἕνεκα φίλα κέκληται, τὸ δὲ τῷ ὄντι φίλον e
πᾶν τοὐναντίον τούτου φαίνεται πεφυκός· φίλον γὰρ ἡμῖν
ἀνεφάνη ὂν ἐχθροῦ ἕνεκα· εἰ δὲ τὸ ἐχθρὸν ἀπέλθοι, οὐκέτι,
ὡς ἔοικ', ἔσθ' ἡμῖν φίλον. — Οὔ μοι δοκεῖ, ἔφη, ὥς γε νῦν
λέγεται.

— Πότερον, ἦν δ' ἐγώ, πρὸς Διός, ἐὰν τὸ κακὸν ἀπόληται,
οὐδὲ πεινῆν ἔτι ἔσται οὐδὲ διψῆν οὐδὲ ἄλλο οὐδὲν τῶν τοιού-
των ; Ἢ πείνη μὲν ἔσται, ἐάνπερ ἄνθρωποί τε καὶ τἆλλα 221 a
ζῷα ᾖ, οὐ μέντοι βλαβερά γε ; Καὶ δίψα δὴ καὶ αἱ ἄλλαι
ἐπιθυμίαι, ἀλλ' οὐ κακαί, ἅτε τοῦ κακοῦ ἀπολωλότος ; Ἢ
γελοῖον τὸ ἐρώτημα, ὅ τί ποτ' ἔσται τότε ἢ μὴ ἔσται ; Τίς
γὰρ οἶδεν ; Ἀλλ' οὖν τόδε γ' ἴσμεν, ὅτι καὶ νῦν ἔστιν πει-
νῶντα βλάπτεσθαι, ἔστιν δὲ καὶ ὠφελεῖσθαι. Ἦ γάρ ; —
Πάνυ γε. — Οὐκοῦν καὶ διψῶντα καὶ τῶν ἄλλων τῶν τοι-
ούτων πάντων ἐπιθυμοῦντα ἔστιν ἐνίοτε μὲν ὠφελίμως
ἐπιθυμεῖν, ἐνίοτε δὲ βλαβερῶς, ἐνίοτε δὲ μηδέτερα ; — b
Σφόδρα γε. — Οὐκοῦν ἐὰν ἀπολλύηται τὰ κακά, ἅ γε μὴ
τυγχάνει ὄντα κακὰ τί προσήκει τοῖς κακοῖς συναπόλ-
λυσθαι ; — Οὐδέν. — Ἔσονται ἄρα αἱ μήτε ἀγαθαὶ μήτε
κακαὶ ἐπιθυμίαι καὶ ἐὰν ἀπόληται τὰ κακά. — Φαίνεται.
— Οἷόν τε οὖν ἐστιν ἐπιθυμοῦντα καὶ ἐρῶντα τούτου οὗ
ἐπιθυμεῖ καὶ ἐρᾷ μὴ φιλεῖν ; — Οὐκ ἔμοιγε δοκεῖ. — Ἔσται

d 8 ἃ add. Cornarius || **d** 9 εἶναι Cornarius : εἶναι ἐκεῖνα BT || δὴ Heindorf : δὲ BT om. Cornarius || **221 b** 3 τυγχάνει recc. : τυγχάνῃ BTW || **b** 5 ἀπόληται recc. : ἀπόλληται BT ἀπολύηται W.

c « Je ne le crois pas. » — « Il y aura donc encore, après la suppression du mal, des choses qui nous seront amies. » — « Oui. » — « Cela n'arriverait pas si le mal était la cause de l'amitié : le mal aboli, nulle amitié ne pourrait survivre ; car si l'on supprime la cause, on supprime du même coup l'effet de cette cause. » — « Tu as raison. »

— « Nous étions tombés d'accord pour reconnaître que l'on aimait un certain objet pour une certaine cause ; et nous avons cru alors que c'était à cause du mal que ce qui n'était ni bon ni mauvais aimait le bien. » — « C'est vrai. » — « Et maintenant, à ce qu'il semble, nous découvrons une
d autre raison d'aimer et d'être aimé. » — « Il semble ainsi, en effet. » — « Est-ce donc qu'en réalité, comme nous le disions tout à l'heure, le désir est la cause de l'amitié, de sorte que ce qui désire est l'ami de ce qu'il désire et quand il le désire, tandis que notre précédente définition de l'amitié n'était qu'un vain bavardage, comme un long poème ? » — « C'est possible. »

La convenance.

e — « Cependant, repris-je, ce qui désire a le désir de ce qui lui manque ? » — « Oui. » — « Et par conséquent ce qui manque de quelque chose est ami de ce qui lui manque ? » — « Je le crois. » — « Or une chose nous manque quand elle nous est enlevée. » — « Évidemment. »

— « C'est donc à quelque chose qui nous est lié par une certaine convenance que se rapportent l'amour, l'amitié, le désir ; c'est du moins ce qu'il me semble, mes chers amis. » — Tous deux en convinrent. — « Si vous êtes amis l'un de l'autre, c'est que votre nature vous apparente en quelque sorte l'un à l'autre. » — « Absolument, » dirent-ils. — « Et quand on
222 a a pour quelqu'un de l'amitié, de l'amour, un désir quelconque, la raison qui fait qu'on a ces sentiments, et sans laquelle on ne les éprouverait pas, est qu'on est rapproché de celui qu'on aime par l'âme, par quelque qualité de l'âme ou du caractère, ou par la forme visible. » — « C'est absolument vrai », dit Ménexène. Lysis garda le silence. — « Soit, repris-je. Nous reconnaissons qu'une certaine parenté de nature produit nécessairement l'amitié. » — « C'est probable », dit-il. — « Il est donc nécessaire aussi que le véritable amant, celui qui n'est pas un simulateur, soit aimé en retour par l'objet de son

ἄρα καὶ τῶν κακῶν ἀπολομένων, ὡς ἔοικεν, φίλ' ἄττα. — c
Ναί. — Οὐκ ἄν, εἴ γε τὸ κακὸν αἴτιον ἦν τοῦ φίλον τι εἶναι,
οὐκ ἂν ἦν τούτου ἀπολομένου φίλον ἕτερον ἑτέρῳ. Αἰτίας
γὰρ ἀπολομένης ἀδύνατόν που ἦν ἔτ' ἐκεῖνο εἶναι, οὗ ἦν
αὕτη ἡ αἰτία. — Ὀρθῶς λέγεις.

— Οὐκοῦν ὡμολόγηται ἡμῖν τὸ φίλον φιλεῖν τι καὶ διά τι·
καὶ ᾠήθημεν τότε γε διὰ τὸ κακὸν τὸ μήτε ἀγαθὸν μήτε
κακὸν τὸ ἀγαθὸν φιλεῖν; — Ἀληθῆ. — Νῦν δέ γε, ὡς ἔοικε,
φαίνεται ἄλλη τις αἰτία τοῦ φιλεῖν τε καὶ φιλεῖσθαι. — d
Ἔοικεν. — Ἆρ' οὖν τῷ ὄντι, ὥσπερ ἄρτι ἐλέγομεν, ἡ ἐπιθυ-
μία τῆς φιλίας αἰτία, καὶ τὸ ἐπιθυμοῦν φίλον ἐστὶν τούτῳ
οὗ ἐπιθυμεῖ καὶ τότε ὅταν ἐπιθυμῇ, ὃ δὲ τὸ πρότερον ἐλέ-
γομεν φίλον εἶναι, ὕθλος τις ἦν, ὥσπερ ποίημα μακρὸν
συγκείμενον; — Κινδυνεύει, ἔφη.

— Ἀλλὰ μέντοι, ἦν δ' ἐγώ, τό γε ἐπιθυμοῦν, οὗ ἂν ἐνδεὲς
ᾖ, τούτου ἐπιθυμεῖ. Ἦ γάρ; — Ναί. — Τὸ δ' ἐνδεὲς ἄρα e
φίλον ἐκείνου οὗ ἂν ἐνδεὲς ᾖ; — Δοκεῖ μοι. — Ἐνδεὲς δὲ
γίγνεται οὗ ἄν τι ἀφαιρῆται. — Πῶς δ' οὔ; — Τοῦ οἰκείου
δή, ὡς ἔοικεν, ὅ τε ἔρως καὶ ἡ φιλία καὶ ἡ ἐπιθυμία τυγ-
χάνει οὖσα, ὡς φαίνεται, ὦ Μενέξενέ τε καὶ Λύσι. —
Συνεφάτην. — Ὑμεῖς ἄρα εἰ φίλοι ἐστὸν ἀλλήλοις, φύσει
πῃ οἰκεῖοί ἐσθ' ὑμῖν αὐτοῖς. — Κομιδῇ, ἐφάτην. — Καὶ εἰ
ἄρα τις ἕτερος ἑτέρου ἐπιθυμεῖ, ἦν δ' ἐγώ, ὦ παῖδες, ἢ
ἐρᾷ, οὐκ ἄν ποτε ἐπεθύμει οὐδὲ ἤρα οὐδὲ ἐφίλει, εἰ μὴ 222 a
οἰκεῖός πῃ τῷ ἐρωμένῳ ἐτύγχανεν ὢν ἢ κατὰ τὴν ψυχὴν ἢ
κατά τι τῆς ψυχῆς ἦθος ἢ τρόπους ἢ εἶδος. — Πάνυ γε,
ἔφη ὁ Μενέξενος· ὁ δὲ Λύσις ἐσίγησεν. — Εἶεν, ἦν δ' ἐγώ.
Τὸ μὲν δὴ φύσει οἰκεῖον ἀναγκαῖον ἡμῖν πέφανται φιλεῖν.
— Ἔοικεν, ἔφη. — Ἀναγκαῖον ἄρα τῷ γνησίῳ ἐραστῇ καὶ
μὴ προσποιήτῳ φιλεῖσθαι ὑπὸ τῶν παιδικῶν. — Ὁ μὲν οὖν

d 5 μακρὸν BT : μάτην Ast : Κρόνῳ Madvig, Schanz || **e** 3 τι H. Estienne : τις BT || **e** 5 λύσι T : λύσις B || **222 a** 2 τῷ ἐρωμένῳ T : τῶν ἐρωμένων BW || ὢν T : ὂν B.

b amour. » — Lysis et Ménexène approuvèrent discrètement, mais Hippothalès, dans sa joie, passa par toutes les couleurs.

Résumé et conclusion.

Je repris alors, dans l'intention de vérifier ce que nous venions de dire : — « Si la convenance diffère de la ressemblance, notre conclusion n'est pas sans valeur, à ce qu'il me semble, sur la nature de l'amitié. Mais si ces deux mots signifient la même chose, il nous est difficile de négliger notre affirmation précédente, et de nier que le semblable soit inutile au semblable en tant qu'il est semblable ; et quant à dire qu'on peut aimer
c l'inutile, c'est absurde[1]. Vous plairait-il, puisque nous sommes comme ivres de discussion, d'admettre que la convenance n'est pas identique à la ressemblance ? » — « Assurément. » — « Dirons-nous donc que le bien convient à toutes choses et que le mal leur est étranger ? Ou bien que le mal est apparenté au mal, le bien au bien, et l'indifférent à l'indifférent ? » — Ils furent d'accord avec moi sur chacune de ces relations.
d — « Prenez garde, enfants : nous retombons à propos de l'amitié dans la thèse que nous avions rejetée tout à l'heure ; car à ce compte l'injuste ne serait pas moins l'ami de l'injuste et le mauvais du mauvais que le bon ne le serait du bon. » — « C'est vrai », dit-il. — « Mais quoi ! dire que le bien et ce qui lui est propre sont la même chose, c'est dire que le bon ne peut être l'ami que du bon ? » — « Sans doute. » — « Or nous avons cru sur ce point nous être convaincus nous-mêmes d'erreur. Ne vous en souvient-il plus ? » — « Nous
e nous en souvenons. » — « Comment alors nous tirer de notre discussion ? N'est-il pas évident que cela nous est impossible ? Je vous demande donc la permission, comme font les orateurs habiles devant les tribunaux, de récapituler tout ce que nous avons dit. Si ni l'amant ni l'aimé, ni les semblables ni les différents, ni les bons ni ceux qui leur sont apparentés, ni aucune des autres catégories que nous avons énumérées — elles étaient si nombreuses que je ne puis même plus me les rappeler — si rien de tout cela n'est l'ami absolu, je n'ai plus qu'à me taire. »

1. Cf. plus haut, 210 c-d.

Λύσις καὶ ὁ Μενέξενος μόγις πως ἐπενευσάτην, ὁ δὲ Ἱπ- b
ποθάλης ὑπὸ τῆς ἡδονῆς παντοδαπὰ ἠφίει χρώματα.

Καὶ ἐγὼ εἶπον, βουλόμενος τὸν λόγον ἐπισκέψασθαι· Εἰ μέν τι τὸ οἰκεῖον τοῦ ὁμοίου διαφέρει, λέγοιμεν ἄν τι, ὡς ἐμοὶ δοκεῖ, ὦ Λύσι τε καὶ Μενέξενε, περὶ φίλου ὃ ἔστιν· εἰ δὲ ταὐτὸν τυγχάνει ὂν ὁμοῖόν τε καὶ οἰκεῖον, οὐ ῥᾴδιον ἀποβαλεῖν τὸν πρόσθεν λόγον, ὡς οὐ τὸ ὁμοῖον τῷ ὁμοίῳ κατὰ τὴν ὁμοιότητα ἄχρηστον· τὸ δὲ ἄχρηστον φίλον ὁμολογεῖν πλημμελές. Βούλεσθ' οὖν, ἦν δ' ἐγώ, ἐπειδὴ c
ὥσπερ μεθύομεν ὑπὸ τοῦ λόγου, συγχωρήσωμεν καὶ φῶμεν ἕτερόν τι εἶναι τὸ οἰκεῖον τοῦ ὁμοίου; — Πάνυ γε. — Πότερον οὖν καὶ τἀγαθὸν οἰκεῖον θήσομεν παντί, τὸ δὲ κακὸν ἀλλότριον εἶναι; ἢ τὸ μὲν κακὸν τῷ κακῷ οἰκεῖον, τῷ δὲ ἀγαθῷ τὸ ἀγαθόν, τῷ δὲ μήτε ἀγαθῷ μήτε κακῷ τὸ μήτε ἀγαθὸν μήτε κακόν; — Οὕτως ἐφάτην δοκεῖν σφίσιν ἕκαστον ἑκάστῳ οἰκεῖον εἶναι. — Πάλιν ἄρα, ἦν δ' ἐγώ, ὦ παῖ- d
δες, οὓς τὸ πρῶτον λόγους ἀπεβαλόμεθα περὶ φιλίας, εἰς τούτους εἰσπεπτώκαμεν· ὁ γὰρ ἄδικος τῷ ἀδίκῳ καὶ ὁ κακὸς τῷ κακῷ οὐδὲν ἧττον φίλος ἔσται ἢ ὁ ἀγαθὸς τῷ ἀγαθῷ. — Ἔοικεν, ἔφη. — Τί δέ; Τὸ ἀγαθὸν καὶ τὸ οἰκεῖον ἂν ταὐτὸν φῶμεν εἶναι, ἄλλο τι ἢ ὁ ἀγαθὸς τῷ ἀγαθῷ μόνον φίλος; — Πάνυ γε. — Ἀλλὰ μὴν καὶ τοῦτό γε ᾠόμεθα ἐξελέγξαι ἡμᾶς αὐτούς· ἢ οὐ μέμνησθε; — Μεμνήμεθα.

— Τί οὖν ἂν ἔτι χρησαίμεθα τῷ λόγῳ; ἢ δῆλον ὅτι οὐδέν; e
Δέομαι οὖν, ὥσπερ οἱ σοφοὶ ἐν τοῖς δικαστηρίοις, τὰ εἰρημένα ἅπαντα ἀναπεμπάσασθαι. Εἰ γὰρ μήτε οἱ φιλούμενοι μήτε οἱ φιλοῦντες μήτε οἱ ὅμοιοι μήτε οἱ ἀνόμοιοι μήτε οἱ ἀγαθοὶ μήτε οἱ οἰκεῖοι μήτε τὰ ἄλλα ὅσα διεληλύθαμεν — οὐ γὰρ ἔγωγε ἔτι μέμνημαι ὑπὸ τοῦ πλήθους — ἀλλ' εἰ μηδὲν τούτων φίλον ἐστίν, ἐγὼ μὲν οὐκέτι ἔχω τί λέγω.

b 4-5 τί ὡς T : πω; BW || **b** 7 ἀποβαλεῖν T : ἀπολιπεῖν B ἀπολεῖν W (sed in marg. γρ. καὶ ἀπολιπεῖν καὶ ἀποβαλεῖν) || **c** 2 μεθύομεν in marg. T : μυθεύομεν BT || **c** 4 θήσομεν BT : φήσομεν Schanz || **d** 6 ἄλλο τι T : ἢ ἄλλο τι B.

a *Épilogue.* En parlant ainsi, j'avais l'intention de provoquer au débat quelqu'un des auditeurs plus âgés. Mais à ce moment, comme des divinités malfaisantes, intervinrent les pédagogues, celui de Ménexène et celui de Lysis, amenant les frères des deux enfants : ils les appelèrent et leur donnèrent l'ordre de rentrer, car il se faisait tard. Nous essayâmes d'abord, avec les assistants, d'éloigner ces importuns. Mais eux, sans égard pour nos observations, nous apostrophèrent avec colère dans leur mauvais
b grec et appelèrent de nouveau les enfants. Ils avaient bu aux fêtes d'Hermès et paraissaient peu en état de causer. Nous étions vaincus, nous nous séparâmes. Cependant, comme Lysis et Ménexène s'en allaient, je leur dis encore ces mots : — « Nous avons donné un spectacle assez ridicule, moi qui suis vieux, et vous, mes enfants. Nos auditeurs, en s'en allant, vont dire que nous, qui avons la prétention d'être amis (et je me range à ce titre parmi vous), nous n'avons pas été capables de découvrir ce qu'est un ami. »

Ταῦτα δ' εἰπὼν ἐν νῷ εἶχον ἄλλον ἤδη τινὰ τῶν πρεσβυτέρων κινεῖν· κᾆτα, ὥσπερ δαίμονές τινες, προσελθόντες οἱ παιδαγωγοί, ὅ τε τοῦ Μενεξένου καὶ ὁ τοῦ Λύσιδος, ἔχοντες αὐτῶν τοὺς ἀδελφούς, παρεκάλουν καὶ ἐκέλευον αὐτοὺς οἴκαδ' ἀπιέναι· ἤδη γὰρ ἦν ὀψέ· τὸ μὲν οὖν πρῶτον καὶ ἡμεῖς καὶ οἱ περιεστῶτες αὐτοὺς ἀπηλαύνομεν· ἐπειδὴ δὲ οὐδὲν ἐφρόντιζον ἡμῶν, ἀλλ' ὑποβαρβαρίζοντες ἠγανάκτουν τε καὶ οὐδὲν ἧττον ἐκάλουν, ἀλλ' ἐδόκουν ἡμῖν ὑποπεπωκότες ἐν τοῖς Ἑρμαίοις ἄποροι εἶναι προσφέρεσθαι, ἡττηθέντες οὖν αὐτῶν διελύσαμεν τὴν συνουσίαν. Ὅμως δ' ἔγωγε ἤδη ἀπιόντων αὐτῶν· Νῦν μέν, ἦν δ' ἐγώ, ὦ Λύσι τε καὶ Μενέξενε, καταγέλαστοι γεγόναμεν ἐγώ τε, γέρων ἀνήρ, καὶ ὑμεῖς. Ἐροῦσι γὰρ οἵδε ἀπιόντες ὡς οἰόμεθα ἡμεῖς ἀλλήλων φίλοι εἶναι, καὶ ἐμὲ γὰρ ἐν ὑμῖν τίθημι, οὔπω δὲ ὅ τι ἔστιν ὁ φίλος οἷοί τε ἐγενόμεθα ἐξευρεῖν.

a (223a) — b (223b)

223 b 1 ἀλλ' BT : καὶ Heindorf.

TABLE DES MATIÈRES

Ce volume,
le troisième
de la série grecque
de la Collection des Universités de France,
publié aux Éditions Les Belles Lettres,
a été achevé d'imprimer
en janvier 2011
sur presse rotative numérique
de l'imprimerie Jouve
11, bd de Sébastopol, 75001 Paris

N° d'édition : 7188
Dépôt légal : février 2011

Imprimé en France